■新编高等院校经济管理类"十三五"规划系列教材

商品学

主　编　严军花　卢　萌

副主编　来　燕　马晓燕　程　伟
　　　　蔡　鹏　张进华　赵曼曼
　　　　魏　丛　杨君英

参　编　蒋维维

主　审　张智清

中国商业出版社

图书在版编目(CIP)数据

商品学/严军花,卢萌主编. —北京:中国商业出版社,2018.9
ISBN 978-7-5044-8473-4

Ⅰ.①商… Ⅱ.①严…②卢… Ⅲ.①商品学 Ⅳ.①F76

中国版本图书馆CIP数据核字(2014)第091930号

责任编辑:蔡凯

中国商业出版社出版发行
010-63180647 www.c-cbook.com
(100053 北京广安门内报国寺1号)
新华书店经销
北京世嘉印刷有限公司印刷

* * * * *

开本:787×1092毫米 1/16 印张:20 字数:350千字
2018年9月第1版 2018年9月第2次印刷
定价:55.00元

* * * *

(如有印装质量问题可更换)

前 言

商品学是以自然科学为主，将社会科学、经济学融合起来的应用性学科，是研究商品的使用价值和商品使用价值实现规律的一门边缘科学。商品学研究商品使用价值是围绕商品质量和商品品种这个中心内容来展开的，并从商品使用价值的物质性因素和社会性因素进行剖析。我们介绍的商品学是从宏观研究各种商品所共同具有的横向共性问题，阐明了商品学研究对象、内容和任务，论述了商品质量及质量变化规律，研究如何加强商品质量管理和质量鉴定、检验，探讨商品标准、分类、包装和储存养护等内容的实施，探讨商品、人与环境的关系。商品学作为一门正确引导商品发展方向的科学，综合研究与商品生产、流通和消费各阶段的有关质量问题，对商品开发、商品贸易、商品质量管理与质量保证、商品消费及环境保护等应用领域都有重要的指导意义。

《商品学》是学生进一步学习《推销与谈判》、《市场营销策划》、《市场调研与预测》等课程的基础。学好《商品学》，有助于学生进一步学习其他专业核心课程，培养良好的职业能力和素养，有助于学生顺利选择职业方向，确定科学、正确的职业生涯规划。通过《商品学》的学习，使学生对商品的制作流程、生产工艺、原材料构成、商品特性具有足够的认识，培养学生的吃苦精神、环保意识，树立创新思想，从而自觉地把自己培养锻炼成为高素质综合型营销管理人才和创新创业人才。

本书依据教育部颁布的《关于高职高专院校人才培养工作水平评估方案》（试行）及全国商业高等职业教育研究会主持制定的《商品学教学大纲》中的有关要求进行编写，力争体现职业教育强化技能的特色，在本书编写中突出体现认知、能力本位的思想，注重教材的系统性、时代性、实践性、应用性。

本书由邯郸职业技术学院严军花（项目一、项目二、项目三）、中国环境管理干部学院卢萌（项目四、项目七、项目九）担任主编，负责拟定全书的思路和框架设计，以及进行全书的统稿工作；副主编由邯郸职业技术学院来燕（项目六学习任务1、学习任务2、学习任务3）、山西国际商务职业学院马晓燕（项目十）、重庆工业职业技术学院程伟（项目十一）、贵州毕节职业技术学院蔡鹏（项目十二）、贵州毕节职业技术学院张进华（项目十三）、贵州毕节职业技术学院赵曼曼（项目五）、河北工程技术学院魏丛（项目八学习任务1、学习任务2、学习任务3）、公安海警学院杨君英（项目八学习任务4、学习任务5、学习任务6)担任。参加编写的还有公安海警学院蒋维维(项目六学习任务4、学习任务5)等。特邀全国职业培训教学工作指导委员会商贸专业委员会副主任安徽工商职业学院张智清副院长对本书进行了审订。

本书在编写过程中,参阅、引用了有关著作、教材的成果与资料,在此并致以由衷感谢!限于编写人员水平有限,书中若有不妥和疏漏之处,恳请各位专家、学者和广大读者批评指正。欢迎广大读者提出宝贵意见。

编者

2018 年 9 月

目　录

项目一　商品学基础 …………………………………………………………… (1)

学习任务1　商品的认知 ………………………………………………… (2)

学习任务2　商品学的研究对象与内容 …………………………………… (4)

学习任务3　商品学的研究任务和方法 …………………………………… (8)

学习任务4　商品学的发展概况 ………………………………………… (10)

项目二　商品分类与编码 ……………………………………………………… (15)

学习任务1　商品分类 …………………………………………………… (17)

学习任务2　商品分类标志 ……………………………………………… (21)

学习任务3　商品分类体系 ……………………………………………… (23)

学习任务4　商品目录 …………………………………………………… (24)

学习任务5　商品编码 …………………………………………………… (26)

学习任务6　商品条码 …………………………………………………… (29)

项目三　商品品种 ……………………………………………………………… (42)

学习任务1　商品品种概述 ……………………………………………… (43)

学习任务2　商品品种名称 ……………………………………………… (44)

学习任务3　商品品种类别和发展规律 …………………………………… (48)

学习任务4　商品品种结构及其优化 ……………………………………… (51)

项目四　商品质量与质量管理 ………………………………………………… (57)

学习任务1　商品质量的概念及构成 ……………………………………… (58)

学习任务2　商品质量的基本要求 ………………………………………… (60)

学习任务3　影响商品质量的因素 ………………………………………… (63)

学习任务4　商品质量管理 ……………………………………………… (67)

项目五　商品标准 ……………………………………………………………… (77)

学习任务1　标准和商品标准 …………………………………………… (78)

学习任务2　商品标准的分级 …………………………………………… (82)

学习任务3　商品标准的内容 …………………………………………… (87)
学习任务4　标准化及其经济效果 ………………………………………… (89)

项目六　商品包装 ………………………………………………………… (97)
学习任务1　商品包装及其分类 ………………………………………… (98)
学习任务2　商品包装材料 ……………………………………………… (102)
学习任务3　常用包装技法 ……………………………………………… (107)
学习任务4　商品包装标志 ……………………………………………… (113)
学习任务5　商品包装装潢 ……………………………………………… (121)

项目七　商品的储存与养护 ……………………………………………… (127)
学习任务1　商品储存概述 ……………………………………………… (128)
学习任务2　商品储存中的损耗与变质 ………………………………… (131)
学习任务3　储存商品的养护技术 ……………………………………… (136)
学习任务4　商品储存中的管理 ………………………………………… (151)

项目八　商品检验 ………………………………………………………… (156)
学习任务1　商品检验概述 ……………………………………………… (157)
学习任务2　商品检验的基本要求及方式 ……………………………… (161)
学习任务3　商品抽样 …………………………………………………… (165)
学习任务4　商品检验的基本方法 ……………………………………… (167)
学习任务5　商品品级 …………………………………………………… (171)
学习任务6　商品质量监督 ……………………………………………… (173)

项目九　食品类商品 ……………………………………………………… (176)
学习任务1　食品的分类与营养卫生 …………………………………… (177)
学习任务2　糖酒类商品 ………………………………………………… (181)
学习任务3　茶叶和水果类商品 ………………………………………… (191)

项目十　服装类商品 ……………………………………………………… (199)
学习任务1　服装材料 …………………………………………………… (200)
学习任务2　服装商品 …………………………………………………… (222)

项目十一　日用工业品商品 ……………………………………………… (231)
学习任务1　日化类商品 ………………………………………………… (232)
学习任务2　皮革类商品 ………………………………………………… (248)
学习任务3　照相器材类商品 …………………………………………… (251)

项目十二　家用电器商品 …………………………………… (258)
学习任务1　家用电器的分类和基础知识 …………………… (259)
学习任务2　电子类家用电器 ………………………………… (268)
学习任务3　电器类家用电器 ………………………………… (277)

项目十三　商品、资源和环境 ……………………………… (289)
学习任务1　商品、资源及其保护 ………………………… (290)
学习任务2　商品、环境及其保护 ………………………… (297)
学习任务3　绿色革命 ……………………………………… (303)

参考文献 …………………………………………………… (311)

◆项目一　商品学基础

★知识目标：

1. 掌握商品的概念及构成；
2. 熟悉商品学的研究对象与内容；
3. 了解商品学的研究任务和方法；
4. 了解商品学的发展概况。

★技能目标：

结合实例解释商品的构成。

★任务导入：

去和尚庙推销梳子

厉以宁教授对于商品的开发与销售有一段精彩演讲："有一个梳子厂，派出4个营销员到和尚庙去推销梳子。第一个营销员空手而回，说到了庙里，和尚说没头发不需要梳子，所以一把都没销掉。第二个营销员向和尚们宣传梳子梳头的活血健身功能，销出10多把梳子。第三个营销员向老和尚强调，梳子可以方便香客美容，有助于寺庙香火旺盛，销出了百十把梳子。第四个营销员找到老和尚，给他出主意，说在梳子上写上庙的名字和"积善梳"三个字，可以保佑对方，这样就可以作为礼品储备在那里，谁来了就送，保证庙里香火更旺。老和尚当时就订购了几千把，后来又陆续不断地向梳子厂订货，成为梳子厂的一大客户。这一事例中的第四个营销员抓住了一个很好的切入点，把梳子、佛教文化和人们的情感有效地结合起来，创造了新的商机，并且不知不觉中已把梳子作为一件情感商品来推销了。"

思考问题：商品学的研究对象是什么？

学习任务1　商品的认知

一、商品的概述

商品是人类社会生产力发展到一定历史阶段的产物，它是指用来交换、能满足人们某种需要的劳动产品，具有使用价值和价值两个基本属性。商品的概念有狭义和广义之分。

狭义的商品，即传统的商品，是指通过市场交换，能够满足人们某种社会消费需要的物质形态的劳动产品，是有形商品。目前世界各国的商品学仍以这类商品为主要研究内容。

广义的商品，是指通过市场交换，能够满足人们某种社会消费需要的所有形态（知识、劳务、资金、物质等形态）的劳动产品。随着现代社会的高度商品化和技术创新的加速，商品的发展呈现出知识化、软件化、服务化等趋势和特点。商品已不满足于“需求”与“经济”相结合的形式，开始向“技术”与“文化”相结合的方向发展。这些都推动了商品学研究内容和深度的拓展，特别是软商品开发、市场及消费运作的研究。

凡是商品必须是劳动产品，不是劳动产品的不能成为商品，劳动产品如果不用于交换，也不能成为商品。所以商品必须具备“满足需要”和“通过交换”两种属性，只有具备这两种属性的劳动产品才是商品。例如：

1. 农民留下自用的那部分农副产品，就不能算做商品。

2. 库存积压卖不出去的产品，也不能算作商品。

综上所述，作为特殊劳动产品的商品具有以下基本特征：

1. 商品是具有使用价值的劳动产品；

2. 商品是供他人消费（即社会消费）的劳动产品；

3. 商品是必须通过交换才能到达他人手中的劳动产品。

随着社会经济的不断发展，人们认识到商品已从物质形态的劳动产品，发展到能够满足人们社会消费需要的所有形态。商品可分为很多种类，见图1－1。

- 商品种类
  - 物质形态
    - 工业生产资料
    - 农业生产资料
    - 生活资料
      - 食品
      - 纺织品
      - 日用工业品
      - 家用电器
  - 其他形态
    - 劳务形态
    - 资源形态
    - 知识形态
      - 科学技术
      - 文化艺术
      - 信息商品

图1－1 商品种类

二、商品的属性

商品具有价值和使用价值二重性。商品价值是指商品所包含的一定数量的社会劳动，即商品的生产成本等属性，是政治经济学研究范畴的；商品的使用价值是指商品的有用或效用，一方面商品具有能满足人们某种需要的自然属性，另一方面商品的有用性包含着它的社会有用性，即在一定条件下为社会需要的属性。商品的属性是多方面的，可概括为自然属性和社会属性。

商品的自然属性包括：商品的成分、结构、形态和化学性质、物理学性质（力学、电学、热学、光学、声学等性质）、生物学性质、生态学性质等。商品的社会属性包括：食品的经济属性、文化属性（民族、宗教、审美、道德等属性）、政治属性和其他社会属性。正是由于商品不同属性的组合，才使商品能够满足人们不同的消费需要。一般来说，在形成商品的使用价值或有用性时，起直接和主导作用的是商品的自然属性，它是商品社会属性存在的前提和基础。

三、现代商品的整体构成

消费者购买商品，本质上是购买一种需要，不仅体现在商品消费时，而且还表现在商品购买和消费的全过程。综合来说，商品不仅是使用价值和价值的统一，还是有形体和无形体的统一，商品能给人们带来的实际利益和心理利益部分，构成了商品整体。

概括地说，现代商品整体概念或构成应包括三个层次的内容，见表1－1。

（一）商品体

商品体，即商品所具有的满足某种用途的功能，是消费者真正要购买的服务和利益。如消费者购买苹果，是因为它好吃，能给人体提供营养；买洗衣机是为了洗衣服。核心部分表达的商品实质，是商品构成中最基本、最主要的部分。

（二）有形附加物

商品的有形附加物（也称为形式商品），是指核心产品借以实现的形式或目标市场对某一需求的特定满足形式。具体包括商品名称、商品包装及其装潢标志、商标及注册标记、专利标记、质量和安全卫生标志、环境(绿色或生态)标志、商品使用说明标签或标识、检验合格证、使用说明书、维修卡(保修单)、购货发票等。它们主要是为了满足商品流通(运输、装卸、储存、销售等)需要、消费(使用)需要以及环境保护和可持续发展需要所附加的。其中，包装、商标等本身也是一种商品。它们既有使用价值，也有价值。商标还会随着商品经营企业的技术进步和经营管理水平的提高而增加新的价值。

(三)无形附加物

商品的无形附加物，是指人们购买有形商品时所获得的各种服务和附加利益。它是指围绕商品使用价值的应用，给顾客带来的附加利益。消费者购买某件产品，不仅是希望获得包括形式产品本身及其内在应有的效用，而且还希望获得对该产品的质量保证，包括商品保证、运送、安装、维修、使用指导和各种服务。例如:提供信贷、送货上门与免费安装调试服务、售后保证与维修服务、退换退赔服务承诺、一定时期内的优惠折扣、附加财产保险等。产品的附加利益，有利于引导、启发、刺激消费者购买或增加购买某些产品。

表1-1　几类商品的三个层次分析

商品	商品体	有形附加物	无形附加物
钢、铁	建筑用、制造用	钢号(成分)、质量、品牌	使用指导、送货、培训
设备	加工零件	型号、质量、品牌、包装	使用指导、送货、培训
电视	视觉、听觉满足	质量、型号	服务、保修
服装	保暖	质量、款式	免费干洗
食品	充饥、营养	营养含量、包装	制作方法
药	治病、保健	成分、服用方法	服用说明、服药后表现
金融产品	收益、保值增值	保单、存单、卡	售前咨询、售后服务

学习任务2　商品学的研究对象与内容

一、商品学的研究对象

商品学是研究商品的科学，着重从商品的使用价值和价值方面来研究商品，因此，商品学是研究商品使用价值及其变化规律的科学。

商品的使用价值是指商品对其消费(使用)者的有用性或效用。商品的使用价值是由商品体的属性所决定的，离开商品体就不存在了，因此，商品学必须从商品体的属性来研究商品的使用价值;另一方面，商品的使用价值是满足他人和社会的使用价值，所以在研究商品使用价值时，还要研究商品体满足人和社会需要方面的特性。从这个意义上说，商品使用价值实际上反映了商品属性与人们社会需要之间的满足关系。

具体来说，商品的使用价值，是指商品的有用性，也就是满足人和社会的需要性。研究商品的使用价值，不仅要研究商品的成分、结构、外形、化学性质、生物学性质和物理学性质，还要研究商品的流行性、时代感、地区性、民族性和经济性等社会经济文化属性，满足人和社会在商品方面的物质需要和精神需要。

商品体有多少种自然属性，就可能有多少种使用价值，例如，煤既可作燃料，又是极具价值的化工原料。商品的自然属性不同，它们的使用价值也不同。例如，羽绒衣可御寒，食品可以充饥。在不同的社会经济条件下，同一商品也会出现不同的使用价值，例如绿色，在中国象征着生命，而在西欧葬礼时用绿色树叶铺地，所以忌用绿色地毯；再如对贫穷型消费者来说，能使其吃饱穿暖、坚固耐用的商品使用价值最大，而对富裕型消费者来说，舒适、美观、体现个性风度的商品更具有使用价值。同一种商品在同一消费者消费时，也可以有多种使用价值，例如，高档服装可用于一般的遮体御寒；也可用于美化人体、弥补某些体形缺陷；还可用来显示穿用者的身份和地位。

特别值得指出的是，商品的使用价值，是随着科学技术的发展和人们经验的不断丰富而陆续被发现的。商品的使用价值是一个动态的、综合性的概念。准确而全面地理解商品的使用价值，运用商品的使用价值学说指导商品的生产、经营和消费，对发展我国社会主义市场经济，具有重大的现实意义。商品自然属性的相对稳定性和商品社会经济属性的相对变化，决定着我们的商品生产、经营者要不断地调整商品结构，一切从市场出发，从消费者需求出发，注意适销对路，使企业主观上追求利润和客观上生产、经营着具有社会使用价值的商品有机地结合成一体。

二、商品学研究的内容

商品学是研究商品使用价值的科学，我们常用商品质量来表示商品的有用程度，反映商品满足人和社会需要的程度。由此可以推出，商品质量是商品使用价值的集中反映，商品使用价值的大小是用商品质量来衡量的，因此，商品质量是商品学研究的中心内容。

商品学研究的具体内容，是与商品质量密切相关的问题，包括商品的成分、结构、性质、生产工艺、工作原理、功能用途、分类品种、质量要求、检验评价、使用维护等。整体来说，商品学研究内容还包括商品与人、商品与时代、商品与环境等诸方面的问题。在环境保护日益被关注的今天，商品已从着重研究环境对商品的污染，发展到同时研究商品对环境的污染。在研究商品对环境污染上，既要研究商品对社会环境的污染，防止商品对人们身心的损害，也研究商品对自然环境的污染和对生态环境的破坏等问题；既研究清洁的商品生产技术，也要研究商品流通和消费时的环保。商品学在研究和评价商品时，已把商品的环境效应作为一个重要内容。

任何事物都是不断发展的，商品学研究的课题也是随着社会生产力水平的提高，科学技术的进步，人类生活范围的扩展和需求的变化而不断被开发出来。商品使用价值领域的不断拓宽，商品质量水平的不断提高，商品品种类型的不断增多，必然会使商品学研究的内容向更高的层次发展，更加适应市场经济发展的需要。

具体主要从以下几个方面研究：

（一）研究商品分类与编码的原则、方法及应用，国际和国内商品分类与编码体系的比较，商品条码技术和电子标签技术

商品种类繁多，性质各异，用途复杂，在贸易中的地位有主有次。因此必须采用科学的商品分类，以便分工负责，分类经营管理。同时为便于研究商品的使用价值，有助于从整体

上更好地把握所研究和管理的商品集合体，也需对商品进行分类。

研究商品分类的内容主要有商品分类中各类别的概念及相互关系，商品分类与编码的原则、方法及应用，确立商品分类的划分依据，建立科学的、系统的商品分类体系，国际商品分类与编码体系，条码技术的作用与应用，电子标签技术在物流和供应链管理中的优势。

(二)研究商品的质量要求、质量管理、质量认证、质量体系及质量体系认证

商品质量是商品学研究的中心内容，是企业和消费者关心的热点，也是商品进入市场流通的通行证。提高和保证商品质量是满足人们生活水平日益提高的需要，也是增强我国国民实力的需要。

研究商品质量的内容主要有商品质量的概念及商品质量的构成，食品、纺织品、日用工业品商品质量的基本要求，生产和消费过程对商品质量的影响，质量管理的概念及质量管理的基本方法，质量认证及质量体系认证。

(三)研究商品检验和商品标准

商品检验的目的是确定商品的质量，对商品质量进行控制和管理的一种有效手段。建立快速、准确、实用的商品检验方法，用于商品验收和质量监督检验，对防止不合格商品和假冒伪劣商品进入流通领域、确保商品的质量、保证商品品质规格和要求，保护消费者的利益起着重要的作用。商品标准是评价商品质量好坏的理论依据，加速采用国际标准和国外先进标准，对促进技术进步，提高产品质量，加快与国际惯例接轨具有重要的意义。

研究商品检验和商品标准的内容主要有商品检验的概念、种类和作用，商品检验中的抽样，商品检验的项目及依据，商品检验的常用方法；商品标准的概念、分类、商品标准的分级，商品标准化。

(四)研究商品包装和装潢

商品包装和装潢是商品生产的重要组成部分，绝大多数商品只有经过包装和装潢，才算完成生产过程，才能进入流通领域和消费领域。商品包装和装潢也是一种特殊商品，本身具有价值和使用价值，包装和装潢是促使被包装商品实现其价值和使用价值的手段。

研究商品包装和装潢的内容主要有商品包装的概念、功能，合理化包装，包装材料和包装技法，包装标志，商品包装的装潢设计。

(五)研究商品储运和养护

商品的储存养护是商品流通过程中一个必不可少的环节，是降低商品损耗、维护商品质量的重要措施，是保证商品使用价值实现的主要手段之一。商品在存放和流通过程中，由于受到各种外界因素的影响往往会发生各种各样的质量变化的现象，如果采取科学的储存养护措施，控制各种外界条件对商品质量的不利影响，就可以使商品质量趋于稳定或延缓其质量的恶化。

研究商品储运和养护的内容主要有商品储运期间的质量变化，影响商品质量变化的主要因素及控制，商品养护的技术和方法。

从商品学的研究内容看，商品学与许多学科的理论和知识有着密切的联系，这一点也决定了商品学这门学科所涉及的理论知识具有广泛性。商品学与物理学、化学、生物学、生理学、微生物学及其他一些基础科学有着密切的联系，这些学科的基础理论和基本方法是研究商品组成成分、结构和性质，商品质量评定方法，商品包装材料的性质、包装防护的措施，

商品养护方法的工具。商品学与市场学、经济学、管理学、广告学、心理学、美学和地理学也有着密切的联系。可以确认商品学是一门既具有自然科学性质，又具有社会科学性质的综合性应用学科。

三、商品学学科的性质

任何一门学科都有自己独特的研究对象，但并不是与其他学科没有关系。学科与学科之间的联系，既是学科发展的前提，又是学科发展的必然结果。我们知道从商品学研究的对象和内容看，商品学与许多学科的理论知识有着密切的联系，这一点也决定了商品学这门学科所涉及的理论知识具有广泛性。

研究商品的成分、结构和性质，要以化学、物理学、动物学、植物学和微生物学等学科基础理论和基本知识，以及研究这些学科的基本方法为基础。

研究商品质量评定，对其依据的研究离不开各种商品的质量特性，这就需要计量学、标准化等学科的理论知识。对评定方法的研究，离不开物理学、分析化学和微生物学等学科基础理论知识。

研究影响商品质量的因素，涉及的学科领域更加广泛。从工业品商品的生产影响因素看，离不开原材料学和生产工艺等学科的理论知识。从农产品商品的生产影响因素看，需要植物栽培学、动物饲养学等学科的理论知识。

研究商品包装，除研究商品成分、结构和性质外，还要研究商品包装材料的性质、包装容器的结构和特点，以及包装的一些防护措施，也需要物理学、化学和材料科学的理论知识。

研究商品质量的保养和维护，既要研究在外界因素影响下商品质量变化的形式及其规律，又要研究商品成分、结构和性质的变化等内在因素，还要研究影响质量变化的各种外界因素，这同样需要物理学、化学、气象学、微生物学、昆虫学等学科的理论知识。

研究商品分类、商品品种类别及其构成，乃至品种发展规律需要分类学、统计学等学科的理论知识。研究商品名称、型号和系列，对其进行科学规范，需要标准化、数学等学科的理论知识。

此外，在研究商品质量和品种过程中，还需要市场学、经济学、管理学、广告学、心理学、美学和地理学中有关的理论知识。

综上所述，研究商品的使用价值不仅需要自然科学理论知识，也需要社会科学理论知识。因此说，商品学既是一门边缘学科，又是一门综合性较强的应用技术学科。

学习任务3　商品学的研究任务和方法

商品学不仅有独特的研究对象和内容，也有独特的研究任务、方法和其他学科不可替代的地位与作用。研究商品学的任务、方法和作用，不仅有利于进一步明确本学科的研究方向和目标，还有利于进一步理解学习本课程的目的与意义。

一、商品学研究的任务

商品学是以商品质量和商品品种为中心内容，研究商品使用价值的一门学科。它的任务是站在商品流通的角度，通过为商品流通服务，促进工农业生产乃至整个国民经济的发展，指导社会对商品使用价值的消费。其任务如下：

（一）阐述商品的有用性和适用性

商品的有用性和适用性是构成商品使用价值的最基本条件，离开了对商品有用性和适用性的研究，商品的使用价值就无从谈起。只有对商品有用性和适用性进行全面的阐述，才能发现和明确商品的用途和使用方法，从而扩大商品的使用范围。

（二）为评价商品质量奠定基础

商品质量是企业的生命，又与消费者的切身利益紧密相关。通过商品成分、结构和性质的分析，探讨与研究商品质量特性和检验商品质量的方法及方法的选择，可以更好地为制定、修订商品质量标准和商品检验标准提供依据，从而为评价商品质量奠定良好的基础。

（三）分析商品的质量变化规律

商品质量虽然是在生产过程中形成的，但也处于动态变化之中，由于商品在流通领域中的运转和停留，必然要受到各种外界因素的影响，从而发生不同的质量变化。商品学不仅要研究商品质量变化的类型及其特征，更重要的是分析质量变化的原因，并从中找到抑制商品质量劣变的有效方法。

（四）研究商品的科学系统分类

商品经营管理的目的不同，商品的分类体系也相应不同。通过对商品分类原则和商品分类方法的研究，提出明确的分类目的，选择适当的分类标志，才能进行科学系统的商品分类，将分类的商品集合体形成适应需要的商品分类体系、商品目录和商品代码。

（五）指导商品使用价值的形成

通过对商品各种属性的研究，不仅可以促进对商品个体使用价值内容的把握，也可促进对商品群体使用价值构成的了解，从而为企业提供有效的商品需求信息，指出对商品的质量要求和品种要求，保证市场上的商品适销对路。

（六）促进商品使用价值的实现

商品经营管理者学习研究商品学，不仅可掌握商品的有关理论知识，经营管理好各种商品，实现商品使用价值的交换，还可以通过大力普及商品知识使消费者认识和了解商品，学会科学地选购和使用商品，掌握正确的消费方式和方法，促进使用价值的最终实现。

（七）研究商品使用价值的再生

通过对商品废弃物与包装废弃物处置、回收和再生政策、法规、运行机制、低成本加工技术等问题的研究，推动资源节约、再生和生活废物减量，保护环境的绿色行动。

二、商品学的作用

通过商品学研究对象、内容和任务的研究，可以看出商品学既是连接生产技术与商业经济的桥梁，又是连接商品生产与商品销售的纽带。实践证明，商品学在多方面起到了其他学科不可替代的作用。

（一）准确了解消费需求，组织适销对路商品

不同商品，有不同用途；同一商品，也可有多种用途。许多商品受欢迎的程度会随时间或季节变化而发生变化；商品种类繁多，经营管理者只有熟悉商品属性，才能进行科学的预测和决策，按照市场的客观需求，购进适销对路的商品，更好地满足消费者的需要。

（二）恰当评价商品质量，保护消费者利益

商品学所研究的商品属性、商品标准和检验方法等理论知识，为商品质量评定奠定了基础，从而可以更好地贯彻产品质量法、标准化法、食品卫生法和合同法，恰当地评价商品质量，把好商品质量关，确保提供质价相称的商品，切实保护消费者的利益。

（三）科学进行包装和储运，使商品质量得到保护

商品在流通领域中，由于质量变化所造成的损失是不少的，但经营管理者缺乏商品理论知识也是一个不可忽视的原因。他们通过商品学学习，掌握商品属性及其相关理论，可依据商品质量变化的原因和特点，对商品进行科学包装、储存和运输，从而使商品质量得到保护，减少或避免商品变质损失。

（四）搞好商品信息反馈，促进商品生产发展

流通环节销售商品的显著特点是点多面广，直接接触广大消费者，对商品质量、花色、品种情况，以及需求走势等信息的了解最直接最全面。经营管理者懂得商品理论知识，则可准确地将消费者的意见反馈给生产部门，从而更好地促进商品生产的发展。

（五）科学进行商品分类，利于经营管理现代化

信息化是现代社会的客观趋势，也是对商品流通的必然要求。商品分类是商品经营管理信息化的基础，经营管理者通过对商品分类理论知识的学习，在对商品进行科学分类的基础上将商品信息更准确、更迅速地输入微机，有助于促进商品经营管理的现代化。

（六）正确指导消费，充分发挥商品更大作用

各种商品的使用或食用方法，与商品体本身的属性密切相关。经营管理者通过对商品理论知识的探讨，系统地掌握商品的属性，科学地使用或食用各种商品，商品的价值才能得到充分的发挥，起到它应有的作用。

总之，商品经营与管理者天天从事商品购、销、运、存货多，每天都在跟商品打交道，时时

刻刻也离不开商品理论知识。要想把企业的商品经营与管理搞好，光凭事业心和责任感是不够的，还必须掌握业务技术，即要学习商品学，因此可以说，商品学是商品经营与管理人才培养不可或缺的一门课程。

三、商品学的研究方法

(一)科学实验法

科学实验法是在实验室内运用一定测试仪器和设备，对商品的成分、结构、性能等进行理化分析鉴定的研究方法。此法具有良好的控制和观察条件，所得的结论正确可靠，是分析商品成分，鉴定商品质量，研制新产品的常见方法。

(二)现场实验法

现场实验法是通过一些商品专家，或有代表性的消费者群，凭人体感官的直觉，对商品质量作出评价的研究方法。这种方法的正确程度受参加试验者的技术水平和人为因素的影响，但简便易行，许多商品的质量评比，一些新产品的试穿、试戴、试用都采用这种方法。

(三)技术指标法

技术指标法是在一种科学实验的基础上，对一系列同类商品，根据国内或国际生产力发展水平，确定技术质量指标，供生产者和消费者共同鉴定商品质量的方法。这种方法有利于促进商品质量的提高，但确定各类商品的质量指标是一项复杂而巨大的工程。

(四)社会调查法

商品的使用价值是一种社会性的使用价值，全面考察商品的使用价值需要进行各种社会调查，特别是在商品不断升级换代、新产品层出不穷的现代化社会，社会调查显得更加实际和重要，它具有双向沟通的重要作用。社会调查法主要有现场调查法、调查表法、直接面谈法和定点统计法。

(五)对比分析法

对比分析法是将不同时期、不同地区、不同国家的商品资料收集积累，加以分析比较，从而找出提高商品质量、增加花色品种、拓展商品功能的新途径。流通部门可以利用联系面广、信息来源多的特点，运用对比分析法正确识别商品，促进生产部门改进产品质量，实现商品的升级换代，更好地满足广大消费者的需要。

(六)系统分析比较法

商品的研究还必须考虑到商品与环境、商品与人、商品与国民经济的关系，是一个复杂的系统工程，单从一个方面或几个方面来研究，有时难免有偏差，只有把商品作为一个小系统，放在社会这个大系统中加以分析、研究和考察，才能得出一个全面、公正的结论。

学习任务4　商品学的发展概况

一、国外商品学的发展概况

商品学的产生与发展是与商品经济密切联系在一起的。商品经济是商品学赖以发展的基础。由于研究商品经济的需要，产生了商品学。伴随着商品经济的发展，商品经济的研究工作又逐步深化，发展了商品学。商品学成为一门独立的科学，在科学史上还很年轻。它的产生和发展，大体可分为萌芽、创立、发展三个阶段。

(一)商品学萌芽时期

关于商品学的萌芽时期，各国的情况不相同，说法也不一致。前苏联尼·阿·阿尔克谢斯基编著的《工业商品学纵论》中提到，俄国于1575年出版过一部《商业教科书》，推论商品学起源于此；日本斋藤进编著的《食品商品学》中提到，日本的商品学是从16世纪开始出现的，其根据是16世纪日本的直濑道三编著的《宜禁草木》一书接近于商品学；还有一种说法认为，1553年意大利的普那菲特编著的《生药学》一书是世界上最早的一部商品学。

1675年，法国的萨莱维编写了同国外进行商品贸易的一般知识，书中按商品不同，分别讲述商品的产地、销售、制造、贮存等，内容上与现在的商品学较为接近；1708年，马佩格尔根据对外贸易的需要，又编写了商品辞典，使商品知识进一步规范化。

1717年，德国出版了卡尔路德维斯·卡塔尔教授编著的商品学教科书，并自阿莱比锡大学讲授了此书。书中逐一介绍商品的分类、生产、性质、选择、鉴定、价格、包装、贮存、用途等，从内容上看，更接近了商品学体系。

(二)商品学创立时期

国外认为，商品学的创立时期是从1780年开始的。1780年，德国哥丁堡大学的约翰·贝克曼教授在该大学举办了生产品与工业品讲座，主要讲授商品的生产技术和商品的性质、产地、价格、包装等知识。1793年出版了他编著的《商品学绪论》一书，该书侧重于进口商品，其内容主要是为商业提供必要的商品知识，被称为贝克曼商品学。从此，建立起了古典商品学的科学体系。1804年，路易斯·米切尔·列尤克斯将商品学分为理论和知识两部分(即商品学的鉴定和商品的一般知识)，商品学的体系得到初步确定，并在内容上有所拓宽。

19世纪产业革命后，商品生产转入大生产方式，商品经济进一步发展，商品鉴定的地位被突出出来。德国波恩大学的朱雷斯·维斯纳尔教授创立了原材料质量鉴别法，并于1867年、1873年相继发表了《工业显微镜》、《植物原料学》等著作，主要阐述应用显微镜鉴定原材料及其产品质量。从此，建立了鉴定商品学的独立思想，成为从自然科学方面研究商品的一个流派。

俄国于1831年在莫斯科商学院开设了商品学课程，1839年出版了商品学书籍；1860年吉塔尔教授编著了《商品学教程》，该书为普通商品学教科书。日本在19世纪也编著了不少商品学书籍。1811年，山本世儒编著了《怀山食性》，全书共七个部分，主要叙述菜、谷、鸟、鱼、兽、果、酿造物的食用性质。1849年，青苔园编著了通俗读物图谱《鱼贝能毒品物图考》，主要介绍鱼的形状、味道、食用等知识。明治初期，东京商法讲习所(现在的日本一桥大学)开设了《物产志》课程。《物产志》与商品学教科书很相似，主要内容是按区域划分原材料、动物、植物、矿物、工业用原料、食用原料、药用原料与制品等。明治17年，该书又改名为《商品博览志》。明治24年，出版了户田翠香的《日本商品学》，该书共3篇，包括进出口商品，以动物、矿物、等内容为主体。

（三）商品学发展时期

进入20世纪，伴随商品经济的发展，商品学也有了长足的进步。1906年，俄国的尼基琴斯基和彼德罗夫先后创立了《商品基础教程》、《工业商品学》和《食品商品学》，被前苏联称为苏联商品学的奠基人，该书的体系，也被我国商品学界视为现代商品学体系。

1984～1988年，出版了德娃洛夫最新编著的《日用工业商品学》，该书在内容、体系上都有所创新。

1910～1930年，英国出版了铁、矿石、煤炭、小麦、棉花、咖啡等70余种商品知识书籍，对国内外贸易起了一定的作用。近些年，也出版了不少商品知识丛书，作为科学技术普及读物。

1926年，日本的上坂酋三编著了《商品学概论》一书，该书是以市场价值为中心来研究商品的。1976年，出版了水野良象编著的新书《商品学读本》，该书主要从自然科学和社会科学两个方面研究商品。

1930年，美国发起了消费者运动。出于对商品质量监督、判断的需要，于1936年出现了商品研究机构，主要从市场消费和企业活动两个方面来研究商品。同年，出版了哈佛大学戈林女士编著的《购物试验指导》教科书。1949年，加利福尼亚大学出版了《消费品的标准与标志》教科书。近年来，又出版了《纺织品及其选择》、《现代纺织品》、《纤维与织物》、《纺织原料学概论》等一些纺织商品学方面的书籍。这些书籍都供家政系讲授商品知识使用。

第二次世界大战以后，经济学体系的商品学逐渐兴起，1958年，奥地利的格伦斯希特尔创立了商品经济学;1961年，原联邦德国的库兹尼格创立了经济商品学。

1976年，成立了国际商品学会（LGWT），总部设在维也纳，现有十多个国家参加，在当今世界范围内，商品学存在着三大学派，即技术学派、经济学派和融合学派。技术学派主张从自然科学方面研究商品，确立以商品鉴定为主体的商品学。经济学派主张从社会科学方面研究商品，建立以市场价值为中心的商品学。融合学派认为商品学仍然要重视自然科学和技术，但要与经济、社会联系起来，以商品为中心进行研究。日本的水野良象在他编著的《商品学读本》中提到:“商品学既不是研究物质的自然科学，也不是研究经济的社会科学，而是这两者融合起来的一门科学。”原联邦德国费尔提出:“现代商品学应把商品作为经济物，从自然科学和技术科学及经济科学方面研究和探讨商品形成和消费全过程中的各种现象及其变化规律。”奥地利的加瑟物也认为:“传统的商品学中应该保留自然科学的内容，但还有增加市场学、销售学、市场情报、质量管理等经济学科和管理科学的内容。”

二、我国商品学发展简史

我国的茶叶生产很发达。公元800年，唐代复州竟陵（今湖北天门）人陆羽编著了《茶经》一书，全书共三卷十节，对茶叶的性质、品质、审评等均有涉及。我国商品学界认为，《茶经》应是世界上最早的一部商品学论著。公元1578年，明朝李时珍著有《本草纲目》一书，全书共16部60类，收载药物1892种，系统地总结了我国16世纪以前药物学方面的经验，是我国药物学、植物学等方面的宝贵遗产。《本草纲目》刊印后，有多种外文译本在国外流传，也是历史上一部较早的商品学论著。

公元1870年前后，清朝王秉之编著了《万宝全书》，其续篇中有《贸易须知》一篇，介绍给商人许多经商经验，其中包括商品知识。1917 年，方嘉东编著了《商品研究通论》，1925 年，戬在珣编著了《商品学》，1932 年，刘冠英编著了《现代商品学》。1934 年前出版的商品学还有潘吟阁的《分业商品学》、王博仁的《商品学》等。从 1936 年起，北平大学、中国大学、津法大学、沪江大学、暨南大学等高等院校相继开设了商品学课程。1949 年新中国成立后，在高等财经院校的国内贸易系、对外贸易系、合作系等首先开设了商品学课程。1951 年，中国人民大学由前苏联专家执教，招收了商品学研究生班，培养了一批商品学师资。1958 年，部分高等商业、财经院校创办了商品学系或商品专业。在原商业部领导下，编写了多种商品学教材，商品学的教学和科研工作有了很大进展。1959 年，《商业研究》开展了商品学的研究对象与任务的学术讨论。1961 年 7 月开始，大公报也开辟专栏开展了商品学学术讨论。1963 年 9 月，在哈尔滨召开了首届商品学学术讨论会，就商品学的研究对象与任务、内容与体系等问题进行了深入的探讨，为商品学科的发展起了很大的推动作用。

十年动乱期间，商品学这门学科受到了严重的摧残和破坏，在消灭商品生产的口号鼓动下，商品专业停办了，商品学课停开了，多年培养形成的商品学师资和科研队伍几乎全部解体。

党的十一届三中全会以来，在党的正确路线、方针和政策的指引下，商品学科得到了迅速发展，商品学科的科研工作也进入了一个新的时期。从 1983 年起，先后成立了天津、西安、黑龙江、内蒙古、河南、上海、深圳、湖南等省（区）市商品学会或商品研究会，并于 1985 年 8 月，成立了天津、西安、黑龙江、内蒙古商品学会联合会。1995 年 9 月，在北京正式成立了中国商品学会，与此同时，在我国召开了第十届国际商品学学术研讨会。

随着生产和科学技术的发展，商品学的研究领域在逐渐扩大。目前已把“商品与环境”、“识别假冒伪劣商品”等内容列入了商品学的研究范畴。将来商品学的教学和科研工作定会出现新的生机，商品学科也将伴随着商品经济的发展，展现出健康繁荣的景象。

任务小结

商品是用来交换的劳动产品，具有使用价值和价值两个基本属性，以物质形态或其他形态存在于社会，由核心部分、形式部分和延伸部分构成商品整体。

商品学是研究商品使用价值及其变化规律的科学，商品的使用价值是指商品对消费者的有用性或效用，商品的使用价值是由商品属性所决定的，是满足他人和社会的使用价值，并随着科学技术的发展和人们经验的不断丰富，而陆续被发现的，因此，商品的使用价值是一个动态的、综合性的概念。

商品学研究的中心内容是商品质量，研究的具体内容是与商品质量密切相关的问题，研究的整体内容还包括商品与人、商品与时代、商品与环境等方面的问题。

商品学的研究任务是站在商品流通的角度，通过为商品流通服务，促进工农业生产乃至整个国民经济的发展，指导社会对商品使用价值的消费。

商品学的研究方法有科学实验法、现场实验法、技术指标法、社会调查法、对比分析法和系统分析比较法等。

思考题:

1. 如何理解商品学的研究对象?
2. 商品学的研究内容是什么?
3. 商品学的研究方法有哪些?
4. 简述商品学的发展过程。

◆项目二　商品分类与编码

★知识目标：

1. 商品分类的概念、分类原则；商品分类法和商品分类体系；
2. 商品编码和商品编码的原则；商品编码的种类和方法；
3. 商品目录及商品目录的种类；
4. 商品代码与条形码的区别。

★技能目标：

1. 运用所学知识进行常见商品的经营分类；
2. 能够运用线分类法和面分类法对商品进行分类并找出分类编号；
3. 能够运用商品编码的原则在全国工农业产品（商品、物资）分类与代码（国家标准GB7635－87）中找到商品编码；
4. 能正确使用分类标志。

★任务导入：

华联超市商品分类

华联超市经营的商品种类可以达到上万种，如何对这些商品进行管理，既适应陈列及顾客购买的需要，又能提高企业管理效率，这就需要超市对其经营的商品进行细致的分类编组，他们对所经营的商品分类编组如下：

第一大类：冷冻食品类

具体包括以下商品：冷冻家禽、冷冻肉类、冷冻水产品、速冻蔬菜、冷冻制品、熟肉制品、冷饮等。

第二大类：饮料食品类

具体包括以下商品：碳酸饮料、果汁、茶饮料、饮用水、纯奶、奶制品饮料、其他饮料、咖啡类、麦片、胶囊、片类、冲剂、酸奶、其他饮料补品。

第三大类:糖果糕点类

具体包括以下商品:奶糖、夹心糖、礼盒装糖果、巧克力、果冻、布丁、饼干、夹心饼干、巧克力饼干、膨化食品、薯片、锅巴、微波食品、中式糕点、西式糕点、蛋糕、面包、汉堡、奶油、黄油、自产糕点等。

第四大类:炒货蜜饯类

具体包括以下商品:香瓜子,葵花子、开心果、杏仁、豆子、果仁、松子、榛子、核桃、核桃仁、山楂、陈皮,果皮、梅 、葡萄干、应子、芒果、水果干、蜜饯类糕饼等。

第五大类:调味品类

具体包括以下商品:盐、糖、酱油、火锅调料底料、味精、鸡精、醋、糟醉料、炝料、蘸料、淀粉、汤羹料、色拉酱、花生酱、辣酱、麻油、辣油、蚝豉油、沙司、芥末、油等。

第六大类:烟酒茶类

具体包括以下商品:茶叶、白酒、黄酒、啤酒、米酒、葡萄酒、洋酒、果酒、补酒,其他烟、酒、茶类等。

第七大类:软包装食品

具体包括以下商品:肉干类、鱼干类、海苔类、油面筋、肉松、火腿肠、豆腐干、粽子、即食海带、海蜇、肫、其他软包装食品等。

第八大类:酱菜罐头类

具体包括以下商品:酱菜类、果酱,果泥、八宝粥、腐乳、肉制罐头、糟醉食品、猫狗粮、水果罐头、素制罐头、零称酱菜、其他罐头类等。

第九大类:南北货腌腊制品

具体包括以下商品:桂圆、枣类、枸杞、木耳、银耳、菇类、笋类、莲心,百合、虾皮类、鱼制品类、豆类、仁类、海蜇、海带、紫菜、其他南北货、散装南北货、咸蛋、皮蛋、腌腊制品、散装腌腊制品、其他腌腊制品;

第十大类:洗涤、化妆类

具体包括以下商品:洗衣粉、洗衣液、柔顺剂、专用衣物洗涤剂、洗洁精、消毒液、玻璃清洁剂、厨房清洁剂、浴室清洁剂、地面(板)清洁剂、多用途清洁剂、洁厕用品、家具护理剂(蜡)、皮革护理剂(蜡)、地板蜡、鞋面护理用品 、空气清香剂、固体空气清香剂、防霉防蛀用品、蚊香及辅助用品、灭虫、杀虫剂、灭虫、害片(固体)、洗发露、洗发膏、护发用品、发型定型用品、染发、焗油剂、浴露、洗衣皂、香皂、特殊用途皂、洗手液、脸部清洁用品、化妆水、润肤霜、润肤露、润肤膏、润肤蜜、润肤油(包括甘油等)、防晒用品、护手(足)霜、花露水(防蚊水)、爽身粉、护理卫生用品、宠物洗涤用品、唇膏、彩装、礼品组合装、其他洗涤化妆类。

思考:商品分类的意义是什么?

学习任务1　商品分类

一、商品分类的概念

商品分类就是根据一定的目的，为满足某种需要，选择适当的分类标志或特征，将商品集合体科学地、系统地逐次划分为不同的大类、中类、小类、品类或类目、品种，乃至规格、品级、花色等细目的过程。

在不同的时期，商品的范围、分类对象并不完全相同，因此，商品分类的层次也不一样。目前，通常将商品分成大类、中类、小类、品类、品种和细目等类目层次(见表2－1)。

表2－1　商品类目层次表

门类	大类	中类	小类	品类	种类	商品	品种
消费品	食品	食粮	乳与乳制品	奶	牛奶	饮用牛奶	全脂饮用牛奶
消费品	日用工业品	家用化学品	肥皂、洗涤剂	肥皂	浴皂、洗衣皂	香皂	力士香皂

商品的大类是按商品生产和流通中的行业来划分的，既要同生产行业对口，又要与流通组织相适应。我国商品在门类的基础上分88个大类，如五金类、交电类、日用百货类、钟表类、针纺织品类、印刷品类等大类。

商品的品类也称中类即商品种类，是指若干具有共同性质或特征的商品总称，它包括若干商品品种。如食品类商品，可分为蔬菜与果品、肉及肉制品、水产品、乳及乳制品、蛋及蛋制品、食糖、茶叶、酒类等。

商品的品种是按商品的性质、成分等特征来划分，是指具体商品的名称。如去头屑洗发水、维生素洗发水、润亮洗发水等。

商品的细目是对商品品种的详细区分，包括商品的花色、规格、质量等级等，它更能具体地反映出商品的特征。包括商品的花色、规格、品级等。如:液晶彩电品种有海信TLM3201、索尼KLV－40X200A、LG 42LC7R、东芝42WL66C等。

二、商品分类作用

商品分类是将千万种商品在生产与交换中实现科学化、系统化管理的重要手段，必然对发展生产、促进流通、满足消费以及提高现代化管理水平和企业效益起重要作用。具体表现在以下几个方面:

(一)有利于掌握每类商品的共性

只有将商品统一分类后，才有可能将研究对象从每一个商品的个性特征归结为每类商品的特征。只有掌握了每类商品的共同特征，才能深入地分析商品的质量变化规律，为提高商品质量和合理使用、储存与运输商品创造条件。商品种类繁多，特征多样，价值不等，用途各异，只有通过对统计数据的收集、整理和分析才能掌握其生产量、销售量、消费量和库存量的情况，并对其发展趋势进行预测分析。而只有建立在科学的商品分类基础上的统计数据才具有可比性和实际意义。

(二)有利于有秩序的商品市场供给

商品分类有利于在一定范围内使商品名称、类别统一化，便于有秩序的商品市场供给，从而给消费者和用户的选购带来方便条件。商品经营行业的划分，商场商品部、组的设立，不仅使不同商品经营行业以及各种商场的商品经营管理井然有序，也便于消费者到不同行业的商场乃至不同的商品部、组去选购商品。

(三)是实现现代化管理的前提和必备手段

将商品进行科学分类，为建立统一的经济信息自动化系统提供信息交流的共同语言，促进了经贸活动的发展。电子计算机在商品现代化管理中得到广泛应用，为商品的科学分类、编码及快速处理和存储商品信息创造了条件，同时对商品分类和编码提出了更高的要求。许多国家在国内外贸易中利用电脑和商品信息系统查询商品的性能、生产的国别、生产经营者、价格、货源量、存放地点等信息，商品分类与编码对加速商品现代化管理进程起了重要作用。

三、商品分类的基本原则

为了实现商品的科学分类，使商品分类能够满足特定的需要，分类时必须遵循以下原则：

(一)必须使商品分类科学实用

不同国家、不同历史阶段，由于商品的更级换代，新产品的不断涌现和其他各方面的原因，商品集合体包括的范围不完全相同;各行业、各部门所管理的商品范围也不同，因此，在进行商品分类时，首先必须明确拟分类的商品集合体所包括的范围，这样实际进行的商品分类才符合客观实际。实用性是检验商品分类的实践标准，商品分类首先应满足国家总政策、总规划的要求，同时应充分满足生产、流通及消费的需要。因此，商品分类应尽最大努力结合各部门、各系统、各行业、各企业及消费者的实际，满足各方面的需要。

(二)必须满足分类的目的和要求

由于各行业、各部门和各企业对商品进行分类的目的和要求不同，商品分类体系也是多种多样的，不同的商品分类体系有各自特定的分类目的。因此，对商品进行分类时必须明确分类的目的。

(三)保证分类从本质上反映出商品的特性

对商品进行分类时，选择分类标志至关重要，只有分类标志能够满足分类的目的和要求，才能保证分类具有科学性和系统性。商品的自然属性特征和社会经济属性特征均可作为商品分类标志。为了保证分类的惟一性和稳定性，必须选择最稳定的本质特征作为分类标志。

四、商品分类的基本方法

商品分类时通常采用的基本方法有线分类法和面分类法两种，在使用时应根据管理上的具体需要进行选择。由于商品复杂多样，在实践中通常采用以线分类法为主、面分类法为辅的有机结合分类方法。

(一)线分类法

又称层级分类法，它是将拟分类的商品集合总体，按选定的属性或特征逐次地分成相应的若干个层级类目，并编制成一个有层级的、逐级展开的分类体系。线分类体系的一般表现形式是大类、中类、小类和细目等级别不同的类目逐级展开，体系中，各层级所选用的标志不同，各个类目之间构成并列或隶属关系。以纺织纤维按线分类法为例(见表2－2)。

表2－2 纺织纤维线分类法结构

大类	中类	小类	细类
纺织纤维	天然纤维	植物纤维	棉花、麻类等
		动物纤维	羊毛、蚕丝等
	化学纤维	人造纤维	粘胶纤维、富强纤维、醋酸纤维
		合成纤维	锦纶、涤纶、腈纶、维纶、丙纶等

由一个类目直接划分出来的下一级各类目之间存在着并列关系，不重复、不交叉。在线分类体系中，一个类目相对于由它直接划分出来的下一级的类目而言，称为上位类，也叫母项；由上位类直接划分出来的下一层级类目，相对上位类而言，称为下位类，也叫子项。上位类与下位类之间存在着隶属关系，下位类从属于上位类。

线分类法的优点是层次性强，直观反映类目之间的逻辑关系，既符合手工处理信息的传统习惯，又便于电脑对信息的处理。其不足是结构缺乏弹性，即一旦确定了分类深度和每一层次的类目容量，并固定了划分标志后，变动某一划分标志比较困难。因此在应用时必须考虑有足够的后备容量。

在选择线分类法时，一般应遵循下列原则：

1. 在线分类中，由某一上位类划分出下位类类目的总范围应与上位类类目范围相等；
2. 当某一个上位类类目划分成若干个下位类类目时，应选择一个划分基准；
3. 同位类类目之间不交叉，不重复，并只对应于一个上位类；
4. 分类要依次进行，不应有空层或加层。

(二)面分类法

面分类法又称平行分类法，它是将拟分类的商品集合总体，根据其本身的属性或特征，分成相互之间没有隶属关系的面，每个面都包含一组类目。将每个面中的一种类目与另一个面中的一种类目组合在一起，即组成一个复合类目。

服装的分类就是按面分类法组配的。把服装用的面料、款式、穿着用途分为三个互相之间没有隶属关系的“面”，每个“面”又分成若干个类目。使用时，将有关类目组配起来。以服装为例，对其采用面分类法，结构如下(见表2－3)。

表2－3 服装面分类法结构

服装面料	式样	款式
纯棉	男式	中山装
丝棉	女式	西装
毛涤	男式	夹克
真丝	女式	连衣裙

面分类法的优点是分类结构柔性大，适用性强。分类体系中任何一个面内类目的改变，不会影响其他的面，而且便于添加新的面或删去原有的面，还可以实现按照任何面的信息进

行检索。但在实践中许多可组配的类目并没有实用价值，并且面分类法存在不能充分利用容量，难以手工处理信息的缺陷。

在选用面分类法时，应遵循以下几个基本原则：

1. 根据需要选择分类对象本质的属性或特征作为分类对象的各个“面”；
2. 不同“面”的类目不应相互交叉，也不能重复出现；
3. 每个“面”有严格的固定位置；
4. “面”的选择以及位置的确定应根据实际需要而定。

五、商品分类的意义

商品分类是商品学研究的基础，也是国民经济管理现代化的先决条件。商品的品种繁多，特征各异，价值不等，其性能、用途不同，只有将商品进行科学的分类，商品的科研、产品生产过程中的原材料选购、工艺路线的确定、生产设备的选择、产品的质量控制、运输、仓储养护、贸易中的计划、统计、结算等工作才能顺利进行。

（一）商品的科学分类，为国民经济的现代化管理奠定科学基础

现代化管理离不开电子计算机，电子计算机在商品经营管理中的应用依靠的是商品代码，商品代码是在商品分类基础上通过编码形成的，离开商品分类，商品代码就无从谈起。电子计算机的应用为商品的科学分类、编码提出了更高的要求。如在超级市场，对商品进行自动计价和盘结，就是依靠科学的商品分类、编码以及商品分类编码管理系统来实现的。因此，商品的科学分类为实现经济管理现代化奠定了基础。

（二）商品的科学分类，有利于国际信息资源共享和对外贸易的发展

我国采用了《商品名称及编码协调制度》（H·S 编码），能科学地分析研究国际商情，掌握国际市场商品结构和贸易信息交换。目前，在一些发达国家的贸易往来中，利用计算机和商品信息系统查询商品的性能、生产国别、厂商、价格、货源量、存放地点、贸易资料等商品信息，以实现商品信息流和物流管理的现代化。

（三）商品的科学分类，有利于标准化实施，也是制定商品标准的依据

通过商品的科学分类，可以使商品规格、型号、等级、计量单位、包装、标签等特征实现统一化、标准化，从而可避免同一商品在生产和流通领域的不同部门由于商品的名称不统一而造成管理上的困难。制定各种商品标准时，必须明确商品的分类方法、商品的质量指标和对各类商品的具体要求等，所有这些都应建立在商品科学分类的基础上。

（四）商品的科学分类，有利于开展商品研究和教学工作

由于商品种类繁多，特征和性能各异，它们对包装、运输、储存的要求也各不相同。只有通过对商品的科学分类，将研究对象从个别商品特征归纳总结为某类商品的类别特征，才能深入分析和了解商品的性质和使用性能，全面分析和评价商品质量以及研究商品质量变化规律，从而有助于商品质量的改进和提高，有利于商品检验、包装、运输、保管和科学养护，以及加强流通领域的商品质量保证和防止商品损坏、损耗。通过商品的科学分类，还有利于对商品品种和品种结构进行研究，从而为商品品种发展和商品新品种开发提出科学的依据。

在商品学教学中，按教学需要对商品进行科学分类，可以使商品学的知识系统化、专业化，便于理解和掌握，有利于开展商品的质量分析和评价、商品检验、商品包装与储运养护等

专题教学和研究。

(五)商品的科学分类，便于消费者和用户选购商品

在销售环节中，通过科学的商品分类和编制商品目录，能有序地安排好市场供给，合理地安排货架分区和商品摆放，正确地引导消费者识别和挑选，从而方便消费者和用户对商品的选购。

学习任务2 商品分类标志

一、选择商品分类标志的基本原则

(一)唯一性原则

分类标志的选择必须保证每个商品只能在体系内的一个类别中出现，不得在不同类别中反复出现;体系内的同一层级范围只能采用同一种分类标志，不得同时采用几种分类标志。

(二)科学性原则

科学性是分类的基本前提。商品在分类中所选择的标识必须能反映商品的本质特征并具有明显的区别功能和稳定性，以满足分类的客观要求，发挥分类的作用。

(三)简便性原则

分类标志的选择，必须保证建立起的商品分类体系在实际运用中便于操作，易于使用，有利于采用数字编码和运用电子计算机进行处理。

(四)目的性

分类标志的选择必须保证在此基础上建立的分类体系能够满足分类的目的和要求。

(五)区分性

分类标志本身含义明确，必须能从本质上把不同类别的商品明显地区分开来，保证分类清楚。

(六)包含性

分类标志的选择必须保证在此基础上建立的分类体系能够包容拟分类的全部商品，并为不断纳入新商品留有余地。

(七)层次性和关联性

通过选择分类标志，必须使商品分类建立在并列从属关系的基础上，高一级的类别与可从属的类别间存在着有机的联系，下一级分类标志是上一级分类标志的合乎逻辑的继续和具体化。

二、商品分类的主要标志

商品分类标志的选择是商品分类的基础，是一项十分重要而细致的工作。商品分类可供选择的标志很多，商品的用途、原材料、生产加工方法、化学成分、使用状态等这些商品最本质

的属性和特征，是最常采用的分类标志。

(一)按商品的用途分类

商品的用途是体现商品使用价值的标志，同时还是探讨商品质量的重要依据，所以按商品的用途分类，在实际工作中应用最广泛。它不仅适用于商品大类的划分，也适用于对商品种类、品种等的进一步详细分类。例如根据商品的基本用途，将商品分为生产资料与生活资料两大类；生活资料商品又按不同用途分为食品、衣着用品、家用电器、日用品等类别；在日用商品类中，可按用途分为鞋类、玩具类、洗涤用品、化妆品类等。在化妆品中，按用途还可以再分为皮肤用和毛发用化妆品。在此基础上还可以细分，如毛发用品可以分为清洁类、护发养发类、染发剂等。煤炭按用途可分为炼焦煤、动力煤、化工用煤和生活用煤。钢铁按用途可分为结构钢、工具钢和特殊用途钢等。

以用途为标志的分类方法，便于对相同用途的商品质量进行分析比较；有利于消费者按用途选购商品；有利于商品生产者提高商品质量，开发商品新品种；有利于商业部门搞好商品的经营管理。但对于多用途的商品则不宜采用这种分类标志。

(二)按商品的原材料分类

原材料的种类和质量，在很大程度上决定商品的性能和质量。选择以原材料为标志的分类方法是商品的重要分类方法之一。例如，纺织品按原料可分为棉织品、毛织品、麻织品、丝织品、化纤织品、矿物性纤维织品、金属性原料织品等；皮鞋以原料为标志分为牛皮鞋、猪皮鞋、羊皮鞋等。

以原材料为分类标志，商品分类清楚，但对于多种原材料构成的商品，不宜采用这种标志进行分类，如电冰箱、电视机、钟表等。

(三)按商品的生产加工方法分类

很多商品，即使采用相同的原材料制造，由于生产方法和加工工艺不同，所形成商品的质量水平、性能、特征等都有明显差异。因此，对相同原材料可选用多种加工方法生产的商品，适宜以生产加工方法作为分类标志。如酒类按酿造方法可分为蒸馏酒、发酵酒、配制酒；茶叶可分成全发酵茶(红茶)、半发酵茶(乌龙茶)、后发酵茶(黑茶)和不发酵茶(绿茶)；纺织品可分为机织品、针织品和无纺布等。对于那些虽然生产方法不同，但产品质量、特征不会产生实质性区别的商品，则不宜使用此种分类方法。

(四)按商品的主要成分或特殊成分分类

商品的许多性能、质量、用途往往由商品的成分决定，其中尤为重要的是组成商品的主要成分或特殊成分，因此，这种分类的标志可以通过商品的主要成分或特殊成分说明其主要性能和用途。如化肥可以划分为氮肥、磷肥、钾肥、复合肥；钢材可以划分为碳素钢和合金钢等；塑料制品可按其主要成分合成树脂的不同，分为聚乙烯塑料制品、聚氯乙烯塑料制品、聚苯乙烯塑料制品、聚丙烯塑料制品等；又如玻璃的主要成分是二氧化硅，但根据其中的一些特殊成分可分为钠玻璃、钾玻璃、铅玻璃、硅硼玻璃等。但对化学成分复杂的商品或化学成分不明显的商品，则不宜采用以主要成分或特殊成分作为分类标志。

(五)按商品的流通范围分类

商品的质量和性能以及不同商品的供给与需求不同，决定了商品的流通范围有大小之别，而流通范围在某种程度上又反映出商品的市场销路及质量情况。根据市场范围，商品可分为本地方商品、内销商品、外销商品。根据产地，商品可分为地产商品、外地商品、进口商品。

（六）以其他特征为分类标志

除上述分类标志外，商品的形状、结构、尺寸、颜色、重量、产地、产季等均可作为商品分类的标志。如钢材根据形状分为型钢、钢板、钢管、钢丝等。这些分类标志更容易为消费者接受，其特点是概念清楚、形象直观、特征具体、通俗易记、便于区别。

学习任务3 商品分类体系

一、商品分类体系的概念

在实际分类工作中，常常是先选择一个主要标志，将商品分成大类，然后再按不同的标志依次地将商品划分成中类、小类直至细目等，这样就形成一个完整的商品分类体系。

二、建立商品分类体系的基本原则

（一）科学性原则

必须明确要分类的商品所包括的范围，这样进行的商品分类才能符合客观实际；同时商品的命名要统一、科学、准确；分类的层次的划分要客观、合理，关键在于选择的分类依据应该是分类对象最稳定的本质特征或属性，这样才能经得起时间的考验。

（二）系统性原则

系统性是商品分类的关键。商品分类的系统性是指以选定的商品属性或特征为依据，将商品总体按一定的排列顺序予以系统化，并形成一个合理的科学分类系统。商品总体分成若干门类后，门类分为若干大类，大类分为若干中类，中类分为若干小类，直至分为品种、规格、花色等。

（三）可扩展性原则

又称后备性原则，即进行商品分类要事先设置足够的收容类目，以保证新产品出现时不至于打乱已建立的原有的分类体系和结构，同时为下级部门便于在本分类体系的基础上进行开拓细分创造条件。

（四）兼容性原则

商品分类要与国家政策和相关标准协调一致，又可与原有的商品分类保持连续性和可转换性，以便进行历史资料对比。

（五）实用性原则

商品分类要有利于从商品生产、销售、经营习惯出发，最大限度地方便消费者的需要，并保持商品在分类上的科学性。

三、主要的商品分类体系

目前我国常采用的商品分类体系可概括为基本分类体系、国家标准分类体系、应用分类体系等三种。

(一)基本分类体系

基本分类体系是按商品的基本使用价值即商品的用途作为分类标志，将商品分为生活资料商品(供衣、食、住、行、用等的商品)和生产资料商品(工业生产资料商品、农业生产资料商品)两大类。基本分类体系对于组织生产和消费水平的宏观调控具有重要作用。

(二)国家标准分类体系

国家标准分类体系是为适应现代化经济管理的需要，以国家标准形式对商品进行科学、系统地分类编码所建立的商品分类体系。

1987 年我国颁布了国家标准 GB7635 - 87《全国工农业产品(商品、物资)分类与代码》，这是全国各部门、各地区必须一致遵守的商品分类与商品代码准则。它为国民经济统一核算和国家经济信息系统提供了统一的商品分类体系。各部门、各地区在计划、统计、会计、业务等工作时，必须按标准及有关使用要求整理上报资料。该体系把我国生产的全部工农业产品、商品、物资划分为 99 个大类、1000 多个中类、7000 多个小类、总计 36 万多个品种。本商品分类体系采用 8 位数字编码，为四层次代码结构。为便于检索，设置了门类(23 门类，以英文大写字符表示，缺 I、O、Y)。各部门延拓细化时，可在 8 位数字代码后再加 4 位数字代码。

(三)应用分类体系

应用性分类体系是以实用性为原则，为满足使用者的需要进行分类所形成的分类体系。这种分类体系是从处理商品方便角度出发的，没有统一的分类标志，而是根据商品的某些共性加以分类，可以适应不同分类目的的需要，是一种实用性很强的分类体系。如：

1. 按原料来源分类：植物性商品、动物性商品、矿物性商品等。
2. 按加工程序分类：粗制品和精制品。
3. 按行业分工分类：农产品、林产品、水产品、畜产品、工业品等。
4. 按产地分类：进口产品、国内产品、地方产品等。
5. 按使用期限分类：耐用商品和易耗商品。
6. 按质量分类：优质产品、名牌产品和一般产品等。
7. 按用途分：食品、衣料品、住宅商品、产业用品、家庭用商品。
8. 按需要程度分：必需品、奢侈品等。

学习任务 4　商品目录

一、商品目录的概念

商品目录是指国家或部门根据商品分类的要求，对所经营管理的商品编制的总明细分类集。商品目录是以商品分类为依据，因此也称商品分类目录或商品分类集。商品分类是在商品逐级分类的基础上，用表格、符号和文字全面记录商品分类体系和编排顺序的书本式工具。

在编制商品目录时，国家或部门都是按照一定的目的，首先将商品按一定的标志进行定组分类，再逐次制定和编排。也就是说，没有商品分类就不可能有商品目录，只有在商品科学分类的基础上，才能编制层次分明、科学、系统、标准的商品目录。商品目录的编制就是商品分类的具体体现，商品目录是实现商品管理科学化、现代化的前提；是商品生产、经营、管理、流通的重要手段。

二、商品目录的种类

商品目录由于编制目的和作用不同，因此种类很多。如按商品用途不同编制的目录有食品商品目录、纺织品商品目录、交电商品目录、化工原料商品目录等等；按管理权限不同编制的目录有一类商品目录、二类商品目录、三类商品目录。这里重点介绍按适用范围不同编制的目录，具体包括国际商品目录、国家商品目录、部门商品目录、企业商品目录等。

（一）国际商品目录

国际商品目录是指由国际上有权威的各国际组织或地区性集团编制的商品目录。如联合国编制的《国际贸易标准分类目录》、国际关税合作委员会编制的《商品、关税率分类目录》、海关合作理事会编制的《海关合作理事会商品分类目录》和《商品分类及编码协调制度》等。

（二）国家商品目录

国家商品目录是指由国家指定专门机构编制，在国民经济各部门、各地区进行计划、统计、财务、税收、物价、核算等工作时必须一致遵守的全国性统一商品目录。如由国务院批准原国家标准局发布的《全国工农业产品（商品、物资）分类与代码》等。以冬麦为例：

A　农、林、牧、渔业产品

01 农业产品

0101 粮食作物产品

……

010110 小麦

01011001 冬小麦

……

表示为冬小麦属于 A 门类，第一大类，第一中类，第十小类，第一品种。

（三）部门商品目录

部门商品目录是指由行业主管部门即国务院直属各部委或局根据本部门业务工作需要所编制并发布的仅在本部门、本行业统一使用的商品目录。如国家统计局编制发布的《综合统计商品目录》、原商业部编制发布的《商业行业商品分类与代码》等。部门商品目录的编制原则应与国家商品目录保持一致。

（四）企业商品目录

企业商品目录是指由企业在兼顾国家和部门商品目录分类原则基础上，为充分满足本企业工作需要，而对本企业生产或经营的商品所编制的商品目录。企业商品目录的编制，必须符合国家和部门商品目录的分类原则，并在此基础上结合本企业的业务需要，进行适当的归并、细分和补充。如营业柜组经营商品目录、仓库保管商品经营目录等，都具有分类类别少、对品种划分更详细的特点。

学习任务5 商品编码

一、商品编码的概念

《商品条码管理办法》中明确商品编码是指包含厂商识别代码在内的对零售商品、非零售商品、物流单元、位置、资产及服务进行全球惟一标识的一组数字代码。商品编码又称商品代码，或商品代号、货号，是在商品分类的基础上，赋予某种或某类商品的代表符号，通常用具有一定规律的阿拉伯数字组成。商品代码与商品条码是两个不同的概念。商品代码是代表商品的数字信息，而商品条码是表示这一信息的符号。商品代码是制作商品条码符号的基础。

商品代码往往是商品目录的组成部分，商品分类与代码共同构成了商品目录的完整内容。使用商品代码，是为了加强企业的经营管理，提高工作效率，便于计划、统计、物价管理及核算工作，简化业务手续；使用商品代码还可以便于记忆、清点商品，便于实现现代化管理；对于容易混淆的商品名称，使用商品代码可以避免差错。

二、商品编码的编制方法

经国务院批准，1987年颁布了全国工农业产品（商品及物资）分类代码标准GB7635－87，统一了全国商品的分类和代码。根据这一国家标准，商品编码编制的方法如下：

（1）编码结构共分四层即大类、中类、小类、品种，由八位数字组成。门类另用英文字母表示顺序。

（2）每层均以两位数字表示，从01－99。第一、二、三层类目不再细分时，其代码后面补“0”，直至第八位。各层均留有适当空码，以备增加或调整类目用。各层数字为“99”的代码均表示收容类目。层内分成若干区间时，每个区间的收容类目一般用末位数字为“9”的代码表示。

（3）为满足管理上的特殊需要，第三层设有“开列区”，其类目用“01”至“09”表示，可按不同层次重新分类或按不同要求补充设置类目。如贸易粮的代码为A01010100。不设开列区时，第三层代码从“10”开始编码，如移动式空调器的代码为T78031005。

三、商品编码的类型

（一）数字型代码

数字型代码是用一个或多个阿拉伯数字表示分类对象（商品）的代码。其特点是结构简单，使用方便，易于计算机进行数码信息处理，是目前国际上普遍采用的一种代码。数字型代码是将每个商品的类别、品目、品种等排列成一个数字或一组数字。

GB7635－87标准采用的就是数字型代码。它是全国工农业产品（商品、物资）分类与代码标准，由国务院国民经济统一核算标准领导小组办公室和国家标准局信息编码研究所编写。

（二）字母型代码

字母型代码是用一个或若干个字母表示分类对象的代码。一般用大写字母表示大类商品，用小写字母表示其他类目。在商品分类编码中很少使用。《全国工农业产品（商品、物资）分类与代码》门类（见表2－4）。

表2－4　全国工农业产品（商品、物资）分类与代码门类

A	农、林、牧、渔业产品
B	矿产品及竹、木采伐产品
C	电力蒸气供热量、煤气（天然气除外）和水
D	加工食品、饮料、烟草加工品和饲料
E	纺织品、针织品、服装及其缝纫品、鞋帽、皮革、毛皮及其制品
F	木材、竹、藤、棕、草制品及家具
G	纸浆、纸和纸制品、印刷品、文教体育用品
H	石油制品、焦炭及煤制品
J	化工产品
K	医药
L	橡胶制品及塑料制品
M	建筑材料及其他非金属矿物制品
N	黑色金属冶炼及其压延产品
P	有色金属冶炼及其压延产品
Q	金属制品
R	普通机械
S	交通运输设备
T	电器机械及器材
U	电子产品及通讯设备
V	仪器仪表、计量标准及量具、衡器
W	工艺美术品、古玩及珍藏品
X	废旧物资
Z	其他产品（商品、物资）

（三）数字、字母混合型代码

数字、字母混合型代码是由数字和字母混合组成的代码。字母常用于表示商品的产地、性质等特征，可放在数字前边或后边，用于辅助数字代码。如“H1226”代表浙江产的杭罗；“C8112”表示涤粘中长纤维色布。它集数字代码和字母代码的优点于一身，结构严谨，具有良好的直观性和表现方式，符合人们的使用习惯。但由于代码构成形式复杂，给计算机输入带来不便，因此在商品分类编码中较少使用。国际上只有少数国家商品分类时采用混合代码。

（四）条形码

条形码是将表示一定信息的字符代码转换成用一组黑白（或彩色）相间的平行线条、按一定的规则排列组合而成的特殊图形符号。为了便于人们识别条形码符号所代表的字符，通常条形码符号下部印刷所代表的数字、字母或专用符号。常用的条形码分别在不同领域使用，商品流通领域用于商品标志的条形码主要是 EAN 和 UPC。

四、商品编码编制原则

(一)唯一性

唯一性原则是商品编码的基本原则，是指同一商品项目的商品应分配相同的商品代码，不同商品项目的商品必须分配不同的商品代码。基本特征相同的商品应视为同一商品项目。商品的基本特征是划分商品所属类别的关键因素，包括商品名称、商标、种类、规格、数量、包装类型等；不同行业的商品，其基本特征往往不尽相同；同一行业，不同的单个企业，可根据自身的管理需求，设置不同的基本特征。唯一性是指商品项目与其标识代码一一对应，即一个商品项目只有一个代码，一个代码只标识同一商品项目。商品项目代码一旦确定，永不改变。

如听装健力宝饮料的条码为6901010101098，其中690 代表我国 EAN 组织，1010 代表广东健力宝公司，10109 是听装饮料的商品代码。这样的编码方式就保证了无论在何时何地，6901010101098 就唯一对应该种商品。

(二)无含义

无含义性原则是指商品代码中的每一位数字不表示任何与商品有关的特定信息。有含义的编码，通常会导致编码容量的损失。厂商在编制商品项目代码时，最好使用无含义的流水号。在 EAN 及 UPC 系统中，商品代码仅仅是一种识别商品的手段，而不是商品分类的手段。无含义使商品代码具有简单、灵活、可靠、充分利用代码容量、生命力强等优点，这种编码方法尤其适合于较大的商品系统。

(三)稳定性

稳定性原则是指商品代码一旦分配，只要商品的基本特征没有发生变化，就应保持不变。同一商品项目，无论是长期连续生产、还是间断式生产，都必须采用相同的商品代码。即使该商品项目停止生产，其商品代码应至少在4 年之内(有些国家规定为3 年)不能用于其他商品项目上。

(四)全数字型

在 EAN 及 UPC 系统中，商品代码全部采用阿拉伯数字。

(五)简明性

要求商品代码结构在留足后备容量的前提下尽量简单。

(六)可扩充性

编码时要求留足备用代码，以备新产品出现扩充代码的需要。

五、商品编码的方法

商品编码的方法主要有顺序编码法、层次编码法、平行编码法和混合编码法等四种。

1. 顺序编码法。顺序编码法，是按商品类目在分类体系中出现的先后次序，依次给以顺序代码的一种编码方法。这种编码法简单，常用于容量不大的编码集合体。

2. 层次编码法。层次编码法，是以分类对象的从属、层次关系为排列顺序而编制代码的一种方法。这种方法常用于线分类体系，编码时将代码分成若干层级，并与分类对象的分类层级相对应。代码自左至右表示层级由高至低，代码左端为最高位层级代码，右端为最低位层级代码，各层级的代码常采用顺序编码或系列顺序码。如图 2－1 所示。

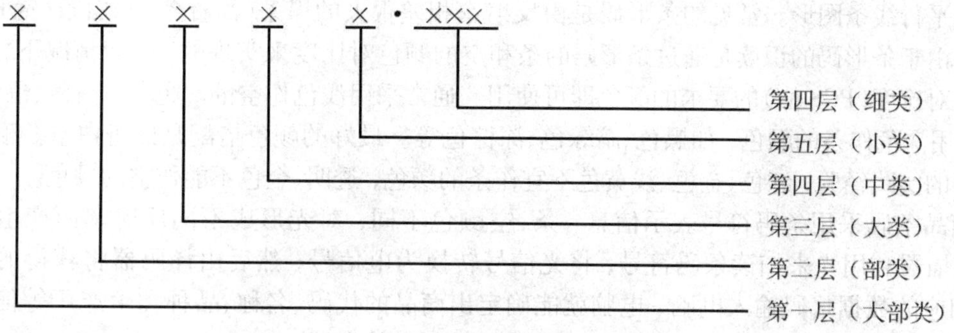

图 2－1　层次编码结构

3. 平行编码法。平行编码法，是将分类对象按其特征分成若干个面，再把每个面内的类目排列的顺序代码加以组合而形成代码的一种方法。这种方法常用于面分类体系，编码时按照面的排列顺序将各个面内类目的代码分别加以组合。

4. 混合编码法。混合编码法，是由层次编码法和平行编码法组合而成的一种编码方法。编码时先选择分类对象的各种特征，然后将某些特征用层次编码法表示。其余特征用平行编码法表示。

六、商品编码的管理

商品编码的管理是指商品条码系统成员在已获得厂商识别代码的基础上如何正确地给具体商品项目进行编码，以及对已编码的商品做好原始记录和档案，防止出现编码错误的工作过程，其基本要求就是要保证商品代码的唯一性。要遵循唯一性原则，关键是要严格区分商品的不同项目，主要应从商品的种类、规格、包装、颜色等几个方面来考虑。

系统成员应当指定专人负责商品代码的统一管理。加强对条码管理人员的业务知识培训，积极参加条码管理机构组织的培训班；要建立有关条码工作的规章制度，完善商品代码的原始记录和工作档案，以便于对编码唯一性进行检查；还要做好条码管理人员变动时有关资料的移交工作，以保持工作的连续性。

在编码管理的具体操作上，一般适宜采用“大流水”的编码方式，这样能够最大程度地体现编码的“唯一性”原则和“无含义”原则，减少编码出错的机会。

学习任务 6　商品条码

一、商品条码概述

商品条码是由一组规则排列的条、空及其对应代码组成，是表示商品特定信息的标识这组宽窄不同、黑白或彩色相间的平行线及其对应的字符，依照一定的规则排列组合而成的条空数字图形。在国家标准中，商品条码被定义为用于标识国际通用的商品代码的一种模块组合型条码。

条形码是由宽度不同、反射率不同的条和空，按照一定的编码规则（码制）编制成的，用以表达一组数字或字母符号信息的图形标识符，即条形码是一组粗细不同，按照一定的规则安排间距的平行线条图形。常见的条形码是由反射率相差很大的黑条（简称条）和白条（简称空）组成的。由于条形码的识读是通过条形码的条和空的颜色对比度来实现的，一般情况下，只要能够满足对比度（PCS 值）的要求的颜色即可使用。通常采用浅色作空的颜色，如白色、橙色、黄色等，采用深色作条的颜色，如黑色、暗绿色、深棕色等。最好的颜色搭配是黑条白空。根据条形码检测的实践经验，红色、金色、浅黄色不宜作条的颜色，透明、金色不能作空的颜色。

商品条码采用条码符号表示信息，条、空颜色不同，对光形成不同反射率而产生较大反差，扫描器利用光来扫读条码符号，将光信号转换为电信号，然后由译码器将获得的电信号译成相应的数据代码输入电脑，电脑就能确定出商品的代码、名称、品种和生产厂等信息。随着计算机应用的不断普及，条形码的应用得到了很大的发展。

二、商品条码的种类

常用的条形码有：通用产品条形码（Uniform Product Code），简称 UPC 条形码；国际物品条形码（International Article Number Bar Code），简称 EAN 条形码；二五条形码（Code25）；三九条形码（Code39）；库德巴条形码（Codabar Bar Code）等五种。前两种最常见。

（一）EAN 条形码

EAN 码是国际物品编码协会制定的一种商品用条码，通用于全世界。EAN 码符号有标准版（ EAN－13 ）和缩短版（ EAN－8 ）两种，我国的通用商品条码与其等效。我们日常购买的商品包装上所印的条码一般就是 EAN 码。EAN 码是当今世界上广为使用的商品条码，已成为电子数据交换（ EDI ）的基础。

1974 年，欧洲 12 国（英国、联邦德国、法国、丹麦、挪威、比利时、芬兰、意大利、奥地利、瑞士、荷兰、瑞典）的制造商和销售商代表决定成立欧洲条形码系统筹备委员会（Ad－Hoc Council），专门研究在欧洲建立统一商品编码体系的可能性。在吸取 UPC 条形码经验的基础上，开发出了与 UPC 条形码兼容的欧洲物品编码系统，简称 EAN 条形码。1977 年 2 月，正式成立了欧洲物品编码协会（简称 EAN），于 1981 年改名为国际物品编码协会（International Article Numbering Association），仍简称 EAN。现在 EAN 的会员已遍及六大洲的 50 多个国家和地区。

有了 EAN 码，商品就可以在超级市场的条形码扫描销售系统（POS 系统）进行销售，实现销售的自动化。因此，没有条形码的商品，就难以在国际市场上进行流通，也不能进入超级市场。

EAN 条形码有 13 位标准条形码（EAN－13 条码）和 8 位缩短条码（EAN－8 条码）两种版本。

1. EAN－13 条码的结构如下：

前 2 位（欧共体 12 国）或 3 位（其他国家）数字为国家或地区代码，称为前缀码或前缀号，用于标识商品来源的国家或地区，由国际物品编码协会总部分配和管理。前缀码后面的 5 位或 4 位数字是各国国地区的 EAN 编码组织分配给其成员的标识代码，称为制造厂商代码。厂商代码后面的 5 位数字称为商品代码或商品项目代码，用以标识商品的特征及属性或表示具体的商品项目，即具有相同包装和价格的同一种商品。最后一位数字为校验字符或校验码，用以提高数据的可靠性和校验数据输入的正确性。

校验码 = 10 -（奇位数之和 ×3 + 偶位数之和）/ 10 后的余数

条码技术至今已有 60 多年的历史，从 20 世纪 40 年代的美国发起。1970 年美国超级市场委员会制定了通用商品代码 UPC 码，UPC 码的使用成功促使了欧洲编码系统（EAN）的产生。到 1981 年，EAN 已发展成为一个国际性的组织，且 EAN 码与 UPC 码兼容。目前，国际上商品条码普遍采用 EAN/UPC 系统，全球采用 EAN/UPC 系统的厂家已经超过 80 万家。我国目前所使用的 EAN/UPC 系统前缀码有七个：中国：690、691、692、693；中国台湾：471；中国香港：489；中国澳门：958。商品条码的前缀码只表示商品条码的注册地，不表示产品的产地（见表 2 - 5）。

表 2 - 5　国际各编码组织所在国家和地区的前缀码

前缀码	编码组织所在国家（或地区）/ 应用领域	前缀码	编码组织所在国家（或地区）/ 应用领域
00 ~ 13	美国和加拿大（UCC）	628	沙特阿拉伯
20 ~ 29	阿拉伯	629	阿拉伯联合酋长国
30 ~ 37	法国	64	芬兰
380	保加利亚	690 ~ 695	中国
383	斯洛文尼亚	70	挪威
385	克罗地亚	729	以色列
387	波黑	73	瑞典
40 ~ 44	德国	740	危地马拉
45、49	日本	741	萨尔瓦多
460 ~ 469	俄罗斯	742	洪都拉斯
471	中国台湾	743	尼加拉瓜
474	爱沙尼亚	744	哥斯达黎加
475	拉脱维亚	745	巴拿马
476	阿塞拜疆	746	多米尼加
477	立陶宛	750	墨西哥
478	乌兹别克斯坦	759	委内瑞拉
479	斯里兰卡	76	瑞士
480	菲律宾	770	哥伦比亚
481	白俄罗斯	773	乌拉圭
482	乌克兰	775	秘鲁
484	摩尔多瓦	777	玻利维亚
485	亚美尼亚	779	阿根廷

续表

前缀码	编码组织所在国家（或地区）/ 应用领域	前缀码	编码组织所在国家（或地区）/ 应用领域
486	格鲁吉亚	780	智利
487	哈萨克斯坦	784	巴拉圭
489	中国香港特别行政区	786	厄瓜多尔
50	英国	789 ~ 790	巴西
520	希腊	80 ~ 83	意大利
528	黎巴嫩	84	西班牙
529	塞浦路斯	850	古巴
531	马其顿	858	斯洛伐克
535	马耳他	859	捷克
539	爱尔兰	860	南斯拉夫
54	比利时和卢森堡	867	朝鲜
560	葡萄牙	869	土耳其
569	冰岛	87	荷兰
57	丹麦	880	韩国
590	波兰	885	泰国
594	罗马尼亚	888	新加坡
599	匈牙利	890	印度
600、601	南非	893	越南
608	巴林	899	印度尼西亚
609	毛里求斯	90、91	奥地利
611	摩洛哥	93	澳大利亚
613	阿尔及利亚	94	新西兰
616	肯尼亚	955	马来西亚
619	突尼斯	958	中国澳门特别行政区
621	叙利亚	977	连续出版物
622	埃及	978、979	图书
624	利比亚	980	应收票据
625	约旦	981、982	普通流通券
626	伊朗	99	优惠券
627	科威特		

2. EAN－8 条形码

EAN－8 条形码主要用于印刷空间不足的小包装商品，如化妆品、香烟等。根据国际物品编码协会的规定，只有当EAN－13 条形码所占面积超过印刷面积的25%时，使用EAN－8 条形码是合理的。

（二）UPC 条形码

UPC 码是美国统一代码委员会制定的一种商品用条码，主要用于美国和加拿大地区，我们在美国进口的商品上可以看到。

1973 年，美国统一代码委员会（Uniform Code Committee）与 IBM 公司联合推出 UPC 条码，用于食品杂货类和超级市场中绝大多数商品的编码。世界各国出口到美国、加拿大的商品必须印有 UPC 码。

在美国，已有 80000 多家制造商申请使用 UPC 码，北美 90% 以上的食品杂货店采用 UPC 码。

UPC 码也有两种：UPC－A（12 为条形码）和 UPC－E 码（8 位）。

1. UPC－A 码前缀码的含义：

0：为标识规定重量包装的商品；

2：为标识不规定重量包装的商品；

3：医药卫生商品；

5：用信用卡销售的商品；

7：中国申报的 UCC 会员专用；

1、6、8、9：备用码。

2. UPC－E 码（8 位）的含义与 EAN－8 条形码类似。

（三）二五条码

二五条码是根据宽度调节法进行编码，并且只有条表示信息的非连续型条码。每一个条码字符由规则的 5 个条组成，其中有两个宽单元，三个是窄单元，故称为“二五条码”。它的字符集为数字字符 0—9。二五条码是最简单的条码，但二五条码不能有效地的利用空间，人们在二五条码的启迪下，将条表示信息，扩展到用空也表示信息，就产生了交叉二五条码。

（四）39 码

39 码 是一种可表示数字、字母等信息的条码，主要用于工业、图书及票证的自动化管理，目前使用极为广泛。

（五）库德巴（Codebar）码

库德巴码也可表示数字和字母信息，主要用于医疗卫生、图书情报、物资等领域的自动识别。

条码种类很多，常见的大概有二十多种，除以上列举的一维条码外，包含大量数据的二维条码也在迅速发展，但由于受专利使用权及相关设备普及等问题的限制，应用范围还比较有限。

三、商品条码技术的优点

条码是迄今为止最经济、实用的一种自动识别技术。条码技术具有以下几个方面的优点：

1. 输入速度快。与键盘输入相比，条码输入的速度是键盘输入的 5 倍，并且能实现“即时数据输入”。

2. 可靠性高。键盘输入数据出错率为三百分之一，利用光学字符识别技术出错率为万分之一，而采用条码技术误码率低于百万分之一。

3. 采集信息量大。利用传统的一维条码一次可采集几十位字符的信息，二维条码更可以携带数千个字符的信息，并有一定的自动纠错能力。

4. 灵活实用。条码标识既可以作为一种识别手段单独使用，也可以和有关识别设备组成一个系统实现自动化识别，还可以和其他控制设备联接起来实现自动化管理。

5. 条码标签易于制作，对设备和材料没有特殊要求，识别设备操作容易，不需要特殊培训，且设备也相对便宜。

四、条码技术的应用范围

1. 商业自动化系统。商业是最早应用条码技术的领域。在商业自动化系统中，商品条码是关键。POS（ Point of Sales ）是一个商业销售点实时系统。该系统以条码为手段，计算机为中心，实现对商店的进、销、存的管理，快速反馈进、销、存各个环节的信息，为经营决策提供信息。

2. 条码技术在仓储管理中的应用。立体仓库是现代工业生产中的一个重要组成部分，利用条码技术，可以完成仓库货物的导向、定位、入格操作，提高识别速度，减少人为差错，从而提高仓库管理水平。

3. 条码技术还广泛地应用于交通管理、金融文件管理、商业文件管理、病历管理、血库血液管理以及各种分类技术方面，条码技术作为数据标识和数据自动输入的一种手段已被人们广泛利用，渗透到计算机管理的各个领域。

五、商品条码在中国的商品标识系统及结构

随着国外条码技术的应用，我国于上世纪 70 年代末到 80 年代初开始研究，并在部分行业完善了条码管理系统，如邮电、银行、连锁店、图书馆、交通运输及各大企事业单位等。1988 年 12 月，我国成立了“中国物品编码中心”，并于 1991 年 4 月 19 日 正式申请加入了国际编码组织 EAN 协会。近年来，我国的条码事业发展迅速，条码技术在我国已得到了广泛的应用。为了规范商品条码的应用，保证商品条码质量，加快商品条码普及，促进社会主义市场经济的发展，2005 年 5 月国家质量监督检验检疫总局重新公布《商品条码管理办法》，明确国家质量监督检验检疫总局和国家标准化管理委员会是全国商品条码工作的主管部门，统一组织管理全国商品条码工作。中国物品编码中心（http://www.ancc.org.cn）是全国商品条码工作机构，负责全国商品条码管理的具体实施工作。

我国采用国际通用的商品代码及条码标识体系，推广应用商品条码，建立我国的商品标识系统（见表 2 - 6）。

表2－6 我国的商品标识系统

<table>
<tr><td rowspan="4">中国商品标识系统</td><td rowspan="4">全球贸易项目(GTIN)</td><td>EAN · UCC－13</td></tr>
<tr><td>EAN · UCC－8</td></tr>
<tr><td>UCC－12</td></tr>
<tr><td>EAN · UCC－14</td></tr>
<tr><td></td><td>物流单元系列货运包装箱代码(SSCC)</td><td>UCC/EAN－128</td></tr>
<tr><td></td><td>全球位置码(GLN)</td><td>UCC/EAN－128</td></tr>
</table>

(一)GTIN

GTIN是为全球贸易项目提供唯一标识的一种代码(或称数据结构)。对贸易项目进行编码和符号表示，能够实现商品零售(POS)、进货、存货管理、自动补货、销售分析及其他业务运作的自动化。

GTIN是唯一的、无含义的、多行业的、全球认可的代码。有四种编码结构：EAN · UCC－13、EAN · UCC－8、UCC－12以及EAN · UCC－14，前三种结构也可表示成14位数字的代码结构。

前三种编码结构用于通过零售渠道销售的贸易单元，即通过POS结算进行销售的贸易单元。第四种结构用于由相同贸易项目组成的包装单元。如：装有12瓶规格为400毫升洗发水的箱子。因为在物流过程中，有时候在批发、配送中以"箱"为单位进行贸易。那么，箱子的N2至N13代码就是其内含贸易项目的EAN · UCC标识代码(EAN/UCC－13除去校验码)。如果此类贸易单元内含的贸易项目为UCC－12编码结构或EAN/UCC－8编码结构，可通过对其内含贸易项目的EAN · UCC标识代码前面补"零"变成14位数字结构。

(二)系列货运包装箱代码(SSCC－18)

系列货运包装箱代码(SSCC－18)是对每一个物流单元的唯一标识。

(三)位置码(GLN)

位置代码与条码是指对厂商的物理位置、职能部门等所编制的代码与条码标识。全球位置码是进入计算机文件的关键字，用于指明实体(货物、纸张信息、电子信息)、位置(物理的或职能的)或团体。全球位置码可标识具有地址的任何团体或位置，如法律实体，包括整个公司、供应商、消费者、银行、运输商等；物理实体，如一幢楼的一个具体房间，一个仓库或仓库的门、交货地点、转运地点；职能实体，如法律实体的一个具体部门(如财务部)、一个信箱或计算机的文件。GLN是简单的13位数字，用来唯一的标识任何法律、功能、物力实体。

六、商品条码的具体应用

商品条码是ANCC系统的一个重要组成部分，是ANCC系统发展的基础。它主要用于对零售商品、非零售商品及物流单元的条码标识。

(一)零售商品代码与条码

是指以满足零售扫描结算为主要目的，而为商品单元编制的代码和条码标识。零售商品也称零售贸易项目，是指在零售端通过POS扫描结算的商品。其条码标识由全球贸易项目代码(GTIN)及其对应的条码符号组成。零售商品的条码标识主要采用 EAN/UPC 条码。一听啤酒、一瓶洗发水和一瓶护发素的组合包装都可以作为一项零售商品卖给最终消费者。

1. 为不同的商品项目编制不同的商品标识代码的基础上选择相应的条码符号

在我国，零售商品选用 EAN/UPC 商品条码来表示。EAN/UPC 商品条码包括 EAN 商品条码(EAN－13 和 EAN－8)和 UPC 商品条码(UPC－A 和 UPC－E)。UPC 商品条码是 UCC－12 标识代码的条码符号表示。EAN－13 商品条码又称标准版商品条码，表示 EAN/UCC－13 代码(如图 2－2)。EAN－8 商品条码也称缩短版商品条码，表示 EAN/UCC－8 代码(如图 2－3)。在通常情况下，用户应尽量选用 EAN 商品条码，尤其是选用 EAN－13 条码。

图 2－2　EAN/UCC－13 代码实例

图 2－3　EAN/UCC－8 代码实例

2. 条码符号的设计

(1)条码的尺寸

EAN/UPC 条码符号的放大系数一般在 0.80～2.00 的范围内选择。条码符号随放大系数的变化而放大或缩小。

(2)左右侧空白区

条码左右侧空白区的宽度尺寸随放大系数的变化而变化。当放大系数为 1.00 时，EAN－13 商品条码的左右侧空白区最小宽度尺寸分别为 3.63mm 和 2.31mm；EAN－8 商品条码的左右侧空白区最小宽度尺寸均为 2.31mm；如图 2－2、图 2－3 所示。左右侧空白区的宽度对条码的成功识读有着重要的意义，因此，其宽度尺寸要求是衡量条码符号质量的主要参数之一。

(3)条空颜色搭配

条空颜色搭配是指条码中条色与衬底空色的组合搭配。条码是使用专用识读设备依靠分辨条空的边界和宽窄来实现的，因此，要求条与空的颜色反差越大越好。一般来说，白色作底，黑色作条是最理想的颜色搭配。

(4)条码位置的选择

零售商品条码位置的选择应以符号位置相对统一、符号不易变形、便于扫描操作和识读为准则。首选的条码符号位置宜在商品包装背面的右侧下半区域内。对一些无包装的商品，商品条码符号可以印在挂签上，如果商品有较平整的表面且允许粘贴或缝上标签，条码符号可以印在标签上。

3. 条码符号的印制

EAN/UPC 条码符号质量合格是 POS 商店实现商品准确、快速扫描结算的先决条件，条码符号质量的好坏直接关系到制造商、销售商和印刷企业等三方利益。为保证条码的印刷质量，中国物品编码中心及其分支机构开展了条码原版胶片制作服务和印刷企业商品条码的印刷资格认定工作。企业可以根据自己的实际情况到编码中心或其分支机构定制条码原版胶片，并到获得商品条码印刷资质的印刷企业印制条码。中国物品编码中心及其分支机构还为成员企业提供条码符号质量检验服务，以避免企业发生不必要的经济损失。

(二)非零售商品代码与条码

是指以满足非零售结算为目的，而为商品单元所编制的代码和条码标识。在流通环节中，可以对该商品单元进行定价、订购或开具发票。非零售商品是指不通过 POS 扫描结算的用于配送、仓储或批发等操作的商品。其标识代码由全球贸易项目代码(GTIN)及其对应的条码符号组成。非零售商品的条码符号主要采用采用 ITF－14 条码或 UCC/EAN－128 条码，也可使用 EAN/UPC 条码。一个装有 24 条香烟的纸箱、一个装有 40 箱香烟的托盘都可以作为一个非零售商品进行批发、配送。

单个包装的非零售商品是指独立包装但又不适合通过零售端 POS 扫描结算的商品项目，如独立包装的冰箱、洗衣机等。其标识代码可以采用 EAN/UCC－13、EAN/UCC－8 或 UCC－12 代码结构。如果要标识的货物内含有多个包装等级，如装有 24 条香烟的一整箱烟，或装有 6 箱烟的托盘等，其标识代码可以选用 EAN/UCC－14、EAN/UCC－13 或 UCC－12。采用 EAN/UCC－13 或 UCC－12 时，与零售贸易项目的标识方法相同。包装指示符的取值范围为 1～8。

非零售商品的条码标识有三种：如 EAN/UPC 条码、ITF－14 条码和 UCC/EAN－128 条码。厂商可以根据实际情况选择不同的条码符号。

1. 当编码方案采用 EAN/UCC－13 代码时，条码标识可以选用 EAN/UPC 条码、ITF－14 条码 UCC/EAN－128 条码中的任意一种。

(1)采用 EAN/UPC 条码表示。EAN/UPC 条码既可以表示零售商品，也可以表示非零售商品。二者用法相同。

(2)采用 ITF－14 条码表示。ITF－14 条码只用于不经过 POS 扫描结算(可直接用于仓库)的非零售商品的包装上。该条码符号较适合直接印制于瓦楞纸或纤维板上。ITF－14 条码由矩形保护框、左侧空白区、条码字符、右侧空白区组成(如图 2－4)。

图 2－4 ITF－14 条码符号

(3)采用 UCC/EAN－128 条码表示。UCC/EAN－128 条码是 ANCC 全球统一标识系统中惟一可以用于表示附加信息的非定长条码符号，且应与应用标识符连用。UCC/EAN－128 条码由左侧空白区、起始符号、数据字符、校验符、终止符、右侧空白区及供人识读字符组成(如图 2－5)。

图 2－5　UCC/EAN－128 条码符号

2. 当编码方案采用 EAN/UCC－14 代码时，条码标识可以选用 ITF－14 条码和 UCC/EAN－128 条码中的任意一种。当用户出于产品管理与跟踪的要求，需要对具体商品的附加信息，如生产日期、保质期、数量及批号等特征进行描述，应采用应用标识符。

应用标识符(AI)是有 2 位或 2 位以上数字组成的字符，用于标识其后数据的含义和格式。附加信息代码的条码标识须采用 UCC/EAN－128 条码。商品标识代码为(01)1690123460046，保质期至 2005 年 1 月 1 日，批号为 ABC 的非零售商品的条码符号为(01)1690123460046(17)050101(10)ABC(如图 2－6)。

图 2－6　UCC/EAN－128 条码标识的非零售商品

(三)物流单元代码与条码

是指对物流中临时性商品包装单元所编制的代码和条码标识。物流单元条码是为了便于运输或仓储而建立的临时性组合包装，在供应链中需要对其进行个体的跟踪与管理。通过扫描每个物流单元上的条码标签，实现物流与相关信息流的链接，可分别追踪每个物流单元的实物移动。物流单元的编码采用系列货运包装箱代码(SSCC－18)进行标识。一箱有不同颜色和和尺寸的 12 件裙子和 20 件夹克的组合包装，一个含有 40 箱饮料的托盘(每箱 12 盒装)都可以视为一个物流单元。

1. 在编制标识代码的基础上选择相应的条码符号

物流单元的条码符号采用 UCC/EAN－128 条码表示(如图 2－7)。

(00)069014141234567898

图 2－7　表示 SSCC 的 UCC/EAN－128 条码

UCC/EAN－128 条码由左侧空白区、起始符号、数据字符、校验符、终止符、右侧空白区及供人识读字符组成(如图 2－8)。

图 2－8　UCC/EAN－128 条码的符号结构

图 2－9　最基本的物流标签

图 2－10　包含供应商、客户、承运商区段的物流标签

2. 设计物流标签

物流标签是物流过程中用于表示物流单元有关信息的条码符号标签。

每个物流单元都要有自己惟一的 SSCC，在实际应用中，一般不事先把包括 SSCC 在内的条码符号印在物流单元包装上。比较合理的办法是，在物流单元确定时制作标签并贴在物流单元上面。一个标签区段是信息的一个合理分组。一般来说，标签区段从顶部到底部的顺序依次为：承运商、客户和供应商。物流标签表示的内容和这种从上到下的次序可以根据物流单元的尺寸和贸易过程来做调整。

常见最基本的物流标签（如图 2－9）和包含供应商、客户、承运商区段的物流标签（如图 2－10）。

任务小结

商品分类是将千万种商品在商品生产与交换中实现科学化、系统化管理的重要手段，必然对发展生产、促进流通、满足消费以及提高现代化管理水平和企业效益起重要作用。在实际分类工作中，常常是先选择一个主要标志，将商品分成大类，然后再按不同的标志依次地将商品划分成中类、小类直至细目等，这样就形成一个完整的商品分类体系。商品目录的编制就是商品分类的具体体现，商品目录是实现商品管理科学化、现代化的前提；是商品生产、经营、管理、流通的重要手段。商品代码是在商品分类的基础上，赋予某种或某类商品的代表符号，通常用具有一定规律的阿拉伯数字组成。商品代码往往是商品目录的组成部分，商品分类与代码共同构成了商品目录的完整内容。使用商品代码，是为了加强企业的经营管理，提高工作效率，便于计划、统计、物价管理及核算工作，简化业务手续；使用商品代码还可以便于记忆、清点商品，便于实现现代化管理；对于容易混淆的商品名称，使用商品代码可以避免差错。在国家标准中，商品条码的被定义为用于标识国际通用的商品代码的一种模块组合型条码。近年来，我国的条码事业发展迅速，条码技术在我国已得到了广泛的应用。为了规范商品条码的应用，保证商品条码质量，加快商品条码普及，促进社会主义市场经济的发展，国家质量技术监督总局制定并发布了《商品条码管理办法》。

习　题

一、思考题

1. 如何正确理解商品分类的概念及层次？
2. 为了实现商品的科学分类必须遵循的原则有哪些？
3. 最常采用的分类标志有哪几个？
4. 目前我国常采用的商品分类三大体系是什么？
5. 通过实例阐述商品目录和商品代码的内在关联与实际应用。
6. 最常见的商品条码的种类是什么？
7. 零售商品、非零售商品及物流单元的条码标识各有怎样的应用？

二、实训题

1. 到大型零售店实地考察了解条码使用方法、适用范围及功能。

(1)原印条码商品

(2)店内条码商品

(3)条码在采购战略和销售战略中如何得到运用

2. 一般情况下，制造商供应的商品被装入包装箱后，按照商社及批发店的物流仓库→大型零售店等物流中心→各店铺等的顺序进行流通。活跃于物流阶段的条码你了解吗？在生产工厂的条码发挥着什么样作用。

3. 小调查

有人说：“无处不在的条码！”您不妨试着寻找一下身边的条码。

◆项目三　商品品种

★知识目标：

1. 商品品种的概念；
2. 商品品种类别和发展规律；
3. 商品品种结构及其优化等知识。

★技能目标：

能够利用所学知识划分商品品种。

★任务导入：

宝洁成功之道——进入新的市场，创造新的品牌和产品

宝洁公司始创于1837年，是世界上最大的日用消费品公司之一。宝洁公司全球雇员近10万，在全球80多个国家设有工厂及分公司，所经营的300多个品牌的产品畅销160多个国家和地区，其中包括洗发、护发、护肤用品、化妆品、婴儿护理产品、妇女卫生用品、医药、食品、饮料、织物、家居护理及个人清洁用品。每天，在世界各地，宝洁公司的产品与全球一百六十多个国家和地区消费者发生着三十亿次亲密接触。

1988年，宝洁公司在广州成立了在中国的第一家合资企业——广州宝洁有限公司，从此开始了其中国业务发展的历程。宝洁大中华区总部位于广州，目前在广州、北京、上海、成都、天津、东莞及南平等地设有多家分公司及工厂，员工总数超过六千三百人，在华投资总额超过十亿美元。二十年来，宝洁在中国的业务发展取得了飞速的发展：(1)建立了领先的大品牌。宝洁公司是中国最大的日用消费品公司，大中华区年销售额超过二十亿美元。飘柔、舒肤佳、玉兰油、帮宝适、汰渍及吉列等品牌在各自的产品领域内都处于领先的市场地位。(2)业务保持了强劲的增长。中国宝洁是宝洁全球业务增长速度最快的区域市场之一。目前，宝洁大中华区的销售量已位居宝洁全球区域市场中的第二位，销售额也已位居前五位。

展望未来，宝洁将秉承公司的根本宗旨，成为并被公认为全球最优秀的日用消费品公司。宝洁将以“亲近生活，美化生活”为本，努力向中国的消费者提供更多、更好的品牌产品及服务，使他们的生活日臻完美。

实现这个目标的唯一方法，就是进入新的市场、创造新的品牌和产品。

商品品种是商品学研究的重要内容，也是从事商品经营和管理工作必须掌握的基本知识。只有在重视商品质量的同时，也重视商品品种，才能真正满足人们的消费需求，从而获得最佳的经济效益。

思考：商品品种发展规律是什么？

学习任务 1　商品品种概述

一、商品品种的概念

商品品种是指按某种相同特征划分的商品群体，或者是具有某种（或某些）共同属性和特征的商品群体。

商品品种是一个宏观概念，从整体上研究商品的使用价值。各大类商品都拥有大量的商品品种，中类、小类商品也拥有较多或一定数量的商品品种。商品品种反映一定商品群体的整体使用价值或社会使用价值。不同的消费结构要求有不同水平的使用价值及不同的品种规格。从全社会来说，大类商品的品种及其结构应与全社会的消费需求和消费结构相符合，各类商品中的品种应与社会不同阶层、不同社会集团的消费水平相符合。

对商品整体来说，商品品种是一个结构复杂、种类繁多、不断推陈出新的可控制的物质系统，其运动和发展受到技术、经济、法律、社会等多种因素的影响和制约。商品品种问题是多种多样的和复杂的，有工程技术问题，也有经济学、法学等问题，需要多门科学共同研究来解决。商品学是从商品使用价值角度研究商品品种，主要研究决定商品品种发展变化的规律，包括一般品种规律和特殊品种规律。一般品种规律是指对所有商品都适合的品种规律，如商品品种最佳扩大规律、商品品种最佳组合和构成规律、商品品种完善规律、商品品种更新规律、商品品种结构与消费结构相符规律等。特殊品种规律是指只适用于某类商品或一些类似商品种类的品种规律，如食品、纺织品、服装、化妆品及洗涤用品等各类商品中的品种最佳构成规律，区域商品品种最佳构成规律等。商品品种规律只有与技术学规律、经济学规律等相结合，才能控制商品品种的发展和变化，实现商品品种的最佳构成，使商品品种与消费需求的相符程度达到最佳化，从而促进商品使用价值的实现，获得最佳的经济效益。

二、研究商品品种的意义

目前，商品品种和人们不断增长的物质文化需要还不相符，由于商品品种的不完善、品种构成不合理，给社会造成的损失是巨大的，商品品种的完善以及商品品种与消费需求相符合程度的提高还没有完全建立在科学的基础上。因此，研究商品品种问题，不断提高商品品种及其结构与消费者需求及其结构间的相符程度，具有十分重要的意义。

商品品种和商品质量是决定商品使用价值的两个重要方面，也是决定销售和经济效益的两个关键因素。商品品种和商品质量之间存在着密切的内在联系，研究商品质量离不开商品品种，商品品种的差别就意味着质的差别，而不是量的差别，存在这种质的差别才能满足人们不同的消费需求。研究商品品种问题，实质上就是研究不同质的商品使用价值与人们消费需求的相互关系。可见，商品品种与商品质量都是实现商品使用价值的前提，只有商品品种适销对路，才能使商品使用价值得到更好实现。研究商品品种较研究商品质量的层次更高，属于商品使用价值的宏观研究范畴。

在现代商品经济尤其是在供给大于有效需求的情况下，竞争十分激烈，消费者和用户挑选余地大，对商品质量、品种要求更高、更复杂，经济效益的实现也就由简单形态步入复杂形态。现在，商品品种是经济效益的基础，如果品种不对路，投入再多的劳动或生产再多的商品，其经济效益都可能是零甚至是负数。同时，商品质量是经济效益的关键。商品品种虽然对路，但质量不合格，经济效益也可能是零或负数。商品质量、品种、效益三者是一个有机的整体，它们之间相互依赖，相互制约。求效益，就必须抓质量，上品种;上品种，不抓质量，品种自然被淘汰;抓质量，不抓品种，质量无法体现;抓质量、上品种而不求效益，生产就失去了目的，质量、品种会自行消亡。

商品品种是决定商品占领市场大小的条件。产品品种越齐全、越新，便越有利。从买方来说，对于新的、齐全的商品，可以有充分选择、比较的余地;从卖方来说，其产品越新、越齐全，便能获得更多的销售机会。因此，每个独立的企业为了满足社会的需求，必须认真研究产品的更新和产品的多样化。同时，新产品的开发和商品结构的调整必须从顾客的实际出发。

总之，通过商品品种研究，可以了解商品品种的内涵和特点、商品品种的变化和发展规律、商品品种类别及其特征、商品品种结构及其优化，从而不断淘汰旧商品和开发新商品，使商品品种不断增多，产品不断创新。与此同时，还可以促进商品质量不断得到提高，从而使商品的使用价值充分满足市场需求。

学习任务2　商品品种名称

一、商品名称的概念

商品名称，是指商品的名字，也是对商品的称呼，如饮料酒、服装、白酒、金首饰、棉布男夹克衫、五粮液牌白酒等。上述几个商品名称所覆盖商品的范围有着明显的不同。有的覆盖范围很大，是整个大类商品，如饮料酒;有的覆盖范围很小，甚至只是一个商品品种。根据商品分类的层次或商品名称的繁简程度，可以对商品名称进行分类。

根据商品分类层次的不同，商品名称可分为大类商品名称、中类商品名称、小类商品名称和细类商品名称等。大类商品名称是指大类商品采用的名称，如服装、饮料酒、工艺美术品等，其特点是名称短，覆盖面大;中类商品名称是指中类商品采用的名称，如棉布服装、白酒、首饰等，其特点是名称较短，覆盖面较大;小类商品名称是指小类商品采用的名称，如棉布男装、名优白酒、金首饰等，其特点是名称较长，覆盖面较小;细类商品名称即商品品种名称，是指商品品种的具体名称，如棉布男夹克衫、五粮液牌白酒、黄金戒指等，其特点是名称长而具体。

根据商品名称繁简程度的不同，商品名称可分为简单商品名称和复杂商品名称。简单商品名称是指构成商品名称的文字少而短，包含的商品属性或特征内容少，主要适用于大类和中类商品名称，如饮料酒、服装、白酒、首饰等；复杂商品名称是指构成商品名称的文字多而长，包含的商品属性或特征内容多，主要适用于商品品种名称和小类商品名称，如棉布男夹克衫、五粮液牌白酒、纯化纤儿童服装、棉针织手套等。

商品名称看起来简单，但如果不加以规范，则会造成经营管理混乱以及经济纠纷。规范商品名称具有以下重要意义：

（一）有统一的命名准则可循

规范商品名称，可使商品名称有统一的衡量准则和尺度，不仅使现有商品得到正确命名，也是适应科学技术飞速发展、满足命名新商品的需要。

（二）能促进市场经济的发展

规范商品名称，是搞好商品经营管理的基础，可避免商品名称混乱所造成的经济纠纷，确保商品流通最佳秩序，促进社会主义市场经济的发展。

（三）能确保名优商品的信誉

规范商品名称，可使名优商品的名称扎根于广大消费者心目中，有助于企业树立良好形象，提高商品竞争能力，创名优商品和保名优商品。

（四）维护广大消费者的利益

规范商品名称，可避免商品名实不符，防止冒牌货以假充真坑害消费者，从而维护广大消费者的利益。

二、商品命名的原则

商品命名，是指赋予一类功能上相同的商品或某一种商品明确并便于区别的名字。商品命名应遵循如下原则：

（一）已有名词术语标准的，应当遵循标准的规定

名词术语标准是具有广泛指导意义的基础标准，是各个行业通过协调作为共同理解的依据，是商品命名必须遵循的首要原则。例如，按照纺织名词术语（棉部分）规定，以细号纱或中号纱作经纬单双经循环间隔排列，采用变化平纹组织的棉织物，经纬密度较稀，经纬向紧度比接近1∶1，经纱捻度较高，外观呈纵向凸纹，布身爽挺似麻织物者称为麻纱；按果汁饮料总则规定，用水果原汁、糖和水为原料，含水果原汁不低于10%，没有经过发酵的饮料称为水果露。

我国名词术语的规范虽然起步较晚，但近年来进展很快，现在已有很多商品，如纺织品、服装、橡胶制品、保温瓶、铝锅铝壶、日用陶瓷、搪瓷、自行车、摩托车、缝纫机、染料及印染助剂、涂料、饮料、粮食、油脂、糕点、糖果、食用菌、蔬菜、香辛料和调味品等都制定和贯彻了名词术语标准。这些标准在商品生产和商品流通中起了十分重要的作用。

（二）应是商品名称体系中用过的，或者是众所周知的

已经在商品名称体系中用过的或众所周知的商品名称，在任何情况下都能有把握被正确理解。例如，印度独立前进口的苏格兰威士忌是采用发酵麦芽粮食蒸馏并经陈化制成；本地产的“德赛”或威士忌是采用蒸馏酒精加入调料和着色剂兑制而成。印度独立后，为限制苏格

兰威士忌进口，发展生产了正规苏格兰式的威士忌，但又不能贴苏格兰威士忌的标签。这样，就不利于发酵陈化制成和兑制制成的两种威士忌的区别。印度为更好加以区别而规定：苏格兰式威士忌称为麦芽威士忌；兑制的威士忌称为威士忌；上述两种各占一半的威士忌称为混合威士忌。

用过的商品名称非常繁多，其形成也有明显不同：有的商品名称是在日常生活中长期使用而形成的，如旗袍、中式上衣；有的商品名称是在长期贸易中形成的，如西裤、中西式棉袄；有的商品名称是在长期生产中形成的，如裘皮大衣、毛皮大衣；还有些商品名称是国外音译或音译加意译或意译加音译，如沙发(sofa)、泵(pump)、香槟酒(champagne)、吉普车(jeep)、冰激凌(ice cream)、信用卡(credit card)等。

(三)表意准确，表达简明，易于构词和协调统一

表意准确，是指商品名称表达的意思必须准确。如磁带，是带状具有磁性的录音、录像载体；足球，是用脚踢的球形体。

表达简明，是指商品名称应尽量简短，易写易记，不能过长。如，铅笔、缝纫机等，多为2～3个字组成。

易于构词，是指商品名称容易构成或派生出与其有关联的名称。如，球，以前有足球、篮球、排球、水球、冰球和手球，后来市场上又出现了高尔夫球、门球等，将来还会出现其他球。

协调统一，是指商品名称在部门、专业、行业和国家，甚至在整个世界协调统一。

(四)一个名称只能表达一种商品

一个商品名称只能表达一种商品，这就是说，商品名称与具体商品必须一一对应，否则容易引起误解和混乱。

三、商品品种名称及其构成

商品品种是商品购销涉及的具体对象，商品品种名称直接表示出一种具体商品。

(一)商品品种名称的概念

如前所述，商品品种名称，属于商品名称的细类层级，是指商品品种的具体名称。商品品种名称是从事商品购销活动签订和执行合同条款的内容之一，是商业企业制定商品品种计划所涉及的具体对象，是商品购销统计和商品信息涉及的具体内容，也反映了广大消费者对商品的具体需求。

商品品种名称，从其繁简程度看基本上属于复杂商品名称的范畴，但也并非都如此。严格说来，商品品种名称也可分为简单商品品种名称和复杂商品品种名称两类。简单商品品种名称，主要对象有粮食、油脂、畜肉及其制品、水产品及其制品、茶叶、干鲜果菜等大类商品范围内的商品品种名称，如糯米、豆油、带鱼、红橘、油菜等；复杂商品品种名称，主要对象是糖果、糕点、罐头、饮料酒、纺织品、针棉织品、服装、鞋帽、日用搪瓷及日用金属制品、照相器材、电子音像器材及家用电器、钟表、石油制品、交通器材和化工原料等大类商品范围内的商品品种名称。表3－1列出了部分复杂商品品种名称实例。

表 3－1 复杂商品品种名称实例

商品大类	品种名称	商品大类	品种名称
糖、糖果、巧克力制品及小食品	义利牌酸三色糖 金帝牌酒心巧克力	日用搪瓷及日用金属制品	标准搪瓷花面盆 上海牌家用缝纫机 14 号家用缝纫机针
糕点、罐头、奶及奶制品	奶油梳打饼干 清蒸猪肉罐头 糖水梨罐头	电子音像器材及家用电器	四川产长虹牌彩色电视机 青岛产海尔牌洗衣机
饮料酒	五粮液牌 52 度白酒 五星牌特制五星啤酒 12 度	照相器材	国产北京长城牌照相机 135 彩色胶卷
纺织品	全线浅色灯芯绒 毛粘顺毛大衣呢	钟表	天津产金鸡牌机械闹钟 吉林产石英电子闹钟
针棉织品	麻涤交织儿童汗衫 全棉成人全白毛巾	石油制品	1 号溶剂稀释型硬膜防锈油
服装	精纺男中山服套装 狐狸皮挂面服装	交通器材	上海产永久牌普通自行车 四川产重庆—雅马哈牌二轮摩托车
鞋帽	女布线绱棉鞋 男牛皮鞋	饲料	实用动物用粉状配合饲料 牛、羊用微量元素预混合饲料
日用化学品	中档木梗火柴	麻、棉、蚕茧	431 皮辊棉 二类三级棉短绒

（二）商品品种名称的构成

简单商品品种名称构成比较简单，基本上属于句法构词，即以形容性词根加上名词词根所构成。由于形容性词根不同，其名称类型有以下几种：1. 用途性词根构成的商品品种名称，如作文本、描图纸、避雷针；2. 性质性词根构成的商品品种名称，如绝缘棒、直流灯泡；3. 位置性词根构成的商品品种名称，如前轴碗、中轴、内胎；4. 结构性词根构成的商品品种名称，如电子琴、电钢琴、数码钢琴；5. 来源性词根构成的商品品种名称，如花生油、玉米淀粉、苹果汁；6. 形状性词根构成的商品品种名称，如圆柱销、平键、滚珠键；7. 声音性词根构成的商品品种名称，如乒乓球；8. 人名、企业名、地名和国名性词根构成的商品品种名称，如福特汽车、浏阳花炮等等。

复杂商品品种名称构成比较复杂，一般是由两种或两种以上形容性词根或属性和特征与名词词根构成。形容性词根除简单商品品种名称所列的之外，有的还进行细化加上品牌、商标、花色、型号和质量等级等，见表 3－1。

学习任务3　商品品种类别和发展规律

一、商品品种类别

商品品种繁多，特征各异，商品品种的类别也多种多样。商品品种分类可以根据不同的分类标志进行，常见的分类方法有以下几种：

(一)按照商品品种形成的领域分类

按照商品品种形成的领域，商品品种可分为生产品种和经营品种。生产品种是指由工业或农业提供给批发商业企业的商品品种，可通过生产规划、计划和产品目录体现出来；经营品种是指批发商业企业和零售商业企业销售的商品品种，可通过经营规划、计划和商品目录体现出来。

工业、农业生产的商品品种和商业经营的商品品种，一方面取决于特定经济形势下的资源状况和生产技术能力，另一方面也取决于消费需求的结构及其变化。规划正确的商品品种是企业获得经济效益的一个重要前提。为获得好的经济效益，生产部门必须有合理的产品结构、商品品种和高水平的商品质量，并根据市场需要和消费需求的变化不断调整生产品种和开发新品种；商业部门必须根据市场需求和竞争需要，确定和调整企业发展战略中的品种计划，重视商品品种的构成、完善和策略等问题。

(二)按照商品品种的横向广度分类

商品品种的横向广度是指具体商品类中的变种(品种)数目。

按照商品品种的横向广度，商品品种可分为简单商品品种和复杂商品品种。简单商品品种是指具体商品类中只有很少的变种数目，如灯泡、肥皂、锤子等；复杂商品品种是指具体商品类中具有很多的变种数目，如服装、鞋类、食品等。表3-2是服装商品的品种类别。

表3-2　服装商品的品种类别

类别	女服	男服	童装	婴儿服
外衣	大衣 风衣 上衣 裙子 短外衣 夹克衫 套装 裤子 衬衣 针织外衣 皮革服装 工作服	大衣 风衣 西装 短上衣 夹克衫 裤子 针织外衣 皮革服装 工作服 衣饰中小配件 (手套、提包)	同男服和女服相似 童裤 连衣裙 连衣裤	小洗礼服 小连衣裙 户外套服

续表

类别	女服	男服	童装	婴儿服
外衣	衣饰中小配件 （手套、提包）			
内衣	胸衣 内衣 睡衣 晨衣 连袜裤等	衬衫 内衣 睡衣 晨衣 短袜	同男内衣和女内衣相似	小衬衫 小孩短上衣 小裤子 背心连裤 尿布 睡袋
运动服	气功衣、体操服、运动裤、网球衣、滑雪衣、游泳衣、旅行衣、猎装			

简单商品品种和复杂商品品种是相对的，主要取决于消费者对其需求的广度及其变化。消费者对其需求具有多样性，且变化大，则成为复杂商品品种，否则为简单商品品种。所以在商品经营中一定要从实际出发，特别要注意复杂商品品种，使其能真正满足消费需要。

（三）按照商品品种的纵向深度分类

按照商品品种的纵向深度，商品品种可分为粗的商品品种和细的商品品种。粗的商品品种是指不包括规格、颜色、式样、包装装潢等特性值的商品品种，而细的商品品种是指包括规格、颜色、式样、包装装潢等特性值的商品品种。

粗的商品品种和细的商品品种的区别，取决于消费需求的深度及其变化。消费者对其需求更加具体化，且变化较大则成为细的商品品种，反之，为粗的商品品种。制定商品规划和计划时，一般是指粗的商品品种。在订立供货合同时，要详细规定所有商品的特性值，这时就涉及到细的商品品种。细的商品品种和复杂商品品种，可通过商业企业必备商品目录体现出来。

（四）按照商品品种的重要程度分类

按照商品品种的重要程度，商品品种可分为日常用商品品种（必备商品品种）和美化、丰富生活用商品品种。日常用商品品种是指日常必备的商品品种，如粮食、服装、鞋帽等类商品中的品种；美化、丰富生活用商品品种是指美化和丰富生活的非日常必备的商品品种，如装饰品、高档化妆品等商品品种。

根据商品品种的重要程度，还可以分为主要商品品种和次要商品品种。主要商品品种是指与国计民生密切相关的商品品种，如粮食、食油、蔬菜、食糖、食盐、肉类等类别商品中的商品品种。次要商品品种，是指与国计民生无关紧要的商品品种，如畜产品、五金工具、装饰材料、工艺美术品等类别商品中的商品品种。

（五）按照经销商品品种的行业分类

按照经销商品品种的行业，可划分为许多商品品种。例如，杂货、食品、医药品；纺织品、皮革制品、家具；五金制品、家用器皿、玻璃制品、瓷器、壁纸和地面铺设用品；电子电器商品、玩具、体育用品；文具纸张、办公用品、书；钟表、首饰、乐器、照相器材等。具有这些行业特征的商品品种大多由不同的专营商店或百货公司的各商品部来经销。

(六)按照消费者经济差别分类

按照消费者经济差别，商品品种可分为高档商品品种、中档商品品种和低档商品品种。高档商品品种是指质量和价格水平较高的商品品种；低档商品品种是指质量和价格水平较低的商品品种；中档商品品种是指质量和价格水平介于高档和低档之间的商品品种。

(七)按照消费者的某方面需要分类

按照消费者的某方面需要，商品品种也可以划分成不同的商品品种。例如，按照消费者生活范围的需要，可构成从属于消费者的不同商品品种(配套品种)：卧室用品、儿童用品、家用纺织品、家用电器、园艺用品、洗涤用品、装饰用品、办公用品、文化用品、厨房用品等；按照消费者活动范围的需要，可构成野营用品、旅行用品、休闲用品等商品品种类别。按照消费者的某方面需要来划分商品品种，打破了传统的行业，出现了许多专门商品，有利于销售和消费者选购。

二、商品品种发展规律

商品品种的发展具有一定的规律性，其发展规律可以概括为以下几个方面：

(一)商品品种的多样化与统一性规律

商品品种的多样性是指商品类别、品种和花色齐全。商品品种的多样性是由人们和社会需要的差异性和多样性造成的。但是商品品种的多样性不是随意的，必须以消费需求为基础，保证商品品种规格系列和使用特性的统一。这是使商品的规格和质量满足社会需要的一种技术保证，是产需之间利益协调一致的方式。

商品品种齐全，能满足消费者多种多样的需要，保证消费者能买到称心如意的商品。但是对品种齐全应该有正确的理解：1. 商品品种齐全是相对的，而非绝对的，即以大致能满足消费者需要为准则，不应拘泥于样样齐全，以免造成不必要的积压；2. 商品类别、品种、花色的数量并非固定不变，而应随着消费需求的发展和变化而调整；3. 要集中精力保证人们需要的日常用商品品种和主要商品品种；4. 商品品种和消费需求之间、商品品种花色和类别之间都存在一定的比例关系，这是由消费结构、购买水平和意向决定的。

(二)商品品种不断增加的趋势

商品品种越多，消费者选择的范围和自由度就越大，越能满足人们不断增长的需要，同时也意味着市场越广阔，越繁荣。随着人类社会的进步，生产力水平越来越高，经济增长速度越来越快，商品品种也越来越多，越来越丰富多彩，这是商品品种发展的客观趋势。因此，一定要保持和增加商品品种，通过一定的措施使商品品种不断增加并保持结构最佳化，不断满足市场需要和消费需求。但是，商品品种的发展和增多不能是盲目的，应建立在市场需要的基础上，否则一时增加了，也会因没有销路而缩小。

(三)商品品种新陈代谢的规律

商品品种存在着新陈代谢的规律。这是因为消费需求的结构会因经济的发展和变化，特别是购买力的提高和投向的变化而变化，使原来一部分适应市场需求的品种变成不适应而被淘汰；同时为了适应市场的需要会有一些新的品种不断地涌现出来，因而形成商品品种的新陈代谢规律。

许多商品都有其寿命周期，上市以后经过一个或长或短的时期从增长至兴旺乃至萎缩，最后退出市场的过程，不再适应市场的商品从原来新兴的、时尚的商品变成老化的乃至被淘汰的商品。新陈代谢，推陈出新，这是一个进步。商品品种只有新陈代谢，商品供给的有效程度才能提高，从而提高满足消费需要的程度，不断地克服积压与脱销等问题，提高生产和流通的经济效益。

但是，对商品品种新陈代谢的认识必须客观。新陈代谢并不意味着一切老商品必须被淘汰，所要淘汰的是没有需要的商品，一些品质优良、为消费者所喜爱的传统商品和名牌商品不仅不会被淘汰，相反要保持和发扬。新陈代谢也不意味着一切新商品都能代替老商品。新商品要经过市场考验、评价，在竞争中显示出比老商品优越，才能适应市场需要，才能代替那些失去市场需要而注定要被淘汰的老商品。同时，新陈代谢并不意味着从类别、品种到花色多层分类同步更新，可能上层次变动，也可能上一层次不变，而下一层次部分以新代旧。新陈代谢中被淘汰的商品并不意味着一旦被淘汰了就永远被淘汰，有的品种在特定条件下可能再生。除了因经济发生困难或严重供不应求的特殊情况外，一般是由于消费需要再现，因此发生循环，这在服装花色、款式上比较常见。但这种循环并非完全重复，往往又伴有对原有品种的改进。

一般来讲，商品品种更新的速度越高，更新的比例越大，市场上的新商品就越多，高使用价值的新商品和更现代化、更新的商品就越多，从而使消费者的需求得到更好、更全面的满足。但是，绝不能认为商品品种更新的速度和比例越大越好。如果商品品种更新的速度和比例太高，造成生产中不必要的经常变换品种，也不能获得经济效益。商品品种更新的最佳速度和比例标准是:用于商品生产、流通和消费的每个单位成本获得所涉及商品的最高使用价值。按照行业或企业的特点、商品的种类、品种更新的类别等，商品品种更新的速度和比例是有差别的。对于轻纺行业来讲，其产品受款式、花色的影响较大，商品品种更新速度就较快，更新的比例也较大。

(四)市场中常形成流行性商品

流行性商品是指极短暂时间内在市场上非常畅销、风靡一时、流行四方的商品。这类商品往往具有特别的花色和新颖的款式。当某些特别花色和新颖款式的商品出现后，被某种特殊消费人群所青睐，并从这种特殊消费人群扩及到若干乃至覆盖面更广、更多的消费人群。

流行性商品有其本身的特点和规律。这类商品在地区间往往是从商品经济和市场发达、消费水平高处向商品经济和市场较不发达、消费水平较低处扩及，从大城市流向中小城市，甚至从城市流向农村，在不同空间的流行存在时间差。这类商品的形成既具有不可预料性和爆发性，又具有潜在的规律性，值得商品生产者和经营者认真研究和总结。

学习任务4 商品品种结构及其优化

一、商品品种结构的概念

商品品种结构是指各类商品及每类商品中不同品种的组合比例，即在全部商品总量中，按经济用途或按满足不同层次需求，各大类商品及每类商品中不同品种规格商品的数量所占的比例。

商品品种结构是按照金字塔形排列的，图 3－1 为服装商品的品种结构。

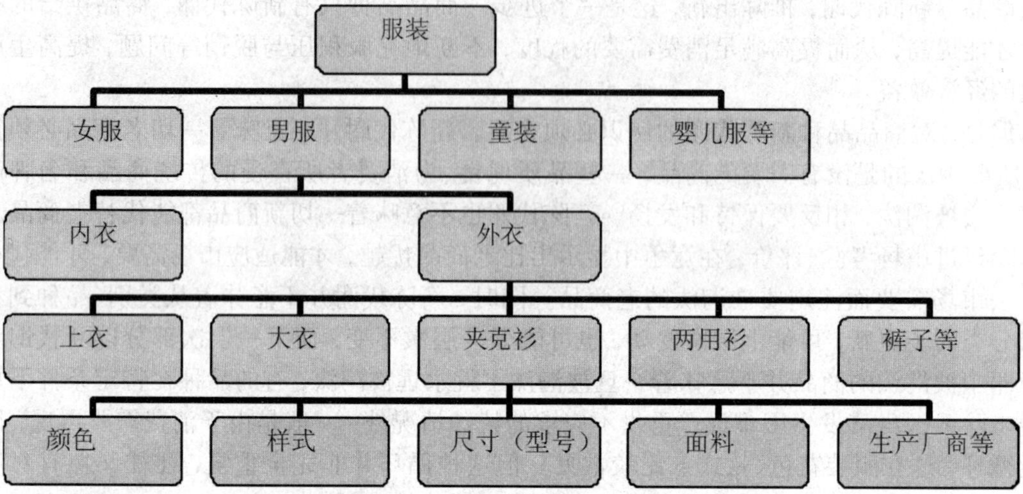

图 3－1　服装商品的品种结构

由图 3－1 可知，商品品种是消费者对商品广度的要求，是商品结构（商品品种组合）状况的反映，也是消费需求结构的反映。商品品种的结构应适应消费需求结构及其变化。具体商品品种的构成应考虑市场需要和消费需求，如消费者年龄、性别、职业、民族、经济状况、消费水平和地方风俗等因素。消费需求和消费结构不是一成不变的，它随着科学技术水平、人口组成、社会经济发展水平等的变化而变化。这种变化一般是呈上升趋势，因而商品品种结构必须随消费需求和消费结构的变化而不断调整和变化。商品品种结构是否合理，实质是商品能否满足广大消费者多样化、多层次、专业化、特殊化、个性化的消费需要。为了促进商品品种结构的合理化，必须重视商品品种和品种结构的研究。

二、商品品种结构优化的原则

商品品种结构优化的总原则是商品品种结构必须与人们的实际需要和消费结构及其变化相适应。具体如下：

（一）商品品种结构必须与消费需求结构相一致

商品品种结构与消费需求结构相一致，这就是说生产或经营的商品品种必须适应不同社会阶层、不同社会集团、不同人群的消费水平和消费爱好。

（二）商品品种结构必须符合社会需要与供给能力的客观实际

社会需要状况反映的是市场对商品的引力，供给能力大小反映的是供给商品的实力。市场引力包括商品对国计民生的影响力、市场容量、利润率、销售率、增长率等，是社会需要状况的反映。供给能力是指企业满足市场要求的能力，包括市场占有率、生产能力、技术能力、销售能力等综合因素。只有对市场引力和供给能力进行定性、定量分析，在分析的基础上确定老品种的改进和新品种的开发，才能使生产的商品满足消费需求，使商品品种结构与消费需求结构相符。

（三）商品品种结构必须与消费需求变化相适应

商品品种结构与消费需求变化相适应，这是从动态角度看必须遵循的原则。因为随着社会的发展和时间的推移，人们的需要和消费需求结构会发生变化，商品品种结构也应随之变化和调整，以保证商品品种及其结构与消费需求及其结构的相符程度达到最佳化。

三、商业企业商品品种结构优化

商业企业商品品种结构优化是指商业企业所经营的商品品种既能充分满足其供应范围内各种对象、各个层次多方面的消费需要，又不存在不必要的商品积压。商业企业进行商品品种结构优化，主要是充分利用商品品种发展规律，掌握市场需求及其变化，重视新产品开发，把握被淘汰商品的变化趋势，科学制定商品品种规划和计划，合理调整所经营的商品品种。

（一）充分利用商品品种发展规律

前面提及的商品品种发展规律，使我们知道了商品品种的发展状况到底是什么样的，但更重要的是要明确它究竟应该是怎样的。商品品种的增加和多样化，虽然是商品经济发展的客观趋势，但必须认真考虑市场需要、生产成本以及商业企业经营能力的实际。如果盲目发展，虽然商品品种可一时增加，也会因销路不行而缩小。对商品品种新陈代谢的问题，必须对各个商品品种进行客观的具体分析：哪些老商品可立即被淘汰，哪些老商品被逐步淘汰或自然淘汰，哪些老商品将被保持和发扬；哪些新商品可马上上市，哪些新商品陆续上市。对流行性商品，必须有敏锐的反应，特别是对花色、款式需求变化大的服装、鞋帽等商品品种，更应看得准，抓住时机。

（二）高度重视和抓好新商品开发

所谓新商品，是指在成分、结构、性质、功能、用途等方面与老商品具有本质不同或显著差异的商品。如石英电子表与机械表相比、电磁炉与电炉相比就是新商品。新商品是相对老商品而言，新商品既应包括采用新技术、新原理和新结构而发展的新商品，也应包括对老商品的改进。

商业企业只有重视新商品开发，才能知道已开发出的新商品以及正在和即将开发的新商品，才能制定商品品种规划和计划，组织新商品上市。与此同时，才能把市场需求反馈给生产部门和生产企业，不断研究和开发新商品。

新商品的开发方法很多，商业企业应为生产部门和生产企业提供开发新商品的信息和建议，本身也应积极利用有关开发方法。如通过对销售对象、市场占有率、产品性能、用途、质量和价格等方面的分析，采用市场空缺法去寻求市场、产品、技术等方面的空白；通过收集和分析现有商品的不足之处，采用缺点列举法研制和开拓新商品；通过对现有商品功能的挖掘，或采用新技术、新原理、新结构、新材料和新工艺获得新的功能开拓新商品；将两种以上的新技术组合在一起或将两种以上新材料组合在一起开发新商品；在分析原有商品规格、用途、功能的基础上，使商品形成不同系列，向更深、更广范围开发新商品；通过样品，模仿国内外同类商品开发新商品；通过对消费者审美需要变化的分析，不断变换商品外形、颜色、图案等方式开拓所需感觉的商品等等。

新商品的开发程序，大体包括搜集构思方案、方案筛选、研制、试销和正式投产等五个环节。作为商业企业最重要的是搜集构思方案和试销。构思方案是研制开发新商品的关键，搜集构思方案又是获得好的构思方案的重要环节，商业企业对消费者的意见了解得最直接最全面，为此绝不应忽视构思方案的搜集。试销的重要方法之一是把新商品卖给消费者，在销售中和消费后必须做好记录，进行动态分析，得出客观的结论，即应抓紧投产上市、或尚需改进，或应提高产品知名度，或应当放弃。与此同时，对方案筛选、研制和正式投产也应高度重视。只有这样才能掌握生产部门和生产企业开发新商品的动态，及时调整好本企业经营的商品品种结构。

(三)客观把握被淘汰商品的动态

商品品种更新一方面要开发新商品，另一方要淘汰老商品，但并不是淘汰所有老商品，仅仅是淘汰那些不适销对路、消费者不欢迎并且不能带来良好经济效益和环境、社会效益的疲软产品。被淘汰的老商品主要是功能、技术、质量、观念和营销手段等方面落后。商业企业只有不断地观察和分析老商品适应消费需求的情况，才能对将要淘汰的商品品种做到胸中有数，及时将这些信息反馈给生产部门或生产企业。与此同时，商业企业本身也可及时对商品品种结构规划和计划进行调整。

(四)科学制定和实施商品品种计划

制定和实施商品品种计划是商业企业调整商品品种结构的重要手段。商业企业对商品品种计划的制定和实施尤为重要。商业企业商品品种计划是指商业企业计划其经营商品品种的组合，即将计划期准备经营的各大类及每类商品中的品种进行组合。商业企业在制定和调整商品品种计划时，要着重考虑消费需求、消费水平、消费者购买力、商品的档次、品种范围、竞争状况、盈利基准点和资本等因素，特别要重视商品品种构成和商品品种策略。

商品品种构成是指各大类商品及每类商品中不同品种规格商品的数量比例。如前所述，影响商品品种构成的主要因素是消费者的年龄和性别构成、职业、民族和地方风俗习惯等。消费者年龄和性别构成及其比例，对商品品种的构成及其比例有着极为重要的影响，特别是对化妆品、服装、鞋帽等商品的品种要求，幼、少、青、中、老、男、女截然不同。职业、民族和地方风俗习惯不同，对各种商品的品种要求也截然不同。

商品品种策略是指商业企业根据消费需求的变化不断改变或调整商品品种所采取的措施。常用的措施有以下三种：

1. 扩大商品品种

扩大商品品种是指增加所经营的商品品种，使消费者有更广泛的选购余地。如增加新商品品种或新商品种类，增加短缺商品品种以及使经营商品品种系列化等。新商品品种很多，可归纳为全新商品、换代商品、仿制商品和改进商品四类。全新商品是指运用新原理，应用新技术，采用新结构、新材料和新款式而研制的新商品。如太阳能热水器、电磁炉的第一次出现属于全新产品。这类新商品在技术、经济和用途等方面有新特点，也称创新型商品。换代商品是指在原有商品基础上，采用或部分采用新技术、新材料、新工艺研制出来的新商品。如全自动洗衣机对于半自动洗衣机、彩色电视机对于黑白电视机来说就属于换代商品。这类新商品与原有商品相比，性能有一定改进，质量有相应提高，也称换代型商品。仿制商品是指对国内或国际市场上已经出现的商品进行模仿、研制生产的新产品。这类新商品的生产研制比全新商品容易，但不应全盘照搬，更不能侵犯原有企业的合法权益，也称模仿型新商品。改进商品是指对老商品的性能、结构、功能加以改进，使其与老商品有较显著的差别。如电熨斗加上蒸汽喷雾、电风扇改成遥控开关就属于改进商品。这类新商品与换代商品相比，受技术限制较小，成本相对较低，便于市场推广，易于为消费者接受，又称改进型新商品。

2. 压缩商品品种

压缩商品品种是指减少商品品种，对不适应市场需求的商品品种或不受欢迎的商品品种进行压缩。如淘汰获利不足的老商品品种，淘汰过剩及多余的商品品种。被淘汰的商品品种可归纳为功能落后、技术落后、质量落后、观念落后、营销手段落后等类别。功能落后，是由于新商品的不断出现，有些老商品的功能已不适应消费者的需要。如单缸洗衣机没有脱水功能，老型号的黑白电视机不能收看12频道以上的节目，因而只能被淘汰。技术落后，是由于新材料、新技术在商品中采用，老技术的商品即成为疲软商品。如半导体收音机和录音机的问世，电子管收音机和电唱机只能被淘汰。质量落后，指粗制滥造，或跟市场同类商品比较相形见绌。如家电商品处于卖方市场时，生产的杂牌彩色电视机和电冰箱只好被淘汰。观念落后，是由于消费水平和消费者爱好的变化，原有商品在设计思想、销售价格、表面装潢和色泽图案等方面跟不上时代潮流。如大红大绿的花布已不再为现代青年所喜爱，只得推陈出新。营销手段落后，是指有的商品在推销手段、推销策略、宣传广告、售后服务等方面没跟上或不配套，使商品竞争能力减弱。

3. 调整或变化商品品种

调整或变化商品品种是指对原有商品品种在某些方面加以改变，使其更符合消费者的消费需要。如变化商品品种的质量等级、价格等级和商品档次等。

任务小结

商品品种是指按某种相同特征划分的商品群体，或者是具有某种(或某些)共同属性和特征的商品群体。研究商品品种问题，不断提高商品品种及其结构与消费者需求及其结构间的相符程度，具有十分重要的意义。商品名称是指商品的名字，其命名应遵循一定的原则。商品品种名称属于商品名称的细类层级，是指商品品种的具体名称。简单商品品种名称构成比较简单，基本上属于句法构词，即以形容性词根加上名词词根所构成。复杂商品品种名称构成比较复杂，一般是由两种或两种以上形容性词根或属性和特征与名词词根构成。形容性词根除简单商品品种名称所列的之外，有的还进行细化加上品牌、商标、花色、型号和质量等级等。商品品种分类可以根据不同的分类标志进行，商品品种的发展有一定的规律性。商品品种结构是指各类商品及每类商品中不同品种的组合比例，商品品种结构优化的总原则是商品品种结构必须与人们的实际需要和消费结构及其变化相适应。

习 题

一、思考题

1. 什么是商品品种?
2. 简述商品命名的原则。
3. 简述商品品种名称的构成，并举例说明。
4. 商品品种是如何分类的?
5. 试述商品品种发展规律。
6. 什么是商品品种结构? 商品品种结构优化的原则是什么?
7. 简述商业企业应如何优化商品品种结构。

二、实训题

1. 选择十个有代表性的商品品种，对其名称构成进行分析。
2. 调查某商场鞋类商品的品种构成情况，并指出其存在的问题及整改措施。
3. 请从商品品种的角度论述宝洁公司成功的原因。

◆项目四　商品质量与质量管理

★知识目标：

1. 商品质量概念及构成；
2. 食品质量基本要求；
3. 影响商品质量的因素；
4. 质量管理；
5. 全面质量管理的含义及特点；
6. 质量管理的基本工具及技术。

★技能目标：

1. 能从产品设计、原材料、生产工艺、设备、操作方法、检验等角度分析影响商品质量的因素；
2. 会用质量管理的基本工具分析商品质量。

★任务导入：

五月捧杯！志高打响品质总冠军赛

常规赛完毕，季后赛战火重燃，哪支队伍将登临NBA总冠军之顶？谁又将成为最有价值的MVP……

火辣五月，空调行业也正上演着如美国NBA赛场的巅峰对决，品质、服务、优惠的争夺战悄然开启，志高空调"品质冠军节"，全明星阵容壮观出战。

近期，志高空调将在全国范围内，举行"品质总冠军5·1全明星"系列活动，以旗下五大冠军空调回馈广大消费者。针对不同系列空调，赠送超值豪华大礼。如活动期间购买数码三超王空调，赠送价值近千元的豪华减震折叠自行车等三样大礼；购买其他冠军产品，也均有价值168元到388元的礼物赠送。

高品质产品，是志高总冠军决赛的"杀手锏"。中国首款双节能空调"北奥之光"作为主力冠军空调，开创了1瓦待机+1级能效双重节能方式，一举创造了空调节能新标准。因为节能领先，志高空调荣膺联合国“全球绿色环保节能空调”称号，成为国内获此殊荣的惟一家电品牌。

推出重磅级服务“产品质量承诺召回制”，是志高夺冠的另一“秘密武器”。本次活动中，志高派出节能冠军、静音冠军、能效冠军、美丽冠军、全能冠军超豪华阵容，同时针对五款机型（北奥之光、安睡宝、超能星、丽人之光及志高数码三超王）全面实施“产品质量承诺召回制”，活动期间购买以上任何一款产品，自购买之日起三个月内出现任何非人为质量问题，可凭产品质量承诺召回卡免费召回并更换新机。

思考：商品质量好坏对企业影响是什么？

学习任务1　商品质量的概念及构成

一、商品质量的概念

要给商品质量下一个定义，首先应该研究质量的概念。所谓质量，按照国际标准化组织制定的国际标准，是指反映实体满足明确和隐含需要的能力的特征综合。这里的“实体”是指可单独描述和研究的事物，可以是活动或过程，产品，组织、体系或人，以及上述各项的任何组合。“明确需要”可理解为有关法规、质量标准或是买卖双方合同等方面明确规定的要求。“隐含需要”可理解为人和社会对实体公认的期望，而不必作出规定的要求。如相容性和互换性等。“特性”则是指该实体所特有的、区别于其他实体的性质，如可量化的质量、强度、PH，非量化的外形、颜色、安全性和舒适性等。

由此可见，质量的范围非常广泛，既包括商品质量，又包括工程质量，还包括作业质量和服务质量等。

商品是“实体”的一个组成部分，商品质量既应该包括质量概念的共性，又应该具有商品的个性。所谓商品质量，是指商品能适合一定用途，满足社会一定需求的各种特性的综合。

商品质量的概念包含下述内容：说明商品质量的基本要求，商品性能必须符合商品一定的用途，即商品性能必须和用途一致；说明商品质量的基本内容，是商品自然属性、社会属性和经济属性等的综合；说明商品质量适应的对象，商品质量必须以消费者为最终要求。

商品质量的优劣，就是根据这三个方面得出的结论来评定的。由于对上述三个方面的侧重程度不同，商品质量的概念又有广义和狭义之分。

广义的商品质量，是指衡量商品使用价值的各种属性的综合，包括商品的自然属性、经济属性和社会属性等的综合。

从消费者角度理解的商品质量，是指消费者能够感受到的商品综合质量，包括商品的内在质量、外观质量、包装质量和市场质量等。这种商品质量具有主观性、客观性、相对性、社会性。每个生产者、销售者和消费者都可以从自己的角度，基于每个人的不同的社会地位、文化和心理素质，对商品质量作出各自的评价，体现出商品质量的主观性；自然属性是商品质量的基础，体现出商品质量的客观性；商品质量是相对一定的使用条件、一定的用途、一定的价格，与同类商品相比较而言，因此商品质量具有相对性；商品质量随着经济的发展，社会消费习惯的变化而不断提高，又体现出商品质量的社会性。

狭义的商品质量，实际上是指商品的内在质量，是由商品的自然属性决定的，也称为自然质量，指商品在一定使用条件下，满足一定要求的各种自然属性的综合。

学习和掌握商品质量的两种概念，对于树立现代商品质量观具有重要意义。对商品质量的认识和理解，是随着社会生产和经济发展而变化的。在商品生产尚不发达、供不应求的社会条件下，物质需要占据主要地位，商品质量观主要强调商品的基本性能和寿命，即商品的内在质量。商品生产者和政府的首要任务是尽可能满足社会总需求，而在质量方面下的功夫远不如在产值产量上下的功夫。因此，对于商品生产者来说既没有市场竞争的压力，又可以不讲成本地迎合消费者结实耐用的要求。这种商品质量观只适应当时社会经济的需要，而不利于市场经济的发展，也不利于商品质量的改进和人民生活质量的提高。

随着科学技术的进步和商品生产、市场经济的发展，商品交换逐渐由卖方市场转变为买方市场，市场竞争日趋激烈。在这种情况下，人们不再仅仅满足于基本的物质需要，开始追求更高层次的精神需求。现代商品质量观，不只考虑商品内在质量，而且越来越注意商品的外观质量、包装质量和市场质量。

二、商品质量的构成

（一）在表面形式上，商品质量由外观、内在和附加质量构成

商品的外观质量，主要是指商品的外部形态以及通过感官而能直接感受到的特性。如商品的式样、造型、结构、色泽、气味、食味、声响、规格（尺寸、大小、轻重）等。商品的内在质量，是指通过测试、实验手段而能反映出来的商品特性或性质，如商品的物理性质、化学性质、机械性质以及生物学性质等，商品的附加质量，主要是指商品信誉、经济性、销售服务等。

商品的外观质量、内在质量和附加质量，对不同种类的商品，三者可有所侧重。商品的内在质量往往可以通过外观质量表现出来，并通过附加质量得到更充分的实现。

（二）在形成环节上，商品质量由设计、制造和市场质量构成

设计质量，是指在生产过程以前，设计部门对商品品种、规格、造型、花色、质地、装潢、包装等方面设计过程中形成的质量因素。制造质量，是指在生产过程中，所形成的复合设计要求的质量因素。市场质量是指在整个流通过程中，对已在生产环节形成的质量为维护保证与附加的质量因素。

设计质量是商品质量形成的前提条件，是商品质量形成的起点；制造质量是商品质量形成的主要方面，它对商品质量的各种性质起着决定性作用；市场质量是商品质量实现的保证。

（三）在有机组成上，商品质量由自然、社会和经济质量构成

商品自然质量是商品自然属性给商品带来的质量因素，商品社会质量是商品社会属性所要求的质量因素；商品经济质量是商品消费时投入方面需要考虑的因素。商品自然质量是构成商品质量的基础，商品社会质量是商品质量满足社会需要的具体体现，商品经济质量则反映了人们对商品质量经济方面的要求。

学习任务2　商品质量的基本要求

商品的用途满足消费需要，必须对商品质量提出基本要求。商品种类繁多，各有不同的用途，其质量的基本点也各不相同。一般可根据商品的用途，把商品分为吃、穿、用等大类，分别提出质量方面的要求。

一、食品质量的基本要求

食品是人类生活的必需品，是人体发育和健康不可缺少的物质基础，对食品类商品质量的基本要求是具有一定的营养价值，卫生无害和色、香、味、形俱佳。

（一）较高的营养价值

人在活动过程中消耗的营养成分和能量要靠食品来不断地补充。食品营养价值的高低是评定食品质量的最基本的指标。

食品营养价值的高度，主要取决于食品所含的营养成分的种类和数量。不同营养成分的消化率和发热量不同，对食品的营养价值也有直接的影响。所以食品的营养价值是由营养成分、可消化率和发热量三项指标综合而成的。

食品的营养成分有糖类、蛋白质、脂肪、维生素和矿物质等，这些营养成分都是人体所必需的物质，但它们对人体所起的营养功能并不完全相同，综合起来可归纳为三个方面：供给热量、保持体温、促进发育、修补组织；维持器官功能，调节代谢作用。食品种类不同，所含的主要营养成分不同，其营养功能也不完全相同。例如，粮食、食糖等食品中的营养成分主要是糖类，糖是人体热量的主要来源；肉、蛋、乳等食品中的营养成分主要是蛋白质，其主要功能是维持生长，修补组织。

食品被食用后，其营养成分应能被人体消化和吸收，在体内消化和吸收的程度越高，食品营养成分发挥的作用就越大。人体能消化吸收某种营养成分的程度常用百分率来表示，称为可消化率。可消化率越高，食品的营养价值就越高。人体对食品的消化吸收，除与人体消化器官分泌出的消化液有关外，还跟食品的物理机械性能有关。含有一种营养成分，甚至相近或相同的食品，由于来源不同，加工方式不同等，可消化率也会不同。要充分利用食品中的营养成分，就涉及到如何提高可消化率的问题。因此，食品中的可消化率必然成为评价食品营养价值高低的一个重要因素。

发热量，是指食品营养成分经人体消化吸收后，在人体内能够产生的热量，它是反映营养价值的基本指标。人体每天都需要一定的能量，人体能量的源泉是食品中的营养成分。人体对食品的需要量，通常是用能产生热量的糖类、蛋白质和脂肪这三种主要营养成分的发热值来计算的。虽然这三类营养成分均会产生能量，但对人体的营养功能却不能相互代替。所以，在合理的膳食中，按发热量计算应以糖类占60% ~70%，脂肪占15% ~25%，蛋白质占10% ~15%为宜。

（二）较好的色、香、味、形

食品的色、香、味、形是指食品的色泽、气味、滋味和外观形状。食品的色、香、味、形可以通过感官器官加以辨别，在一定程度上可以反映食品的某些内在质量特性和品种特性，因此也成为评定食品质量的重要指标。

食品悦人的颜色、扑鼻的香气、美好的滋味和良好的外观形状能增进食欲，提高食品的消化吸收程度。因为只要看到、闻到这种食品，或见到具有逼真图形的广告，甚至想到它们，就会引起条件反射，人体的消化器官就会分泌出较多的消化液，帮助更好地消化吸收食品中营养成分。

食品的色、香、味、形，可以用于鉴别食品的新鲜度、成熟度、加工精度、品种特点和变质状况等。果品、蔬菜等植物性食品和鱼、肉等动物性食品，通过色、香、味和形可鉴别其新鲜程度；果品、蔬菜和瓜类等植物性食品，通过色、香、味、形可鉴别其成熟程度；同类蔬菜等植物性食品和同类水产品、同类肉制品等动物性食品，通过色、香、味、形可鉴别其品种特点；同类加工制品，如米、面等，可通过色、香、味、形鉴别其加工精度；同类食品还通过色、香、味、形鉴别其变质情况。

对食品色、香、味、形的认识由来已久，我国古代人民对其就有足够的认识。明末宋应星所著《天工开物》中有这样一段描述："气至于芳，色至于艳，味至于甘，人之大欲存焉。芳而烈，艳而艳，甘而甜，则造物有优异之思矣。"可见，人们对食品气味芳香，颜色美丽，滋味可口，存在着强烈的欲望，对生产者来说必须加以足够的重视。

（三）卫生无害

食品的卫生无害性是指食品中不应有或不能含有超过允许限量的有害物质和微生物等。这是食品类商品的最基本的质量要求。因为食品卫生关系到人民的身体健康和生命安全，甚至还会影响到子孙后代。因此，食品必须符合有关的卫生规定和标准，若超过卫生规定要求，其他质量要求随之失去意义。食品有害物质的来源，通常有食品自身产生的毒素、物质对食品污染、加工中混入的毒素、保管不善成熟的毒素、环境或化学药品造成的污染等。

为保证人体健康，必须按照《中华人民共和国食品卫生法》的规定，加强对食品商品的生产管理、质量检验和监督，严格控制有害物质的含量，防止食品污染和有害有毒因素对人体的危害，确保食品商品符合卫生质量要求。

二、对日用工业商品质量的基本要求

日用工业品种类繁多，用途极其广泛，不仅能满足人们某种使用上的需要，而且还起着美化生活的作用。对日用工业品质量的基本要求是适用性好、坚固耐用、安全卫生，结构合理与外观完好、舒适美观。

（一）适用性好

适用性是指满足这种商品重要用途而必须具备的性能，它是构成这种商品使用价值的基本条件和评定其质量的重要方面。例如，钟表要求走时准确、保温瓶必须保温、电视机要求图像清晰、伴音优美动听。

（二）坚固耐用

坚固耐用性是指在使用时抵抗各种外界因素对其破坏的能力和其适用性的影响，它反映了日用工业品耐用程度。皮革、橡胶常用强度和耐磨性来评定其坚固耐用性，电器商品往往用使用寿命、可靠性、可修复性来反映其耐用性。要求商品坚固耐用，是消费者的普遍愿望，但对某些商品和不同的消费水平有一定的弹性，只要达到物尽其用即可。

（三）卫生安全

卫生安全性是指商品在使用时，有关保护人身安全和人体健康所需要的各种物质。例如，盛放食物的器皿、化妆品、玩具等商品应具有无毒性和无刺激性；电器商品应具有防人身触电、防引起火灾、防损害人身的安全措施。从现代观念来考虑，卫生安全性还包括不污染环境的低公害性。低公害性又称环境价值，是指商品在流通、消费、废弃和回收等环节，应不造成允许限度以上的环境恶化和污染。不符合低公害要求的商品，无论使用价值有多大，也应限制其使用，有的将逐步退出市场。在社会环境保护方面，各种有害人们身心健康的商品，应限制其使用，如管制刀具等。近些年的无氟冰箱、无磷洗衣粉、可降解塑料、低噪声家用电器等商品备受欢迎，就是商品环境效应的一个缩影。

（四）结构合理与外观完好

造型结构主要指商品的形状、大小、部件装配等。例如造型结构不科学合理，直接影响着日用品的适用性和坚固耐用性；商品的外观疵点，不仅严重破坏了商品外观，还直接影响着商品的适用性和坚固耐用性，有些商品的外观疵点还反映了商品的变质情况。

（五）舒适美观

商品的外观艺术性是通过商品的造型、款式、装饰、色泽、花纹、图案来体现的，它是日用工业品商品美观性的基本要求。商品美观性方面的基本指标已成为人们评价质量的一个重要组成部分。例如，有些灯具，就其照明和美观来说，后者很大程度上影响商品销售；实际工作中也往往由于商品的造型、式样不够新颖、外观不够美观、花纹图案不恰当，即使它们的适用性和耐用性都很好，也会造成滞销和积压。商品的舒适性是指商品造型、选材等满足人体运动生理学的要求，有益于人们的活动和健康、例如运动鞋类根据运动项目要求和人体运动生理学原理分为跑鞋、球鞋、登山鞋等。

三、对纺织品商品质量的基本要求

纺织品商品是人们日常穿着的必需品，它既起到遮体防寒保护身体的作用，又对生活起着美化作用。对纺织品商品质量的基本要求包括如下几方面：

（一）服用性好

服用性是指纺织品商品适合穿着的各种性能，主要指适合穿着的自然属性，包括卫生性、缩水性、起毛起球性、刚挺度和悬垂性等。

纺织品的卫生性是指保暖、散湿、吸水和透气等性能。因为穿着纺织品的主要目的是遮体、防寒、保护身体健康，因此纺织品必须适应人在穿着过程中的客观要求，既能防寒，又能散热，还能吸附扩散人体所排出的汗液，穿着舒适，有益健康。

纺织品要求不易起毛起球，缩水率要小，因为起毛起球影响外观，纺织品缩水往往造成服装变形，影响穿着甚至丧失使用价值。

纺织品的刚挺度，是指纺织品抵抗弯曲变形的能力，它影响纺织品手感风格和服装的挺括性。悬垂性，是指从织物中心提起后，自然悬垂产生匀称美观垂折的特性，它影响着穿着的外观风格，决定了衣服贴体和形态优美的程度。

(二)耐用

耐用性是指纺织品在穿着和洗涤过程中的抗外界各种破坏因素作用的能力，直接影响到纺织品的使用寿命。耐用性包括断裂强度和断裂伸长度、撕裂强度、耐磨强度、耐疲劳强度、耐日光性、耐热性、染色牢度、耐霉蛀性等。

(三)卫生安全

纺织品的卫生安全性是指纺织品保证人体健康和人身安全而应具备的性质，主要包括纺织品的卫生无害性、抗静电性等。卫生无害性，不仅要求纺织纤维对人体无害，还要求纺织品在加工和染色过程中使用的燃料、放缩剂、防皱剂、柔软剂、增白剂等化学物质对人体无害，这些化学物质如残留在纺织品表面，就可能造成对皮肤的刺激。吸湿性差的涤纶、晴纶、氯纶、丙纶等合成纤维容易形成静电。降低静电的方法，一是在纺织品中混入导电纤维，二是将静电剂加入合成纤维内部或固着在纤维表面。

(四)美观艺术

纺织品的美观艺术主要表现为纺织品的审美性。审美性要求纺织品和服装能满足消费者审美需要，达到精神与物质的统一，技术与艺术的结合。随着时代的发展，审美性已成为消费者购买衣着商品的首选特性。审美性是一种整体美，主要包括内在美和外在美。内在美是指纺织品蕴含的文化内涵;外在美是指纺织品呈现的外观、风格、色泽、装饰、图案等所体现的艺术性。外观包括平整、光滑、纹路以及无疵点等。

学习任务3　影响商品质量的因素

商品质量是商品生产、流通和消费全过程中诸多因素共同影响的产物。为了能够对商品质量实施控制并得到预想的商品质量，就要分析和掌握这些影响商品质量的因素。

一、影响商品质量的因素

(一)人的因素

在影响商品质量的诸多因素中，人的因素是最基本、最重要的因素，其他因素都要通过人的因素才能起作用。生产和经营符合一定质量要求的商品，通常都要经过许多道工序，如市场调研、开发设计、原材料和零配件采购、工艺准备、生产设备运转维护及更新改造、生产过程控制、不合格品处置、储存和运输、安装和包装、售后服务等等，它们无一不是在人的控制下完成的。

人的因素包括人的质量意识、责任感、事业心、文化修养、技术水平和质量管理水平等,其中，人的质量意识、技术水平和质量管理水平对商品质量的影响更为重要。

1. 质量意识是决定商品质量的关键因素

质量意识既是商品质量、服务质量和工作质量等在人们头脑中的反映，又是人的思想意识和专业素质的具体体现。人的任何自觉的行动都是在一定的思想意识支配下进行的，没有思想意识的支配就不会有任何自觉的行动。只有企业的领导和员工具有强烈的“质量第一”的思想意识，才会有高度的责任感与事业心，才能充分发挥个人和集体的智慧和能力，充分发挥其他质量因素的作用，有效地实施总体和各项质量控制，千方百计地排除工作上的各种障碍，持之以恒地、不断地改进和提高商品质量。改革开放以来，我国商品质量已经有了明显的提高，但从总体上看，商品质量问题依然是严重的。问题的原因是多方面的，如企业管理不善、技术和设备落后、质量监控不力、经济指标的片面性、质量法规不配套等。然而稍加分析就可发现，这些原因都是由质量意识薄弱这一根本原因派生出来的。产生质量意识薄弱的原因也是多方面的，既有历史原因，也有现实原因；既有主观原因，也有客观原因。质量意识薄弱是我国长期形成的一种社会现象，具有长期性、普遍性和复杂性，所以增强质量意识必然是一项长期、艰巨和复杂的工作。

(1)要增强质量意识。要大力开展质量教育，通过质量教育解决什么是质量，为什么要提高质量和怎样提高质量等基本问题，要使企业员工尤其是主要领导真正重视和关心质量，把“质量第一”的思想提高到企业生存和发展的战略高度去认识，并且在实际工作中自觉贯彻执行。

(2)要推行严格的质量责任制。把企业员工的工资、奖金、晋级、福利等都与质量好坏挂钩，只有真正做到奖优罚劣和奖罚分明，才能促进企业员工质量意识的增强。

(3)要加强精神文明建设和质量法制建设。质量意识属于思想范畴，涉及人的职业道德、思想品质、精神风貌和知识修养等精神因素，所以，开展精神文明建设、发扬爱国主义、对工作精益求精和对人民极端负责的精神，是增强质量意识的重要环节。此外，加强质量法制建设也是增强质量意识必不可少的环节。

2. 企业员工的技术水平和质量管理水平是保证和提高商品质量的前提

企业员工的技术水平(专业知识和技能)和质量管理水平(质量管理知识、丰富和组织能力)，是保证和提高商品质量的必要前提。否则，即使有了新材料、新设备、新技术等，也仍然生产不出优质商品。进行反复的、经常的质量教育是提高企业员工两个水平的好办法。质量教育应该把对领导干部的重点教育、技术和管理人员的系统教育以及个人的普及教育有机地结合起来。

(二)生产过程中影响商品质量的因素

来自农业、林业、牧业、渔业等产业的天然商品，其质量主要取决于品种选择、栽培和饲养方法、生长的自然环境和收获季节及方法等因素。

对于工业品商品来说，其生产过程中的市场调研、商品开发设计、原材料、商品检验及包装等环节都会影响其质量。

1. 市场调研

市场调研是商品开发设计的基础。在开发设计之前，首先要充分研究商品消费需求，因为满足消费需求是商品质量的出发点和归宿；其次，还要研究影响商品消费需求的因素，以使商品开发设计具有前瞻性；最后，必须收集、分析与比较国内外不同生产者的商品质量信息，总结以往成功和失败的经验，通过市场预测以确定何种质量等级、品种规格、数量、价格的商品才能适应目标市场需要。

2. 商品开发设计

开发设计是形成商品质量的前提。开发设计包括使用原材料配方，商品的结构原理、性能、型式、外观结构及包装装潢设计等。如果开发设计质量不好，会给商品质量留下许多后遗症。设计出了差错，制造工艺再高超，生产操作再精细，也生产不出合格的商品来。

3. 原材料质量

原材料质量是决定商品质量的重要因素。不同的原材料、元器件或零部件最终会导致商品的性能、质量、品种的差异。例如含硅量高的石英砂可以制成透明度和色泽俱佳的玻璃制品，而含铁量高的硅砂只能制出透明度和色泽较差的玻璃制品，不同长度的棉纤维制成的纱线和布匹，其外观和强度都有明显的区别。以细嫩鲜叶原料制成的绿茶、红茶，有效成分含量高，色、香、味、形俱佳，而以老叶制成的红、绿茶质量差、档次低。因此，在其他生产条件相同的情况下，原材料质量的优劣直接影响制成品的质量和等级。

在不影响制成品质量的前提下，选用原材料时应考虑对资源的合理利用和综合利用。选用资源丰富的代用材料可以降低原材料成本，扩大原材料来源。例如，我国造纸工业中木浆原料缺乏，每年需大量进口，而选用丰富来源的草浆造纸，可以缓解森林资源不足的矛盾。此外，利用边脚碎料和适当搭配回收废旧材料以及其他综合利用方法，都有利于提高商品的社会经济效益。

对于以元器件为基本单元的商品，应注意每个零部件的质量，尤其是可靠性，因为整机的可靠性是由元器件可靠性乘积决定的。这种功能串联型的商品有时往往由于一二个元器件质量不过关造成整机故障频繁，无法正常使用。

4. 生产工艺和设备

生产工艺和设备对商品质量也具有决定性作用。同样的原材料在不同的工艺下可制成不同的商品品种和质量。例如，猪皮革空粗大，若加以表面美化处理，就可能改进猪皮革制品的外观质量；酿酒时，同样的五谷杂粮，酿造方法不同，可以得到清香型、浓香型、酱香型等风格各异的白酒来。科学的发展和技术创新、技术革命可以使商品质量发生质的飞跃，这种变化很多是通过生产工艺的改进来实现的。例如，平板玻璃的生产，新式的浮法工艺是将玻璃熔体在金属液体上成型，其平整、光洁程度是老式垂直引上法工艺所无法比拟的。

设备质量也是决定商品质量的一个因素。设备的故障常常是出现不合格品的重要原因之一。设备的自动化、省力化、高速化和复杂化又使故障发生的机会有所增加，故障影响的波及范围变广。因此，加强设备管理和设备保养工作，防止故障发生和降低故障发生率，保持设备加工精度，是保证商品质量的必要条件。

5. 质量控制

质量控制是指从原材料到制成品整个制造过程的质量控制，包括原材料质量控制、设备和工具的质量控制、工艺条件和工作的质量控制等。所有的原材料、元器件投入生产前均应保证符合相应的质量标准。为了保证商品的质量，对原材料要进行筛选、除杂、称量、调配。所有的设备和工具，包括机器、模具、计量工具等都应验证其完好程度和精密度，并定期维护和校验。工艺过程控制要保持各项工艺参数的稳定性，避免工作失误，同时在工艺流程的各工序设置必要的检验环节，对工艺状态、半成品质量进行检查和验收，防止不合格品进入后续工序。质量控制的目的在于及时消除不正常因素对商品质量形成的影响，保证商品的制造质量达到设计质量的要求。

6. 商品检验与包装

商品检验是根据商品标准和其他技术文件的规定判断成品及其包装质量是否合格的工作。对大批量的商品来说，通常重要的质量特征、安全及外观项目要百分之百的检验，其他项目可采用分批抽样或连续抽样的检验方法。对不合格返修的商品仍需重新检验。检验中发现的问题应及时反馈。

商品包装是商品的重要组成部分，包装的设计要求应与制成品的设计要求一并考虑，包装质量也是构成商品质量的重要因素。商品包装可以减少和防止外界因素对商品内在质量的影响，并装饰、美化商品，以便于商品的储运、销售和使用。科学合理的包装应该是包装保护功能、美化功能、推销功能、方便功能和包装成本的统一。

（三）流通过程中影响商品质量的因素

1. 运输装卸

商品进入流通领域，运输是商品流转的必要条件，运输对商品质量的影响与运程的远近、时间的长短、运输的气候条件、运输路线、运输方式、运输工具、装卸工具等因素有关。商品在铁路、公路、水路、航空运输过程中，会受到温度、湿度、风吹、日晒、雨淋等气候条件的影响，商品在装卸过程中还会发生碰撞、跌落、破碎、散失等现象，这不但会增加商品损耗，也会降低商品质量。

2. 仓库储存

商品储存是指商品脱离生产领域、尚未进入消费领域之前的存放。仓库储存是商业企业收储待销商品的必要环节。商品储存期间的质量变化与商品的耐储性、仓库内外环境条件、储存场所的适宜性、养护技术与措施、储存期的长短等因素有关。

商品本身的性质是商品质量发生变化的内因，仓储环境条件（日光、温度、湿度、氧气、水分、臭氧、尘土、微生物、害虫等）是商品储存期间发生质量变化的外因。通过采取一系列保养和维护仓储商品质量的技术与措施，有效地控制适宜储存商品的环境因素，可以减少或减缓外界因素对仓储商品质量的不良影响。

3. 服务

销售服务过程中的进货验收、入库短期存放、商品陈列、提货搬运、装配调试、包装服务、送货服务、技术咨询、维修和退换服务等项工作质量都是最终影响消费者所购商品质量的因素。商品销售服务中的技术咨询是指导消费者对复杂、耐用性商品和新商品进行正确安装、使用和维护的有效措施。许多商品的质量问题不是商品自身固有的，而往往是由于使用者缺乏商品知识或未遵照商品使用说明书的要求，进行了错误操作或不当操作所引起的。商品良好的售前、售中、售后服务质量已逐渐被消费者视为商品质量的重要组成部分。

（四）使用过程中影响商品质量的因素

1. 使用范围和条件

商品都有其一定的使用范围和使用条件，使用中只有遵从其使用范围和条件，才能发挥商品的正常功能。例如，家用电器的电源要区别交、直流和所需要的电压值，否则不但不能正常运转，还会损坏商品；若使用条件要求安装地线保护则必须按要求实行，否则不仅不安全，甚至可能发生触电身亡的恶性事故。

2. 使用方法和维修保护

为了保证商品质量和延长商品使用寿命，使用中消费者应在了解该种商品结构、性能特点的基础上，掌握正确的使用方法和一定的日常维修保养的商品知识。例如，皮革服装穿用时要避免被锐利之物划破或重度摩擦，且不能接触油污、酸性或碱性物质以及雨雪。收藏保管时宜放于干燥处，悬挂起来，切勿用皮鞋油揩擦，以防止生霉、压瘪起皱以及泛色。

3. 废弃处理

商品使用完以后，其残体和包装作为废弃物被弃放到自然环境中，有些可回收利用；有些则不能或不值得回收利用，也不易被自然条件和微生物破坏分解，成为垃圾充斥于自然界的各个角落；还有些废弃物会对自然环境造成污染，破坏生态平衡，如加磷洗涤剂、氟氯烷烃化合物等。

商品废弃物无法回收利用和对环境的污染，是商品环境质量不佳的一种表现。对于商品废弃物首先应分门别类尽量加以回收利用；其次要积极开展综合利用、变废为宝的处理工作；最后应逐步限制和严格禁止可能产生公害的商品生产，努力寻找无害的替代商品，以保护人类的生存环境。

学习任务4　商品质量管理

一、商品质量管理和相关术语的概念

(一)商品质量管理的定义

质量管理是“对确定和达到质量要求所必须的职能和活动的管理”。它是企业及社会各项管理(诸如计划管理、物资管理、劳动管理、人事管理等)中的一项重要管理。质量管理的职能是制定质量方针(由某机构的最高管理者颁布市场的总质量宗旨和目标)、制定具体措施、组织人员共同参与质量管理活动，贯彻实施质量方针。质量管理的含义涵盖质量体系、质量控制和质量保证。

质量体系是“保证产品、过程或服务满足规定的或潜在的要求，由组织机构、职责、程序、活动、能力和资源等构成的有机整体。”企业为实现质量目标，需要进行相应的体系构建，设置组织机构，明确岗位职责，拟定活动程序，配置必要的设备和合适的人员，使各因素之间协调配合，保证质量方针的实现。

质量控制是“为保持某一产品、过程或服务满足规定的质量要求所采取的作业技术和活动。”也就是说对商品质量形成过程中影响商品质量的因素采取一定的措施给予控制。

质量保障是“为使人们确信某一产品、过程或服务质量能满足规定的质量要求所必要的有计划、有系统的全部活动。”质量保证的目的是为了使人们确信企业所具有的能够满足规定要求的产品能力。

(二)商品质量管理相关术语

1. 质量管理

GB6583－ISO8402 给质量管理下的定义是：确定质量方针、目标和职责并在质量体系中通过诸如策划、质量控制、质量保证和质量改进使其实施的全部管理职能的所有活动。

(1)质量管理是组织全部管理的一个重要组成部分，它的职能是制定并实施质量方针、质量目标和质量职责。

(2)质量管理是以质量体系为基础，依靠质量策划、控制、保证和改进这四项质量管理工作发挥其职能。

(3)质量管理是有计划、有系统的实施管理工作，必须建立质量体系。

(4)质量管理需要最高管理者统领，逐级分解质量目标和职责，各级管理者或人员对细分目标负有完成的责任。

2. 质量策划

质量策划是指确定以及采用质量体系要素的目标和要求的活动。

(1)质量策划是一项活动，或是一个过程，而不是质量计划，也不是制定质量计划的过程。

(2)质量策划是一项确定质量目标和要求的活动。产品策划的内容是对质量特性通过识别、分类和比较，确定适宜的质量特性，然后制定质量目标、质量要求和控制条件。

(3)管理和作业策划是一项确定采用质量体系的目标和要求的活动。策划的内容是为实施质量体系做准备，包括组织和安排，为产品质量的实现配备资源和管理支持。

(4)质量策划还包括编制质量计划和做出质量改进规定的内容。

3. 质量控制

质量控制是指为达到质量要求所采取的作业技术和活动。

(1)作业技术和活动仅指为了达到质量要求所采取的，而不是指组织内所有的作业技术和活动。

(2)这些作业技术和活动的目的在于对达到质量要求的过程阶段实施监控，其质量控制活动存在于产品质量形成的全过程中。

4. 质量保证

质量保证是指为了确保商品能够满足质量要求，而在质量体系中实施并根据需要进行证实的全部有计划和有系统的活动。

(1)质量保证是通过提供证据证明实体达到质量要求，从而使人们对这种能力产生信任。质量保证注重于组织能否连续提供质量始终满足质量要求的产品的能力的信任，而不是指具体的产品能否满足产品技术规范的能力的信任。

(2)质量保证是一项有目的、有计划、有系统的活动。不是针对单项质量要求的孤立的活动。商品质量保证必须服务于提供信息的目的。怎样确定提供证据的范围、种类，提供证据的方式、方法和相应的程序，证实的程度都要以满足需要和能够提供信任为准则。

(3)质量保证包括内部质量保证和外部质量保证。前者是向组织内各层管理者提供信任，使其相信组织提供的产品能满足质量要求。后者是向用户和监督管理机构提供信任，使其相信该组织有持续地提供满足质量要求的产品的能力。

(4)为了提供足够的信任，质量要求要能够全面回应用户的要求。否则，提供的信息是不完全的。

5. 质量体系

质量体系是指为实施质量管理所需的组织结构、程序、过程和资源。

(1)质量体系的资源包括：人力资源和专业技能；设计和研制设备；制造设备；检验和试验设备；仪器、仪表和电脑软件。

(2)质量体系的内容要以满足质量目标的需要为准。质量体系的建立运转要以质量方针和质量目标的展开为依据。合适的质量体系应是能有效地满足实现质量目标的需要的体系。

(3)每个组织都是按照某一标准的要求（如 IS09001 - 2000 版标准）规范已有的质量体系，使之能够满足质量管理和为用户提供信任的需要。

(4)质量体系的架构必须结合本组织的具体目标、产品和过程以及具体情况进行综合评估。因此，不同的组织建立的质量体系也不相同。但是为了达到外部质量保证的目的，所建立的质量体系必须满足模式标准对质量体系的要求，以期达到为广泛的用户提供信息的目的。

6. 全面质量管理

全面质量管理是指一个组织(企业)以质量为中心，以全员参入为基础，目的在于通过使用户满意和本组织全体成员及社会受益而达到长期成功的管理模式。它与质量管理不同，质量管理只体现某一方面的管理职能，它是集组织的所有管理职能于一体，因此，它是质量管理的更高境界。

全面质量管理是一种全面、全过程、全员参与的积极进取型管理，强调调动人的一切积极因素，根据系统论的观点把管理对象看成一个整体，分析系统各要素相互联系、相互作用的相关性，采取相应对策，使商品的设计、开发、生产、流通和消费的全过程均处于监控状态，从而保证商品质量符合消费者或用户需要。其特点是:

(1)全过程管理。它把满足消费者或用户需要放在第一位，运用以数理统计方法为主的现代综合管理手段和方法，对商品开发、设计、生产、流通、使用、售后服务及用后处置的全过程进行全面管理;防检结合，以防为主，重在分析各种因素对商品质量的影响。

(2)全面质量的经济管理。它既管产品质量，又管工作质量、工序质量;不仅要保证产品质量，还要做到成本低廉，供货及时，服务周到。它追求价值和使用价值的统一，质量和效益的统一;用最经济的手段生产用户满意的产品。

(3)它强调依靠与商品使用价值形成和实现有关的所有部门和人员来参与质量管理，实行严格标准化;不仅贯彻成套技术标准，而且要求管理业务、管理技术、管理方法的标准化。

二、商品质量管理的基本内容

商品质量管理是指以保证商品应有的质量为中心内容，运用现代化的管理思想和科学方法，对商品生产和经营活动过程中影响商品质量的因素加以控制，使用户得到满意的商品而进行的一系列管理活动。企业通过建立和实施质量体系，对商品生产、流通和使用消费实行对商品寿命周期和质量体系运转的全过程进行控制和管理。主要包括三方面内容:商品生产质量管理、商品流通质量管理、商品使用质量管理。

(一)商品生产质量管理

商品生产阶段是商品质量形成的主要阶段。由于生产活动是多工序活动的集合，因而每个工序对商品质量的形成都会产生不同的影响。

1. 原材料质量管理，主要是对制定原材料供应计划中原材料的数量、质量以及储备数量的管理。通常是根据商品生产数量周期和资金周转状况，确定购入原材料数量。在保证质量要求的前提下，要节约原材料成本和运输费用。对质量控制的目的就是要使原材料符合商品设计质量的要求。为使商品生产能顺利进行，企业要科学合理地储存一定数量的原材料，建立健全的原材料仓库领料制度，确定原材料的消耗定额并对其使用情况进行分析管理。

2. 设计质量管理。商品质量形成的过程中，设计质量对保证商品满足消费者和用户要求具有决定意义。商品设计过程中质量管理的任务是:依据市场调查与科技情报制定设计质量目标。即要达到的质量标准，进而说明商品使用质量应该达到的要求。

早期开发研究的工作质量对提高设计质量的影响很大。在设计工作全面展开之前，应对设计方案的可行性、科学性及合理性进行鉴定。对设计质量进行全面审查，如一般审查、计算审查、标准化审查、可行性审查、可检验性审查及设计更改审查等。新产品的设计需要经过反复试制、多次修改、最后定型的过程，以保证设计质量标准的先进性和可行性。

3. 工艺、制造质量管理是商品生产质量管理的中心环节。科学的工艺是指导加工操作、编制生产计划、进行质量检验的依据。工艺质量主要是指商品生产过程的技术准备的质量。工艺质量管理是生产质量管理中最基本的工作之一。工艺质量管理是根据设计和有关技术要求，以及企业现有的资源配置，对生产、安装、服务等过程实施过程控制策划、过程保障能力研究等，以使商品质量形成的全过程处于受控状态。工艺质量管理的内容包括：审查商品设计的合理性、经济性和可行性；制定工艺方案，选择最科学最经济的工艺流程；安排合适的生产设备提高加工质量；编制工艺规程，明确工艺条件和技术标准。

4. 生产过程质量管理是指原材料进厂到制成成品的完整制造过程的质量管理和质量控制，即按照工艺设计的技术要求，控制影响制造质量的各种因素，保证制造质量符合设计质量的标准。其内容包括：进行工序组织和控制；监控制造过程；对准备生产的原辅材料验收；保证过程设备和基本材料的一致性；加强对过程中的技术比照控制不合格产品的比例；保持稳定的环境条件；进行适当的人员培训等。

（二）商品流通质量管理

商品流通质量管理，实际上就是商业经营各环节中的商品质量管理。在生产阶段完成后，商品的自然质量已经形成，但是商品在流通领域运转过程中也会发生质量的变化。

1. 商品检验管理

商品出厂前，要对商品进行有效的检验，防止不合格产品进入流通领域。健全检验机构，完善检验制度。加强检验、验收质量管理工作，制定具体规程，严格按规程操作。

2. 商品运输质量管理

商品运输是生产过程在流通领域的延续。运输中的人力、财力的配备和物质的消耗成本构成了商品价值的一部分，运输过程中的各种因素也可能导致商品质量发生变化。因此，制定合理的运输计划，包括选择运输路线、确定运输工具、预防气候变化及采取的措施等，对搞好运输减少运输质量损失，降低运输成本有很重要的意义。

3. 商品储存质量管理

商品储存是商品流通领域中不可缺少的环节。主要是“以防为主”，防患于未然，最大限度地减少商品在储存期间质量变化和损失的程度。因此，商品储存质量管理的内容是：制定商品储存计划；建立健全仓储管理制度；根据商品的特点，结合包装条件，科学堆码；控制仓库温湿度，做好防毒、防虫、防污染工作；做好商品的在库检查，定期巡查，发现质量问题及时处理等。

4. 商品销售质量管理

商品销售是指商贸部门运用一定的技术设备，选定某种服务方式，将商品出售给消费者的过程中的各种经济活动的总称。通过销售将商品价值实现过程的始端和终端联系在一起，是实现社会生产目的及社会再生产顺利进行的重要条件。

销售质量直接影响商业企业的信誉和消费者利益。销售质量管理内容包括：编制商品销售计划；制定合格销售人员的操行规则；规定销售过程及其质量要求；培训营业员，提高服务质量等。

（三）商品使用质量管理

商品的使用过程是商品质量的实际检验。商品使用质量管理是商品质量管理的最后环节，其目的是指导消费。通过售后服务，积极开展技术服务、技术咨询工作，最大限度地实现商品使用价值。商品的设计质量和制造质量是需要通过使用过程中的质量表现出来的，如果能最大程度地实现商品的使用质量实际上就是维护和提高商品质量，直接或间接地给消费者提供了质量保证和消费信心。

三、商品质量管理发展概况

商品质量管理的发展大体经历了检验质量管理、统计质量管理和全面质量管理三个发展阶段。

（一）检验质量管理阶段

1911 年美国机械工程师泰勒（F. w. Taylor）提出了企业应实行质量检验的管理方法，即将企业的活动分为计划和执行两个职能，设立专职检验人员以加强产品质量检查。这样，就把 20 世纪以前原来操作者本身同时承担的质量检验转到管理者身上，使产品检验从生产制造过程中分离出来，成为一道独立的工序。以后，随着生产规模不断扩大，质量检验职能又由管理者转给专职的检验人员来承担，从此，专职的检验机构出现了。专职检验的特点是“三权分立”，即有人专职制定标准；有人专职负责执行；有人负责按照标准检验。从 20 世纪初期到 40 年代，主要以这种质量管理思想进行产品质量控制，也就是按既定质量标准要求对产品进行检验；管理对象限于产品本身的质量；管理领域局限于生产制造过程。因此，其存在着许多缺点：一是检验质量管理是一种消极防范型管理，依靠事后把关，杜绝不合格产品进入流通领域，无法在生产过程中起到预防、控制作用；二是出现问题容易扯皮、推诿；三是要求全部检验，在经济上不合理。

（二）统计质量管理阶段

20 世纪 30 年代前后，由美国贝尔电话研究所工程师、统计学家休哈特（w. A. Shewhart）提出了“统计过程控制”（SPC）概念，并创作了质量控制图，统计质量管理方法开始推广。其基本思路是根据某种过去情况来预测它将来的变化，从而进行管理，使其处于统计管理状态。这种方法用于质量管理，主要是按照商品标准，运用数理统计原理从设计到制造的生产工序进行质量控制，预防产生不合格产品；管理对象包括产品质量和工序质量；管理领域从生产制造过程扩大到设计过程。统计质量管理是一种预防型（事先监控型）管理，依靠生产过程中的质量控制，把质量问题消灭在生产过程中，而且能定量地分析研究和预测产品质量的变化。此阶段质量管理已从单纯的依靠检验把关，逐步转为检验把关和工序质量控制预防两者并重。但是，由于过分强调质量控制的统计方法，加之数理统计方法理论的深奥，这在一定程度上限制了它的普及推广。

（三）全面质量管理阶段

20 世纪 50 年代末，美国通用电气公司的费根堡姆和质量管理专家朱兰提出来了“全面管理”的概念，认为全面质量管理是为了能够在最经济的水平上，并考虑到充分满足客户要求的条件下进行生产和提供服务，把企业各部门在研制质量、维持质量和提高质量的活动中构成为一体的一种有效体系。日本在工业企业中开展质量管理管理小组活动，使全面质量管理活动迅速发展起来。

四、商品质量管理常用方法

(一)质量管理常用的统计控制方法

统计是指对数据的收集、整理、分析、解释和展现。“用数据说话”是搞好企业质量管理的基本观点，故要求教据必须真实、可靠、及时与准确。在企业生产经营的所有阶段，正确应用现代统计方法有助于质量体系的有效运行。统计方法不仅可用于检验阶段，还可用于市场分析、产品设计、可靠性规范、寿命和耐用性预测、过程控制和过程能力研究、确定抽样方案和质量水平、数据分析、性能评定或不合格分析等。因此，数理统计方法是质量管理的一个重要手段。

统计质量控制，就是依据数理统计的原理，对产品质量进行控制。统计质量控制的简要过程如下:运用数理统计方法，把收集到的大量质量信息、数据和有关材料进行整理和定量分析，发现问题，采取对策，及时处置，从而达到控制质量，预防不合格品出现，提高质量的目的。上述过程的实现，一是靠大量调查;二是靠占有足够的信息和数据;三是及时作出质量判断。统计判断按其工程程序，可分为统计调查和整理、统计分析及统计判断三个基本步骤或称三个阶段。

1.统计调查和整理

根据需要解决的某质量问题到现场收集数据，然后整理归纳已经收集到的数据，再用数据统计表和作统计图的方法，通过使用一些统计特征数(如平均值、极差、标准偏差)，来说明这批数据所代表的客观对象统计性质。

2.统计分析

对经过整理(包括分类、分组、计算、归纳)的数据进行分析，发现规律，找出趋势和倾向，查明原因，特别注意异常波动的出现。

3.统计判断

根据样品统计分析的结果，对所研究和分析的某具体质量问题，从总体上或发展趋势上作出科学的判断。

由此可见，全面质量管理的过程，也就是对数据进行收集、整理、分析、判断、处理(采取措施)和改进质量的过程。

数据统计是反映数据(商品质量数据)在某一时刻或某一小段时间内静止状态的方法，一般用直方图、调查表、管理图、散布图与回归直线等来反映。

(1)直方图。此方法将收集到的大小不均、杂乱无章的计量值数据进行整理，找出数据的分布中心及散布规律，以判断质量是否稳定，预测所需的资料数量较少时，可从列有推想所需的资料的清单上得到。

当推想所需的资料数量较大且复杂性增大时则须对推想清单进行有序整理。通过识别可能的主要变量，将清单压缩整理，或以表格形式分类排列。

(2)调查表。调查表亦是数据整理和原因分析的一种工具。为了了解质量状况，需要收集许多数据，并将可能出现的原因及其分类预先列成“调查表”，检查时在相应的分类中进行统计及作简单原因分析，为以后决策提供依据。

根据使用目的不同，可使用不同的调查表，常见的有:缺陷位置调查表、不合格项目调查表、不合格原因调查表、商品布局调查表等。

(3)管理图。管理图是研究数据随时间变化的统计规律的动态方法，通过管理界限进行质量分析和控制。管理图可分为计量值管理图与计数值管理图两种。计量值管理图用于管理计量指标的产品，如长度、重量、时间、强度、成本、利率等连续量，常用的有 X－R 管理图、L－S 管理图、S－R 管理图等。计量值管理图用于管理计数指标的产品，如不合格品数、不合格品率、缺陷数、单位缺陷数等离散量。常用的有 Pn 管理图、P 管理图、C 管理图、U 管理图等。管理图基本形式如图 4－1 所示。

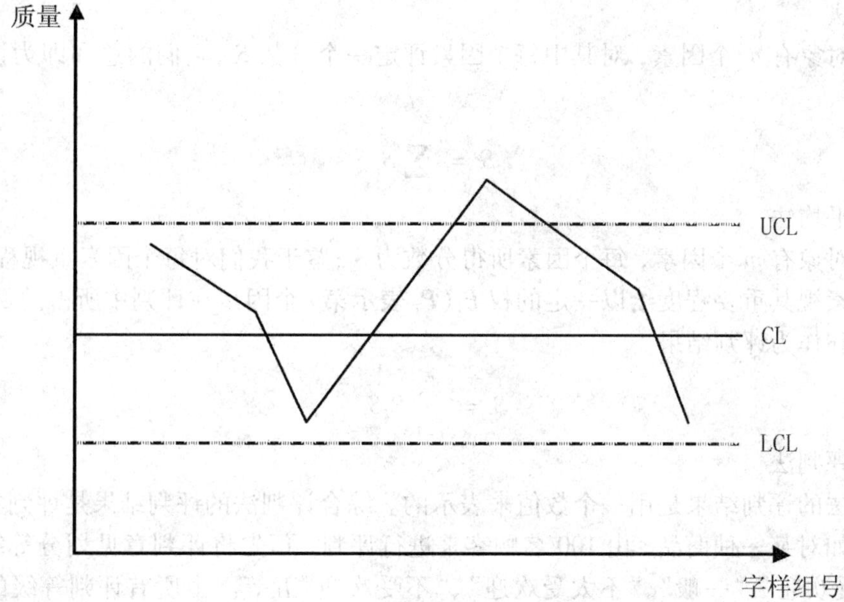

图 4－1　管理图基本格式

管理图能直观地反映管理状态。判断原则是：管理图中的点绝大多数落在管理界限内，且随机排列，基本可判断为正常。用少量数据作管理图易产生错误判断，故要求至少有 25 点以上连续处于管理界限内，才属正常。如果连续 35 点中不多于 1 点超出管理界限，连续 100 点中不多于 2 点超出管理界限，仍属正常，但对产生界限外点的原因需作调查，予以处理。

图中：虚线 UCI——上管理线；

虚线 LCL——下管理线；

实线 CL——中心线。

管理图中的管理线应定期修改，要收集近期数据作为预备数据，以便及时反映实际情况。

(4)散布图与回归直线。前述方法是对一个变量(母体)进行分析的统计方法，对于两个变量之间的相互关系，可用散布图、回归直线进行统计处理。

①散布图。由两个变量产生的两种数据画成的坐标图称为散布图。从散布图中可清楚地看出两个变量之间的线性关系。

②回归直线。研究两个或几个变量之间的关系称为回归分析，回归分析的应用包括展望与预测，通过分析，确定影响某一结果的各种重要变量以及各种最佳操作条件。

(二)模糊数学综合评判

模糊数学是研究和处理模糊性现象的数学。模糊数学与概率论研究和处理的是两种不同的不确定性。概率论研究和处理随机现象，随机性主要是指在事件的出现与否上表现出的不确定性;模糊数学研究和处理模糊现象,模糊性则是指概念本身没有明确的外延所造成划分上的不确定性。

管理所研究的问题,很多是与人脑的思维和控制直接发生关系的,是软系统中难以定量化的问题,都具有模糊性,需要用模糊数学方法加以解决。

所谓综合评判,就是对某一现象进行恰当的评价,而此评价对象往往涉及几个因素,如购一件服装,要考虑它的款式、面料、花色、价格等。通常多因素评判用以下几种方法:

1. 总分法

设评判对象有 m 个因素,对其中每个因素评定一个分数 S_i;它们的总和即为该对象的评判标准。

$$S = \sum_{i=1}^{m} S_i$$

2. 加权平均法

设评判对象有 m 个因素,每个因素所得分数为 S_i;鉴于我们对每个因素重视程度的不同,可对每个因素视其重要程度给以一定的权 P_i(P_i 表示第 i 个因素在评判中所占的百分比),然后用它们的和作为评判结果。

$$S = \sum_{i=1}^{m} P_i S_i$$

3. 综合评判法

上述两种方法的评判结果是用一个数值来表示的。综合评判法的评判结果是评判集上的一个模糊子集。如对某一种商品,由100名顾客来进行评判,预先将评判意见划分等级,如:“很受欢迎”、“受欢迎”、“一般”、“不太受欢迎”、“不受欢迎”五等。由所有评判等级的全体组成评价集。

V = {很受欢迎、受欢迎、一般、不太受欢迎、不受欢迎}

设有P个评价等级,则评价集为:

$V = \{V_1, V_2, \cdots, V_P\}$

上例中,若分别有40,25,20,15和0人对该商品的评价为很受欢迎、受欢迎、一般、不太受欢迎、不受欢迎。则对该商品的综合评判结果可用评判集V上的模糊子集V~表示,即:

V~ =(0, 4, 0, 25, 0, 20, 0, 15, 0)

这种评判结果显然比用单一的分数评判更为全面地反映了评判信息。

综合评判,涉及以下三个要素:因素集U、评价集V和单因素评判。

综合评判(R)可以看成是U到V的一个模糊变换,因此,可确定综合评判模型为(U, V, R)。

(三)商品质量管理的基本方法

PDCA循环。美国质量管理专家戴明博士在阐述质量管理方法时提出“计划(Plan)—执行(Do)—检查(Check)—处理(Action)”四个阶段为一个循环,称为PDCA循环或戴明循环。

PDCA循环作为质量管理的科学方法,适用于企业各个环节、各个方面的质量管理工作。PDCA循环四个阶段的基本工作内容如下:

1. 计划阶段(P)

其任务是制定计划。根据存在的问题或用户对产品质量的要求,找出问题存在的原因和影响产品质量的主要因素,以此为依据制定措施计划,确定质量方针、质量目标,制定出具体的活动计划和措施。

2. 执行阶段(D)

此阶段任务是执行计划。按照 P 阶段的计划和标准规定具体实施

3. 检查阶段(C)

此阶段任务是检查计划的实现情况，调查执行计划的结果。将工作结果与计划对比，得出经验，找出问题。

4. 处理阶段(A)

此阶段任务是把执行的结果进行处理总结。把 C 阶段执行成功的经验加以肯定，纳入标准或规程，形成制度，以便今后照办;对失败的教训也要总结，以后不再那样做;遗留问题转入下一个 PDCA 循环。

PDCA 循环的特点是:

(1)大环套小环，互相促进。PDCA 循环作为企业管理的一种科学方法，适用于企业或商品经营、流通等各方面的工作。整个企业是一个大的 PDCA 循环，各部门又都有各自中的 PDCA 循环，依次又有更小的 PDCA 循环，直至具体落实到每个人。这样就形成了一个个大环、中环和小环，环环相扣，环环联动，推动整个企业的 PDCA 循环转动起来，使各部门、各环节和整个企业的质量管理工作有机地联系起来，彼此协调，相互推进。

(2)逐级上升，不断提高。PDCA 工作循环，依靠组织力量推动，顺序进行，循环不是原地转圈，而是每一次转动都有新的内容和目标，因而也意味着前进了一步，犹如爬楼梯，逐级上升。在质量管理上，经过一次循环就意味着解决了一批问题，质量水平就有了提高。

(3)关键在“处理”阶段。“处理”就是总结经验，肯定成绩，纠正错误，以利再战，为了做到这一点，必须加以“标准化”、“制度化”，以便在下一个循环中巩固成绩，避免重犯错误。

任务小结

广义的商品质量，是指衡量商品使用价值的各种属性的综合，包括商品的自然属性、经济属性和社会属性等的综合。狭义的商品质量，实际上是指商品的内在质量，是由商品的自然属性决定的，也称为自然质量，指商品在一定使用条件下，满足一定要求的各种自然属性的综合。

商品质量的构成:在表面形式上，商品质量由外观、内在和附加质量构成;在形成环节上，商品质量由设计、制造和市场质量构成;在有机组成上，商品质量由自然、社会和经济质量构成。

商品质量的基本要求是根据其用途、使用方法及消费者期望和社会需求来确定的。食品质量的基本要求是，具有较高的营养价值较好的色、香、味、形与卫生无害;日用工业商品质量的基本要求是，适用性好、坚固耐用、卫生安全、结构合理与外观完好与舒适美观;纺织品商品质量的基本要求是，服用性好、耐用、卫生安全与美观艺术。

影响商品质量的目素有:人的因素;生产过程中影响商品质量的因素包括市场调研、商品开发设计、原材料质量、生产工艺和设备、质量控制和成品检验与包装;流通过程中影响商品质量的因素包括运输装卸、仓库储存和服务;使用过程中影响商品质量的因素包括使用范围和条件、使用方法和维修保护、废弃处理。

商品质量管理是随着现代化工业生产的发展而逐步形成和完善的，经历了检验质量管理、统计质量管理和全面质量管理三个发展阶段。商品质量管理的基本方法有 PDCA 循环、排列图法、控制图法、直方图法、散布图法、总分法、加权平均法和综合评判法等。

习　题

一、思考题

1. 什么是商品质量?
2. 简述我国食品商品质量的基本要求。
3. 论述我国纺织品、日用工业品质量的基本要求。
4. 什么是全面质量管理? 其特点是什么?
5. 质量管理经历哪些发展阶段? PDCA 循环的特点是什么?
6. 决定和影响商品质量的因素有哪些?
7. 商品质量管理的方法有哪些?

二、实训题

1. 考察日常食品是否符合商品质量的基本要求，有没有例外? 如有的话，是哪些食品? 为什么?
2. 考察某商贸企业商品质量管理实况，分析其特点，并提出改进建议。

◆项目五　商品标准

★知识目标：

1. 商品标准的概念、作用；
2. 商品标准的分类、分级；
3. 商品标准的内容；
4. 商品标准化的概念、商品标准化工作；
5. 国际标准化组织体系及我国的标准化工作。

★技能目标：

1. 结合实例能够解释商品标准的分类、分级；
2. 理解并能解释商品标准化的概念；
3. 能够描述商品标准化的产生和发展过程。

★任务导入：

“标准”之争

技术标准这个词，令许多人感到深奥陌生，其实正如一位专家所言，没有标准就没有这个世界，市场上高新技术产品比比皆是，哪一件离得开技术标准。

“VCD 标准”之争，90 年代 CVD 与 SVCD 之争闹得沸沸扬扬，广告铺天盖地，两大阵营各执一词。消费者却是一脸迷惑：两个不同的名字缘何引来如此大的动作？孰不知，企业间争的正是新产品超级 VCD 的技术标准。

数字电视标准之争犹如“在弦之箭”，数字高清晰度电视系统还被确认为我国“十五”期间将要实施的 12 个高技术项目之一，并已展开试播设备的研制工作和系统制式标准的拟订工作。数字电视终端、机顶盒、芯片技术、信息内容制作、内容传播网络等产业链环节都将引发巨大的市场需求，数字电视标准之争如星火燎原，一触即发。

3G 标准之争本质是利益之争，大唐电信中央研究院副院长李世鹤教授对 WCDMA 和

CDMA2000 的评价是:没有任何技术上的不同,只是人为的设定知识产权的保护,就像喝一升水是分两碗喝还是三碗喝一样,一方申请了两碗喝的专利,另一方就去申请三碗喝,你如果分三次喝就侵犯了我的专利,就必须向我交专利费,归根结底是利益的争夺。

手机电视标准之争升温,北京邮电大学多媒体通信中心的门爱东教授认为,在中国的数字传输标准尚未出台之际,标准之争还会继续升温。未来发展应该是两种方式共存,基于移动通信的手机电视(DVB－H)更适合用户的个性化需求,而广播式移动电视(DMB)更适合共性的服务。

思考:商品标准化意义?

学习任务1　标准和商品标准

一、商品标准的概念

(一)标准

标准是对重复性事物和概念所作的统一的规定,它是以科学、技术和实践经验的综合成果为基础,经有关方面协商一致,由主管机构批准,以特定形式发布,作为共同遵守的准则和依据。理解标准的概念,应把握以下几个要点:

1. 标准的对象是需要协调统一的重复性事物和概念。重复性是指事物的反复性特征,只有当它们反复出现和应用时,对该事物才有制定标准的必要。

2. 制定标准的依据是科学技术和实践经验的综合成果。一方面标准是新技术、新工艺、新材料等科学技术进步创新的结果;另一方面标准又是人们在实践中不断总结和吸取带普遍性和规律性经验的成果。

3. 标准制定的程序要经有关方面充分协商。

4. 标准文件有着自己的一套格式和制定发布的程序,具有一定的严肃性和法规性。

5. 标准的本质特征是统一。

6. 制定标准的出发点是建立最佳秩序和取得最佳效益。

(二)商品标准

商品标准是标准的一部分。商品标准是对商品质量和与质量有关的各个方面所规定的准则,是商品生产、经营和消费者评定商品质量的共同依据。对具体的商品来说,商品标准是对商品的质量、品种、规格、技术性能、检验规则、试验方法、包装、运输、贮存等方面所做的技术规定,是设计、生产、检验商品质量的技术依据,是生产和流通领域中鉴定商品质量、评定商品等级的技术准则和客观依据。

商品标准对商品质量及与质量有关的各个方面都做了具体的规定,要求政府、企业和其他社会团体及公民都应遵照执行。

二、商品标准的作用

（一）商品标准可保证和提高商品质量

商品标准的统一表达了生产和消费对商品质量及其相关方面的要求，是产销或购销双方对商品质量发生争议时执行仲裁的依据。商品的种类繁多、质量千差万别，如何判断商品质量的好坏，其依据就是商品标准，尤其是产销双方、销售与使用双方对商品质量发生争议时，标准是仲裁的统一准则和依据。生产部门按技术标准生产；质量检验部门按技术标准对商品质量检验。所以，在《中华人民共和国标准化管理条例》中规定，对于正式生产的商品，都必须制定标准。

此外，商品标准在制定和修订过程中，将科研新成果、技术进步新成就及实践中的先进经验，经过分析、比较和选择，然后加以综合，纳入标准。这样，可使商品质量不断得到提高。

（二）商品标准能促进商品质量的提高

商品标准体现了一个国家的技术经济政策，能反映一个国家生产力发展水平的高低。制定标准的过程是科学的反映过程，使商品的设计、生产、加工、流通都建立在科学的基础之上，都能“有章可循”，“有法可依”，从而使商品质量得到了基本保证。对于不符合标准的产品，《标准化管理条例》中规定：一律不列入计划完成数，不计产值，不准出厂。如能认真贯彻，必能保证和促进产品质量不断提高。

（三）商品标准有利于贸易的顺利进行

随着关税的不断降低，非关税壁垒已成为各国贸易保护的重要手段，其中约30%以上是技术壁垒。发达国家凭借其先进的技术，制定各种名目繁多、苛刻的技术标准，使发展中国家的产品出口受到严重影响。近年来，中国许多大类产品，如食品、纺织品、玩具、陶瓷品、机电产品、建材等传统出口商品，均在出口时因技术壁垒的问题而严重受阻，已成为中国出口产品的头号拦路虎。如果产品在生产时采用国际先进标准，就获得了进入国际市场的通行证，从而促进对外贸易的发展。

（四）标准可更好地满足消费需要

通过制定和贯彻商品标准，可简化多余或低功能的商品品种。标准的系列化形式能以最佳品种构成满足广泛需要。

（五）商品标准有助于拉开商品差价

商品标准中的质量要求，反映了商品使用价值的高低。商品标准中质量指标所规定的质量水平，更具体划分了该种商品使用价值的高低程度，从而为划分商品品级提供了依据。

（六）商品标准有利于资源利用和环境保护

商品标准的制定和贯彻有利于合理利用国家资源和节约资源。此外，商品标准的制定和贯彻，在组织专业化生产、合理发展商品新品种、节约能源和保证安全等方面也具有重要作用。

三、商品标准的分类

（一）按表达形式分类

商品标准按其表达形式，分为文件标准和实物标准两类。

1. 文件标准指用特定格式的文件，通过文字、表格、图样等形式，表达全部或部分商品质量有关方面技术内容的统一规定。目前，绝大多数商品标准是文件标准。

2. 实物标准指用实物作为标准样品，对某些难用文字准确表达的色、香、味、形、手感、质地等质量要求，由标准化机构或指定部门用实物做成与文件标准规定的质量标准完全或部分相同的标准样品，按一定的程序发布，作为文件标准的补充，是一种经过权威机构确认可以作为标准的制品，如棉花、茶叶为实物标准。实物标准又分为全国基本标准和地方仿制标准。

(二)按对象特征分类

按照标准化对象特征分类，通常把标准分为技术标准、管理标准和工作标准三大类。

1. 技术标准是对标准领域中需要协调统一的技术事项所制定的标准。它是从事生产、建设工作以及商品流通的一种共同技术依据。凡正式生产的工业产品、主要的农产品、各类工程建设、环境保护、安全和卫生条件以及其他应当统一的技术要求，都必须制定技术标准。技术标准主要包括:基础标准、产品(商品)质量标准、方法标准、安全标准、卫生标准、环境和保护标准。基础标准是指最基本的、具有广泛指导意义的标准，如商品名词术语、符号等标准，该标准应用最广泛。产品(商品)质量标准是指对具体商品的性能、规格、可靠性和外观等方面规定的准则，如铅笔标准、酱油质量标准。方法标准是指方法、程序、规程性质的标准，如合成洗衣粉实验方法标准、酱油质量检验方法标准。安全卫生标准是指一切有关人身安全和卫生方面的专门标准，如儿童玩具安全标准、食品卫生标准等。

2. 管理标准是指对标准化领域中需要协调统一的管理事项所制定的标准。一般包括技术管理标准、生产管理标准、经济管理标准、行政管理与业务管理标准等。

3. 工作标准是指对工作的责任、权利、范围、质量要求、程序、效果、检查方法和考核办法所制定的标准，是对标准化领域中需要协调统一的工作事项所制定的标准。工作标准一般包括部门工作标准和岗位(个人)工作标准，通常包括基础工作、工作质量、工作程序和工作方法等方面的标准。

在三种标准中，目前数量最多的是技术标准。它是从事生产、建设工作以及商品流通的一种共同技术依据。凡正式生产的工业产品、重要的农产品、各类工程建设、环境保护、安全卫生要求以及其他应当统一的技术要求，都必须制定技术标准。商品标准是技术标准的一种，主要是对商品的品质规格及检验方法所作的技术规定。

(三)按约束力分类

商品标准按其约束性，有强制性标准和推荐性标准两类。

1. 强制性标准，又称法规性标准

强制性标准是指保障人体健康和人身、财产安全的标准和法律、行政法规规定必须强制执行的标准，该类标准制定之后，在需要使用此类标准的部门必须贯彻执行。也就是说强制性标准所规定的内容必须执行，不允许以任何理由或方式违反、变更，对违反强制性标准的行为，国家将依法追究当事人的法律责任。强制性标准包括强制性的国家标准、行业标准和地方标准。《标准化法》规定，保障人身健康，人身、财产安全的标准以及法律和行政法规强制执行的标准，均属于强制性标准。

2. 推荐性标准，又称为自愿性标准

推荐性标准是指国家鼓励自愿采用的具有指导作用而又不宜强制执行的标准，即标准所规定的技术内容和要求具有普遍的指导作用，允许使用单位结合自己的实际情况灵活选用。推荐性标准是除强制性标准以外的其他标准，企业自愿采用，国家采取优惠措施，鼓励企业采用推荐性标准。推荐性标准的实施以自愿采用为原则，不要求强制执行，但是在下列几种情况下，推荐性标准必须严格执行。

(1)一项推荐性标准一旦纳入国家法律、法规或指令性文件规定，在一定范围内该项标准便具有强制推行的性质。

(2)一项推荐性标准被企业作为认证所采用的标准时，经过按此标准认证的产品，必须严格执行该项标准。

(3)企业向公众明示其产品符合某项推荐性标准时，应当严格执行其所明示的推荐性标准。

(4)某项推荐性标准被购销双方引用为交货依据时，双方应当严格执行该项标准。

对于以上情况所采用的推荐性标准，标准化行政部门对贯彻执行该项标准的情况有权实施监督检查。

(四)按熟练程度分类

1. 正式标准。绝大多数商品的标准为正式标准。

2. 试行标准。与正式标准具有同等法律效力，一般试行二三年后进行修订，待成熟时转为正式标准。

(五)按标准化的对象和作用分类

根据标准化的对象和作用分类，标准可分为基础、产品、方法、安全、卫生、环境保护等标准。

1. 基础标准指在一定范围内作为其他标准的基础并普遍通用，具有广泛指导意义的标准。如:名词、术语、符号、代号、标志、方法等标准;计量单位、公差与配合、形状与位置公差、表面粗糙度、螺纹及齿轮模数标准;优先数系列、基本参数系列、系列型谱等标准;图形符号和工程制图等标准;产品环境条件及可靠性要求等标准。

2. 产品标准指为保证产品的适用性，对产品必须达到的某些或全部特性要求所制定的标准，包括:品种、规格、技术要求、试验方法、检验规则、包装、标志、运输和贮存要求等。

3. 方法标准指以试验、检查、分析、抽样、统计、计算、测定、作业等各种方法为对象而制定的标准。

4. 安全标准指以保护人和物的安全为目的而制定的标准。

5. 卫生标准指为保护人的健康，对食品、医药及其他方面的卫生要求而制定的标准。

6. 环境保护标准指为保护环境和有利于生态平衡对大气、水体、土壤、噪声、振动、电磁波等环境质量、污染管理、监测方法及其他事项而制定的标准。

(六)按照适用领域和有效范围不同分类

按照适用领域和有效范围不同，商品标准可分为不同的层次、级别，如国际标准、区域标准、国家标准、行业标准、地方标准、企业标准。

(七)其他分类

此外，按商品标准的适用范围分为出口商品标准和内销商品标准;按保密程度分为公平标准和内部标准;按其使用要求分为生产型标准和贸易型标准等。

学习任务2　商品标准的分级

标准按照其适用领域和有效范围不同，可分为不同的层次，其目的是为了适应不同技术水平、不同管理水平以及满足不同的经济要求，以便更有效地促进商品质量的提高和管理的改善。从世界范围来说，标准通常被分为国际标准、区域标准、国家标准、行业或专业团体标准以及公司(企业)标准五级;中国的商品标准自 1989 年《标准化法》实行后分为国家标准、行业标准、地方标准和企业标准四个等级。

一、从世界范围来说，商品标准的分级

(一)国际标准

国际标准是由国际标准化组织采用的标准或是在某些情况下由国际标准化团体采用的技术规范。国际标准主要包括:

1. 国际标准化组织标准

国际标准化组织标准由国际标准化组织(ISO)制定，每隔 5 年审定一次。ISO 通过它的 2856 个技术机构开展技术活动。其中技术委员会(简称 TC)共 185 个，分技术委员会(简称 SC)共 611 个，工作组(WG)2022 个，特别工作组 38 个。ISO 的 2856 个技术机构技术活动的成果(产品)是“国际标准”。截止到2004 年2 月，ISO 已制定国际标准共 13700 个，主要涉及各行各业各种产品(包括服务产品、知识产品等)的技术规范。例如，IS09000 和 IS014000 国际标准。

IS09000 系列标准。它是国际标准化组织为适应国际贸易发展的需要制定的国际质量管理和质量保证标准，也是质量体系的评价标准。“IS09000”不是指一个标准，而是一族标准的统称。“IS09000 族”是由 ISO/TCl76 制定的所有国际标准。TCl76 即 ISO 中第 176 个技术委员会，它成立于 1980 年，全称是“品质保证技术委员会”，1987 年又更名为“品质管理和品质保证技术委员会”。TCl76 专门负责制定品质管理和品质保证技术的标准。由 ISO/TCl76 技术委员会制定并已由 ISO 正式颁布的国际标准有 19 项，主要有:IS09001，即 1994《品质体系设计、开发、生产、安装和服务的质量保证模式》;IS09002，即 1994《品质体系生产、安装和服务的质量保证模式》;IS09003，即 1994《品质体系最终检验和试验的质量保证模式》等 。

IS014000 系列标准，它是顺应国际环境保护的发展，依据国际经济贸易发展的需要而制定的。目前正式颁布的有 IS014001、IS014004、IS014010、IS014011、IS014012、IS014040 等 6 个标准，其中 IS01400l 是系列标准的核心标准，也是唯一可用于第三方认证的标准。

IS09000 和 IS014000 系列标准都是 ISO 组织制定的针对管理方面的标准，都是国际贸易中消除贸易壁垒的有效手段。两套标准最大的区别在于面向的对象不同，IS09000 标准是对顾客承诺，IS014000 标准则是对政府、社会和众多相关方(包括股东、贷款方、保险公司等等);IS09000 标准缺乏行之有效的外部监督机制，而实施 IS014000 标准的同时，就要接受政府、执法当局、社会公众和各相关方的监督。

国际标准编号的格式是:ISO + 标准号 + [杠 + 分标准号] + 冒号 + 发布年号(方括号中的内容可有可无)，例如:IS08402:1987 和 IS09000 - 1:1994，分别是某一个标准的编号。

2. 国际电工委员会标准

国际电工委员会标准是由国际电工委员会(IEC)制定和颁布的标准。国际电工委员会简称 IEC，是世界上最早的国际性电工标准化专门机构，成立于 1906 年，会址设在瑞士的日内瓦(1974 年以前设在英国伦敦)。IEC 在 ISO 组织中保持组织上、经济上、技术上的独立性。其宗旨是“促进电气、电子工程领域中标准化及有关方面问题的国际合作，增进国际间的相互了解”。IEC 标准均属于推荐性标准。

3. 国际权威组织标准

由国际上一些权威组织制定的某些标准，例如，联合国粮农组织(UNFAO)、世界卫生组织(WHO)、国际羊毛组织(IWS)、食品法典委员会(CAC)、国际电气设备合格认证委员会(CEE)、国际葡萄与葡萄酒局(IWO)、国际乳制品联合会(IDF)、国际棉花咨询委员会(ICAC)、国际材料与结构研究所联合会(RIIEM)、国际原子能机构(IAEA)、国际合成纤维标准化局(BISFA)等颁布的标准。

(二)区域标准

随着世界区域经济体的形成，区域标准化日趋发展。区域标准是指由世界区域性集团的标准化组织制定和发布的标准。这种区域性集团，有的是由于地理原因，有的则是由于政治经济原因而形成。如欧洲标准化委员会(CEN)、亚洲标准咨询委员会(ASAC)、欧洲电工标准化委员会(CENELEC)、欧洲电信标准学会(ETSI)、太平洋地区标准学会(PASC)、泛美技术标准委员会(COPANT)、非洲地区标准化组织(ARSO)、阿拉伯标准化与计量组织(ASMO)等所颁布的标准都是区域标准。

制定区域标准的主要目的在于促进区域性集团成员国之间的贸易，便于该地区的技术交流与合作，协调该地区与国际标准化组织的关系。但是这类标准也有弊端，弄不好容易造成贸易障碍。

(三)国家标准

国家标准是指由国家标准化主管机构批准发布，在全国范围内统一的标准。我国《标准化法》规定，对需要在全国范围内统一的技术要求，应当制定国家标准。国家标准(包括标准样品)主要包括:有关互换、配合、通用技术术语的标准;有关保障人体健康和人身、财产安全的标准;基本原料、燃料、材料标准;通用基础件标准;通用的试验、检验方法标准;国家需要控制的其他重要产品的通用标准或质量分等标准等。

(四)行业或专业团体标准

国际上通行的团体标准，该类标准是指某些国家的标准化团体所制定的有一定影响的标准。如美国材料与试验协会标准(ASTM)、美国石油学会标准(API)、美国电子工业协会标准(EIA)、美国军用标准(MIL)等。

(五)公司(企业)标准

国际公认的企业标准也非常先进，如美国 IDM 公司、美国 HP 公司、芬兰诺基亚公司、瑞士钟表公司等企业标准。

二、从中国国内来说，商品标准的分级

(一)国家标准

我国国家标准的制定，由国务院标准化行政主管部门编制计划，组织草拟，统一审批、编号、发布。对于药品、食品卫生、兽药、环境保护等方面的国家标准，分别由国务院卫生主管部门、农业主管部门、环境保护主管部门组织草拟、审批，其编号和发布办法由国务院标准化行政主管部门会同国务院有关行政主管部门制定。目前，国家标准分为强制性国家标准和推荐性国家标准。

随着改革开放以及对外贸易的发展，我国国家标准广泛地采用国际标准，以扩大出口。截至 2003 年底，我国共有国家标准 20906 项(不包括工程建设标准)，其中采用国际标准和国外先进标准达 9250 项，其中采用 ISO 的 4539 项，采用 IEC 的 1882 项，采用 ISO/IEC 的 287 项，采用 ITU 的 48 项，采用其他国外先进标准的 2494 项。

按照《国家标准管理办法》的规定，我国强制性国家标准的代号由“国标”二字的汉语拼音第一个字母组成，为“GB”；推荐性国家标准的代号为“GB/T”。国家标准的编号由发布的顺序号和年号构成。例如，GBl103－90，表示 1990 年颁布的第 1103 号强制性国家标准。

(二)行业标准

行业标准即专业标准，是指在没有国家标准的情况下，由专业标准化主管机构或专业标准化组织批准发布、在某个行业范围内统一使用的标准。在没有国家标准而又需要在全国某个行业范围内统一技术要求的情况下，可以制定行业标准。行业标准不能与有关国家标准相抵触。有关行业标准之间应保持协调、统一，不得重复。

我国的行业标准是由国务院有关行政主管部门编制计划，统一审批、编号、发布，并报国务院标准化行政主管部门(国家质监总局)备案。在发布实施相应的国家标准之后，该行业标准自行废止。行业标准也分为强制性标准和推荐性标准。全国专业标准化技术委员会在国家质检总局领导下，承担本行业的国家标准和行业标准的制定和审查。行业标准代号是由行业标准代号加顺序号、发布年号构成，行业标准代号在 1998 年国务院部委机构改革前已规定，用行业的汉语拼音确定行业与标准代码，例如农业部行业的某个标准代码：NY110588，其中“NY”是指农业批准代号，“1105”是指顺序号，“88”是指批准年代号。

(三)地方标准

地方标准是指在没有国家标准和行业标准情况下，由地方制定、批准发布，在本行政区

域范围内统一使用的标准。

我国《标准化法》规定，对没有国家标准和行业标准而又需要在省、自治区、直辖市范围内统一的工业产品的安全、卫生要求，可以制定地方标准。地方标准由省、自治区、直辖市标准化行政主管部门编制计划、组织制定、审批、编号和发布，并报国务院标准化行政主管部门（国家质监总局）和国务院有关行政主管部门备案。地方标准在相应的国家标准或者行业标准发布实施后，即行废止。工业产品的卫生安全要求的地方标准是强制性标准。地方标准可以补充国家标准和行业标准的不足，使同一地区多家生产的无国家标准和行业标准的产品有统一的技术依据，有利于地方经济的发展。到2001年底，我国已备案的地方标准12000多项。全国各省、自治区、直辖市和特别行政区代码见表7－1。

地方标准的代号是“DB”，加上省、自治区、直辖市行政区域代码前两位数字和斜线，组成强制性地方标准代号；再加“T”，组成推荐性地方标准代号。例如：

上海市强制性地方标准代号为DB31/；

上海市推荐性地方标准代号为DB31/T。

（四）企业标准

企业标准由企业组织制定、批准、发布，在该企业范围内统一使用的标准，并按省、自治区、直辖市人民政府的规定备案。

企业标准的制定必须贯彻上级有关的标准规定，并且接受上级标准化管理部门的监督与检查。企业标准作为对外贸易交货依据的商品标准或超出本企业范围使用时，需要由企业的上级主管单位审批、发布。

企业标准的代号采用分数形式。分子为“企”字汉语拼音字的第一个字母“Q”。其编号方法如下：$Q/\times_1\times_2\times_3\times_4\times_5-\times_6\times_7$，其中“Q/”是指企业标准代号，“$\times_1\times_2$”是指企业代号，“$\times_3\times_4\times_5$”是指顺序号，“$-\times_6\times_7$”是指发布年代号。例如安徽芜湖缝纫机厂的企业标准：Q/WfJ02.04－1995。到1999年底，我国已备案的企业标准86万多项。随着经济的全球化，企业标准将越来越受重视。

三、我国采标情况

国际标准和国外先进标准是世界各国均可采用的共同技术。通过采用国际标准，不仅可以获得世界生产技术、商品质量水平的重要情报，而且可以为消除贸易技术壁垒，促进外贸事业的发展提供必要的条件，对于促进本国的技术进步，提高商品质量，开发新商品和发展出口贸易都有十分重要的作用。因此，我国把积极采用国际标准作为重要的技术经济政策和技术引进的重要组成部分。

表 5－1　全国各省、自治区、直辖市、特别行政区代码

名　称	代　码	名　称	代　码
北京市	110000	河南省	410000
天津市	120000	湖北省	420000
河北省	130000	湖南省	430000
山西省	140000	广东省	440000
内蒙古自治区	150000	广西壮族自治区	450000
辽宁省	210000	海南省	460000
吉林省	220000	重庆市	500000
黑龙江省	230000	四川省	510000
上海市	310000	贵州省	520000
江苏省	320000	云南省	530000
浙江省	330000	西藏自治区	540000
安徽省	340000	陕西省	610000
福建省	350000	甘肃省	620000
江西省	360000	青海省	630000
山东省	370000	宁夏回族自治区	640000
新疆维吾尔自治区	650000	台湾省	710000
香港特别行政区	810000	澳门特别行政区	820000

在采用国际标准的我国标准中，采用程度分为等同、等效和参照采用三种。等同采用国际标准是指技术内容完全相同，不作或稍作编辑性修改，加上国家标准编号；等效采用是指技术内容有小的差异，编写上不完全相同：参照采用指技术内容根据我国实际，做了某些变动，但性能和质量水平与被采用的国际标准相当，在通用、互换、安全、卫生等方面与国际标准协调一致。采用国际标准的程度仅表示我国标准与国际标准之间的异同情况，而不表示技术水平的高低。值得指出的是，目前国际上只承认等同、等效采用，对非等同、等效采用则要作出说明。所以，在采标时，应尽可能选用等同或等效这两种形式直接采用国际标准，以避免造成技术壁垒。我国于 1993 年等同采用 IS09000 系列国际标准，发布实施了《质量管理和质量保证》（GB/Tl9000－87）等国家标准。

2002 年，国家标准委员会确定了今后 5 年的国际标准转化计划。在 2002 年召开的全国采标工作会议，确定了今后 5 年国际标准转化为我国标准的转化率要达到 70% 的工作目标。按照 ISO、IEC 标准的年平均增长率，到 2005 年年底，ISO、IEC 标准总数预计达到 21000 项。国家标准委经对各有关技术委员会和国内技术对口单位上报的研究结果进行分析整理，经各有关行业主管部门审查确认制定了 2002 年至 2005 年国际标准的转化计划。具体安排是，2002～2003 年度国际标准转化项目 1921 项，2003～2004 年度国际标准转化项目 2110 项，2004～2005 年度国际标准转化项目 2062 项，2005～2006 年度国际标准转化项目 2188 项，共计 8281 项。而根据《采用国际标准产品标志管理办法（试行）》的规定，国家质检总局从 1994 年开始在全国推行采用国际标准产品标志，截止到 2001 年，全国累计完成采标标志 6268 项，这项工作引起了消费者的注意，并受到了企业的欢迎。一些申请了采标标志的企业，已在产品上使用了采标标志。

学习任务3 商品标准的内容

商品标准是一种具有法规性的文件，为便于使用和管理，国内外对其封面格式、内容编排以及符号等都有统一规定。商品标准包含的内容很多，一般是由概述、正文和补充三个部分组成。

一、概述部分

商品标准的概述部分概括地说明了标准的对象、技术特征和适用范围。其主要内容包括封面与首页、目次、标准名称和引言。

（一）封面与首页

封面列有标准名称、编号、分类号、批准发布单位、发布和实施日期等。合订本内的标准只有首页，首页上的内容与封面相近。

（二）目次

当商品标准的内容较长、结构复杂、条文较多时，一般应编写目次。

（三）标准名称

标准名称一般是由标准化对象的名称和标准所规定的技术特征两部分组成。可用商品名称作为标准名称，也可用商品名称和“技术条件”（或“规范”）作为标准名称。标准名称明确规定标准的主题及其所包括的方面，指明该标准或其他部分的使用限制，包括本标准适用何种原料，何种工艺生产，作何用途的何种商品等内容。

（四）引言

引言主要阐述制定标准的必要性和主要依据，历次复审、修订的日期，修订的主要内容，废除和被代替的标准以及采用国际标准的程度。一般不写标题，也不编号。

二、正文部分

商品标准的正文部分是商品标准的实质性内容，包括主体内容、适用范围、引用标准、术语、符号、代号、商品分类、技术要求、试验方法、检验规则、标志、包装、运输和储存等方面。

（一）主题内容与适用范围

该部分简要说明标准的主要内容及其适用范围。有的商品标准在必要时还明确指出该标准不适用的范围。在商品标准中，首先要说明这项标准适用于何种商品，以及这种商品的原料、生产工艺、分类及分级等等，并写明直接引用的标准和与本标准配套使用的标准。例如中国国家标准脂松香 GB8145－87 规定：“本标准适用于松树采集的松脂制得的松香。”

（二）引用标准

引用标准主要说明标准中直接引用的标准和本标准必须配套使用的标准，并列出标准的编号和名称。

（三）术语、符号和代号

标准中采用的术语、符号和代号，在现行国家标准、行业标准中尚无规定，一般在标准中给出定义或说明。其定义或说明集中写在标准技术内容部分的前面，或分别写在有关章、条的前面。有关该商品的名词术语和符号代号，凡在国家基础标准中未作统一规定的，都应在标准中作出规定。

（四）商品分类

商品分类是在商品标准中规定商品种类和型式，确定商品的基本参数和尺寸，作为合理发展商品品种、规格以及用户选用的依据。

商品分类的内容包括商品的种类、结构型式与尺寸、基本参数、工艺特征、型号与标记、商品命名和型号编制方法等。在商品分类中，为协调同类商品和配套商品之间的关系，常按一定数值规律排列成科学的系列标准化形式。

（五）技术要求

技术要求是商品标准的中心内容，包括物理性能、化学性能、感官性能、稳定性、可靠性、耗能指标、材料要求、工艺要求、环境条件、有关质量保证、卫生、安全和环境保护方面的要求以及质量等级等。技术要求是指导商品生产、流通、使用消费以及进行质量检验和评价的主要依据。列入商品标准的技术要求应当是决定商品质量并可以评价的主要指标。

技术要求是为了保证商品使用要求而必须具备的产品技术性能方面的规定，在规定技术要求时，必须同时规定产品的工作条件。在某些标准中，还需要规定该商品附有注意事项、用户须知或安装指南等。

（六）试验方法

试验方法是评定商品质量的具体做法，是对商品质量是否符合标准而进行检测的方法、程序和手段所作的统一规定。试验方法一般包括试验原理、试样的采取、所用试剂或标样、试验用仪器和设备、试验条件、试验步骤、试验结果的计算、分析评定、试验的记录和试验报告等内容。

（七）检验规则

检验规则是对商品如何进行验收而作的具体规定。它是商品制造厂将商品提交质量检验部门进行检验的规定，也是商品收购部门检查商品质量的依据，其目的是保证商品质量达到标准要求。检验规则一般包括检验的类别和项目、抽样或取样方法、检验方法、检验结果的评定和复检规则等。

（八）标志、包装、运输和储存

标志、包装、运输和储存是为使商品从出厂到交付使用的过程中不致受到损失，标准中必须对商品的标志、标签、包装制定合理的统一规定。

三、补充部分

补充部分是对标准条文所作的必要补充说明和提供使用参考的资料。它包括附录和附加说明两项内容。

（一）附录

根据实际需要，一个标准可以有若干个附录，以其性质分补充件和参考件两种。

1. 补充件是标准条文的补充，是标准技术内容的组成部分，与标准条文具有同等效力。

2. 参考件用来帮助使用者理解标准的内容，如某些条文的参考资料或推荐性方法，标准中重要规定的依据等，它不是标准条文的组成部分，仅供参考。

（二）附加说明

附加说明是指制定和修订标准中的一些说明事项，分段写在标准终结符号下，其内容主要有：标准提出单位，归口单位，负责起草单位和标准主要起草人；标准首次发布，历次修改和重新确认的年月；标准负责解释单位以及其他附加说明等。

学习任务4　标准化及其经济效果

制定标准、组织实施和对标准的实施进行监督，是标准化工作的主要任务。商品标准化的主要目的是促进商品经济的高速发展，保证以丰富的优质产品满足人们日益增长的物质和文化生活的需要，增强企业国际市场的竞争能力。

一、商品标准化概念

标准化是沟通国际贸易和国际技术合作的技术纽带，通过标准化能够很好地解决商品交换中的质量、安全、可靠性和互换性配套等问题，是在经济、技术、科学及管理等社会实践中，对重复性事物和概念，通过制定、发布和实施标准，达到统一，以获得最佳市场秩序和社会效益。标准化的程度直接影响到贸易中技术壁垒的形成和消除。因此，世界贸易组织贸易技术壁垒协议（WTO/TBT）中指出："国际标准和符合性评定体系能为提高生产效率和便利国际贸易做出重大贡献。"

商品标准化的主要目的是促进商品经济的高速发展，保证以丰富的优质产品满足人们日益增长的物质和文化生活的需要，增强国际市场的竞争力。标准化实施范围越广，标准化效果越显著。电子计算机作为标准化的有效工具被广泛的应用，使企业可以实现自动化管理。

标准化的概念可以从以下几个方面进行理解：

1. 标准化不是一个孤立的概念，而是一个活动过程。这个过程包括制定、贯彻、修订标准，循环往复，不断提高。

2. 标准化是一个相对的概念，"化"是在程度上没有止境，是在一定的条件下的最佳程度。无论是对一项标准或是整个标准系统而言，都在向更深的层次发展，不断提高，不断完善。

3. 标准化概念的相对性还包括标准与非标准的相互转化。

4. 实施标准是标准化活动的核心环节。即标准化的效果只有当标准在社会实践中实施以后才能表现出来。

5. 标准是标准化活动的产物。即制定、修定、贯彻标准是标准活动的主要任务。

6. 标准化领域可以在一切有人类智慧活动的地方开展。

二、标准化工作

标准化工作，在整体上看，它是一个对标准化的对象加以优化、简化、统一、协调、扩散、积累和提高的不断循环、上升的过程。标准化内容的存在方式，即标准化过程的表现形态。标准化有多种形式，每种形式都表现不同的标准内容，针对不同的标准化任务，达到不同的目的。

标准化的主要形式有：简化、统一化、系列化、通用化和组合化。

(一)简化、优化

简化、优化是指去掉多余、重复、低功能的产品，剔除落后，从而为新的商品类型、品种、规格的出现扫清障碍，进一步提高产品质量水平。简化是标准化的初级形式，也是实际中应用较广泛的一种形式。简化即在一定范围内缩减对象(事物)的类型数目，使之在即定时间内满足一般需要的标准形式。简化能控制复杂性，防止多样性自由泛滥。

(二)统一化

随着国际分工的深化，以国内市场为界线的生产已经不符合规模经济的要求，零配件和工艺过程的专业化分工，已使得各国企业间的协作越来越紧密。统一化是指把同类事物两种以上的表现形式归并为一种或限定在一定的范围内。使产品零部件规格、尺寸统一化、标准化，目的是消除由于不必要的多样化而造成的混乱。统一化是标准化活动中内容最广泛、开展最普遍的一种形式。

(三)系列化

系列化是对同一类商品中的一组商品同时进行标准化的一种形式。它是标准化的高级形式。通过对同一类商品发展规律的分析研究，国内外产品发展趋势的预测，结合我国的生产技术条件，经过全面的技术经济比较，对商品的主要参数、型式、尺寸、基本结构等做出合理的安排与规划，以协调同类商品和配套商品之间的关系。因此，也可以说系列化是使某一类商品系统的结构优化、功能最佳的标准化形式。

(四)通用化

通用化是指在互换性的基础上尽可能地扩大同一标准化对象的使用范围，互换性是通用化的前提。互换性是指在同一规格零部件中不需做任何挑选或再加工及调整就可装上机器，且达到使用性能的要求。具有互换性特征的零部件称为通用件，即使用上具有重复性，结构上具有先进性。通用化的目的是最大限度地减少零部件在设计和制造过程中的重复劳动，有利于组织专业化生产和扩大零部件的使用范围，提高产品通用化水平，增强企业竞争能力，提高企业经济效益。

(五)组合化

组合化是指重复标准单元或通用单元合并成可以满足各种不同需要的具有新功能产品的标准化形式。组合化的理论基础是建立在产品系统的分解与组合上，组合化的目的可以节约费用和缩短生产准备周期。目前组合化的原理和方法正广泛应用于机床、仪器仪表、家具制造、工艺装备的制造与使用，并显示出明显的优越性。

三、标准化的产生和发展

（一）标准化的产生

标准化的最先表现是人类语言的标准化和生产工具的标准化。随着人类进步、生产发展，产生了商品交换。为适应商品交换的需要，计量器具便成为商品交换和商品分配的标尺，这在实际上是应用了标准化。

我国标准化工作的历史，可追溯到公元前221年秦始皇统一六国，建立了我国第一个专制主义的中央集权的封建国家时期。当时施行统一法律、货币、车轨、度量衡和文字。这是最早的标准化工作，到汉朝、北宋时期标准化已被广泛使用。秦统一后，又将原修筑的长城规定为下宽为1.8丈，上宽为1.62丈；烽火台均为正方形，边长为2.4丈，高为3.6丈。说明我国很早就应用了标准化，到汉朝时期标准化已被广泛应用。

（二）标准化的发展

从世界范围看，标准化是伴随着社会化大生产的发展逐步发展起来的。社会化大生产的突出特点是规模大、分工细、协作广泛，为适应生产中相互联系、合作与协作的需要，必须采用一种技术手段使各独立的、分散的生产部门和企业之间保持必要的技术统一，建立稳定的生产协作与合作关系，使相互联系的生产过程形成一个有机联系的整体。标准化正是为建立这种关系实施的技术手段。

1845年，英国的瑟·韦特瓦尔提出了统一螺钉、螺母规格尺寸及互换性的建议，从此标准化开始问世。

标准化工作的发展大致经过以下四个阶段：

第一阶段，19世纪末到20世纪初为现代标准化的初创阶段。1898年，美国成立了“材料实验协会”，开始了材料、建筑材料等方面的标准化工作。1901年，英国成立了世界上第一个国家标准团体，即“英国标准协会”。1906年，成立了世界上最早的国际性标准团体，即国际电工委员会（IEC）。这个时期的典型事件是“工序标准化”，即泰罗制，由美国工程师费雷德里克·泰罗发明。做法是选择企业中最强壮、灵巧的工人，用最快速度进行技术劳动操作，以秒和几分之一秒为单位，记录完成每一操作所用的时间，然后拍成电影，并进行科学分析，去掉不必要的动作，研究出效率最高的合理的操作方法，作为标准操作法，依此确定工人的劳动定额。列宁指出，泰罗制既是“一系列的最丰富的科学成就”，又是“资产阶级剥削的最巧妙的残酷手段”。

第二阶段，第二次世界大战前为标准化在企业内部推广时期，代表事件是福特公司将“T”型车定义为标准产品，实行大量协作生产，实行零部件标准化。

第三阶段，第二次世界大战以后到20世纪50年代为国家标准化阶段。1947年国际标准化组织（ISO）成立，目前世界上已有100多个国家和地区成立了国家和地区性标准机构。

第四阶段，为国际标准化阶段。随着全球经济、贸易一体化的发展和跨国公司的发展，国际标准化工作越来越被重视。在现代工业发展中，由于生产过程系列化迫切要求形成标准化系统。现代标准化的特点是以系统最优化为目标，应用数字方法和电子计算机进行最佳处理，建立起与经济、技术发展水平相适应的标准化体系。

四、国际标准化组织体系及我国的标准化工作

(一)国际标准化组织体系

1. 国际标准化组织合格评定委员会(ISO/CASCO)

ISO 理事会为了协调各国认证工作的发展，促进各国认证制度间的相互认可，减少国际贸易中的技术壁垒，于 1970 年成立了认证委员会。随着其工作任务的发展，1985 年改名为合格评定委员会(CASCO)。它是国际化标准组织中专门从事合格认证、实验室认可、质量体系评定工作的机构。其主要任务如下：

(1)研究关于产品、加工、服务和质量体系符合适用标准或其他技术规范的评定方法。

(2)制定有关产品认证、检验和检查的国际指南，制定有关质量体系、检验机构、检查机构和认证机构的评定和认可的国际指南。

(3)促进国家和区域合格评定制定的相互承认和认可，并在检验、检查、认证、评定和有关工作中，促进采用适用的国际标准。

2. 国际电子元器件质量认证组织(IECQ)

国际电子元器件质量认证组织是经 IEC 授权建立的对电子元器件实行国际质量认证的国际认证组织。主要工作机构有:认证管理委员会是其最高权力机构，检查协调委员会是监督质量评定程序规则并提出有关建议和决议的机构。

3. 国际电工产品安全认证组织(IECEE)

国际电工产品安全认证组织是由 IEC 于 1985 年建立的关于电工产品安全认证的国际组织。IECEE 实施认证的电工产品有 14 大类。

4. 欧洲标准化委员会的认证机构(CENCER)

1970 年欧洲标准化委员会(CEN)开始实行符合其标准(EN)的合格认证制度，认证工作由下设的认证机构(CENCER)负责，对认证合格的产品发给 CEN 标志。

5. 欧洲电工标准化委员会(CENELEC)

1970 年欧洲电工标准化委员会建立了欧洲电子元器件质量评定体系，并成立了电子元器件委员会(CECC)，负责 CECC 体系工作。

6. 英国标准化协会认证(BSI)

英国标准化协会(BSI)是一个非官方的民间学术团体，成立于 1901 年。质量保证部 QA 是 BSI 四大组成部分(即标准部、质量保证部、检验部、出口商技术服务部)之一。该部主要从事产品认证、体系认证、测试服务和代理服务四项工作。BSI 是英国认证机构委员会(NACCB)认可的认证机构之一。

7. 美国保险商实验所(UL)

美国保险商实验所(UL)，也有的译为美国保险商实验室、美国保险商安全试验所等。UL

创建于1884年，经过100年的发展，UL已成为比较有权威的、世界上较大的从事安全试验和鉴定的非政府机构。UL是一个独立的、非盈利的、从事公共安全试验和认证的专业机构。UL还在世界近70个国家和地区的200多个城市设立了检验中心，其中在美国本土的130个城市派驻了UL检验员。

8. CSA认证

加拿大标准协会（CSA）成立于1919年，总部设在多伦多市。目前，CSA是加拿大最大的编制起草标准、从事产品认证测验和检验的组织。CSA属于独立的、非盈利的民间机构，经过70多年的发展，CSA已在加拿大本土和世界近60个国家和地区建立了自己的服务网络。

9. TUV认证

德国莱茵技术监督协会（TUVTUV RHEINLAND），成立于1872年，总部设在科隆。它在德国本土和海外20多个国家的30个办理处雇用了7 000多名工作人员，其中2/3是来自不同领域的科学家和技术人员。它是德国11个TUV中最大的一个，也是德国劳动和社会事业部认可的检测机构。它依据德国的产品安全法和欧洲共同体低压设备指令、DIN标准以及其他安全要求从事产品的检测认证，颁发证书和授权使用GS、CE标志。

10. 中国方圆标志认证委员会

该委员会成立于1991年9月，是原国家技术监督局根据《中华人民共和国产品质量认证管理条例》设立的第三方国家认证机构，其认证标志为方圆标志，分为安全认证（S）、合格认证（Q）两种，对凡自愿申请方圆标志认证的产品（包括有形产品和无形产品）实施产品质量认证。

11. 中国电子元器件质量认证委员会（QCCECC）

该委员会成立于1981年4月，是我国按照国际电工委员会电子元器件质量评定体系（IECQ）的章程和规则成立的，是参加IECQ体系活动的中国国家代表机构。1982年，中国电子元器件质量认证委员会成为IECQ的认证委员会（CMC）参加及其检查协调委员会（ECC）的协商成员国。

12. 中国电工产品认证委员会（CCEE）

中国电工产品认证委员会是中国国务院标准化行政主管部门技术监督局授权成立的行业认证委员会，是代表中国参加国际电工委员会电工产品安全认证组织（IECEE）的我国国家认证机构。CCEE成立于1984年，1985年作为中国国家认证机构参加了IECEE，并成为其管理委员会成员。

（二）我国的标准化工作

1. 我国标准化机构

国家质量监督检验检疫总局是国务院主管标准化工作的直属机构。中国国家标准化管理委员会（中华人民共和国国家标准化管理局）为国家质量监督检验检疫总局管理的事业单位。国家标准化管理委员会是国务院授权履行行政管理职能，统一管理全国标准化工作的主管机构。国务院有关行政主管部门和有关行业协会也设有标准化管理机构，分工管理本部门本行业的标准化工作。各省、自治区、直辖市及市、县质量技术监督局统一管理本行政区域的标准化工作。各省、自治区、直辖市和市、县政府部门也设有标准化管理机构。国家质量监督检验检疫总局对省、自治区、直辖市质量技术监督局实行业务领导，对省以下质量技术监督管理系统实行垂直领导。

中国标准情报资料中心是标准馆。我国标准情报中心，于1957年10月建立，当时为国家科委标准局的标准资料室。1961年并入中国科学技术情报研究所，1982年又划归国家标准局。

标准馆代表中国参加ISO情报委员会INFCO各项活动。同时与英国、美国、日本、法国和德国等ISONET(情报网)成员国直接进行标准资料(系指国家标准)的交换，现已与30余个国家建立了这样的交换关系。标准馆通过中国图书进出口公司向国外订购国际性标准、国家标准和各国有影响的专业协会标准。

标准馆在国内负责收藏国际标准，世界各国的国家标准和各专业协会标准以及我国国家标准、各部委标准和部分省市标准。它直接为全国企事业单位的标准化工作、质量监督、质量认证、商品检验工作、对外贸易工作、科学研究、技术引进及采用国际标准工作提供信息服务。

2. 我国标准化管理体制

20世纪50年代,我国在学习前苏联模式的基础上，逐步建立了计划经济体制和国家管理上的中央集权制，与此相应，我国标准化工作也采用了中央政府集中管理体制。政府对企业的生产进行管理和控制，组织制定所有国家标准、行业标准和地方标准并强制实施。

1988年12月,《中华人民共和国标准化法》(简称《标准化法》)颁布。《标准化法》为当时我国的经济建设提供了标准化的保障,标准化管理体制是标准化管理系统的核心。由于各国社会制度、经济体制、工业与科技发展水平不同，标准化管理体制也不同。有的分散管理、有的集中管理、有的集中与分散相结合管理、有的由官方行政机构管理、有的由民间标准(化)协会管理，也有的官方机构和民间协会结合管理。尽管管理体制各种各样，但基本上可以分为两类，一类是由官方行政机构管理为主，其特点是集中统一，法制性强;另一类是以民间标准化协会管理为主，政府给予一定的支持、授权或干预，其特点是分散为主，或分散和集中结合，集中统一性差。

中国标准化工作实行统一管理与分工负责相结合的管理体制。按照国务院授权，2001年，我国成立了隶属于国家质量监督检验检疫总局的国家标准化管理委员会(副部级事业单位)，统管全国的标准化工作。国务院有关行政主管部门和国务院授权的有关行业协会分工管理本部门、本行业的标准化工作。省、自治区、直辖市标准化行政主管部门统一管理本行政区域的标准化工作。省、自治区、直辖市政府有关行政主管部门分工管理本行政区域内本部门、本行业的标准化工作。市、县标准化行政主管部门和有关行政部门主管，按照省、自治区、直辖市政府规定的各自的职责，管理本行政区域内的标准化工作。

任务小结

1. 国家标准 GB 3935. 1－83 标准化基本术语第一部分对标准作如下定义:“标准是对重复性事物和概念所做的统一规定。它以科学、技术和实践经验的综合成果为基础，经有关方面协商一致，由主管机构批准，以特定形式发布，作为共同遵守的准则和依据。”

2. 商品标准是对商品质量以及与质量有关的各个方面(如商品的品名、规格、性能、用途、使用方法、检验方法、包装、运输、储存等)所做的统一技术规定，是评定、监督和维护商品质量的准则和依据。

3. 我国将商品标准划分为国家标准、行业标准、地方标准和企业标准等 4 个层次。国际商品标准的级别可以划分为国际标准、区域标准、发达国家的国家标准、国际上通行的团体标准。

4. 商品标准是一种具有法规性的文件，为了便于使用和管理，国内外对其封面格式、内容安排以及符号和编号等都有统一规定。我国商品标准包含的内容很多，一般是由概述、正文、补充三个部分组成。

5. 商品标准每隔三到五年复审一次，分别予以确认、修改(或补充)、修订或废止。

6. GB 3935.1 对标准化的定义是“在经济、技术、科学及管理等社会实践中，对重复性事物和概念通过制定、发布和实施标准，达到统一，以获得最佳秩序和社会效益。”

7. 标准化的基本原理通常是指统一原理、简化原理、协调原理和最优化原理。

8. 我国标准化工作实行统一管理与分工负责相结合的管理体制。

习　题

一、填空题

1. 标准是对__________事物和概念所做的统一规定。它以科学、技术和实践经验的综合成果为基础，经有关方面协商一致，由主管机构批准，以特定形式发布，作为共同遵守的__________和__________。

2. 根据法律的约束性，标准可以分为__________和__________。

3. 我国将商品标准划分为__________、__________、__________和__________等 4 个层次。

4. 标准化的基本原理通常是指__________、__________、__________和__________。

二、选择题

1. 下述关于实物标准不正确的是(　)。

A. 实物标准是一种标准样品　　B. 大多数商品标准都是实物标准

C. 实物标准是文件标准的补充　　D. 实物标准要经常更新

2. 下述关于企业标准不正确的是(   )。

A. 企业标准是仅限于企业使用标准　B. 在没有上级标准时，企业可以制定标准

C. 在有上级标准时，企业则不可以制定标准　D. 企业标准由企业制定

3. 商品标准复审的结果可以是(   )。

A. 确认　B. 修改(或补充)　C. 修订　D. 废止

三、简答题

1. 为什么我国鼓励企业积极采用国际标准和国外先进标准?

2. 标准化的地位和作用有哪些?

◆项目六　商品包装

★知识目标：

1. 商品包装的概念、商品包装的功能；
2. 商品包装的分类、商品包装材料、商品包装技法；
3. 商品使用说明、商品包装标志；
4. 商品包装的装潢设计、色彩在装潢中的作用、商品包装装潢的设计原则。

★技能目标：

1. 结合实例说明商品包装的分类；
2. 通过实践认识商品包装技法；
3. 结合实例了解商品包装标志；
4. 通过实践对商品包装装潢进行设计。

★任务导入：

红星青花瓷珍品二锅头创意包装改变品牌形象

作为一家有着50多年历史的酿酒企业，北京红星股份有限公司(以下简称“红星公司”)生产的红星二锅头历来是北京市民的餐桌酒，一直受到老百姓的喜爱。然而，由于在产品包装上一直是一副“老面孔”，使得红星二锅头始终走在白酒低端市场，无法获取更高的经济效益。

随着红星青花瓷珍品二锅头的推出，红星二锅头第一次走进了中国的高端白酒市场。红星青花瓷珍品二锅头在产品包装上融入中国古代文化的精华元素。酒瓶采用仿清乾隆青花瓷官窑贡品瓶型，酒盒图案以中华龙为主体，配以紫红木托，整体颜色构成以红、白、蓝为主，具有典型中华文化特色。该包装在中国第二届外观设计专利大赛颁奖典礼上荣获银奖。国家知识产权局副局长邢胜才在看了此款包装以后表示，“这款产品很有创意，将中国的传统文化与白酒文化结合在一起，很成功”。

对此，红星公司市场部有关负责人告诉记者，红星青花瓷珍品二锅头酒是红星公司50多年发展史上具有里程碑意义的一款重要产品。" 它的推出，使得红星二锅头单一的低端形象得到了彻底的颠覆。不但创造了优异的经济效益，还提高了公司形象、产品形象和品牌形象。"记者了解到，红星青花瓷珍品二锅头在市场上的销售价格高达200多元，而普通的红星二锅头酒仅为五六元。

据该负责人介绍，除了红星青花瓷珍品二锅头以外，红星公司还推出了红星金樽、金牌红星、百年红星等多款带有中国传统文化元素包装的高档白酒。

思考:商品包装意义是什么?

学习任务1　商品包装及其分类

一、商品包装的概念

在我国《包装通用术语》的国家标准商品包装定义是，"为在流通过程中保护产品，方便贮运，促进销售，按一定的技术方法而采用的容器，材料及辅助物等的总称，也指为了达到上述目的而采用的容器材料及辅助物的过程中施加一定技术方法等的操作活动"。

商品包装包括两层含义:一是指为了使商品方便运输，贮存，促进销售，便于使用，对商品实行的包裹、存放的容器和辅助材料，通常叫包装材料或包装用品，如箱、纸、桶、盒、绳、钉等。二是指对商品进行包裹、存装、打包、装潢的整体操作过程，是包装商品的具体业务，如装箱、扎件、灌瓶等。产品经过包装所形成的总体称为包装体，包装体是一般意义上包装的延伸，它包括从包装产出到产品组合，分发包装产品，处理废物及回收利用，体现了与包装有关的许多部门之间的系统联系。

二、商品包装的功能

随着国民经济的不断发展，商品包装在生产、流通和人民生活中的地位和作用日益增长，在现代生产中绝大多数产品只有经过包装后，才算完成它的生产过程进入流通领域和消费领域。在现代市场营销活动中，商品包装被冠以"无声推销员"美誉，是宣传商品、宣传企业形象的工具，是商品特征的放大镜、免费的广告。因此，良好的商品包装从商品的生产、销售，到人们的生活始终起着重要作用。

(一)保护商品质量安全与数量完整

保护商品是包装的首要功能。商品在流通过程中，经过搬运、装卸、运输、贮藏等过程容易受到外界因素损害，引起破损、变形、污染、渗漏或变质，使商品降低或失去使用价值。商品在运输过程中可能经受振动、冲击、压力、低温、高温等破坏，商品包装可以抗振动，保证在运输中的安全，尤其在采用集装箱和托盘运输时，商品包装不能过于简陋才能避免商品损害事故的发生。商品在贮存、堆码所产生静压力的破坏性也很严重，有一定强度的包装可以保证商品在规定堆积高度下的稳定性和安全性。另外，环境方面对商品的破坏因素是水、高温、低温和湿度的变化及污染等，而有一定的防潮、腐蚀等防护措施的包装可以保证包装本身在外界环境因素影响下，性能稳定，以免造成商品的锈蚀、变质。采取一定措施密封包装，还可以防虫蛀、鼠害等生物和微生物的威胁和侵害。科学合理的包装，能使商品抵抗各种外界因素的破坏，从而保护商品的性能，保证商品质量和数量的完好。

（二）便于商品流通，方便消费

商品只有经过流通领域才能实现其消费，而包装为商品流通提供了条件和方便。将商品按一定的数量、形状、规格、大小及不同的容器进行包装，而且在商品包装外面通常都印有各种标志，反映被包装物的品名、数量、规格、颜色以及整体包装的体积、毛重、净重、厂名、厂址及储运中的注意事项等，这样既有利于商品的分配调拨、清点计数，也有利于合理运用各种运输工具和仓容，提高运输、装卸、堆码效率和储运效果，加速商品流转，提高商品流通的经济效益。同时合理的商品包装，其绘图、商标和文字说明等既展示了商品的内在品质、方便消费者认别，又介绍了商品成分、性质、用途和使用方法，便于消费者购买、携带、保存和使用。

（三）美化商品，促进销售

精美的商品包装，可起到美化商品、宣传商品和促进销售的作用。包装是“无声的推销员”，好的包装本身就是很好的广告。无包装的商品会因卫生状态不好或携带不便影响顾客购买欲望。而包装能否抓住消费者的视线，唤起兴趣，引发联想，是商品能否进入消费者选择对象的关键。那些具有色彩鲜明，构图精美，造型奇异，文字醒目等特征的包装，使消费者爱不释手，促成购买。良好的包装，给商品“梳妆打扮”，给人以美的享受，能诱导和激发消费者购买动机和重复购买的兴趣，特别是在当今人们的物质生活和文化生活不断提高的情况下，包装与装潢更成为消费者购买商品时的重要因素。包装既能提高商品的市场竞争力，又能以其新颖独特的艺术魅力吸引顾客、指导消费，成为促进消费者购买的主导因素，是商品的无声推销员。优质包装在提高出口商品竞销力，扩大出口创汇，促进对外贸易的发展等方面均具有重要意义。

（四）使商品使用价值和价值增值，节约费用

新颖独特、精美合理的包装，是商品价值增值的重要手段。一方面，合理的包装增加了商品的自然寿命，因而使商品的使用价值增值，具有提高商品身价的功能。另一方面，合理而精美的包装可增加企业的经济效益，可以使零散的商品以一定数量的形式集成一体，从而大大提高装载容量并方便装卸运输，可以节省运输费、仓储费等项费用支出。另外，还有的包装可多次回收利用，节约包装材料及包装容器的生产，有利于降低成本。

（五）容纳功能

许多商品本身没有一定的集合形态，如液体、气体和粉状商品，这类商品只有依靠包装的容纳才具有特定的商品形态，没有包装就无法运输和销售。包装的容纳不仅有利于商品的流通和销售，而且还能提高商品的价值。对于一般结构的商品，包装的容纳增加了商品的保护层，有利于商品质量稳定；对于食品、药品、化妆品、消毒品、卫生用品等，包装的容纳功能还能保证商品卫生；对于复杂结构的商品，包装的容纳结合合理的压缩，可充分利用包装容积，节约包装费用，节省储运空间。

成组化功能是容纳的延伸，它是指包装能把许多个体或个别的包装物统一组合起来，化零为整，化分散为集中，这种成组的容纳可大大方便运输，同时可以减少流通费用。

三、商品包装的分类

商品包装种类繁多，根据习惯常用有下列几种：按包装形态不同分，有内包装、中包装和外包装；按运输方式不同分，有铁路货物包装、公路货物包装、船舶货物包装和航空货物包装等；按包装在流通中的功能分，有运输包装和销售包装；按包装的材料分，有木箱包装、纸袋包装、麻布袋包装、塑料包装、金属包装、玻璃与陶瓷包装和复合材料包装等；按包装商品分，有食品包装、药品包装、液体包装、粉粒包装、危险品包装等；按包装技术和方法分，有收缩包装、真空包装、充气包装、防潮包装、防锈包装和缓冲包装等。本节将重点介绍最常见的，也是比较主要的包装种类，即运输包装和销售包装。

(一)运输包装

运输包装又称商品的大包装或外包装，是一种主要以方便运输、储存为目的的商品包装。它具有保障商品安全，方便贮运装卸和加速交接与点验等作用。运输包装的特点是容积大、结构坚固、标志清晰、搬运方便。合理的运输包装方法应做到在不影响质量的前提下，压缩轻泡商品体积，大型货物拆装，形状相似的商品套装，并加衬垫缓冲材料等。

商品的运输包装一般有散装，裸装和包装三种形式。散装是指不需要也不必要进行包装，而直接将商品装载在运输工具内的包装方式，如石油、煤炭、原盐等均可采用这种方式。裸装是指那些自然成件，产品能抵抗外界作用，在储运过程中可以保持原状，不必包裹的包装方式，如钢板、原木等均可采用这一方式。包装是指需要外加包裹物，使商品形成包、箱、袋、桶或捆件等形状的包装方式。除了可采用散装和裸装的商品外，大多数商品都要经过包装方可运输。常用的运输包装形式主要有：

1. 箱型包装

箱型包装主要有纸箱和木箱。纸箱是用瓦楞纸制成的包装箱。包装纸箱的特点是：重量轻；成本低；牢固；开启方便；防尘；便于捆扎、搬运；易于折叠平放，占地面积少；可回收复用。木箱包装是用木板、胶合板或纤维板为原料制成木制箱型包装。木箱的优点是：耐压、耐震；体积大、载重量大；可重复使用。缺点是：成本高；重量大、笨重；不易开启；占地面积大。

2. 桶型包装

运输包装中的桶型包装有金属桶、木桶、塑料桶、纸桶及纸板合成桶等。金属桶有铁桶、马口铁桶、铁塑桶等。金属桶具有坚固耐用，防渗漏、防腐蚀等功能。用作运输包装木桶有胶合板桶、纤维板桶、松木桶等,具有透湿、隔潮的功能。塑料桶主要用于盛装化工产品,特点是质轻、耐腐蚀、不易破碎。

3. 袋型包装

主要有麻袋、布袋、纸袋、塑料袋等。广泛应用于谷物、豆类、砂糖、化工原料、化学肥料以及粉状、颗粒状或块状商品的包装。

4. 集合包装

集合包装是指将若干包装件或商品组合成一个合适的运输单元或销售单元。从商品销售角度来看，集合包装或称为组合包装能节约消费者分别购物时间，同时有扩大销售的作用。从商品运输角度来看，集合包装具有安全、快速、简便、经济、高效的特点。常见的集合包装有集装箱和托盘集合包装。

(1)集装箱

集装箱是集合包装最主要的形式。集装箱是指具有固定规格和足够强度，能装入若干件货物或散装货的专用于周转的大型容器。集装箱的出现和发展是包装方法和运输方式的一场革命。它的出现对于运输的意义是:集装箱结构牢固，密封性好、整体性强，能够保证集装商品的运输安全;能够节省集装商品的包装费用，简化理货手续，减少营运费用，降低运输成本;能够组织公路、铁路、水路的联运，能够实现快速装卸，加快了运输工具的周转，减少了商品在运输环节的滞留;能够实现装卸技术的机械化、自动化控制，提高了劳动生产率，为实现运输管理现代化提供了条件。

随着集装箱运输的发展，为了适应装载不同类型的商品，出现了不同用途的集装箱。例如，有适合装日用百货的通用集装箱、有适合装大型货物和重货的敞顶式集装箱和平板式集装箱、有适合装鲜活食品的通风集装箱、有适合装易腐性食品和液体化学品的罐式集装箱、有适合装颗粒状、粉末状货物的散装货集装箱、还有适合装汽车的汽车集装箱等。

(2)托盘集合包装

托盘集合包装是指在一件或一组货物下面附加一块垫板，板下有角，形成插口，方便铲车的铲叉插入，进行搬运、装卸、堆码作业。这种货物与特制垫板的组合称为托盘集合包装。托盘集合包装兼备包装容器和运输工具双重作用，是使静态货物转变为动态货物的媒介物。它的最大特点是使装卸作业化繁为简，完全实现机械化;同时可以简化单体包装，节省包装费用，保护商品安全，减少损失和污染;还能够进行高层堆垛，合理利用存储空间。托盘按制作材料可分为木托盘、胶合板托盘、钢托盘、铝托盘、塑料托盘和纸托盘等。托盘按组合形式分为平板式托盘和非平板式托盘，非平板式托盘包括箱式托盘、立柱式托盘和框架式托盘等。近些年国际上出现了集装滑片，它是一种新型托盘，它的作用与一般托盘一样，都是用来集装货物，以便使用机械进行装卸和搬运作业。滑片的形状不同于普通托盘，它在片状平面下方无插口，但在操作方向上有突起的折翼，以便于配套的铲车进行操作。滑片托盘质轻体薄，成本低廉，功能亦完好，故目前正得到发展。

(二)销售包装

销售包装又称小包装。是用于直接盛装商品并同商品一起出售给消费者的小型包装。销售包装的特点是:能够保护商品、美化商品、宣传商品，便于商品陈列展销，便于消费者识别、选购、携带和使用，是商品附加价值增加的手段。

销售包装的类型很多，一般可按其主要功能来分，有使用方便的包装方式，有便于选购、携带和陈列展销的包装方式等。具体如:收缩包装、贴体包装、速冻包装、保鲜包装、隔热包装、真空包装、充气包装、无菌包装、防虫包装、防潮包装、防震包装、防锈包装、喷雾包装、易拉瓶包装、按钮包装、可食包装、蒸煮包装、礼品包装、透明包装、开窗包装、携带式包装、可折叠包装、展开式包装、悬挂式包装、配套包装、组合包装等。下面简介几种流行的销售包装款式:

1. 悬挂式包装

是当前最流行的包装方式之一，主要有纸卡式，用于小手工具和厨房用品包装;泡沫罩式，多用于玩具，文教用品，工艺品及各式胸花等;贴体式，多用于日用品，打火机，小刀、办公用具等;袋装式，用于扳手，日常工具，旅行用具等。

2. 透明式、开窗式包装

多用于高级服装、内衣、毛衣、工艺品等的包装。此包装便于消费者观察，易引起消费者购买欲望、兴趣，盒面上配有精美图案，突出了商品的特点。

3. 配套包装和组合包装

配套包装是将各种相互配合的商品包装在一起，便于消费者购买和使用。如成套化妆品、床上用品、文教用品等常用这种包装。组合包装是将几种不同品种的商品组合在一起，成组出售，例如，罐头、酒类、饮料、调味品、小食品、快餐面等。

4. 分散包装

与配套包装相反，分散包装就是将原来的整件的商品分成小包装，主要用于食品、药品等的包装。

5. 礼品包装

礼品包装是用特制的装饰材料将商品包扎起来，使礼品显得精美、大方、典雅、高贵、不同寻常。

学习任务2　商品包装材料

包装材料是指用于制造包装容器和包装运输、包装装潢、包装印刷、包装辅助材料以及包装有关材料的总称。现代包装材料包括纸材、塑料、金属、复合材料、玻璃、木材等主要包装材料，以及黏合剂、涂料、油墨、缓冲材料、封缄和捆扎材等辅助包装材料。为了实现保护产品、利于贮运流通、便于携带使用、促进销售等包装功能，必须对包装材料的性能有充分的了解，在此基础上合理选用并扩大包装材料的来源，不断采用新的包装材料和加工新技术，创造新型包装容器与包装技法。

一、商品包装材料应具备的性能

从现代包装功能来看，包装材料应具有以下几方面性能：

（一）保护性能

包装材料应具有一定机械强度和适当的阻隔性能，具有一定的强度、刚度、韧性和弹性等，以适应压力、冲击、振动等静力和动力因素的影响，对水分、水蒸气、气体、光线、芳香气、异味、热量等具有一定的阻挡能力。本身的毒性要小，以免污染产品和影响人体健康；包装材料应无腐蚀性，并具有防虫、防蛀、防鼠、抑制微生物等性能，以保护产品安全，可以防止内装物变质、损失，保证其质量安全。能够适应气温变化，能够防潮、防水、防腐蚀、耐热、耐寒、抗老化、透气遮光、防紫外线穿透、耐油、适应气温变化、卫生安全等，而自身应无异味、无毒、无臭，能保护内装物完好。

（二）加工操作性能

包装材料应宜于加工，易于制成各种包装容器，易于包装作业的机械化、自动化，以适应大规模工业生产，应适于印刷，便于印刷包装标志。包装材料应具有一定的刚性、热合性和防静电性，有一定的光洁度以及可塑性、可焊性、易开口性、易加工、易填充、易分合等，以适应更高生产效率的自动包装机械操作。

（三）与产品的适应性或相容性

必须根据被包装物的理化性质和对包装的不同要求选择与被包装物相适应的或相容的包

装材料，使产品不与包装材料相互作用并得到全面保护。相容性的问题既有物理方面的因素，又有化学方面的因素，是一个很复杂的问题，在采用一种新的包装材料之前，往往要做许多试验才能确定。

随着科学的进步和计算机的应用，根据产品性质和流通环境对包装结构、包装材料、包装有效期的科学设计已经成为可能。包装材料要与商品的流通环境和保质期联系起来考虑，必须研究从产品最初包装到产品到达消费者手中的全部流通环节和环境。充分考虑到可能遇到的恶劣气候、装卸条件、运输工具的冲击和振动，并以此为依据选择确定包装材料的阻隔性、强度、所需的缓冲充填物、捆扎材料等。根据被包装产品的保质期和包装有效期确定合理的包装材料是一件相当困难的工作。

液体产品需用防渗透材料；对氧气敏感的产品需要用阻氧性好的材料并可使用脱氧剂；对易吸湿性产品应选用防潮材料并可使用干燥剂；对易锈蚀产品应选用阻氧阻湿材料并加入防锈剂；对于某些带有香气的产品，应使用保香阻隔材料并防止异味侵入；对某些油脂食品除了需要阻氧遮光包装材料防止油脂氧化外，还应防止油脂和包装材料中的添加剂在包装有效期内发生化学迁移等等。

丝绸匹头，有的是在商店与顾客直接见面，有的则是进厂加工整理或制成衣服，其包装应该有所不同，前者应搞得讲究些，以突出绸缎质量特点，后者则要求货平整不皱，启封方便，以利厂方加工。又如聚氨酯现场发泡衬垫技术，是较新的科技成果，使用它可以提高商品身价，保护商品安全，但使用这种包装需逐一成型，费用高，又花费时间，故现时只用于包装名贵的雕刻品及仿古瓷器等贵重的工艺品，而一般的工艺品，如木雕、摆件等则使用聚乙烯塑料和气泡薄膜包装已足够。

（四）符合经济性的同时应具备附加商品价值的性能

包装材料应来源广泛、取材方便、成本低廉，使用后的包装材料和包装容器应易于处理，不污染环境、以免造成公害。包装落后既增加成本又达不到预期效果，亦不可取。实际应用中选择何种包装材料及方法时，除了考虑上述几种要求外，还应考虑节省包装材料费用及包装机械设备费用、劳务费用等，要使用最合适材料，采取最合理包装方法，取得最佳效果。因为包装具有增加商品的附加值的性能，所以作为销售包装材料，要求透明度好，表面光泽，使造型和色彩美观，产生陈列效果，在提高商品价值的同时，增加消费者的购买欲望。

（五）方便使用及环保性能

无论用何种材料包装商品，基本要求是便于开启和提取内装物，便于再封闭，开启性能好，不易破裂和损坏。包装材料的选择还应满足绿色包装工程的需要，包装材料要有利于生态环境保护，有利于节约资源，体现易回收、可复用、可再生、可降解、易处置等方面。

二、主要包装材料的特点与应用

（一）纸和纸板

纸和纸板是支柱性的传统包装材料，耗量大，应用范围广，其产值占包装总产值的45%左右。纸和纸板具有以下特点：

1. 具有适宜的强度、耐冲击性和耐摩擦性。

2. 密封性好，容易做到清洁卫生。

3. 具有优良成型性和折叠性，便于采用各种加工方法，应于机械化、自动化的包装生产。

4. 具有最佳的可印刷性，便于介绍和美化商品。

5. 价格较低，且重量轻，可以降低包装成本和运输成本。

6. 用后易于处理，可回收利用和再生，不会污染环境，并节约资源。

纸和纸板也有一些致命的弱点，如难以封口、受潮后牢固度下降以及气密性、防潮性、透明性差等，从而使它们在包装应用上受到一定的限制。

用纸和纸板制成大包装容器主要有纸箱、纸盒、纸桶、纸袋、纸罐、纸杯、纸盘等，广泛应用于运输包装和销售包装。在纸制包装容器中，用量最多的是瓦楞纸箱，其比重约占50%以上。在运输包装中，瓦楞纸箱正在取代传统的木箱，广泛用于包装日用百货、家用电器、服装鞋帽、水果、蔬菜等。目前，瓦楞纸箱正在向规格标准化、功能专业化、减轻重量、提高抗压强度等方向发展。除瓦楞纸箱外，其他纸制包装容器多用于销售包装，如用于食品、药品、服装、玩具及其他生活用品的包装。纸盒可制成开窗式、摇盖式、抽屉式、套合式等，表面加以装饰，具有较好的展销效果。纸桶结实耐用，可以盛装颗粒状、块状、粉末状商品。纸袋种类繁多用途广泛，纸杯、纸盘、纸罐都是一次性使用的食品包装，由于价廉、轻巧、方便、卫生，而被广泛应用。纸杯一般为小型盛装冷饮的容器。纸盘为冷冻食品包装，既可冷冻，又可在微波炉上烘烤加热。纸罐采用高密度纸板制成，有圆筒形、圆锥形，一般涂层以防渗漏，用于盛装饮料，目前纯纸罐已被纸、塑料、铝箔组成的复合罐取代。纸浆模制包装是用纸浆直接经模制压模、干燥而制成的衬垫材料，如模制鸡蛋盘，用于鸡蛋包装，可以大大减少运输中的破损率。

（二）包装用塑料及其特点

塑料是本世纪蓬勃发展起来的新兴材料，使现代商品包装发生了变革性改变，即改变了商品包装的整个面貌。塑料在整个包装材料中的比例仅次于纸和纸板，包装用塑料的占有量占塑料总消费量的25%。其基本特点为：

1. 物理机械性能优良，具有一定的强度和弹性，耐折叠、耐摩擦、耐冲击、抗震动、抗压、防潮、防水，并能阻隔气体等。

2. 化学稳定性好，耐酸碱、耐油脂、耐化学药剂、耐腐蚀、耐光照等。

3. 比重小，是玻璃比重的1/2，是钢铁比重的1/5，属于轻质材料，因此制成的包装容器重量轻，适应包装轻量化的发展需要。

4. 加工成型工艺简单，便于制造各种包装材料和包装容器。

5. 适合采用各种包装新技术，如真空、充气、拉伸、收缩、贴体、复合等。

6. 具有优良的透明性、表面光泽、可印刷性和装饰性，为包装装潢提供了良好的条件。

塑料作为包装也有一些不足之处：强度不如钢铁；耐热性不如玻璃；在外界因素长时期作用下易老化；有些塑料在高温下会软化，在低温下会变脆，强度下降；有些塑料带有异味，某些有害成分可能渗入内装物；易产生静电而造成污染；塑料包装废弃物处理不当会造成环境污染等。因此，在选用塑料包装材料时要注意以上问题。在许多方面已经取代或逐步取代了传统包装材料。如制成编织袋、捆扎绳代替棉麻；制成包装袋、包装盒、包装桶代替金属；制成瓶罐代替玻璃；制成各种塑料袋代替纸张；制成周转箱、塑料箱代替木箱；制成多种泡沫塑料代替传统的缓冲材料等。塑料包括软性薄膜、纤维材料和刚性的成型材料。

（三）金属

金属作为包装材料历史悠久，目前在我国、日本和欧洲等国，金属包装材料占第三位，美国占第二位。

金属包装材料的主要优点体现为：

1. 金属包装材料强度高，包装容器的壁厚可以很薄，这样重量轻，强度较高，不易破损，便于贮存运输，对商品有良好的保护性。

2. 金属包装材料具有独特的光泽，便于印刷、装饰，使商品外表美观华丽。另外，金属箔和镀金薄膜是理想的商标材料。

3. 金属包装材料具有良好的综合保护性能。金属对水、气等透过率低、不透光，能有效地避免紫外线等有害影响。综合性能好，能长时间保持商品的质量，有的包装有效期可达两年之久，因此，广泛应用于罐头、饮料、粉状食品、药品等的包装。

4. 金属包装材料资源丰富，加工性能好。地球上钢铁的可开采量居第一位，其次是铝。金属包装材料可用不同的方法加工出形状、大小各异的容器。

5. 金属罐生产历史悠久，工艺比较成熟，生产成本大大降低，所以金属包装材料的应用越来越广泛，是近代四种主要包装材料之一。

金属材料的优点很多，但也存在一些无法避免的缺点，尤其是其化学稳定性比较差，在潮湿大气下易发生锈蚀，遇酸、碱易发生腐蚀，金属及焊料中的Pb、As等易渗入食品中，污染食品，金属离子还会影响食品的风味，且当金属容器采用酚醛树脂作为内壁涂料时，若加工工艺不当，也会影响食品的质量，因而包装用途受到一定限制。实际应用中，常在钢板外镀锌、镀锡、镀铬或加涂层以提高其耐酸碱性和耐腐蚀性，但使成本上升。因此，目前刚性金属材料主要用于制造运输包装桶、集装箱及饮料、食品和其他商品销售包装罐、听、盒，另外还有少量用于加工各种瓶罐的盖底及捆扎材料等。例如，重型钢瓶、钢罐用于存放酸类液体和压缩、液化及加压溶解的气体；薄钢板桶广泛用于盛装各类食用油脂、石油和化工商品；铝和铝合金桶用于盛放酒类和各种食品；镀锌薄钢板桶主要用于盛放粉状、浆状和液体商品；铁塑复合桶适宜盛放各种化工产品及腐蚀性、危险性商品；马口铁罐、镀铬钢板罐为罐头和饮料工业的重要包装容器；金属听、盒适宜于盛放饼干、奶粉、茶叶、咖啡、香烟等。软性金属材料主要用于制造软管和金属箔，如铝制软管广泛用于包装膏状化妆品、医药品、清洁用品、文化用品、食品等；铝箔多用于制造复合包装材料，也常用于食品、卷烟、药品、化妆品、化学品等包装。

(四)木材

木制包装是指以木材制品和人造木材板材(如胶合板、纤维板)制成的包装的统称。木材作为包装材料具有悠久的历史，在我国很早就使用木材做包装材料。包装木材的种类繁多，其用途也各不相同,可分为天然木材和人造木材两大类。

木制包装特点是强度高、坚固、耐压、耐冲击、化学、物理性能稳定、易于加工、不污染环境等，现在虽然出现了许多优质的材料，但由于木材具有很多优点，如分布广，可以就地取材，质轻具强度高，有一定的弹性，能承受冲击和震动作用，容易加工，具有很高的耐久性且价格低廉等，因此在现今的包装工业中仍然占有很重要的地位，目前仍是大型和重型商品运输包装的重要材料，也用于包装那些批量小、体积小、重量大、强度要求高的商品。

木材也有一定的缺点，如组织结构不匀，易受环境温度、湿度的影响而变形、开裂、翘曲和降低强度，易于腐朽、易燃、易被白蚁蛀蚀等多种天疵病。不过这些缺点，经过适当的处理可以消除或减轻。木材作为包装材料虽然具有独特的优越性，但由于森林资源的匮乏、环境保护要求、价格高等原因，其发展潜力不大。目前，木制包装容器已逐渐减少，正在被其他包装容器所取代。木材包装主要有：木箱、木桶、木匣、木夹板、纤维板箱、胶合板箱，以及木制托盘等。木制包装一般适用于大型的或较笨重的机械、五金交电、自行车，以及怕压、怕摔的仪器、仪表等商品的外包装。鉴于木材来源少，可用其他材料替代。

（五）包装用玻璃与陶瓷

玻璃与陶瓷均属于硅酸盐为主要成分的无机性材料。玻璃与陶瓷用作包装材料历史悠久，目前玻璃仍是现代包装的主要材料之一。

其中玻璃是一种历史悠久的包装材料，玻璃瓶也是我国传统的饮料包装容器。玻璃属无机硅酸盐制品。玻璃包装容器无毒、无味；透明、美观、阻隔性好、不透气、原料丰富，价格低廉，并且可以多次周转使用。而且具有耐热、耐压、耐清洗的优点，既可高温杀菌，也可低温贮藏。正是其良好的机械性能和化学稳定性以及价格较便宜、资源丰富的诸多优点，成为许多饮料首选的包装材料。但作包装材料，玻璃存在着耐冲击强度低、碰撞时易破碎、自身重量大、运输成本高、内耗大等缺点，限制了玻璃的应用。目前，玻璃的强化轻量化技术以及复合技术已有一定发展，加强了对包装的适应性。玻璃主要用来制造销售包装容器如玻璃瓶和玻璃罐，广泛用于酒类、饮料、罐头食品、调味品、药品、化妆品、化学试剂、文化用品等的包装。此外，玻璃也用于制造大型运输包装容器，用来存装强酸类产品；还用来制造玻璃纤维复合袋，用于包装化工产品和矿物粉料。

陶瓷化学稳定性与热稳定性均佳，耐酸碱腐蚀，遮光性优异，密封性好，成本低廉，可制成缸、罐、坛、瓶等多种包装容器，广泛用于包装各种发酵食品、酱菜、腌菜、咸菜、调味品、蛋制品及化工原料等。陶瓷瓶是酒类和其他饮料的销售包装容器，其结构造型多样，古朴典雅，釉彩和图案装潢美观，特别适用于高级名酒的包装。

（六）复合材料

复合材料包装是以两种或两种以上材料紧密复合制成的包装。多层复合软包装材料的出现是包装发展史上的重大进步。它不但改变了过去许多旧的包装概念，而且带动了包装机械、包装材料、包装技术乃至整个包装科学的重大发展。主要有塑料与纸、塑料与铝箔、塑料与铝箔和纸、塑料与玻璃、塑料与木材等材料复合制成。复合材料具有更好的机械强度、气密性、防水、防油、耐热或耐寒、容易加工等优点，功能完美、品种多样、价格低廉、适应不同产品需要的复合包装材料的发展为今天的包装工业带来了巨大的经济效益，是现代商品包装材料的发展方向，特别适用于食品的包装。然而，多层复合材料的出现也带来了能源和材料的消耗和包装废弃物的回收的新问题。

近来研制的多功能新型复合软包装材料就是一种便于回收的绿色包装材料。这种由无机氧化物涂覆的包装材料具有与铝蒸镀膜相同的阻隔性且透明，有很好的耐破裂、耐折叠、耐化学药品及耐热性能，并便于用微波炉加热包装内的食品，它将成为铝塑复合材料的替代产品。

（七）其他包装材料

如用于包装的织品材料，主要是棉、麻植物纤维，其次是矿物纤维和化学纤维。它们主要用于制袋和包裹商品。例如，布袋和麻袋有适宜的牢度，轻巧，使用方便，适用于盛装粮食及其制品、食盐、食糖、农副产品、化肥、化工原料、中药材等。竹类、野生藤类、树枝类和草类等材料是来源广泛、价格低廉的天然包装材料。用它们编制成的容器具有通风、轻便、结实、造型独特等特点，适用于包装各种农副土特产品。

学习任务3　常用包装技法

为了有针对性地合理保护不同特性商品的质量，包装过程中需要采用各种包装技法。商品包装技法是指包装操作时所采用的技术和方法，它往往与包装设备联系在一起，有时它的完成还需要一些辅助材料和衬垫材料、防潮材料、防锈材料、包扎材料等。商品包装技法还包括包装操作中所完成的一系列工作，如置放、排列、加固、捆扎等，以及包装操作中所采用的各种技术如缓冲、保鲜、防潮、防霉、防锈等。包装技法与包装的各种功能密切相关，特别是与保护功能关系密切。有时为了取得更好的保护效果，也将两种或两种以上技法组合使用。随着科学技术的进步，商品包装技法正在不断发展完善。商品包装技法很多，下面举例说明。

一、一般包装技法

针对产品不同形态采用的包装技法，多数产品都需要考虑采用的技术和方法称之为一般包装技法。通常包括以下几项：

（一）对内装物的合理置放、固定和加固

在运输包装体中装进形态各异的产品，需要具备一定的技巧，只有对产品进行合理置放、固定和加固，才能达到缩小体积、节省材料、减少损失的目的。例如，对于外形有规则的产品，要注意套装；对于薄弱的部件，要注意加固；包装内重量要注意均匀；产品与产品之间要注意隔离和固定。

（二）对松泡产品进行压缩体积

对于一些松泡产品，包装时所占用容器的容积太大，相应地也就多占用了运输空间和储存空间，增加了运输储存费用，所以对于松泡产品要压缩体积。一般采用真空包装技法。

（三）外包装形状尺寸的合理选择

有的商品运输包装件需要装入集装箱，这就存在包装件与集装箱之间的尺寸配合问题。如果配合得好，就能在装箱时不出现空隙，有效地利用箱容，并有效地保护商品。包装尺寸的合理配合主要指容器底面尺寸的配合外包装高度的选择，则应由商品特点来决定，松泡商品可选高一些，沉重的商品可选低一些。包装件装入集装箱只能平放，不能立放或侧放。在外包装形状尺寸的选择中，要注意避免过高、过扁、过大、过重包装。过高的包装会重心不稳，不易堆码；过扁的包装则给标志刷字和标志的辨认带来困难；过大包装量太多，不易销售，而且体积大也给流通带来困难；过重包装则纸箱容易破损。

（四）内包装形状尺寸的合理选择

内包装在选择形状尺寸时，要与外包装形状尺寸相配合，即内包装的底面尺寸必须与包装尺寸相协调。当然，内包装主要是作为销售包装，更重要的考虑是要有利于商品的销售，有利于商品的展示、购买和携带。

（五）包装外的捆扎

外包装捆扎对包装起着重要作用，有时还能起关键性作用。捆扎的直接目的是将单个物件

或数个物件捆紧，以便于运输、储存和装卸。此外，捆扎能防止失窃并保护内装物，还能通过压缩容积来减少保管费和运输费，并能加固容器，一般合理捆扎能使容器的强度增加20% －40%。捆扎的方法有多种，一般根据包装形态、运输方式、容器强度，内装物重量等不同情况，分别采用井字、十字、双十字和平行捆等不同方法。对于体积不大的普通包装，捆扎一般在打包机上进行，而对于集合包装，用普通捆扎方法费工费力，一般采用收缩薄膜包装技术和拉伸薄膜包装技术。

二、运输包装技法

在商品运输过程中常用的包装技法有缓冲包装技法、防潮包装技法、防锈包装技法、防霉（雾）包装技法、集合包装等。

（一）缓冲包装

缓冲包装是指为了减缓商品受到冲击和震动，确保其外形和功能完好而设计的具有缓冲减震作用的包装。一般的缓冲包装有三层结构，即内层商品、中层缓冲材料和外层包装箱。缓冲材料在外力作用时能有效地吸收能量，及时分散作用力而保护商品。缓冲包装依据商品性能特点和运输装卸条件，分为全面缓冲法、部分缓冲法和悬浮式缓冲法。全面缓冲法是在商品与包装之间填满缓冲材料，对商品所有部位进行全面缓冲保护。部分缓冲法是在商品或内包装件的局部或边角部位施用缓冲材料衬垫。这种方法对于某些整体性好或允许加速度较大的商品来说，既不影响缓冲效果，又能节约缓冲材料，降低包装成本。对于允许加速度小的易碎或贵重物品，为了确保安全，可以采用悬浮式缓冲法。这种方法采用坚固容器外包装，将商品或内包装（商品与内包装之间的合理衬垫）用弹簧悬吊固着在外包装容器中心，通过弹簧缓冲作用保护商品，以求万无一失。常用的缓冲包装材料有泡沫塑料、木丝、弹簧等。发泡包装是缓冲包装的较新方法，它是通过特制的发泡设备，将能生产塑料泡沫的原料直接注入内装物与包装容器之间的空隙处，约经几十秒钟即引起化学反应，进行50－200倍的发泡，形成紧裹内装物的泡沫体。对于一些形体复杂或小批量的商品最为合适。

（二）防潮包装

防潮包装是为了防止潮气侵入包装件，影响内装物质量而采取的包装。防潮包装设计就是防止水蒸气通过，或将水蒸气的通过减少至最低限度。一定厚度和密度的包装材料，可以阻隔水蒸气的透入，其中金属和玻璃的阻隔性最佳，防潮性能较好；纸板结构松弛，阻隔性较差，但若在表面涂防潮材料，就会具有一定的防潮性能，塑料薄膜有一定的防潮性能，但它多由无间隙、均匀连续的孔穴组成，并在孔隙中扩散造成其透湿特性。透湿强弱与塑料材料有关，特别是加工工艺、密度和厚度的不同，其差异性较大。为了提高包装的防潮性能，可有用涂布法、涂油法、涂蜡法、涂塑法等方法。涂布法，就是在容器内壁和外表加涂各种涂料，如在布袋、塑料编织袋内涂树脂涂料，纸袋内涂沥青等。涂油法，如增强瓦楞纸板的防潮能力，在其表面涂上光油、清漆或胶漆等；涂蜡法，即在瓦楞纸板表面涂蜡或楞芯渗蜡；涂塑法，即在纸箱上涂以聚乙烯醇丁醛（PvB）等。还有在包装容器内盛放干燥剂（如硅胶、泡沸石、铝凝胶）等。此外，对易受潮和透油的包装内衬一层至多层防湿材料（如牛皮纸、柏油纸、邮封纸、上蜡纸、防油纸、铝箔和塑料薄膜等），或用一层至多层防潮材料直接包裹商品。上述方法既可单独使用，又可几种方法一起使用。

(三)防锈包装

防锈包装是为防止金属制品锈蚀而采用一定防护措施的包装。防锈包装可以采用在金属表面进行处理。如镀锌、镀锡、镀铬等，镀层不但能阻隔钢铁制品表面与大气接触，且电化学作用时镀层先受到腐蚀，保护了钢铁制品的表面;也可采用氧化处理(俗称发蓝)和磷化处理(俗称发黑)的化学防护法;还可采用除油防锈、涂漆防锈和气相防锈等方法，如五金制品可在其表面涂一层防锈油，再用塑料薄膜封装。涂漆处理是对薄钢板桶和某些五金制品先进行喷砂等机械处理后涂上不同的油漆。气相防锈是采用气相缓蚀剂进行防锈的方法，目前采用的是气相防锈纸，即将涂有缓蚀剂的一面向内包装制品，外层用石腊纸、金属箔、塑料袋或复合材料密封包装。若包装空间过大，则可填加适量防锈纸片或粉末。此外，还可采用普通塑料袋封存、收缩或拉伸塑料薄膜封存、可剥性塑料封存和茧式防锈包装、套封式防锈包装，以及充氮和干燥空气等封存法防锈。

(四)防霉包装

防霉包装是防止包装和内装物霉变而采取一定防护措施的包装。它除防潮措施外，还要对包装材料进行防霉处理。防霉包装必须根据微生物的生理特点，改善生产和控制包装储存等环境条件，达到抑制霉菌生长的目的。首先，要尽量选用耐霉腐和结构紧密的材料，如铝箔、玻璃和高密度聚乙稀塑料、聚丙烯塑料、聚脂塑料及其复合薄膜等，这些材料具有微生物不易透过的性质、有较好的防霉效能。第二，要求容器有较好的密封性，因为密封包装是防霉的重要措施，如采用泡沫罩、真空和充气等严密封闭的包装，既可阻隔外界潮气侵入包装，又可抑制霉菌的生长和繁殖。第三，采用药剂防霉的方法，可在生产包装材料时添加防霉剂，或用防霉剂浸渍包装容器和在包装容器内喷洒适量防霉剂，如采用多菌灵(BcM)、百菌清、水杨脱苯胺、菌舀净、五氯酚钠等，用于纸与纸制品、皮革、棉麻织品、木材等包装材料的防霉。第四，还可采用气相防霉处理，主要有多聚甲醛、充氮包装、充二氧化碳包装，也具有良好的效果。

三、销售包装技法

在销售包装中常见的技法一般包括泡沫罩包装技法(泡眼、罩壳、浅盘)、贴体包装技法、真空包装技法、充气包装技法、吸氧剂包装技法等。

(一)泡沫罩包装与贴体包装

泡沫罩包装是将商品封合在用透明塑料薄片形成的泡罩与底板之间的一种包装方法。贴体包装是将商品放在能透气的、用纸板或塑料薄片制成的底板上，上面覆盖加热软化的塑料薄片，通过底板抽真空，使薄片紧密包贴商品，且四周封合在底板上的一种包装方法。泡沫罩包装和贴体包装多用于日用小商品的包装，其特点是透明直观，保护性好，便于展销。

(二)真空包装与充气包装

真空包装是将商品装入气密性包装容器，抽去容器内部的空气，使密封后的容器内达到预定真空度的一种包装方法。这种方法一般用于高脂肪低水分的食品包装，其作用主要是排除氧气，减少或避免脂肪氧化，而且可以抑制霉菌或其他好氧微生物的繁殖。真空包装如用于轻纺工业品包装，能缩小包装商品体积，减少流通费用，同时还能防止虫蛀、霉变。

充气包装是在真空包装的基础上发展起来的，它是将商品装入气密性包装容器中，用氮、二氧化氮等惰性气体置换容器中原有空气的一种包装方法。它是通过改变包装容器中的气体组成成分，降低氧气浓度的方法，达到防霉腐和保鲜的目的。充气包装主要用于肉类食品、谷物加工等食品包装，其作用是能减慢或避免食品的氧化变质，亦可防止金属包装容器由于罐内外压力不等而易发生的瘪罐问题。另外，充气包装技法还用于日用工业品的防锈和防霉。

（三）收缩包装

收缩包装是以收缩薄膜为包装材料，包裹在商品外面，通过适当温度加热，使薄膜受热自动收缩紧包商品的一种包装方法。收缩薄膜是一种经过特殊拉伸和冷却处理的塑料薄膜，当薄膜重新受热时，其横向和纵向产生急剧收缩，薄膜厚度增加，收缩率可达 30% －70%。这种应力重新受热后会自动消失，使薄膜在其长度和宽度方向急剧收缩，厚度加大，从而使内包装商品被紧裹，起到良好的包装效果。收缩包装具有透明、紧凑、均匀、稳固、美观的特点，同时由于密封性好，还具有防潮、防尘、防污染、防盗窃等保护作用。收缩包装适用于食品、日用工业品和纺织品的包装，特别适用于形态不规则商品的包装。

（四）拉伸包装

拉伸薄膜包装技术是在上世纪 70 年代开始采用的一种新的包装技术。它是依靠机械装置，在常温下将弹性薄膜围绕包装件拉伸、裹紧，最后在其末端进行封合而成，薄膜的弹性也使集装的物件紧紧固定在一起。拉伸薄膜不需加热，所消耗能量只有收缩薄膜包装技术的 1/20。它与收缩包装技法的效果基本一样，它的特点是：采用此种包装不用加热，很适合于那些怕加热的产品如鲜肉、冷冻食品、蔬菜等；可以准确地控制裹包力，防止产品被挤碎；由于不需加热收缩设备，可节省设备投资和设备维修费用，还可节省能源。

（五）无菌包装

它是将食品充填并密封于复合材料制成的包装内，然后使其在短时间内保持 135℃ 左右的高温，以杀灭包装容器内细菌的包装方法。这种方法可以较好地保持色、肉、蔬菜等内装食品的鲜味、营养价值及色调等。无菌包装适于液体食品包装，即在罐头包装基础上发展而成的一种新技术。无菌包装是先将食品和容器分别杀菌并冷却，然后在无菌室进行包装和密封。和罐头包装相比无菌包装的特点是：能较好地保存食品原有的营养素、色、香、味和组织状态；杀菌所需热能比罐头少 25% －50%；因冷却后包装可以使用不耐热、不耐压的容器，如塑料瓶、纸板盒等，既降低成本，又便于消费者开启。

（六）保鲜包装

保鲜剂包装，是采用固体保鲜剂（由沸石、膨润土、活性炭、氢氧化钙等原料按一定比例组成）和液体保鲜剂（如以椰子为主体的保鲜剂，以碳酸氢钠、过氧乙酸溶液、亚硫酸与酸性亚硫酸钙、复方卵磷脂和中草药提炼的 CM 保鲜剂等）进行果实、蔬菜的保鲜。固体保鲜剂法是将保鲜剂装入透气小袋封口后再装入内包装，以吸附鲜果、鲜菜散发的气体而延缓后熟过程。液体保鲜剂法为鲜果浸涂液，鲜果浸后取出，表面形成一层极薄的可食用保鲜膜，既可堵塞果皮表层呼吸气孔，又可起到防止微生物侵入和隔温、保水的作用。硅气窗转运箱保鲜包装，是采用塑料密封箱加盖硅气窗储运鲜果、鲜菜、鲜蛋的保鲜方法。硅气宙又称人造气窗，在塑料箱、袋上开气窗，有良好的调节氧气、二氧化碳浓度、抑制鲜菜果和鲜蛋的呼吸作用，延长储存期。

（七）脱氧包装

脱氧包装又称除氧封存剂包装。即利用无机系、有机系、氢系三类脱氧剂，除去密封包装内游离态氧，降低氧气浓度，从而有效地阻止微生物的生长繁殖，起到防霉、防褐变、防虫蛀和保鲜的目的。脱氧包装适用于某些对氧气特别敏感的制品。

四、包装设计原则

（一）包装设计的基本原则

所谓包装，不仅具有充当产品保护神的功能，还具有积极的促销作用，随着近年来市场竞争的激烈，更多的人在想尽办法使之发挥出后一种作用。有学者提出“醒目、理解、好感”三原则。

1. 引起消费者的关注

包装要起到促销的作用，首先要能引起消费者的注意，因为只有引起消费者注意的商品才有被购买的可能。因此，包装要使用新颖别致的造型，鲜艳夺目的色彩，美观精巧的图案，各有特点的材质使包装能出现醒目的效果，使消费者一看见就产生强烈的兴趣。

造型的奇特、新颖能吸引消费者的注意力。比如酒瓶造型，一般以圆柱体为主，有的酒瓶运用模仿造型，设计成复杂的锚形或人体形，在一批以圆柱体、长方体造型的酒瓶中，会显得非常突出、美观。色彩美是人最容易感受的，有的市场学者甚至认为色彩是决定销售的第一要素，他们在长期的市场调查中发现，有的颜色作为产品的包装，会使产品惊人地不好销，灰色便是其中之一。他们认为，这是因为灰色难以使人心动，自然难以产生购买的冲动。他们提出红、蓝、白、黑是4大销售用色，这是在制作红、蓝、白、黑、绿、橙、黄、茶色的形象并进行比较时发现的。一般来说，包装的图案要以衬托品牌商标为主，充分显示品牌商标的特征，使消费者从音标和整体包装的图案上立即能识别某厂的产品，特别是名牌产品与名牌商店，包装上商标的醒目可以立即起到招徕消费者的作用。包装的材质变化同样引起人们的注意，山东出口的瓷器礼品，别出心裁地用玉米皮编成手提式套箱做包装，既充分利用了农村富余劳动力，又使本地大量的廉价材料变成民间特色、质地雅致的工艺品包装，比起一般的纸盒包装更具有艺术性。

2. 准确传达产品信息

成功的包装不仅要通过造型、色彩、图案、材质的使用引起消费者对产品的注意与兴趣，还要使消费者通过包装精确理解产品。因为人们购买的目的并不是包装，而是包装内的产品。准确传达产品信息的最有效的办法是真实地传达产品形象，可以采用全透明包装，可以在包装容器上开窗展示产品，可以在包装上绘制产品图形，可以在包装上做简洁的文字说明，可以在包装上印刷彩色的产品照片等等。

准确地传达产品信息也要求包装的档次与产品的档次相适应，掩盖或夸大产品的质量、功能等都是失败的包装。我国出口的人参曾用麻袋、纸箱包装，外商怀疑是萝卜干，自然是从这种粗陋的包装档次上去理解。相反，低档的产品用华美贵重的包装，也不会吸引消费者。目前我国市场上的小食品包装大多十分精美，醒目的色彩、华丽的图案和银光闪烁的铝箔袋加上动人的说明，对消费者，特别是儿童有着极大的诱惑力，但很多时候袋内的食品价值与售价相差甚远，使人有上当受骗的感觉，所以，包装的档次一定要与产品的档次相适应。

根据国内外市场的成功经验，对高收入者使用的高档日用消费品的包装多采用单纯、清晰的画面，柔和、淡雅的色彩及上等的材质原料；对低收入者使用的低档日用消费品，则多采用明显、鲜艳的色彩与画面，再用“经济实惠”之词加以表示，这都是为了将产品信息准确地传达给消费者，使消费者理解。准确地传达产品信息还要求包装所用的造型、色彩、图案等等不违背人们的习惯，致使理解错误。如包装色彩的运用有这样的经验：黄油不用黄色的包装设计而用其他色彩就滞销，咖啡用蓝色包装同样卖不出去，因为人们长期以来已经对某些颜色表示的产品内容有了比较固定的理解，这些颜色也可称为商品形象色。商品形象色有的来自商品本身，茶色代表着茶，桃色代表着桃，橙色代表着橙，黄色代表着黄油和蛋黄酱，绿色代表着蔬菜，咖啡色就是取自于咖啡。

3. 赢得消费者好感

也就是说，包装的造型、色彩、图案、材质要能引起人们喜爱的情感，因为人的喜厌对购买冲动起着极为重要的作用。好感来自两个方面，首先是实用方面，即包装能否满足消费者的各方面需求，提供方便，这涉及包装的大小、多少、精美等方面。同样的护肤霜，可以是大瓶装，也可以是小盒装，消费者可以根据自己的习惯选择，同样的产品包装精美的容易被人们选作礼品，包装差一点的只能自己使用。当产品的包装提供了方便时，自然会引起消费者的好感。

好感还直接来自包装的造型、色彩、图案、材质的感觉，这是一种综合性的心理效应，与个人以及个人气息的环境有密切关系。以色彩来说，各人有各人自己喜爱和讨厌的颜色，这当然是不能强求一律的，但也有共同点，比如女性大部分都喜欢白色与红色、粉红色，它们被称为女性色，女性用品的包装使用白色与红色就能引起女士们的喜爱。而男性喜欢庄重严肃的黑色，黑色又称男性色，男性专用品的包装和黑色能得到男士的青睐等等。

（二）运输包装的设计要求

运输和储存是商品在流通中受到外力破坏作用最多的两个环节。因此，运输包装设计必须遵循以下原则：首先，包装应是一个坚固的防护体，以便在运输、装卸中有效地防止外力对商品的破坏，并在堆码上能承受上层商品的压力。其次，包装的尺寸应标准化。商品在空间运动，要经过若干个环节，不同的环节有不同的运输工具和储存条件，包装形式的不同，要求有一个环节联系、系统衔接问题，这就是尺寸的标准化问题。包装尺寸统一标准，能使容器的装配最佳，交通工具的利用率最大。目前，许多技术先进的国家，都十分重视商品包装标准化工作，不仅做到了包装容器标准化，而且对材料、性能、检验方法、码头、装卸工具、仓库、运输的车船都实行了标准化，这样，可充分体现高效、经济、迅速、安全的原则。为了贯彻这一原则，许多国家规定，对非标准包装商品不予接受。第三，应有醒目的包装标志，以使商品能准确安全地到达目的地。包装标志大致分为三大类，即识别标志，如件号、目的地、始发地、体积、重量（毛重、净重）、内装商品数量、生产单位、出厂日期等；指示标志，如小心轻放、防潮、防热、重心在此、这面朝上等；危险标志，如有毒、剧毒、爆炸品、氧化剂、易燃易爆物、压缩气体、自然物、遇水燃烧物、腐蚀性物品、放射性物品等。除了上述三点要求外，还应做到经济，可回收利用，废物对环境无影响等。总的要求是成本最低、容积最合理、保护效果最大、标志最醒目。

（三）销售包装的设计要求

销售包装设计是包装工作中极为重要的环节，它的质量和水平直接关系到商品销售状况。销售包装设计要求将商品信息宣传和视觉审美传达相结合，因此，设计中要注意货架印象鲜明突出，包装文字清晰易懂，商标图形独特醒目，造型结构科学合理，装潢设计美观大方。商品大多是放在货架上销售的，成功的包装设计要求经包装过的商品与其他商品放在一起时能很快被发现、被注意，应对顾客起强有力的视觉冲击作用。为此，包装装潢设计要求形象、文字、构图、色彩等完美统一，具有一定的艺术水平，表现方式简洁、明快、突出，使消费者在它的艺术感染之下，接受和理解商品信息。

销售包装设计可分为造型设计和装潢设计。所谓造型，主要是指包装的形状、材料、外部结构、几何特征等；所谓装潢，主要是指包装的表面色彩、图案、标签、美工、文字、照片等一切宣传美化商品的措施。销售包装的造型与装潢设计，应根据不同的经销目的，采用不同的方式。造型设计宗旨是：应使商品便于陈列，便于使用、携带，美观大方；装潢设计宗旨是：应力求画面图文并茂，色彩搭配合理、明快亮丽，并使形象、文字、构图、色彩、商标应用协调一致，最大程度地吸引消费者的注意力。当今世界，对商品（尤其是消费品）包装要求是讲究方便、轻巧、适量、保健、新奇。在方便使用、利于销售的前提下，设置各式新奇包装以吸引顾客，充分展示各种流行色彩和古色古香的民族风格。

学习任务4　商品包装标志

为了便于商品的流通、销售、选购和使用，在商品包装上通常都印有某种特定的文字或图形，用以表示商品的性能、储运注意事项、质量水平等含义，这些具有特定含义的图形和文字称为商品包装标志。它的主要作用是便于识别商品，便于准确迅速地运输货物，避免差错，加速流转等。

一、运输包装标志

商品运输包装标志是指在运输包装外部制作的特定记号或说明。运输包装标志主要是便于商品在运输和保管中的辨认识别，防止错发错运，及时、准确地将商品运到指定的地点或收货单位；便于商品装卸、堆码，保证商品质量安全，加速商品周转。包装好的货物只有依靠标志，才能进入现代的物流而成为现代运输包装。物质流动要经过多环节、多层次的运动和中转，要完成各种交接，这就需要依靠标志来识别货物；包装货物通常为密闭容器，经手人很难了解内装物是什么，更何况内装产品性质不同，形态不一，轻重有别，体积各异，保护要求就不一样。这就需要通过标志来了解内装产品，以便正确有效地进行装卸、运输、储存等。

运输包装标志主要是赋予运输包装件以传达功能。目的是识别货物，实现货物的收发管理；明示物流中应采用的防护措施；识别危险货物，暗示应采用的防护措施，以保证物流安全。

运输包装标志分为包装储运图示标志、运输包装收发货标志、危险货物包装标志三大类。

（一）运输包装收发货标志

运输包装收发货标志又称识别标志，旧称唛头或嘜头。它是在外包装上的商品分类图示标志及其他标志和文字说明的总称。通常是由简单的图形和一些字母、数字及简单的文字组成。收发货标志一般包括下列内容（见表6－1）：

表 6－1　发货标志含义一览表内容

序号	代号	中文	英文	含义
1	FL	商品分类图示标志	CLASSIFICATION MARKS	表明商品类别的特定符号
2	GH	供货号	CONTRACT NO	供应该批货物的供货清单号码（出口商品用合同号码）
3	HH	货号	ART NO	商品顺序编号。以便出入库，收发货登记和核定商品价格
4	PG	品名规格	SPECIFICATIONS	商品名称或代号，标明单一商品的规格、型号、尺寸，花色等
5	SL	数量	QUANTITY	包装容器内含商品的数量
6	ZL	重量（毛重）（净重）	GBOSS WT NET WT	包装件的重量（kg）包括毛重和净重
7	CQ	生产日期	DATE OF PRODUCTION	产品生产的年、月、日
8	CC	生产工厂	MANUFACTURER	生产该产品的工厂名称
9	TJ	体积	VOLUME	包装件的外径尺寸长×宽×高（cm）=体积（m^3）
10	XQ	有效期限	TERM OF VAIIDITY	商品有效期至×年×月
11	SH	收货地点和单位	PLACE OF DESTINATION AND CONSIGNEE	货物到达站，港和某单位（人）收（可用贴签或涂写）
12	FH	发货单位	CONSIGNOR	发货单位（人）
13	YH	运输号码	SHIPPING No	运输单号码
14	JS	发运件数	SHIPPING PIECES	发运的件数

上述各项标志内容，除一定要有分类标志外，其他各项可合理选用。外贸出口商品根据国外客户的要求，以中、外文对照，印制相应的标志和附加标志。国内销售的商品包装上不填英文项目。

分类图示标志（见图 6－1），是用几何图形和简单文字表明商品类别的特定符号，属于必用标志。分类标志的图形、收发或标志的字体、颜色、标识方式、标志位置等，在 GB6388－86《运输包装收发货标志》标准中均有具体规定。

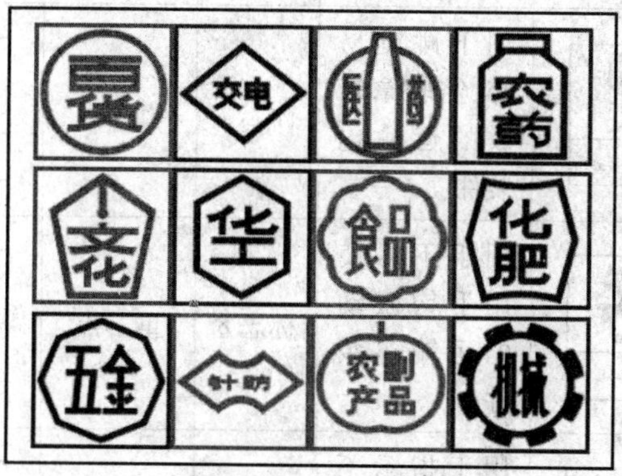

图 6－1 运输包装收发货分类图示标志

标志的全部内容，中文都用仿宋字体，代号用汉语拼音大写字母；数码用阿拉伯数码，英文用大写的拉丁文字母。标志必须清晰、醒目，不脱落，不退色。收发货标志的颜色，按商品类别以规定的颜色用单色印刷（见表 6－2）。麻袋，布袋用绿色或黑色印刷，木箱、木桶不分类别，一律用黑色印刷，铁桶用黑、红、绿、蓝底印白字，灰底印黑字，表内未包括的其他商品，包装标志的颜色按其属性归类。收发货标志的方式包括印刷、刷写、粘贴、拴挂等。

表 6－2 收发货标志的颜色一览表

商品类别	颜色	商品类别	颜色
百货类	红色	医药类	红色
文化用品类	红色	食品类	绿色
五金类	黑色	农副产品类	绿色
交电类	黑色	农药	黑色
化工类	黑色	化肥	黑色
针纺类	绿色	机械	黑色

（二）包装储运图示标志

包装储运图示标志又称指示标志或注意标志。它是根据商品的不同性能和特殊要求，采用图案或简易文字来表示的用以提示人们在装卸、运输和储存过程中应注意的事项的标志。如对一些易碎、易潮、易残损或变质的商品，在装卸、运输和保管中提出的要求和注意事项。如小心轻放，由此吊起、切勿倒置、禁用手钩、怕热、重心点、堆码限度等。

我国国家标准（GB191－90）《包装储运图示标志》，参照采用国际标准 ISO780－1985《包装——货物搬运图示标志》规定，包装储运图示标志有以下几种（见图 6－2 ）。

标志号	标志名称	标志图形	使用说明	标志号	标志名称	标志图形	使用说明
标志 1	小心轻放		用于碰震易碎、需轻拿轻放的运输包装件	标志 7	怕湿		用于怕湿的运输包装件
标志 2	禁用手钩		用于不得使用手钩搬动的运输包装件	标志 8	重心点		用于指示运输包装件重心所在处
标志 3	向上	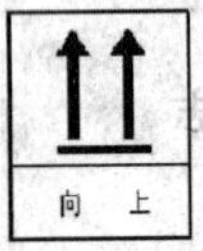	用于指示不得倾倒、倒置的运输包装件	标志 9	禁止滚翻		用于不得滚动搬运的运输包装件
标志 4	怕热		用于怕热的运输包装件	标志 10	堆码重量极限		用于指示允许最大堆码重量的运输包装件
标志 5	远离放射源及热源		用于指示需远离放射源及热源的运输包装件	标志 11	堆码层数极限		用于指示允许最大堆码层数的运输包装件。图中 N 为实际堆码层数，印刷或喷涂时用阿拉伯数字表示
标志 6	由此吊起	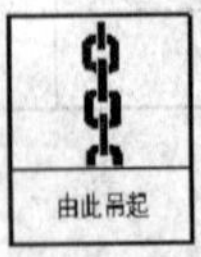	用于指示吊运运输包装件时放链条和绳索的位置	标志 12	温度极限		用于指示需要控制温度的运输包装件

图 6－2　包装储运图示标志

指示标志的颜色一般为黑色。如果包装件的颜色使图示标志显得不清晰，可选用其他颜色印刷，也可在印刷面上选用适当的对比色。一般情况下不采用红色和橙色。粘贴的标志采用白底印黑色。

包装储运图示标志可采用印刷、粘贴、拴挂、钉附或喷涂等方法，标志打在包装端面或侧面的明显处。桶形包装标志应标打在桶身或桶盖处，集装箱包装标志应标打在四个侧面。标志的文字书写应与底边平行。出口货物的标志应按外贸的有关规定办理。粘贴标志应保证在货物储运期间内不脱落。运输包装件需要标打何种标志，应根据货物的性质正确使用。标志由生产单位在货物出厂前标打，出厂后如改换包装，标志由改变包装单位标打。

（三）危险货物包装标志

危险货物包装标志又称危险品标志。是用来标明对人体和财产安全有严重威胁的货物的专用标志。由图形、文字和数字组成。我国国家标准 GB6944－86《危险货物分类和名称编号》把危险货物分为九类：爆炸品、压缩气体和液化气体、易燃液体、易燃固体、氧化剂和有机过氧化物、毒害品和感染性物品、腐蚀品、杂品。不同类别的危险品，应使用不同的危险品标志。

中国国家标准 GB190－90《危险货物包装标志》规定的危险货物包装标志（见图 6－3）。

标志号	标志名称	标志图形	说明	标志号	标志名称	标志图形	说明
标志 1	爆炸品		符号：黑色 底色：橙红色	标志 12	有机过氧化物标志		符号：黑色 底色：柠檬黄色
标志 2	不产生重大危害的爆炸品		符号：黑色 底色：橙红色	标志 13	剧毒品标志		符号：黑色 底色：白色
标志 3	具有大规模爆炸性，但极不敏感的物品		符号：黑色 底色：橙红色	标志 14	有毒品标志		符号：黑色 底色：白色
标志 4	易燃气体标志		符号：黑色或白色 底色：正红色	标志 15	有害品标志		符号：黑色 底色：白色
标志 5	不燃气体标志		符号：黑色或白色 底色：绿色	标志 16	感染性物品标志		符号：黑色 底色：白色
标志 6	有毒气体标志		符号：黑色 底色：白色	标志 17	一级放射性物品标志		符号：黑色 底色：白色，附一条红竖线
标志 7	易燃液体标志		符号：黑色或白色 底色：正红色	标志 18	二级放射性物品标志		符号：黑色 底色：上黄下白，附二条红竖线
标志 8	易燃固体标志		符号：黑色 底色：白色红条	标志 19	三级放射性物品标志		符号：黑色 底色：上黄下白，附三条红竖线

续表

标志号	标志名称	标志图形	说明	标志号	标志名称	标志图形	说明
标志 9	自燃物品标志		符号:黑色 底色:上白下红	标志 20	腐蚀品标志		符号:上黑下白 底色:上白下黑
标志 10	遇湿易燃物品标志		符号:黑色或白色 底色:蓝色	标志 21	杂类标志		符号:黑色 底色:白色
标志 11	氧化剂标志		符号:黑色 底色:柠檬黄色				

图 6-3　危险货物包装标志

危险货物包装标志图形应按规定的颜色印刷或打标。用于粘贴的标志可单面印刷;用于拴挂的标志应双面印刷。印刷标志用纸，应采用厚度适当，有韧性的纸张。危险货物包装标志使用时，对粘贴或拴挂的标志，箱状包装应位于包装两端或两侧的明显处;袋状、捆扎包装应位于包装明显的一面;桶形包装应位于桶盖或桶身;集装箱应粘贴四面。标志的粘贴应保证在货物储运期内不脱落。对钉附的标志，应用有标志的金属板或木板，钉在包装的两端或两侧的明显处。

危险品标志是警告性标志，必须严格遵照国内和国际的规定办理，稍有疏忽，就会造成意外事故 。因此，要保证标志清晰，并在货物贮运保存期内不脱落 。

二、销售包装标志

销售包装标志是指赋予商品销售包装容器的一切标签、吊牌、文字、符号、图形及其他说明物，它是生产者、销售者传达商品信息，表现商品特色，推销商品的主要手段，是消费者选购商品，正确保存养护商品及科学消费的指南。

(一)销售包装的基本内容

包括:商品名称、商标、规格、数量、成分、产地、用途、功效、使用方法、保养方法、批号、品级、商品标准代号、条码等。对已获质量认证或在质量评比中获奖的商品，应分别标明相应的标志。

若以食品商品为例，其说明性标签上应注明下列内容:

1. 食品名称，即必须采用表明食品真实属性的专用名称;

2. 配料表，即除单一原料的食品外，标签上必须标有配料表，且所有配料必须按加入量(重量或体积)从多到少依次排列，若是特殊需要食品，如婴幼儿食品、强化食品、特殊营养食品等，必须按商品标准要求增加成分表;

3. 净含量及固形物重量，即必须标明食品在每个容器中的净含量，一般的标注方法是:液态食品用体积、固态食品用重量、半固态或浆状食品用重量或体积，包装中充填有液体介质的食品时，除标明总净重量外，还必须标明食品的固形物重量，同一包装中如果含有互相独立且品质相同、形态相近的几件食品，则在注明总净重量的同时，还应注明商品数量；

4. 厂名，即必须标明制造、包装、批发、进口分装、出口或销售任意一个单位的准确名称、地址和电话；

5. 批号，即必须注明生产批号；

6. 日期标志及储藏指南，即必须标明生产日期、保存期或保质期，如果与保质期有关，则还必须标明该食品的储藏方法；

7. 另外在标签上要附加包装开启方法、食用方法、烹饪再制方法等，以帮助消费者正确使用；

8. 质量等级，即指商品标准中对质量等级已作规定的食品，应根据批验结果按规定要求标明该商品的等级；

9. 商品标准代号，即指已经制定了商品标准的食品，必须标明其标准代号。除了上述要求外，对已经获准注册商标及商品条码标识的商品，包装标签上应标上商标和商品条码。

对于日用工业品，除基本内容外，还须标注主要成分、净含量、性能特点、用途、使用方法、保养方法、生产日期、安全使用期或失效日期、品级、批号等。

对于进口商品，在每个小包装上必须用中文标注：商品名称、产地的国名和地方名、中国代理商或总经销商的名称、详细地址。对关系到人身财产安全的商品，对其标注的内容还有更详细的规定。如家用电器商品必须在每个销售包装上标有中文说明、中国商检局 CCIB 安全检测标志和长城安全认证标志；化妆品包装上必须有 CCIB 标志；动植物商品必须在每个小包装上贴有中国动植物检疫局发放的标志；进口预包装食品的每个小包装上必须贴有 CHF 中国卫生检疫标志等等。另外，随着对环境保护的重视，各国在商品包装方面，力求对包装物的再生利用，对可回收的包装物，应该在罐盖上或包装上注明识别标记。

（二）商品的质量标志

商品的质量标志就是在商品的销售包装上一些反映商品质量的标记。它说明商品达到的质量水平。主要包括：优质产品标志、产品质量认证标志、商品质量等级标志等。

（三）使用方法及注意事项标志

商品的种类用途不同，反映使用注意事项和使用方法的标志也各有不同。如我国服装已采纳的国际通用的服装洗涤保养标志等。

（四）产品的性能指示标志

用简单的图形、符号表示产品的主要质量性能。如电冰箱用星级符号表示其冷冻室的温度范围。

（五）销售包装的特有标志

指名牌商品在其商品体特定部位或包装物内的让消费者更加容易识别本品牌商品的标记。它由厂家自行设计制做，如名牌西服、衬衫、名优酒等都有独特的、精致的特有标识。

（六）产品的原材料和成分标志

是指有国家专门机构经检验认定后，颁发的证明产品的原材料或成分的标志。如目前已实施的属于此类的标志有：绿色食品标志、纯新羊毛标志、真皮标志（如图 6－4）等。

纯新羊毛标志	真皮标志

图 6－4　产品的原材料和成分标志

三、商标

商标是商品生产者或经营者用以区别同类商品的标记。也可以说是商品与厂家的质量信誉的标志，是商品、厂家与消费者之间沟通关系的桥梁，宣传与美化商品需要它，消费者识别商品更离不开它。

商标是一个专门的法律术语。品牌和品牌的一部分在政府有关部门依法注册之后，便称为“商标”。因此，商标是受法律保护的品牌，注册者有专用权。国际市场上著名的商标，往往在许多国家注册，因为商标具有价值，是企业的一项无形资产，商标的专用权可以按价买卖。西方经济学家认为，商标是指“用来表示买方或卖方集体的商品、服务的并与其竞争者的商品、服务相区别的名称、用语、符号、象征、设计或这些要素的组合”。商标包含了除受图案设计法保护的商品包装、型号等以外的所有商品识别标志。综上所述，商标可用来区别卖方或卖方集团与其竞争者的商品、服务的差异。商标由商标名及标示构成，前者指商标中能够发声的部分，如单词、文字、数字；后者指可以识别但不能发声的部分，如图画、设计、色彩、编码等。商标一经注册，便受到法律的保护，即商标持有者便可以不受任何阻扰地将其注册的商标，用于指定的商品与劳务，并向全国发售。未经商标权所有者的允许，而擅自使用与其注册的商标同样的或类似的商标者，是对商标所有者的侵权，这时商标所有者可要求侵权者停止侵害行为、赔偿损失，为商标所有者恢复名誉；若是故意侵害商标权，有关部门则可据情节轻重对侵害者处于不同程度的处罚。

注册商标，按《中华人民共和国商标法》第三条规定：“经商标局核准注册的商标为注册商标，商标注册人享有商标专用权，受法律保护。”第三十八条还规定了侵犯他人注册商标的行为是违法行为，当受法律的惩处。

商标的文字、图形或者其组合，一经注册就不能擅自改变，违者受法律制裁。因为注册商标具有相对稳定性。已获得注册的商标，应以 R 符号表示于商标的最近处。要重视在商品装潢上突出所注册的商标。如美国可口可乐公司在其“雪碧”牌汽水的装潢上，将“雪碧”文字置于装潢中心位置，就是为了便于消费者识别。

商标名称与标志设计必须注意以下几点：

1. 要符合市场所在地法律规范，以便于向所在地的有关部门申请注册以取得专用权。

2. 文字或图案力求简明，易识读与记忆；应与产品密切联系，且暗示产品质量或效用。如“美加净”牌化妆品商标，贴切自然；又如“雪花牌”电冰箱，其商标从名称到图案都很简明、易记，且富有想象力。

3. 要反映企业或产品与众不同的特色，但不宜直接反映商品本身属性。如钟表的种类有成千上万个牌号，它们的起码要求是走时准确，但商标中的文字务必要“准确”，以免误解。

4. 保持商标的相对稳定性。商标一旦注册就享有专用权。一个声誉卓著，已经在市场上有信誉度，并在顾客心中扎下了根，有深远影响的商标，一般不要随意变动，如美国饮料“可口可乐”商标，一百多年来没有变动过，其产品遍及世界各地。

5. 商标设计要符合各地区、各民族风俗习惯和心理特征，要尊重当地传统习俗，切勿触犯禁忌。

学习任务5 商品包装装潢

包装物是商品包装装潢的载体，包装物和包装装潢是不可分的统一体，共同体现商品包装保护商品、美化商品的功能作用。

一、商品包装的装潢设计

商品包装装潢是对商品包装的装饰，包括对包装型体结构、图案设计、文字说明的整体设计的艺术表现和制造。包装物是商品包装装潢的载体，包装物和包装装潢是不可分的统一体，共同体现商品包装保护商品、美化商品的功能作用。

（一）商品包装装潢的概念和要求

1. 商品包装装潢概念

商品包装装潢是根据商品特性和销售对象，设计包装容器的造型结构，外表画面及文字说明，对商品进行科学的包装并力求装饰和美化，便于商品的运输、储存、市场陈列展销、消费者使用和携带等。包装装潢是商品的重要组成部分，也是商品质量的一个方面，一个好的包装装潢，能够给人以美的感受，使之增加对商品的了解和对商品的购买兴趣。

2. 包装装潢设计要求

（1）整体处理。在整体处理的包装设计时，要注意装运托盘的安全、数量和体积需要。在选择包装大小时应注意产地和销售地市场要求的衔接。为稳定托盘负荷，应在整体包装上设计有堆叠拉手等。

（2）包装标准化。包装标准化是物流活动的基本内容。包装的规格适应“托盘”装卸。所谓“公制托盘”，即指托盘规格为长 × 宽 = 1200mm × 1000mm，也有 1219mm × 1016mm 规格的，产品包装大小规格建议为 600mm × 400mm、500mm × 400mm、500mm × 300mm、400mm × 300mm。包装标准化在实际应用中，目前仍有不少困难和问题，但这是一个有潜力的领域。

（3）适合于各种环境条件的需要。包装遇到各种情况必须仍能保持良好状态，因此，包装物必须经特殊防潮湿处理或加强瓦楞板强度，以免包装损坏。

（4）销售和重复使用、便于检验。套筒式瓦楞包装除去盖后即可接受检查。

（5）包装物处置和重复使用。近年来有关包装物使用后处置的问题越来越严重。焚化处理只限于大多数城市区域。处置方式有多种，可根据包装物料的性质而定，如重复使用、重复改造和填土处理。某些木包装可重复改造后使用，瓦楞纤维板包装可重复循环使用，塑料泡沫包装材料很少循环利用。塑料或泡沫包装和曾用塑料或重蜡处理过的瓦楞纤维板包装，已成为主要的城市环境污染源。

因此，应制造可折叠、可回收的包装，以便重复使用，并应形成全国性或区域性网络来进行收集、复原、清洁和回收，加速推进包装无公害化进程。

(二)商品包装装潢的设计内容

1. 商品包装的装潢设计方案

商品包装装潢设计方案，从广义上讲包括两个部分，即包装设计和装潢设计。由于包装和装潢是统一体，因此，包装设计和装潢设计必须同时进行。包装装潢设计方案是包装装潢设计的基础。包装装潢是一种实用装饰技术，是表现商品、传达商品信息的载体。包装装潢设计方案则是实现表现商品、传达商品信息的设计构想，即装潢设计定位，或者说是装潢设计的目的。

装潢设计必须在三方面定位，即品牌定位、产品定位和消费者定位。

(1)品牌定位。商品的品牌或商标是商品生产厂家的标示，是商品的代号，是商品形象的塑造。经注册后的品牌或商标，受法律保护，享有专利权。商品品牌或商标不仅表现产品质量水平，而且代表企业信誉和形象。商品的品牌或商标是商品信息的重要内容之一，因此，装潢设计定位首先是品牌定位。品牌定位包括生产厂家、产品命名，产品牌号的选定，包括包装标志、造型、图案、文字、色彩的选定和辨认等都有基本定位。

(2)产品定位。产品定位是通过包装直接告诉消费者包装的是什么产品，产品的品质特性、功能用途、使用保管方法是什么，使消费者看到包装便想到商品，是为“卖”进行设计的。对不同种类、不同特点、使用功能不同的产品，产品定位的表现方法也是不同的。

(3)消费者定位。商品生产是为“卖”而生产，商品包装装潢是为了更好地“卖”对商品包装进行的装饰。这种包装装饰要根据商品的功能用途，对消费者要有针对性。消费者定位包括消费对象的年龄、性别、职业、生活方式、风俗习惯、宗教信仰等，也包括消费区域对象的民族风俗、地理环境、气候条件等。特别是出口商品的包装装潢的设计更要根据国别的不同，对色彩、动植物等爱好、禁忌的东西慎重选定图案。

2. 商品包装装潢的造型结构设计

要求从力学角度出发，设计出科学的结构，既保证容器的强度，又合理利用包装材料，降低包装成本，并根据包装在商品流通中所起的主要作用不同，设计不同的造型结构。

(1)适合于陈列、便于识别商品的包装造型。挂式造型包装，它是适应自选销售的方式发展起来的，能充分利用货架的空间陈列展销商品。目前在服装行业被广泛应用。

展开式造型包装，又可细分为不同种类。其中有一种摇盖盒式，造型很别致，盒盖打开后，按设计好的折线翻转，并把盒舌插入盒内，则盒盖表面图案清晰可见，形成一小型宣传广告牌，具有良好的陈列和装饰效果。

堆叠式造型包装，是便于商品在货架上堆叠陈列节省货位的包装，不同包装之间的上下有相互咬合的装置，可以堆叠陈列。

透明包装有全透明和部分透明。开窗包装所开天窗也有大小之分，它们均能使消费者直接看清包装容器之内的商品。

惯用造型包装，是指这种商品的销售包装的造型已约定俗成，成了标明内装商品种类的标识，消费者一见到这种造型，就知道是何种商品。如牙膏用软管包装，鱼类罐头用椭圆形金属盒包装等。

(2)便于消费者携带和使用的包装。这类包装造型的容器现在越来越多，越来越合理。主要有各种便携式、各种易开式和喷雾式等。此外，还有配套包装、礼品包装、复用包装等多种使用功能的包装形式。

3. 商品包装装潢的表面设计

(1)包装装潢中的图案、文字与色彩。包装装潢图案可采用照片、漫画、装饰纹样、浮雕等形式表现。装潢图案能使人产生触景生情的种种联想，达到充分表现商品特征的目的。图案表现方法有三种:写实、抽象和象征表现法。包装装潢画面中的照片、绘画、装饰纹样及浮雕等形式，都称为包装画面的图案。包装装潢画面的图案设计的表现手法可分为写实、抽象、夸张和概括的设计手法包装及广告式包装等。

文字是包装装潢画面设计的重要组成部分，它是采用视觉方式最直观地传递商品信息的方法。包装装潢上的文字分主体文字和说明文字两种，主体文字是用以表示商品品牌、品名的标题字，是装潢画面的主体部分。主体文字设计应从各个方面，如文字、字体的选择、画面面积、位置、色彩、明暗程度等，在画面中占有优势地位，表现出突出的视觉效果。说明文字是用来说明商品的规格、品种、成分、产地、用途、使用方法等，它的作用是宣传商品、指导消费。说明文字不需要任何艺术加工，要求字体端正、规范、易于阅读识别，各种单位、术语要符合有关法规。

色彩是装潢画面中最富吸引力、诱惑力的无声语言，也是最富表现力、影响力的艺术表现方法。色彩直接影响包装装潢的整体效果。最新研究表明，消费者对物体的感觉首先是色，其后才是形。在最初接触商品的 20 秒内，人的色感占 80%，形感为 20%。

(2)各种标识性的图文符号。商品销售包装作为一种载体，承载着对内装商品身份、身价、质量等有说明作用的各种图文符号。这些图文符号是在总体设计时应纳入装潢总画面之中的不可或缺的重要内容。它们主要是商标、商品条码、商品质量标志(合格标志、认证标志、商检标志)、各种识别标志和使用指导操作标志等。在国际贸易中，由于各国国情不同，文化差异的存在，对商品的包装材料、结构、图案及文字标识等要求不同。了解这些规定，对我国外贸出口大有裨益。如澳大利亚防疫局规定，凡用木箱包装(包括托盘木料)的货物进口时，均需提供熏蒸证明;法国人视鲜艳色彩为高贵，备受欢迎，视马为勇敢的象征，忌核桃，厌恶墨绿色，忌用黑桃图案，商标上忌用菊花，法国视孔雀为恶鸟，忌讳仙鹤、乌龟，不宜用作商标;沙特阿拉伯港口规定，凡运往该港的袋装货物，每袋重量均不得超过 50kg，否则不提供包储便利，除非这些袋装货物附有托盘或具有可供机械提货和卸货的悬吊装置;美国食品药物局规定所有医疗、健身及美容药品都要具备能防止掺假、掺毒等防污能力的包装;加拿大政府规定销往香港的食品标签，必须用中文，但食品名称及成分，须同时用英文注明等等。

二、色彩在装潢中的作用

色彩是装潢画面中最富吸引力、记忆力、诱惑力的无声语言，也是最富表现力、影响力的艺术表现方法,色彩直接影响包装装潢的效果。

(一)形象地突出商品特性的设计

用色彩突出商品特性，是商品包装装潢最佳效果之一。装潢的图案、文字及底色都需要配色，以形象的色彩直观地表现商品特色，达到美的效果。如用暖色设计参茸补酒，象征温和大补之功;用蓝、白设计食品，象征清洁卫生;用粉红色、玫瑰色设计化妆品，象征富贵高雅;用红、蓝、黑设计五金、机械，象征坚实、精密、耐用等。

(二)运用色彩作用设计

色彩对人的感应作用是极其复杂的。可以使人高兴，可以使人悲哀，可以使人沉思，可以使人愤怒，可以使人快乐，也可以使人烦躁、忧郁、紧张、轻松、安定，或者说受人的心理因素影响很大，又对人的心理作用很大。因此，色彩的选择与运用在装潢画面设计中是非常重要的。如婚庆用品采用红色包装会使人感到喜悦、吉庆、享乐;医药商品采用素雅的淡色包装，会使人感到清心、安静、健康;文体用品采用红色、天蓝色或鲜艳色彩包装，会使人感到飞翔、活跃、轻松、明快、精力充沛。色彩的选择与运用，在包装装潢设计过程中要特别针对不同种类、不同用途、不同销售对象进行科学的选定，方能取得最佳设计效果，否则整个包装装潢设计是失败的。此外，包装装潢色彩的运用还应针对不同国家、不同地区、不同历史时期的流行色彩进行设计，充分体现时代风貌与时代特色。

(三)有利于商品销售增强商品竞争力的设计

商品包装装潢设计的最终目的是表现商品、美化商品，增强商品的竞争力。因此，商品包装装潢设计的色彩选择与运用，要采用引人注目的、具有鲜明格调的颜色进行设计，从而达到其独特的显示商品风采的突出效果。

三、商品包装装潢的设计原则

商品包装装潢的设计原则是一致性原则、时代性原则、民族性原则和主体性原则。

(一)一致性原则

商品的质量特征、品质特性、功能作用、使用保管方法等是通过商品包装表现的，要最大限度达到宣传商品、促进商品销售的目的。在介绍商品性能特点、品质特征时，包装设计必须从内容到形式都建立在为消费者服务的基础上，真实地反映商品质量特征，坚持包装上的文字、图案的艺术表现与商品质量特征的一致性原则。使消费者通过包装便可清楚地了解内装物的特征、特性、功能作用及使用保管方法等，达到指导消费、促进销售的目的。包装标志、商品品牌等要清晰醒目，并具有强烈的宣传感染力。

(二)时代性原则

包装装潢设计要适应现代化生产、现代化生活方式的需要，体现时代风貌、时代风格和艺术特性。包装的型体结构、造型、容积、重量等方面的设计，要依据消费者携带、使用和收藏的方便作为设计基础。在艺术表现上要突出包装形体美观、加工精致，具有鲜明的时代特征，努力反映现实生活和时代风貌。

(三)民族性原则

商品包装装潢要反映和表现民族文化特色。包装装潢设计要按照商品销售地的民族风俗、风土人情进行设计与构思，突出地方特色，表现时代风貌。对出口商品包装设计，要像设计商标一样，必须尊重不同国家、不同地区、不同民族的风俗习惯，采用适宜的文字、图案和色彩展示商品美，增加商品的附加价值。

(四)主体性原则

商品包装装潢是以商品为主体的实用装饰技术。必须以产品为先导，以产品的形体结构、品质特征、功能作用、保管使用方法和销售目的作为创作设计基础，采用艺术手法表现商品的使用价值。

任务小结

根据商品特性，使用适宜的包装材料或包装容器将商品包装或盛装，可以保持商品完好状态，以达到保护商品，方便运输，促进销售的目的。商品包装种类繁多，包装材料形式各异。作为商品包装的物质基础，选择包装材料必须遵循质优、体轻、面广，合理、节约，无毒、无害、无污染的原则。常用的有塑料、纸和纸制品、木材、金属、玻璃、纤维材料以及其他材料等，应充分了解各自的性能特点，方可发挥出不同包装材料的优势。为了有针对性地合理保护不同特性商品的质量，包装过程中需要采用各种包装技法，如缓冲、保鲜、防潮、防霉、防锈等。包装技法与包装的各种功能密切相关，特别是与保护功能关系密切。有时为了取得更好的保护效果，也将两种或两种以上技法组合使用。包装设计时一般遵循"醒目、理解、好感"三原则，但运输包装和销售包装在设计时要求各有侧重。同时为了便于商品的流通、销售、选购和使用，在商品包装上通常都印有某种特定的文字或图形，用以表示商品的性能、储运注意事项、质量水平等含义，这些具有特定含义的图形和文字称为商品包装标志。它的主要作用是便于识别商品，便于准确迅速地运输货物，避免差错，加速流转等。

商品包装装潢是对商品包装的装饰，包括对包装型体结构、图案设计、文字说明的整体设计的艺术表现和制造。包装物是商品包装装潢的载体，包装物和包装装潢是不可分的统一体，共同体现商品包装保护商品、美化商品的功能作用。

习 题

一、思考题

1. 商品包装的功能有哪些？
2. 包装材料应具有哪几方面的性能？
3. 纸板、塑料、模板和金属四种主要包装材料各自的优缺点分别是什么？
4. 多数产品在包装时需要考虑采用的技术和方法包括什么内容？
5. 包装设计的基本原则是什么？运输包装与销售包装设计的侧重点有何不同？
6. 识别运输包装标志。
7. 说明包装储运图示标识的含义及操作注意事项。
8. 识别危货物包装标志的意义何在？

二、实训题

1. 识别商品外包装上的标志，对常见的运输包装、销售包装标志能准确说明其含义。

(1)准备三种不同种类的商品运输包装；

(2)准备食品(如酒、饮料、奶粉等)、日用品(如化妆品)、家电商品(如电视机)、服装商品的销售包装(包装标志要齐全)。

指出哪几种是运输包装，哪几种是销售包装；分别说明指出运输包装上的标志类型及含义；指出销售包装标志的类型及含义。

2. 在生活中寻找包装设计存在误区的案例，并提出改良方案。

◆项目七 商品的储存与养护

★知识目标：

1. 商品的物理机械变化、化学变化、生理生化等变化；
2. 影响商品质量变化的主要因素；
3. 仓库内外温湿度的变化规律、控制与调节；
4. 商品发生霉腐、锈蚀、虫害以及老化的主要原因、仓储商品养护的各种技术方法。

★技能目标：

1. 了解各种因素对商品质量的影响；
2. 熟悉仓库内外温湿度的变化规律；
3. 掌握仓库温湿度的控制与调节方法；
4. 熟悉商品发生霉腐、锈蚀、虫害以及老化等的主要因素；
5. 掌握商品防霉腐、防锈蚀、防虫害以及防老化等养护的技术方法。

★任务导入：

商品储存期间影响因素

人们所熟悉的烟酒、糖茶、服装鞋帽、医药、化妆品、家用电器以及节日燃放的烟花爆竹等，有的怕潮、怕冻、怕热，还有的易燃、易爆。影响储存商品质量变化的因素很多，其中一个重要的因素是空气的温度。有的商品怕热，例如：油毡、复写纸、各种橡胶制品及蜡等，如果储存温度超过要求（30℃～35℃）就会发黏、熔化或变质。有的商品怕冻，如：医药针剂、口服液、墨水、乳胶、水果等，则会因库存温度过低冻结、沉淀或失效。例如：苹果贮藏在1℃比在4℃～5℃贮藏时寿命要延长一倍。但贮藏温度过低，可引起果实冻结或生理失调，也会缩短贮藏寿命。影响储存商品质量变化的另外一个重要因素是空气的湿度。由于商品本身含有一定的水分，如果空气相对湿度超过75%，吸湿性的商品就会从空气中吸收大量的水分而使含水量增加，这样就会影响到商品的质量。如食盐、麦乳精、洗衣粉等出现潮解、结块，服装、药材、糕点等生霉、变质，金属生锈。但空气相对湿度过小(低于30%)，也会使一些商品的水分蒸发，从而影响商品质量。如:皮革、香皂、木器家具、竹制品等的开裂，甚至失去使用价值。

思考:商品储存期间质量影响因素有哪些?

学习任务1　商品储存概述

商品储存是商品流通中不可缺少的重要环节。商品储存场所、环境条件、储存周期、库存结构，直接影响储存商品的质量，进而影响到企业的经济效益和社会效益。随着现代物流技术的发展，商品储存已经成为企业利润的一个新的增长点。

一、商品储存的含义

(一)商品储存的含义

商品储存是指商品在流通环节中，为实现销售目的所出现的暂时停留和存放过程。

(二)商品储存的原则

1. 确保生产稳定，保证生产的连续性和节奏性。

2. 确保市场供应，满足生产和生活消费的需要，补充生产和生活储备的需要。

3. 确保库存结构合理，库存结构必须适销对路，不同花色品种和不同档次商品要保持恰当的比例。

4. 确保商品质量，严把商品质量关，加强商品的维护和保养，使商品的质量得到最大限度的保护。

5. 经济核算，选择最低的库存成本和最少的资金占用，在不积压的前提下，计算最佳进货批次和批量。

(三)商品储存的方式

一般按商品的储存性质分为以下三种:

1. 季节性储存

为协调商品的生产和消费季节上的不一致而进行的储存。一般指全年生产季节性消费、季节生产全年消费和季节生产季节消费的商品。

2. 周期性储存

企业在充分分析货源、运输条件等因素，结合本企业经营能力和管理水平，所进行的为了维持正常的经营业务而进行的商品储存。

3. 储备性储存

国家或地区为了预防战争、灾荒、稳定市场而进行的与国计民生关系重大的商品的储存。如粮食、石油、药品、军用物资等物资的储存。储备性储存的物资未经国家或地区有关部门批准，不得进入商品市场流通。

还可以按商品仓库的业务、商品仓库建筑结构、商品本身的属性等将商品储存方式分类。

（四）商品储存的利与弊

1. 通过时间效用创造利润

同一商品在不同的时间、地点其使用价值可能有所不同。商品储存解决了商品生产和消费时间上和地域上的不同所产生的矛盾，使商品在需要时能够及时供给，不仅能为企业带来可观的经济效益，同时确保了生产、生活的稳定，也创造了巨大的社会效益。

2. 增加运营成本降低企业效益

仓库建设、储存商品的资金占用、商品的在库养护工作等都会不同程度的增加企业的运营成本，降低企业的经济效益，同时也不利于社会资源的利用。因此，在资源可以得到充分保障的前提下，企业的某些环节可以实行零库存或无仓库储备。

二、仓库建筑概述

仓库是储存商品的场所，仓库的建筑设计不仅符合建筑技术要求，还要考虑储存商品的性能要求和仓储业务的需要，确保商品的储存效果、仓库效能的发挥及仓储业务的效益。

（一）仓库建筑的基本要求

除符合建筑要求外，还应利于储存商品的保管和养护；符合仓储业务需要，利于组织库内作业，保证商品的正常流转；便于库内温湿度的控制、通风及其他设备的安装和使用；保障商品和人体健康；利于仓库空间的充分利用，提高仓库容积的利用率；符合消防要求等。

（二）库址选择的基本要求

1. 地质好，有利于仓库建筑

仓库地基要根据仓库的不同用途、不同类型和库存商品的不同性质，选择地质坚实平坦，地势较高或有自然屏障、易于地下施工和具有一定实用面积的地段。一般不宜在地质松软或地质结构不稳定的地段建仓库。特别是对地下工程，除考虑地质结构外，还要考虑地下水位，以防仓库建成后库内湿度过大或积水。历年最高地下水位距所建仓库库底的距离不得小于1米。

2. 交通便利，利于商品的运输

库址的选择要有利于商品的运输、装卸等各项业务的开展和降低仓储费用，一般选择在交通便利的地段。流通库一般要求靠近公路、铁路或水路等交通运输线，大型仓库或特种仓库还应具备铺设铁路专线或兴建较大的水运码头的条件；其他中小型仓库一般适宜在产地交通较为方便的地方建造。

3. 靠近电源，水源充足

仓库的施工过程及建成后投入使用过程均要有充足和稳定的电源，满足作业和照明的需要。因此，要充分考虑电源因素以保证施工的正常进行和仓库的正常使用。要认真分析仓库的供水系统与周围其他单位的日常用水情况，还要考虑用水高峰期和消防用水的充分供应，以防在紧急情况下的供水不足。

4. 防火防灾，环境安全

仓库周围必须留有足够的消防通道，道路必须通畅，以利于灭火；仓库建筑要考虑周围环境，如空气、水等对商品的污染；另外，仓库还要与周围建筑保持一定距离，尽量避开工厂、居民等人员和财产密集区，避免各种潜在危险。各类有毒、有害、易燃易爆等危险品的仓库，应选择在城郊或离城市及村庄较远的地方。同时，还要考虑节约费用降低成本的问题。

(三)仓库分类

不同的商品因其性质不同，对储存环境条件的要求也各有不同。商品储存的场所，一般分为货场、货棚和库房三大类。

1. 货场

是最简单的商品储存场所。一般建在露天场地上，场地高于周围地面，可做整平、铺石、或做水泥地面处理，四周用铁丝网、栅栏、围墙等隔离物作为围挡，场地内挖设排水设施和设置消防设备。货场建造简单，投资少，场地宽大，储存量大，但储存的商品具有一定的局限性。主要用来存放理化性质稳定，质量受外界环境影响不大的商品。如煤炭、粗制陶瓷、某些罐装商品、木材、砖瓦、金属、砂石及建筑材料等。有时也在货场中垫高、苫盖临时储存大宗农产品。

2. 货棚

是一种比较简单的储存商品的棚房，属临时性半封闭式建筑。按其建造形式，依四周是否封闭，可分为敞棚、半敞棚和有墙棚等。货棚的结构简单，建造期短，造价低廉，使用年限短。一般无储存养护措施，适用于储存理化性质受自然气候条件影响较小的商品和临时性存放的商品。

3. 库房

是储存商品的房屋。是商品储存场所中最基本、最主要的方式，为封闭式、永久性建筑。其建筑要求高于货棚。库房能为商品的储存和保养提供良好的环境条件，可满足商品对环境的温度、湿度、日光、空气等诸多方面的要求。有些专用仓库需专门设计，用于储存对环境条件要求比较高的商品。

(1)按建筑形式，库房可分为平房、多层、高层、地下室等。

(2)按建筑材料，库房可分为钢结构、钢筋混凝土结构、砖木结构、砖木与钢筋水泥混合结构等。

(3)按仓库所承担的主要业务和作用，库房可分为供应库、批发库、零售库、中转库、加工库、储备库等。

(4)按储品的性质，库房可分为粮食库、食用油库、百货库、五金库、食品库、水果库、蔬菜库废旧物资库等。

(5)按库房性能，可分为通用库房、专用库房、特种库房等。

通用库房也称为普通库房，建筑上比货棚要高，但库内无特殊设备，一般有墙壁、门窗等基本设施，具有商品进出库、商品养护等一般操作条件和技术设施，可进行密封和通风等基础管理。适用于一般商品的储存或某些储存条件要求比较高的商品的短期储存，通用库房的利用率较高。

专用库房是专门用来储存性能上具有一定特点的某些商品的库房。专用库房内有专门的设施，能够提供较高的环境条件，可以有效的防止不同商品造成受潮、串味、污染等情况的发生，能较好的保证储存商品的质量。主要用于储存粮食、水果、蔬菜、农药、化肥、针纺织品等具有特殊要求的商品。

特种库房是根据商品的特殊性质和保管要求而建立的具有特殊技术设备的库房。特种库房内有较先进的专业设备，能提供精确的商品储存环境条件，满足商品储存的特殊要求。主要用于储存危险品、易燃易爆品、鲜活食品、肉、蛋、海产品等对环境温度、湿度、空气含量要求较高的商品。常见的有保温库、冷库、气调库等。

保温库房的墙壁、顶棚均设有隔热层，门窗也较严密，库内温度、湿度受外界气候影响较小。如地上建筑的通风库、利用地下温度较稳定的地下库、窑洞库和山洞等。一般适用于怕冷、怕热商品的储存。

冷库建筑上的隔热性能高于保温库，库内有制冷、控温专用设备，可以控制室内的温、湿度，适用于肉、蛋、海产品等生鲜食品和部分水果蔬菜的储存。

气调库建筑结构要求密封性能好，并有专门的能控制、调节和测量库内气体成分的设备，能有效的控制仓库内的温度、湿度和气体成分。一般适用于具有呼吸功能的鲜活商品的储存，有时也用于防霉、防虫商品的储存。

此外，现代大型物流企业多采用自动化立体仓库。它是采用巷道堆垛机配合其他机械作业，以货架为主体的高层商品储存库，具有单位面积储存量大，节约土地，节省人员，容易做到货物的先进先出，避免货物在储存运输过程中的损伤等优点。

学习任务2　商品储存中的损耗与变质

商品储存期间，由于自身的成分、结构和性质不同，以及受储存环境条件、装卸保管等因素的影响，会发生数量与质量上的变化，造成商品的损耗与变质，严重的甚至会使商品的使用价值丧失。因此，了解商品常见的变质现象及影响因素，对防止商品在储存期间的损耗与变质，保证商品质量，提高企业的经济效益具有十分重要的现实作用。

商品储存期间常发生的质量变化有物理变化、化学变化、生物学变化及生理生化等变化，均不同程度的造成商品质量降低，数量减少。这些变化的发生除了商品本身的因素以外，还受空气的温度、湿度、日光和空气成分及霉腐微生物等环境因素的影响。同时，由于受储存时间和储存占用资金的影响，商品也会发生价值变化。

物理变化是指商品仅改变其本身的外部形态，没有新物质生成的变化。例如：商品的串味、挥发、渗漏、沾污、破碎、干裂等。

化学变化是指构成商品的物质发生变化后，改变了本质，有新物质生成的变化。常见的有氧化、分解、锈蚀、燃烧与爆炸、老化等。

生理生化变化是指有机体商品在生长发育过程中，为了维持自身生命活动所发生的一系列特有的变化。如呼吸作用、后熟作用、发芽与抽苔、胚胎发育等。由于这些变化消耗了有机商品大量的营养物质，使商品发热、增湿，造成微生物的繁殖，以致污染、分解商品，加速商品霉腐变质。

生物学变化是指商品在外界有害生物作用下受到破坏的现象。如霉腐、虫蛀、鼠咬等。

价值变化主要分为两种。一种是商品呆滞损失，另一种是商品的时间价值损失。商品的呆滞损失是指商品储存的时间过长，虽然其使用价值未变化，但社会需求发生了变化，从而使该商品无法按原价值继续在社会上流通，形成聚积在储存领域的呆滞商品，这些商品最终要进行降低价格处理或报废处理，所形成的损失为呆滞损失。商品储存实际也是货币储存的一种形式，因此储存时间越长、资金占用时间越长、利息支付越多、管理成本越高，资金的机会投资损失越大,这种损失称为商品的时间价值损失。

库存商品的损耗也是影响企业经济效益的另一个重要因素。在储存过程中，商品本身的性质特点、所处的环境条件、计量工具误差或人为因素等原因，均可能导致损耗发生。通常表现为三种形式:一是商品的自然损耗，如干燥、风化、粘结、散失、破碎等损耗。二是装卸、搬运、上垛和磅差等人为因素造成的损耗，如商品经装卸、搬运、中转验收、过磅、上垛、入库等发生的损耗。三是自然灾造成的损失,如水灾、雪灾、地震造成的损失。

磅差是由于计量工具精度的差别造成的商品数量的差异。允许磅差是商品流通各环节对商品称量允许发生的重量差别。

商品的仓储损耗通常是指在一定的期间内，保管某种商品所允许发生的自然损耗，以商品保管损耗率表示。即某种商品在一定的保管条件和保管期间内，其自然损耗量与该商品库存量之比，以百分数或千分数表示。其公式为:

商品保管损耗率 = 自然损耗量/商品库存量 ×100%(1000%)。

商品保管损耗率低于该标准为合理损耗，反之，则为不合理损耗。商品保管损耗率是考核仓库工作质量好坏的指标。

一、食品储存中的质变

(一)食品储存中常见的物理变化

1. 串味

指商品吸附其他气体、异味，从而改变原来气味的现象。大米、面粉、饼干、木耳、食糖、茶叶、卷烟等都是易串味食品。这类食品与煤油、汽油、桐油、樟脑、化妆品、海产品、洗涤用品、农药等具有强烈气味的物品接触的时间越长，接触面积越大，串味现象越严重。储存这类食品尽量采取密封包装，在运输、储存过程中不得与有强烈气味的商品同车船并运或同仓储存，同时还要注意运输工具和仓储环境的清洁卫生。

2. 脆裂干缩

指商品在干燥的空气中严重失水或在外力作用下，所发生的碎裂、干硬等现象。糕点、水果、蔬菜等易发生脆裂干缩。预防食品脆裂干缩的常用方法是应防止风吹、日晒，控制仓库的温度、湿度，使其含水量保持在合适的范围之内，储存运输过程中要轻拿轻放。

3. 溶化

指某些具有较强吸湿性或水溶性的固体商品，在储存过程中吸收空气或环境中的水分，达到一定程度时溶解为液体的现象。易溶化的食品有食糖、糖果、食盐、蜜饯等。这类食品应储存在干燥阴凉的仓库内，不宜与含水量大的商品同仓库共存，碓码时要注意底层防潮和隔潮，垛底要适当垫高，并采取吸潮和通风措施。

4. 陈化

是指食品在长期储存过程中，某些成分发生变化使食品失去原有的色、香、味，营养成分和食用品质下降，甚至产生有毒有害物质的一种变质现象。易陈化的食品有粮食、茶叶等。贮存时间、温度、水分和氧气是影响食品陈化主要因素，粮食的品种、加工精度、糠粉含量以及虫霉危害也与其陈化有密切关系。食品的陈化速度与储存时间成正比。如大米水分含量越大，储存温度越高，加工精度越差，含糠粉越多，陈化速度就越快快。不同类型的大米中糯米陈化最快，粳米次之，籼米较慢。因此，为保持粮食类食品的新鲜品质与食用可口性，应注意减少贮存时间，保持阴凉干燥。

此外，干缩结块、发汗、水分蒸发等变化，也可造成食品质量降低。

(二)食品储存中的化学变化

1. 色素变化

(1)动物色素的变化。新鲜肉类的色素为鲜红色或紫色，鲜肉在空气中存放过久，这些色素会被氧化变成暗红色或暗褐色。所以，从肉类的颜色变化可以了解其新鲜程度。

(2)植物色素变化。植物色素主要有叶绿素、类胡萝卜素、和花青素等，这些色素在植物的加工储存中都会发生变化而改变食品的颜色。因此，从植物的色素变化，可以判断食品的新鲜程度。

(3)褐变。是食品在储运过程中，受外力作用或长期存放于湿热环境中，其本身所含的成分发生变化，产生褐色或黑色色素的变质现象，是食品常见的一种变色现象。褐变不仅影响食品的外观，同时也使其原有的风味和营养价值降低，常见的易发生褐变的食品有水果、蔬菜等。储存这类食品一定要轻拿轻放、减少机械损伤，必要时使用单体缓冲包装，合理控制仓库的温湿度。

2. 酸败

脂肪或含脂肪的食品在光、氧及某些金属的作用下缓慢生成有刺激味的产物，使食品的营养价值降低或丧失的一种变质现象。食用油及含油脂的食品(尤其是动物油及其制品)易酸败。防止食品酸败的方法是要保持原有包装的完整，将食品储存在阴凉干燥处，避免日光照射食品，同时避免铜、铁等金属与食品体直接接触。

此外，蛋白质的变形与水解及淀粉的老化也会影响食品的质量。

(三)食品储存中的生理生化变化

1. 呼吸作用

是鲜活食品储存中最基本的生理活动，分为有氧呼吸和缺氧呼吸两种。均消耗食品的营养成分，降低食品的质量，所产生的热量，会加速食品的腐烂变质。储存这里食品时要控制有氧呼吸，避免缺氧呼吸。

2. 后熟作用

某些鲜活食品脱离母株后继续成熟的现象，能改善果实的色、香、味、及脆度等食用品质，但至一定程度后会导致食品的营养价值降低、陈化而失去储存价值。储存这类食品一般要控制收获期并采用特殊的储存条件，合理控制仓库的温湿度。

3. 发芽与抽苔

指休眠的果实或蔬菜在适宜条件下，冲破休眠状态，芽点萌动或萌发的现象。其结果使食品本身的营养价值降低或丧失。常见的食品有原粮、水果、蔬菜等，储存这类食品必须控制其水分、避免日光照射，并加强对仓库温湿度的管理。

4. 僵直与软化

动物死亡后所特有的肉体由僵直发展到软化的现象。肉类食品僵直期不适宜食用，待发展到软化期，口味最好，食用价值最高，但要避免进入自溶阶段。水产品在僵直期最新鲜，进入软化期后会很快腐烂变质。

（四）食品储存中的生物学变化

（1）霉变。是指商品在霉菌的作用下所发生的发霉变质现象。食品极易发生霉变，霉变可使食品质量降低，甚至丧失食用价值。如黄曲霉是一种强致癌物质；青霉素有剧毒。常见的易霉腐的食品有粮食、糕点、水果、蔬菜、水产品、肉、蛋等。储存易霉变商品时必须严格控制仓库的温度、湿度，一般采用低温或将湿度控制在65%以下，也可造成低氧环境或定期使用紫外光照射的方法使霉腐微生物难以生存。

（2）腐败。富含蛋白质的食品在腐败细菌的作用下所发生的变质现象。

（3）发酵。指食品中的单糖在酵母菌的作用下，发生的不完全氧化的过程。在生产上可以利用，但在食品储存中可以起食品变质。常见的有酒精发酵、醋酸发酵、乳酸发酵、酪酸发酵等。

此外，虫蛀、鼠咬也是造成食品商品损耗、变质的常见因素。

二、工业品商品储存中的质变

工业品商品在储存过程中，常见的损耗与变质现象有霉腐、氧化与锈蚀、老化、虫蛀鼠咬、挥发、熔化、渗漏、沉淀、破碎与变形等。

（一）霉腐

指商品在霉腐微生物的作用下所发生的发霉、长毛、腐烂的变质现象，是危害工业品商品质量的主要因素。引起商品霉变的因素有商品本身含有霉腐微生物所需的营养成分、商品被霉腐微生物污染、适宜的环境温湿度及氧气。易霉腐的日用工业品商品有皮革制品、鞋帽、纺织原料及其制品、橡胶及塑料制品、纸及其制品、日用化学品、工艺美术品等。无论哪种商品，只要发生霉腐，就会受到不同程度的破坏，严重霉腐可使商品完全丧失使用价值。

（二）氧化与锈蚀

氧化是指商品与空气中的氧气、水分、酸性气体或其他具有氧化性的物质接触，发生的化学变化。商品的氧化与锈蚀除与商品本身的成分、结构、性质有关外，还与环境因素有关。易发生氧化的商品有化工原料中的亚硝酸钠、亚硫酸钠、保险粉等；纺织纤维中的棉、麻、丝等；橡胶制品，油脂类商品，桐油制品等。商品氧化，不仅降低商品的质量，有的还会在氧化过程中产生热量，引起自然甚至爆炸。

锈蚀是金属制品特有的氧化现象，即金属制品在潮湿的空气及酸、碱、盐等作用下，被腐蚀生锈的现象。对于易氧化的商品应储存在低温、干燥、避光的库房，避免与氧气接触，可在包装容器内放入脱氧剂，注意控制环境的湿度、湿度及有害物质的含量。

（三）老化

指某些以高分子化合物为主要成分的商品，在储存过程中，出现的发粘、龟裂、变硬、变脆、失去原有的优良性能，最终失去使用价值的变质现象，易老化是高分子商品的一个严重缺陷。老化的内因，主要是高分子化合物的化学成分、结构状态、和加工方法，外因主要有温度、湿度、日光、重压、与某些化学物质接触等。易老化的商品有塑料、橡胶、合成纤维等。这类商品应储存在阴凉、干燥的库房内，注意通风散热、避免重压，不与其他化学制品混合存放。

（四）挥发

指低沸点、含有低沸点液体成分或经液化的气体商品，在空气中变成气体而散发到空气中的现象。挥发性大小与商品本身的组成、结构、性质有关，还与空气的温度、气压、流动速度及液体表面与空气接触面积的大小等因素有关。常见的易挥发的商品有百货用品中酒精、花露水、香水、松节油、香精等，文化用品中的改字液、油墨，化工产品中的汽油、柴油、油漆等各种试剂，医药中的各种酸剂、麻醉剂，液氨、液氮、液态二氧化碳等液化商品，部分化肥、农药、杀虫剂、油漆等。挥发可造成商品的数量减少，质量降低，有些还会引发燃烧或爆炸；部分具有毒性或麻醉性的商品挥发出来的气体会严重威胁到人的生命和财产安全。防止商品挥发的主要措施是加强包装的密封性。同时，加强商品的在库检查工作，合理控制仓库的温度，高温季节要注意通风、降温。

（五）熔化

指低熔点的固体商品在温度较高时，受热后发生软化甚至成为液体的现象。熔化与商品本身的熔点、所含杂质的种类及数量等内因有关。熔点越低、杂质含量越高，商品越易熔化。日光照射和气温的高低是影响商品熔化的主要外因，常见的易熔化的商品有百货中的香脂、发蜡 、蜡烛、蛤蜊油、獾子油、樟脑等，文化用品中的蜡纸、复写纸、打字纸、圆珠笔芯等，化工产品中的石蜡、松香、粗萘硝酸锌等，医药商品中油膏类、胶囊、糖衣片等。熔化不仅影响商品的质量和数量，还会导致商品与包装粘连、污染环境和其他商品，甚至会使包装爆裂、货垛倒塌。这类商品应储存在阴凉、通风或低温的库房，采用密封、隔热措施，同时加强库房的温度管理，防止日光照射。

（六）渗漏

主要指液体商品，特别是易挥发的液体商品，发生跑、冒、滴、漏的现象。渗漏与商品自身的性能、包装及储运因素有关。有些商品在温度变化时会发生体积膨胀使包装破裂导致渗漏，包装材质的耐腐蚀性能较差、金属包装焊接不严、木制容器干裂、纸质容器受潮及搬运方法不当等都可以导致商品渗漏。渗漏不仅造成商品流失、质量下降，还可能造成环境污染，威胁人的生命财产安全。储存液体商品时，应加强入库验收和商品在库检查工作，注意仓库温湿度管理。金属包装防锈蚀，纸质包装防受潮，木质包装防干裂。同时，还要根据商品特性，做好防高温、防冻工作。

（七）沉淀

指含有胶质和易挥发成分的商品，在温度和时间的影响下，部分凝固、下沉、产生絮状物，使膏体分离或浑浊的现象。常见的易沉淀的商品有化妆品、洗涤用品、墨汁、墨水、颜料、油漆等。沉淀会使商品质量降低，甚至失去使用价值。预防商品沉淀，应根据不同商品的特点，注意储存时间，防止日光照射，合理控制仓库温度，做好冬季保温和夏季降温工作。

（八）破碎与变形

指商品在外力作用下所发生的形态上的改变。商品破碎与变形不仅与商品本身的性质、结构等内因有关，还与储运过程中的撞击、拉伸、挤压、抛掷等外因有关。脆性较大或易变形的商品如玻璃、陶瓷、搪瓷、金属铸造产品、再生橡胶及再生塑料制品等，易发生破碎、掉瓷、破裂。塑性较大的商品如皮革、纺织品、橡胶、塑料、熟铝制品等由于受到强烈的外来冲击或长期重压失去回弹性，易发生变形。商品破碎或变形后，不仅外观质量降低，内在质量也会受到影响，严重的可能失去使用价值。储存这类商品，要注意妥善包装，轻拿轻放，避免高温、曝晒、撞击、湿度过大、重压，注意垛高限度和储存时间。

此外，虫蛀鼠咬、溶化、玷污、干缩、聚合、水解、曝光等也是工业品商品储存中比较常见的变质现象。

学习任务3　储存商品的养护技术

商品养护是为保证商品的数量和质量而对储运商品实施的保养和维护的技术管理工作。不同的商品，质量变化的种类不同、变质的速度不同、对环境条件的要求不同，因而所采取的养护措施也不同。

商品养护要遵循"预防为主，防治结合"的方针，针对各级、各类商品变质的原因采取相应的预防措施。

一、食品商品的防腐与保鲜

食品商品在储存过程中，容易发生各种变化，使食品的外观、营养价值及卫生性发生改变。尤其是天然食品，如粮食、水果、蔬菜、肉、蛋、奶、水产品等具有生命活动的食品，极易腐烂变质。因此，食品的储存难度大、技术性强。

食品的防腐与保鲜就是指食品在储存过程中保持其固有的色、香、味、形及营养成分。防腐与保鲜是两个既有区别又互相关联的概念。防腐主要是针对有害微生物引起的食品的腐烂，通常将蛋白质的变质称为腐败，糖类的变质称为发酵或霉变，脂类的变质称为酸败。保鲜强调的是保持食品的新鲜程度，针对的是食品由于各种因素作用而失去固有的色、香、味、形。防腐与保鲜密不可分。

(一)食品防腐保鲜的原理

通过控制食品储存环境的温度、湿度、空气成分、食品含水量或用直接杀灭的措施，抑制酶的活性和微生物的生长繁殖，维持食品最低的生命活动，延缓食品营养成分的生理生化变化的进程，达到防止食品腐败变质、保持食品新鲜度的目的。

(二)食品防腐保鲜的方法

1. 低温储藏法

即降低食品的温度，并维持低温或冻结状态，以阻止或延缓食品的腐败变质，从而达到较长时间储藏食品的目的。

食品的变质腐败主要是由于食品内酶所进行的生化过程和微生物生命活动所引起的破坏作用所致。酶的作用、微生物的繁殖以及食品内所进行的化学反应都受到温度的影响。大多数酶适宜的活动温度为30℃～40℃，将温度维持在－18℃以下，酶的活性就会受到很大的抑制。微生物的生长繁殖也都有其温度范围，温度越低，它们的活动能力也越弱。0℃时微生物的繁殖速度与室温相比已非常缓慢，－7℃～－12℃时只有少数霉菌能够生长，所有的细菌和酵母菌几乎都停止了生长。低温储藏就是利用较低的温度抑制酶或微生物的活性，从而达到较长时间储存食品的目的。按储藏环境温度的不同可为冷藏和冷冻两种。

(1)冷藏储存的温度一般在－10～10℃左右。短期储藏食品温度保持在0℃－10℃左右。适宜储存水果、蔬菜、鲜蛋、啤酒、鲜奶及其制品、肉制品等，较长期冷藏食品的温

度可控制在 -12℃ ~ -10℃。

(2)冷冻储存温度一般在 -18℃以下。先将食品在低温下冻结，然后在保持冻结状态的温度下储藏。冷冻是易腐食品长期储藏的主要方法。

食品的冻结方法有速冻和缓冻两种。缓冻是将食品放于冻结室内，室温一般为 -40℃ ~ -18℃(通常为 -29℃ ~ -23℃)进行冻结的的方法。缓冻是比较古老的方法，也是费用最低、速度较慢的冻结方法。常被缓冻的食品有肉类、箱装家禽类、盘装整条鱼、大容器或桶装水果。速冻是指 -30℃或更低的温度下冻结，使食品在较短的时间内(一般为 30 分钟)通过最大冰晶生成带(从 -1℃降到 -5℃)的冻结方法。速冻食品的品质高于缓冻食品。

易腐食品的冷冻储藏，应尽可能阻止食品中的各种变化，以达到长期保存食品的目的。其工艺条件主要是库房的温度、空气的相对湿度和空气流速。

食品的冷冻比冷藏的储藏期长，但储藏期过长，食品也会变质。

2. 高温储藏法

利用高温杀灭绝大部分微生物和破坏食品中酶的活性，防止食品腐败，从而长期储存食品的一种方法。

食品经过高温灭菌处理后，必须及时密封或真空包装，并及时冷却降温，才能达到长期储存的目的。否则，因为微生物的二次污染或食品温度过高还会使食品变质。

按加热方法的不同，可分为高温灭菌法和巴氏消毒法两种。

(1)高温灭菌的温度通常在 100℃ ~120℃ (也有超高温达 135℃以上的)，加热时间一般为 30 分钟 - 几个小时的。加热温度高，时间可相应缩短。经高温灭菌处理的食品，其储存期相对较长，但营养成分容易被破坏，主要用于罐装食品和蒸煮袋装食品。

(2)巴氏消毒法加热温度低，营养成分破坏小，但灭菌不够彻底，食品仅能短期存放，适用于不宜高温加热的鲜奶、果汁、果酒和清凉饮料等。按照加热温度和时间的不同，又可分为高温短时间灭菌和低温长时间灭菌两种。高温短时间灭菌一般采用的温度为 80℃ ~90℃，加热时间为 30 秒 ~1 分钟。低温长时间灭菌一般温度为 65℃，加热时间为 30 分钟。

此外，有些国家还研制出了鳞茎类蔬菜高温储藏技术。该技术利用高温对鳞茎类蔬菜发芽的抑制作用，将储藏室温度控制在 23℃，相对湿度维持在 75%。这样就可达到长期储藏保鲜的目的，如洋葱在这样的条件下可储藏 8 个月。

3. 干燥储藏法

干燥储藏法是通过脱水干燥，使食品能够长期储存的一种方法。食品经干燥后，体积减小、重量减轻、含水量降低，使酶与微生物的活性降低，延长了食品的保存期。

(1)传统的干燥手段有风干、晒干、阴干、烘干、炒干等。因其操作简便，费用较低而被广泛应用。但由于高温、日光和空气中的氧气的作用，可使食品的颜色发暗、维生素被破坏、营养成分损失。同时，由于食品长时间暴露在空气中，容易受到污染，所以常用于粮食、干菜、干果、茶叶等食品的干燥。

(2)人工干燥法时间短、速度快、干燥环境好、能较好的保持食品的营养成分，但需要专门的设备，所以费用比较高，适用于豆粉、奶粉、蛋粉等食品。常见的人工干燥方法有热空气喷雾干燥法、滚筒干燥法、架式真空干燥法、输送带式真空干燥法、硅石干燥法、窖房式干燥法、隧道式干燥法和冷冻干燥法等。此外，还有远红外加热、微波加热、冷冻等干燥法。

4. 腌渍储藏法

是利用食盐、糖或醋酸等抑制微生物的生长繁殖达到较长时间储存食品的目的。常见的有盐渍、糖渍和酸渍法。

盐渍和糖渍法是利用食盐或食糖溶液的高渗透压作用，使微生物细胞的原生质脱水，发生质壁分离，以致死亡，达到食品储藏的目的，盐制食品中维生素损失较大，常见的有腊肉、咸鱼、咸肉、板鸭、咸蛋、酱菜、腌菜等。糖渍法能防腐、调味、增加营养，还能保护食品中维生素C少受损失，主要有蜜饯、果脯和果酱等。盐渍与糖渍食品很容易吸潮，吸潮后含水量增加、盐与糖的浓度下降，微生物仍可生长繁殖而使食品变质。因此，储存时要注意库房的温湿度，保持干燥环境。

酸渍是利用乳酸菌、醋酸菌等发酵产生酸或直接利用醋酸提高氢离子浓度，使食品呈现较强的酸性，抑制微生物的繁殖，防止食品腐败。酸渍食品由于酸的抑制作用使食品易于储藏，且具有独特的酸味，能调节口味，增进食欲。常见的酸渍食品有南方的泡菜和北方的酸白菜等，酸渍食品由于含水量大不易长期存放。

5. 化学防腐保鲜法

也叫添加剂法，是在食品中加入添加剂，以抑制或杀死微生物，来提高食品的储藏性能并尽量保持其原有品质的一种措施。其突出的优点是通过加入添加剂就能在室温下延缓食品腐败变质的速度，达到长期储存食品的目的，与其他方法相比，具有简单、经济的特点。

添加剂虽能防腐，但用量过多也会危害人的健康，所以要严格控制使用品种、范围、数量，保证对人体无毒无害。

常用的添加剂分为化学防腐剂和天然防腐剂。到目前为止我国只批准了32种允许使用的食品防腐剂，其中最常用的有二氧化硫、山梨酸及其钾盐、苯甲酸及其钠盐、抗菌素、植物杀菌素等。

(1)二氧化硫是一种强力还原剂，可以减小植物组织中氧气的含量，抑制氧化酶和微生物的的活动，从而阻止食品变色和维生素C的损耗。

(2)山梨酸及其钾盐能有效的控制肉类中常见的霉菌，常用于保藏鱼肉制品、鱼类干燥品，也可用于新鲜果蔬的储前处理。山梨酸及其盐类抗菌力强，毒性小，是一种不饱和脂肪酸，可参与人体的正常代谢，并被转化而产生二氧化碳和水。由于其防腐效果好，对食品口味亦无不良影响，已越来越受到欢迎。

(3)苯甲酸及其钠盐是有效的杀菌防腐剂，常用于保藏高酸性的果汁、果酱、饮料糖浆剂其他酸性食品，常与低温配合使用。用苯甲酸及其钠盐处理过的食品，低温冷藏其储藏期可以延长很多。

苯甲酸的毒性比山梨酸强，而且在相同的酸度值下抑菌效力仅为山梨酸的1/3，因此许多国家已逐步改用山梨酸。但因苯甲酸及其钠盐价格低廉，在我国仍作为主要防腐剂使用。

(4)抗菌素是某些微生物新陈代谢中产生的一种杀菌物质，具有抑制他种微生物的生长发育，阻碍其生理机能的作用。其抗菌效能为普通化学防腐剂的100~200倍，但应用有一定的选择性。

迄今为止，已发现的抗菌素有2000多种，其中约50种用于医药卫生方面，有10多种用于农业。使用比较普遍的抗菌素有链霉素、井岗霉素、内疗素、庆丰霉素、灰黄霉素、放线菌酮、灭瘟素、金霉素、土霉素、氯霉素、枯草菌素、乳酸链球菌素等等，可通过浸泡、喷洒、冰块保藏法、家畜饲料添加法或注射法应用于食品储藏。

(5)植物杀菌素是指某些植物的汁液和它所分泌出的挥发性物质对微生物具有抑制和杀灭的作用，这种具有抑制和杀菌作用的物质称之为植物杀菌素。植物杀菌素只能取自新鲜的植物，当他们从刚被破碎和磨碎的植物中取得时，杀菌作用最强。含有植物杀菌素的蔬菜和调味料很多，如番茄、辣椒、胡萝卜、芹菜、洋葱、大葱、萝卜、大黄、胡椒、丁香、茴香、芥籽和花椒等。

植物杀菌素的抑菌和杀菌作用因植物的种类、生长期及器官部位等而不同。如果在罐头食品杀菌前加入适量的具有杀菌素的蔬菜或调料，可以降低罐头食品中微生物的污染率，就可以使杀菌条件适当降低。如葱烤鱼的杀菌条件就要比同规格清蒸鱼的低。

(6)可食用保鲜剂是一种能与水果一起食用的保鲜剂。它是由蔗糖、淀粉、脂肪酸和聚酯物等调配成的半透明乳液。可采用喷雾、涂刷或浸渍的方法覆盖于苹果、柑橘、西瓜、香蕉和西红柿等水果的表面，保鲜期可达 200 天以上。由于这种保鲜剂在水果表面形成了一层密封薄膜，故能阻止氧气进入水果内部，从而延长了水果熟化过程，起到保鲜作用。

此外，为了防止油脂和含有油脂食品的氧化酸败，还可以使用丁基羟基茴香醚、二甲基羟基甲苯和没食子酸等抗氧化剂。从今后防腐剂的发展趋势看，天然防腐剂将成为发展主角。

6. 气调储藏法

是通过改变密闭库房内气体成分含量，降低氧气含量，增加二氧化碳或氮气的含量，配合适宜的温度、湿度，来减弱果蔬等鲜活食品的呼吸强度、微生物和酶的活性，延缓食品变软、变质及其他衰老过程，从而延长果蔬储藏期限，减少干耗和腐烂，保持鲜活质量的一种方法。常与低温条件配合使用，因此气调法可看作是低温储藏的一种强化手段。近年来已广泛应用于呼吸活跃型果蔬的储藏,按使用设备条件不同可分为普通气调储藏和机械气调储藏两种方法。

(1)普通气调储存法又称为自发或自然气调法，是将果蔬储存于一个密闭的库房或容器内，由于果蔬本身的呼吸作用不断消耗库房和容器内的氧气而放出二氧化碳，因此在一定时间后，氧气含量逐渐减少，二氧化碳含量逐渐增加，当两者达到一定的比例时，就会形成一个抑制果蔬本身呼吸作用的气体环境，从而达到延长果蔬储藏期的目的。常用于新水果、蔬菜的储存。

(2)机械气调法又称为人工气调法，是人为的使密闭空间内的含氧量迅速降低，二氧化碳或氮气含量迅速升高，短时间形成抑制果蔬呼吸作用的气体环境的一种比较先进的方法。广泛应用于粮食、蔬菜、水果等生鲜食品的储存,常见的人工气调法有充氮法、气流法和混合法等。

充氮法是抽出封闭储藏室内的大部分空气，然后充入氮气或二氧化碳气体来稀释剩余空气中的氧气，使其浓度达到规定的指标。

气流法是将预先按指标要求配制好的气体输入专用的储藏室，以代替其中的全部空气，在以后的整个储藏期间，连续不断的排出部分内部空气冲入人工配制气体，使内部气体组成稳定在规定的指标范围内。

混合或半自然降氧法是前两者的综合利用。具体做法是，先充氮气将氧气的含量迅速降至 10% 左右，然后利用果蔬自身的呼吸作用来消耗氧气至降到规定的空气组成指标范围后，再根据气体成分的变化来调节控制。

7. 减压储藏

又称低压储藏或真空储藏保鲜，是将水果、蔬菜或其他鲜活食品置于密闭的容器中，按一定要求降低温度后，或在降温的过程中，根据所储食品的指标要求，用真空泵将容器内空气快速抽空，同时排除果蔬代谢产生的有害气体，从而达到储藏食品保鲜、杀虫和防虫的目的，其实质是一种压控储藏方法。储存室的气压一般控制在100毫米汞柱以下，最低为8毫米汞柱。

减压储藏具有类似气调储藏的作用，可以看作是气调储藏的进一步发展。由于减压是在不断地进行，一些不利的储藏产物和有害气体会随之减少或基本消失，为食品的长期储藏保鲜创造了有利的条件。

减压储藏方法与普通冷藏法相比，储期一般要延长3倍或更长。用减压保鲜设施及其配套保鲜工艺技术储藏大枣，储期可比塑料薄膜冷藏延长50天以上，冬枣储藏120天，保脆率超过90%。保鲜寿桃和蜜桃等，比普通储藏可延长1个月以上，明显降低桃果肉和果心的褐变。抽真空储存大米在真空度600mm汞柱下，立即密封，能保鲜储存二年。另外，由于减压储藏完全是采用物理保鲜手段，不用任何化学灭虫剂，无化学药剂所产生的药害或二次污染，并且绝大多数昆虫都会随压差的关系而死亡，从而彻底杜绝了虫害，完全符合当代绿色食品的要求，可大大提高保鲜效果，被称之为“21世纪的保鲜技术”。但这种方法对库房或容器的气密性和钢性比气调库更高，因而使减压库房的造价提高。

8. 辐射储藏法

是利用原子能射线的辐射能量对食品进行照射，以杀菌、杀虫、抑制发芽、延迟后熟等处理，使其在一定期限内不发芽、不腐败变质、不发生品质和风味的变化，达到长期安全储藏食品的目的。可应用于新鲜的肉及其制品、水产品及其制品、蛋及其制品、粮食、水果、蔬菜等。用射线照射鲜肉、熟肉、鱼肉、禽蛋、果蔬等食品可以灭菌，照射原粮、马铃薯、洋葱、大蒜等可以抑制发芽。

辐射储藏是继传统的物理、化学保藏食品的之后的又一门发展较快的食品保藏性技术和新方法。钴-60、铯-137和电子束为常见辐射源。

辐射储藏法具有杀菌效果好，不会造成产品质量和风味的改变、加工效率高等优点。与添加剂法相比，无化学残留物。与加热法相比，能较好的保持食品原有的新鲜品质。与低温冷藏法相比，节约能源，是一种较好的储藏食品的物理方法之一。但其使用有一定的局限性，不适用所有食品，要有选择的应用。同时，针对不同食品的特性和储存目的，严格控制射线照射的时间和剂量，确保辐射食品的卫生安全。

辐射处理过的食品的安全性问题，一直是人们争论的焦点。试验表明低剂量（<1kGy），对食品的影响微不足道；中等剂量（1~10kGy），可能导致食品损失一些维生素；高剂量（10~50kGy），采用约束间接辐射的措施（低温、真空、添加游离基受体等），食品营养价值降低不大，维生素有损失。1980年12月联合国粮农组织、国际原子能组织、世界卫生组织专家会议决定，在1kGy以内的辐射食品，在病毒学、微生物学和营养学上都不存在问题，不需要进行毒性试验。

9. 电子保鲜储藏法

是通过使用电子保鲜机保藏水果、蔬菜的一种方法。保鲜机利用高压负静电场产生的负氧离子和臭氧来达到保鲜目的。负氧离子可使果蔬进行代谢过程的酶纯化，从而降低果蔬的呼吸过程，减少果实催熟剂乙烯的生成，延缓果蔬衰老速度。臭氧则是一种强氧化剂，又是一种良好的消毒剂和杀菌剂，能杀灭和消除果蔬上的微生物及其分泌的毒物，抑制并延缓有机物的分解，从而延长果蔬储存期。将这种机器放在果蔬储藏室，可使里面存放的水果和蔬菜在75天内鲜嫩如初摘。

电子保鲜储藏发是近年来新兴的一种果蔬保鲜储藏方法。

二、工业品商品的养护

工业品商品在流通领域，常发生各种各样的质量变化，尤其是工业品商品的霉腐、虫蛀、老化、锈蚀、挥发、溶化和破损变形等变化，严重影响工业品商品的质量，因此，工业品商品养护工作是一项非常重要且经常性的工作。

工业品商品的养护措施主要有防霉、防锈蚀、防老化、防虫害等。

(一)商品霉腐的防治

工业品商品储存期间，最容易引起商品变质，且能在短期内使商品变质的最大危险是霉变和腐烂。商品霉腐是由于霉腐微生物在商品上进行新陈代谢作用，将商品中的营养物质(天然纤维素或蛋白质等)转化成各种代谢物或利用这些营养物质供自身生长繁殖，引起商品发霉、长毛、产生异味、腐烂甚至失去使用价值等质量变化的现象,包括微生物在商品上生长繁殖破坏商品和微生物的排泄物污染商品两种情况。

引起商品霉腐的内因有两点，一是商品体带有霉菌孢子。即商品的原材料带有霉菌孢子、生产未在无菌条件下进行的、未在生产中加入防霉剂、产品未经消毒灭菌、包装未采取无菌密封，在运输、储存中受到霉菌孢子的污染;二是商品本身含有碳源营养、氮源营养、矿物质营养与水分等营养物质。

引起商品霉腐的外因主要是适宜的环境因素，使附于商品上的微生物生长繁衍。只有控制或抑制这些微生物的生长繁殖条件，才能有效的防止商品发生霉变，确保储存商品的安全。

1. 霉腐微生物的种类

引起商品霉腐的微生物称为霉腐菌,主要有霉菌、细菌、酵母菌。对工业品商品危害较大的是霉菌,常见的霉菌有曲霉、毛霉、根霉、青霉、木霉等。主要危害棉、麻、丝、毛、皮革、纸张、烟草和茶叶等。不同的霉菌能产生不同的酶，如毛霉、根霉能产生淀粉酶，木霉能产生纤维酶等,这些酶可以分别对含淀粉、纤维素等有机体进行分解。但商品的霉变往往不是由单一霉菌引起的，而是由若干种霉菌相互促进造成的。

2. 霉腐微生物的生长条件

霉腐微生物的生长繁殖需要一定的条件，当这些条件得到满足时商品就容易发生霉变。影响霉腐微生物生长繁殖的环境因素主要有水分和空气的湿度、温度、日光和空气中气体成分。

(1)水分和空气湿度是霉腐微生物生长繁殖的重要因素。霉腐微生物的生长和繁殖都离不开水，当水分和空气湿度与霉腐微生物自身的要求相适应时，其生长繁殖的就旺盛;反之,则处于休眠状态或死亡。如细菌在商品含水量20% ~30%时就能生长，霉菌则含水15%时就能生长繁殖。

霉腐微生物所需水分主要来自商品内部，而商品中的水分高低，直接受空气湿度的影响。同时，微生物体内水分的保持，也和空气湿度有着密切的关系。一般说来，霉腐微生物的发育都要求较高的空气相对湿度。不同的霉腐微生物生长繁殖所需的最适宜相对湿度略有差异。多数霉菌生长的最低相对湿度为80% ~90%。高湿性微生物，如细菌、酵母菌等，要求的最低湿度一般在90%以上。霉菌的情况较复杂，灰绿曲霉，白曲霉，杂色曲霉属于高湿性的，如毛霉和几种青霉。多数霉菌在空气湿度为95% ±2%时，都能良好地生长繁殖，在相对湿度低于75%的条件下，则不能发育，因此，通常把相对湿度75%称为商品霉变的临界湿度。

另外，霉腐微生物生长繁殖所需的水分和空气相对湿度是随着环境温度的变化而变化的。

(2)温度是影响霉腐微生物生长繁殖的另一重要因素。各种霉腐微生物的成长，必须有适宜的温度，超过这个范围其生长会滞缓甚至停止或死亡。温度主要影响酶的活性。在25～28℃时，霉菌体内酶的活性最强，代谢便随着加速，生长繁殖也旺盛。

高温和低温对霉腐微生物生长都有很大的影响。高温能破坏菌体细胞的组织和酶的活动，蛋白质发生凝固作用，使其失去生命活动的能力，甚至会很快死亡。一般霉菌在70℃左右就难以生存，故可用高温杀菌。低温可以干扰微生物的正常代谢，降低微生物的发育速度，对霉腐微生物生命活动有抑制作用致使部分微生物死亡，但是却不能全部冻死霉腐微生物。

根据各类微生物生长对温度的不同要求，可以把微生物分成三个类型：低温性微生物，中温性微生物，高温性微生物。霉腐微生物中大多属于中温性的，最适宜生长的温度约为20～30℃，在10℃以下不易生长，45℃以上停止生长。各种霉腐微生物在最适生长温度的范围内，温度每升高10℃，生长速度可加快1～2倍。

(3)日光则是霉腐微生物的克星，对多数霉腐微生物有不良的影响。日光除了能使商品干燥而不适于微生物生长繁殖以及能蒸发微生物的水分使其脱水外，主要是因为直射日光中所含有的紫外线能强烈破坏微生物细胞和酶，使霉腐微生物细胞质的蛋白变性，进而破坏其生命活力。

多数细菌被日光直射1～2小时就会死亡。多数霉腐微生物日光直射1～4小时即能大部分死亡。散射的可见光线，不能杀死微生物，但对许多霉腐微生物能起一定的抑制作用。

空气相对湿度对日光的杀灭能力有很大影响。空气湿度低，杀灭效果好，在相对湿度较高时，日光杀灭的效力明显的降低。

(4)空气的成分对微生物的生长也有很大影响。有些微生物特别是霉菌，需要在有氧条件下才能正常生长，氮气和二氧化碳浓度的增加不利于微生物生长，甚至导致其死亡。

不同的微生物，对氧的需求是不同的，按微生物对氧气的要求不同，可把微生物分为三个类型：

好氧性微生物，这类微生物只有在空气中有氧气存在的情况下，才能生长繁殖。如多数霉菌即属此类。

厌氧微生物，这类微生物不能在有氧气或氧气充足的条件下生存，如乳酸菌等。

需氧型微生物。绝大多数霉腐微生物是需氧类型的，在氧气充足时发育旺盛，氧气稀少时发育迟缓。如果在气体环境中抽掉氧气充入二氧化碳气、氮气及其他惰性气体，造成缺氧环境，就能明显抑止微生物的生长。

此外，霉菌还喜欢在空气停滞的状态下生长，通风良好的处所霉菌繁殖较缓慢。

3. 常见的易霉腐的商品种类

霉腐微生物生长所需要的营养均来自于商品体。凡含糖、蛋白质、脂肪等营养成分的生物制品，如植物的干、茎、叶、花、果及其制品；动物的皮、毛、骨、机体、内脏及其制品，在适宜的条件下，均易被微生物污染而引起易霉腐。矿产和金属制品等，虽本身不易生霉，但如果有污垢，在一定条件下，霉腐菌也会生长而危害商品体。常见易发生霉腐的工业品商品有如下6类：

(1)纺织原料及其制品。棉、毛、麻、丝等天然纤维及其制品，在一定的温湿度条件下，很容易生霉。化纤织品也会长霉腐微生物，属于可以发生霉变的商品。

(2)纸张及其制品。各种纸、纸板及其制品含有大量的纤维素，能够被微生物利用，当温度和湿度适宜时极易发生霉变。

(3)橡胶和塑料制品。橡胶内含有微生物可以利用的营养成分，同时无论橡胶还是塑料制品，在加工过程中都加入了一些添加剂，其中有些容易被霉腐微生物危害，造成制品霉变。

(4)日用化学商品。在日用化学品中，最易发生微生物灾害的是化妆品。由于其配料中含有甘油、十八醇、单硬脂酸甘油酯及水等，是许多微生物的良好培养基，是一类很容易发生霉变的商品。

(5)皮革及其制品。皮革是由蛋白质组成的，表面修饰时又添加了一些微生物可利用的营养成分，一旦温湿度适宜，微生物就会在上面繁殖，从而对皮革及其制品产生严重的破坏作用，因此，在春、夏季节特别是梅雨季节，容易长霉。

(6)工艺美术品。工艺品的种类繁多，所涉及到的原料很广。如:竹制品、术制品、草制品、麻制品等。这些原料制造的工艺品在运输、贮藏过程中都可能发生霉变。

此外，一些文娱和体育用品、光学仪器、电子、电器产品、录音带、录像带、感光胶片、药品等，在适宜的温湿度条件下也容易发生霉腐。

4. 商品霉腐的防治

(1)要加强库存商品的管理

①加强商品的入库验收工作。易霉商品入库，首先应检验其包装是否潮湿，商品的含水量是否超过安全水分。

②加强仓库温湿度管理。根据商品的不同性能，正确地运用密封、吸潮及通风相结合的方法，控制好库内温湿度。特别是在梅雨季节，要将相对湿度控制在不适宜于霉菌生长的范围内。

③选择合理的储存场所。易霉商品应安排在空气流通、光线较强、比较干燥的库房，并应避免与含水量大的商品同储在一起。

④合理堆码，苫垫，商品货垛不应靠墙或柱。

⑤商品进行密封。可对库房、货垛、货架、或单件商品密封。

⑥做好日常的清洁卫生工作。

(2)化学药剂防霉腐

用于防霉的化学药剂称为防霉剂，用于防治腐败的称为防腐剂。有些制剂具有防霉防腐双重功效。防霉剂低浓度能抑制霉腐微生物，高浓度就会使其死亡。

防霉、防腐剂需具有以下特点:高效、低毒、广谱、长效、残留量少、使用方便、价格低廉且来源广，性能不受商品加工条件、应用环境的影响，与商品其他成分有良好相溶性，不降低商品性能，在储存、运输中稳定性好。

常用的防霉腐剂有很多种，应用于工业品商品的主要有酚类(如苯酚)、氯酚类(如五氯酚)、有机汞盐(如油酸苯基汞)、有机铜类(如环烷酸铜皂)、有机锡盐(如三乙基氯化锡)以及无机盐(如硫酸铜、氯化汞、氟化钠)等。根据使用对象的不同分为皮革类、竹木类、纸制品类、纺织品类、塑胶类、涂料油漆类、化妆品专用类等，有些也可以通用。如灭菌丹(法尔顿)适用于木材制品，多灵菌(BCM)适用于纺织品，水扬酰苯胺(339)适用于棉织品、皮革制品、橡胶制品、纸张、电讯材料等商品。环氧乙烷是一般工业品较理想的防霉腐剂。

防霉腐剂的使用方法主要有：

添加法。将一定比例的药剂直接加入到材料或制品中去。

浸渍法。将制品在一定温度和一定浓度的防霉剂溶液中浸渍一定时间后晾干。

涂布法。将一定浓度的防霉剂溶液用刷子等工具涂布在制品表面。

喷雾法。将一定浓度的防霉剂溶液用喷雾器均匀地喷洒在材料或制品表面。

熏蒸法。将挥发性防霉剂的粉末或片剂置于密封包装内，通过防霉剂的挥发成分防止商品生霉。

(3)物理防霉腐

①气调储藏防霉腐。在密封条件下，通过改变空气成分，主要是创造低氧(5%以下)环境，抑制微生物的生命活动和生物性商品的呼吸强度。气调防霉腐对好氧性微生物的杀灭具有较理想的效果，主要有真空充氮和充二氧化碳方法。

②真空充氮法是将商品货垛或包装用塑料膜密封，然后用气泵将膜内空气抽出至真空，再充入氮气。

③二氧化碳防霉腐法是抽出密封货垛内的部分空气，然后充入二氧化碳，当二氧化碳气体的浓度达到50%时，即可对霉腐微生物产生强烈的抑制和杀灭作用。

④气相防霉腐。在密闭条件下，使用有挥发性的防霉或防腐剂，利用其挥发生成的气体，直接与霉腐微生物接触，杀死或抑制霉腐微生物的生长繁殖，以达到防霉腐的目的。也可在生产中将防霉腐剂直接加到商品上。气相防霉腐对人无毒，不污染商品，适用面广，但工序繁琐，费用较高。常用的气相防霉腐剂有多聚甲醛和环氧乙烷等。

⑤微波防霉腐。微生物在高频电磁场的作用下，吸收微波能量一方面转变为热量而杀菌，另一方面菌体的水分和脂肪等物质受到微波的作用，引起温度升高，使蛋白质凝固、菌体成分破坏、水分汽化排出，促使菌体迅速死亡。微波防霉腐的突出优点是微波不仅能杀灭商品体外附着的霉腐微生物，而且能在不破坏商品体的情况下杀灭寄生在商品内部的霉腐微生物。尤其适用于竹木类商品及包装材料的防霉腐。

⑥红外线防霉腐。远红外线的作用与微波相似，其杀菌机理主要是远红外线的光辐射和产生的高温，使细胞内温度迅速上升，造成蛋白质凝固、核酸被破坏、菌体内水分汽化，菌体迅速脱水干燥而死亡。

⑦低温冷藏防霉腐。低温冷藏防霉腐技术是通过控制商品本身的温度，使其低于霉腐微生物生长繁殖的最低界限，控制酶的活性达到防霉腐的目的。低温一方面抑制了生物性商品的呼吸氧化过程，使其自身分解受阻，一旦温度恢复，仍可保持其原有的品质；另一方面抑制霉腐微生物的代谢与生长繁殖。低温冷藏防霉腐所需的温度与时间应按具体商品而定。一般情况下，温度愈低，持续时间愈长，霉腐微生物的死亡率愈高。低温冷藏防霉包装适用于耐低温工业品。

⑧干燥防霉腐。在干燥的条件下，霉菌不能繁殖，商品也不会腐烂。干燥防霉腐技术是通过降低环境与商品本身的含水，使霉腐微生物得不到生长繁殖所需水分来达到防霉腐目的。可通过在密封的包装内置放一定量的干燥剂来吸收包装内的水分，使内装商品的含水量降到允许含水量以下。

一般高速失水不易使微生物死亡，缓慢干燥霉菌菌体死亡最多，且在干燥初期死亡最快。菌体在低温干燥下不易死亡，而干燥后置于室温环境下最易死亡。

⑨紫外线防霉腐。紫外线是日光杀菌的主要因素。波长为200～300微米的紫外线具有杀菌作用，尤以260～266微米杀菌力最强。紫外线穿透力很弱，易被固形物吸收，只能杀死商品表面的霉腐微生物，所以使用范围受到限制。含有脂肪或蛋白质的食品经紫外线照射后会产生臭味或变色，不宜用紫外线照射杀菌。紫外线一般是用来处理包装容器（或材料）及工业品商品，将这些要灭菌的对象在一定距离内经紫外线照射一定时间即杀死商品表面和容器表面的霉腐微生物。目前应用的紫外线灯辐射的是253.8微米紫外线，其灭菌作用强而稳定。

⑩电离辐射防霉腐技术又称为冷杀菌。通过射线使被照射的物质产生电离作用，称为电离辐射。电离辐射的直接作用是使微生物内部成分分解引起诱变或死亡。间接作用是使微生物酶失去活性，导致其诱变或死亡。

电离辐射防霉腐目前主要应用β射线与γ射线，商品经过电离辐射后即完成了清毒灭菌的作用。经照射后，如果不再污染，配合冷藏的条件共同使用，小剂量辐射能延长保存期数周到数月，大剂量辐射可彻底灭菌，长期保存。

对已经发生霉变但可以救治的商品，应立即采取措施，以免霉变继续发展，造成更加严重的损失。根据商品性质可选用晾晒、加热消毒、烘烤等办法。

（二）金属锈蚀的防治

金属与合金是许多商品的原材料，也是常用的包装材料，在自然条件下很容易发生锈蚀。金属锈蚀是指金属或合金与接触的某些介质发生化学反应而腐蚀损耗的现象，可分为化学锈蚀和电化学锈蚀两种。

化学腐蚀是指金属或合金与介质（如气体或非电解质溶液等）之间发生纯化学反应引起的腐蚀。其特点是腐蚀没有电流产生。最主要的化学腐蚀形式是气体腐蚀，即金属与氧气、二氧化硫、硫化氢、卤素、蒸汽和二氧化碳等在高温下的化学作用。

电化学腐蚀是指金属或合金在介质中发生原电池反应，金属表面因形成微电池而引起的腐蚀。腐蚀过程中有电流产生，金属腐蚀中的绝大部分均属于电化学腐蚀。

1. 金属制品锈蚀的原因

影响金属制品锈蚀的因素有许多，既有金属制品本身的因素，也有储存环境的因素。

（1）金属材料本身的原因。与金属制品种类有关。一般来说电极电位负值越大的金属在大气中越容易锈蚀。例如铁与铜的标准电极电位分别是－0.44V和＋0.33V，因此在大气中铁比铜容易锈蚀。

与金属制品的杂质和所加其他金属成分有关。工业用金属材料含有的杂质可使金属锈蚀速度增加几百倍甚至几千倍。同种杂质对不同金属锈蚀的影响不同，不同杂质对同一种金属锈蚀的影响情况也不同。若在某一金属中加入一定量的其他金属元素，可以防止金属锈蚀。例如在铁中加入11.7%的铬，可以有效地抵抗空气，水蒸气和其他酸碱盐的锈蚀。

与金属制品的状态有关。工业用金属材料在成分、结构、物理状态、表面状态等方面都存在的不均匀性，增加了被锈蚀的可能性。金属在机械加工过程中造成形变不均匀性及内应力的不均匀性，也易引发锈蚀。如铁板弯曲处及铆钉头的锈蚀。

与金属表面状态状态有关。一般表面粗加工零件比表面精加工零件的锈蚀速度要大。

与金属氧化物的结构有关。有些金属如铝、铅、铜等在大气中能在表面上生成一层致密的保护膜，阻止金属继续锈蚀。钢铁在大气中表面上生成的锈蚀产物，组织疏松，具有多孔结构，没有保护作用，同时还具有毛细管吸附作用，因此钢铁在大气中很容易锈蚀。

与锈蚀产物的性质有关。有些金属的锈蚀产物具有吸湿性，如铜可吸收大气中的二氧化硫，在其表面生成硫酸铜，铁表面可能生成硫酸亚铁；某些金属还可吸收大气中的氯化氢表面生成金属氯化物，这些产物的吸湿点较低，因而加快了金属的锈蚀。

与金属制品表面的镀层有关。有些钢铁制品为防止锈蚀，常在其表面镀上具有保护作用的金属镀层。但要注意阴极镀层只有在没有孔隙和镀层保持完整的情况下才能防止钢铁锈蚀。因此，有镀层的金属制品在储存过程中也要注意防锈蚀工作。

(2)环境因素。环境是防止储存金属制品锈蚀的主要控制因素，一般指空气的温度、湿度、有害气体、杂质及与金属制品相接触的酸、碱、盐等。其中，空气的湿度通常被认为是影响金属锈蚀的最重要因素。

金属制品在储存中的锈蚀主要是潮湿大气锈蚀。一般金属锈蚀的临界湿度为70%左右。湿度越大，锈蚀速度越快。

表面粗糙、结构复杂、表面吸附盐类、尘埃及有害气体等，都能促使金属锈蚀的发生。

温度对锈蚀的影响与空气的相对湿度有关。当相对湿度超过65%时，空气温度升高会加快金属锈蚀，但当气温高于80℃时，锈蚀反而受到抑制。气温的骤变对金属制品锈蚀的影响也比较大，在绝对湿度较大的情况下，气温骤降或将温度较低的金属制品移入高温环境中，金属制品的表面可能发生结露现象，结露后会加速金属制品的锈蚀。如冬季运输金属制品，其本身的温度常与库内的温度相差较大，入库后很容易出现结露现象。当空气温度在5～50℃的范围内，相对湿度达到65%～75%，气温骤然下降6℃时，就可能产生结露现象。温差越大，可能发生结露的相对湿度越低。我国各地区的昼夜温差都超过6℃，有的地区昼夜温差可达15℃以上。在这种情况下，即使空气相对湿度较低，也可能出现结露现象。因此，应使储存金属制品的库内温度保持相对稳定，避免出现结露现象。

氧气和水是金属在大气中锈蚀的必要因素，缺少其中之一，金属就不会被锈蚀。一方面氧气能溶解并渗透金属表面的水膜；另一方面，在大气锈蚀过程中，阴极去极化作用主要是氧的去极化作用。也就是说，氧是主要的去极化剂。阴极去极化剂不断地从阴极取走电子，而使阴极可以不断受由阳极给出的电子，使阴极过程继续进行，金属不断被溶解。所以在大气锈蚀过程中，氧和水一样是促进锈蚀的重要因素。

空气中的工业有害气体，如二氧化硫、硫化氢、氯化物等、锈蚀性杂质、尘埃等，对金属制品锈蚀影响很大。

二氧化硫是空气污染物中对金属制品锈蚀影响最大的有害气体。相对湿度超过98%时，空气中只要含有微量二氧化硫(0.01%)，锈蚀速度就会剧烈上升，如果二氧化硫浓度增加到0.1%，铝的锈蚀速度可增大4～10倍。空气中的二氧化硫一般都超过0.15%，许多比较耐蚀的金属制品在这种环境下储存都可能锈蚀。

硫化氢在干燥空气中只能引起部分金属表面变色(铜、黄铜、银和铁比较明显)，但在潮湿大气中，由于使液膜酸化而对铜镍特别是铁和镁锈蚀的促进作用较大，同时可能引起不锈钢的锈蚀。

氯化物对金属的腐蚀性不容忽视。工业大气中因含二氧化硫、氯化氢等有害气体较多，对金属锈蚀的影响最大；海洋大气中含有食盐微粒且湿度较大，对金属锈蚀的促进作用也很明显，但锈蚀速度随储存场所与海岸距离的增加而减小。

空气中的尘埃如煤灰、煤烟、沙土、等微粒粘附于金属表面，溶解于水膜中会发生原电池反应，也会引起金属锈蚀。

此外，某些包装材料和微生物也可以引起金属锈蚀。如包装材料中含有酸、碱、盐、及还原性硫等物质，包装纸的吸湿性等都可以引起金属锈蚀。某些微生物的繁殖或排泄物对金属的锈蚀具有促进作用。如在潮湿的条件下，铁细菌在钢铁上生长繁殖，促进钢铁的锈蚀。思曲霉菌能促进铝的锈蚀，在湿热条件下，仪器仪表也常因微生物的繁殖而引起严重的锈蚀。

2. 金属制品的防锈

金属制品的防锈，主要是针对影响金属锈蚀的外界因素进行的。

(1)控制和改善仓储条件。存放金属材料及其制品的货场、货棚要尽可能远离矿区、海岸及工厂，特别是化工厂。应选择地势高、不积水、干燥的场地，地面要做防潮处理，跺底通风良好。较精密的五金工具、零件等金属商品必须在库房内储存，并禁止与化工商品或含水量较高的商品同库储存。库房要清洁、通风、库内相对湿度低于70%。通风时要避免较大温差。

(2)涂油防锈。在金属制品表面涂(或浸或喷)一层防锈油脂薄膜。是最常用的隔离防锈方法。防锈油分为软膜防锈油和硬膜防锈油两种。常用的防锈油有凡士林、黄油、机械油、蓖麻油、仪器油等。为了提高防锈油的耐热性、附着力和油膜强度，常加入适量的石蜡和松香。

(3)气相防锈。利用一些具有挥发性的化学药品在常温下迅速挥发，这些挥发出来的气体在密闭空间内迅速饱和并物质吸附在商品表面，可以防止或延缓商品的锈蚀。常用的有防锈纸、防锈液、和防锈粉。气相防锈使用方便、封存期较长，又不污染商品。适用于结构和体型复杂的金属制品的防锈。

(4)造膜防锈。用化学药品处理金属制品，使其表面生成氧化膜，起到密封金属作用。也可将转化液防锈涂料直接涂在已经锈蚀的金属制品上，通过化学作用，将锈蚀层转化为蓝色染料附于金属表面形成防锈膜 。

(5)可剥性塑料封存防锈。是在成膜剂中加入矿物油、增塑剂、缓蚀剂、稳定剂及防霉剂等，加热熔解而成将其喷涂于金属表面，形成一层可剥脱的特殊塑料薄膜将金属密封。常用的成膜剂有乙基纤维素、醋酸丁酸纤维素、聚氯乙烯树脂和改性酚醛树脂等。经可剥性塑料处理的金属，还要防止日晒和薄膜划伤。更不宜与有机溶剂接触，以保证防锈效果。

(三)商品老化的预防

塑料、橡胶、纤维、皮革等高分子材料的商品，在储存和使用过程中受环境因素的影响，性能逐渐变坏，以致最后丧失使用价值。老化的特征是商品外观、物理性能、机械性能、电性能、分子结构等方面发生变化。具体表现有变色、变硬、变脆、发黏等。老化是一种不可逆的变化，它是高分子材料的通病。商品防老化就是针对老化的成因，提高商品自身的抗老化能力，同时，控制储存环境引起的老化因素。

1. 商品老化的内部因素

(1)高分子材料内部结构存在着易于引起老化的弱点。如不饱和的双键、三键、大分子上的支链、羰基、末端上的羟基等。这是高分子材料老化的主要内因。

(2)其他组分加快了老化的速度。塑料中的增塑剂会缓慢挥发或促使霉菌滋生，着色剂会产生迁移性色变，硫化剂用量增多会产生多硫交联结构，降低橡胶制品的耐氧化能力等。

(3)杂质对制品耐老化性能有较大的影响。其来源是单体制造、聚合时带入的，或配合剂带入的。如天然橡胶制品等发生的“铜害”老化。

(4)成型加工条件对老化的影响。加工成型过程中由于受到不同温度、压力的影响，使材料结构发生变化，影响商品的耐老化性能。

此外，溶剂的种类也会影响聚合物的老化。

2. 商品老化的外部因素

影响商品老化的外部环境因素有很多，主要有温度、日光、氧气、臭氧、水及空气湿度、化学介质、机械应力、高能辐射、微生物等。

(1)温度是高分子材料老化的重要因素。温度升高能促使高分子材料强度下降、弹性降低，脆性增加。露天存放的商品在光、氧的共同作用下，老化将会加速。温度越高，老化越快。此外，温度骤然升降对商品的老化也影响。

(2)日光中的紫外线是引起高分子材料老化的最主要因素，并随着时间的延长使商品体的老化从表层逐渐向内层发展。高分子材料被日光照射的面积越大、单位面积光线越强，商品老化的速度越快。另外，日光中的红外线被商品吸收后转变成热能，也会加速商品的老化。

(3)氧气是引起高分子材料老化的又一个重要因素。氧气可以使高分子材料的抗张强度、硬度、伸长率等发生很大变化。

(4)臭氧对高分子材料的破坏作用与氧气类似，但因其比氧气活泼，因而氧化老化更为强烈、破坏性更大。

(5)水分及空气湿度对高分材料老化也有一定的影响。水能渗入商品，使商品中水溶性成分被溶解、吸收，从而改变了高分子材料的组分，加速制品的老化。多数高分子材料在水、光的共同作用下会发生光氧降解。环境湿度越大，商品的抗张强度和延伸性下降越多。

此外，重压、化学介质、高能辐射及微生物的排泄物都能加速高分子材料的老化。

3. 防止老化的措施

商品防老化主要是通过原材料的改性、添加防老剂、和采用物理防护等措施，提高商品的稳定性，增强自身的抗老化能力。同时，还应控制好储存环境条件。

(1)材料改性。改善高分子材料的化学组成和分子构型，在加工过程中减少原材料的不稳定结构和杂质、改进成型加工和后处理工艺等，可提高商品的稳定性和耐老化性能。例如，用乙烯和丙烯两种单体经共聚制成的乙丙橡胶，其结构上最显著的改变是主链完全饱和，使它成为耐臭氧、耐化学品、耐高温的耐老化橡胶。

(2)物理防护。在高分子材料表面涂防护层以防止商品老化。如涂漆、涂蜡、涂油、镀金属、浸涂防老剂溶液等。

(3)添加剂防护。指在合成材料加工过程中添加防老剂。是高分子材料防老化的主要方法。如添加防止氧气或臭氧引起老化的抗氧剂，添加紫外光稳定剂、热稳定剂、防霉剂等。

(4)控制环境因素。高分子材料制成的商品应储存在受温度变化较小的库房里。控制好库房的温湿度，远离热源，避免日光直射，合理堆码、苫垫，防止重压，不得与腐蚀性商品同仓共存。

(四)仓库的虫鼠害与防治

虫鼠不仅破坏、污染商品，有的还破坏库房设施，造成严重损失。因此，防虫鼠就是要做好杜绝虫鼠来源，抑制和消除虫鼠生长环境，发现虫鼠要及时进行杀灭等工作。

1. 仓库内虫鼠的来源

虫鼠的来源很多，主要是由商品、包装物及仓储用具等带入，或上年在库内越冬隐藏下来的；其次是用于库外环境差，从门窗飞入或爬进的。常见来源有以下几种：

(1)商品入库前已有虫鼠潜伏在商品之中，随商品一起进入仓库；

(2)商品包装物中有虫鼠隐藏；

(3)运输工具带入的；

(4)仓库内本身隐藏有虫鼠；

(5)环境卫生不清洁，有虫鼠的孳生；

(6)邻近仓间或邻近货垛储存的生虫商品的感染；

(7)农业害虫的侵入。

2. 常见的易发生虫鼠害的工业品商品

容易虫蛀的工业品商品，主要是一些由营养成分含量较高的动植物原料加工制成的产品。常见的有：

(1)纺织品，特别是毛、丝织品；

(2)毛皮、皮制品，包括皮革及其制品、毛皮及其制品等；

(3)竹、藤制品；

(4)纸张及纸制品，包括纸张及其制品和很多商品的纸制包装物；

(5)木材及其制品；

3. 常见的仓库害虫及其特点

仓虫种类很多，常见的有昆虫纲中的鞘翅目和鳞翅目昆虫。鞘翅目昆虫(甲虫)种类多、危害大，鳞翅目仓虫种类少、危害也较小。

仓虫因长期生活在仓库中，形成了许多特有的生活习性。

(1)适应性强。一般耐热、耐寒、耐干、耐饥和具有一定的抗药性。大多数仓虫对水分和空气湿度要求不高，能在含水量很低的商品中生长繁殖。有的仓虫耐饥性可达3～4年，有的可达8年。大多数仓虫对经常施用的药物会产生抗药性，因此需轮换施药才能奏效。

(2)食性广而杂。仓虫多为食性或杂食性昆虫，不仅喜食动植物性商品(如皮毛制品、棉麻丝毛制品)，有的还食纸、竹、木，危害有机玻璃制品、塑料、化纤、锡箔等。商品中发生虫害如不及时采取措施进行杀灭，常会造成严重损失。

(3)趋性。仓虫具有趋光性、趋温性、趋化性等特点。多数螟蛉具有趋光性，可用灯火诱杀。甲虫类和白蚁则怕光，具有负趋光性。仓虫在环境温度低于其最适生长温度范围时，表现为正趋温性，反之则表现为负趋温性。多数仓虫对刺激性的化学药剂具有负趋化性，而蚂类对糖及含糖物质有正趋化性。

(4)活动隐蔽。大多数仓虫体积小、颜色深，隐蔽在阴暗的角落或在商品中蛀孔，破坏商品，有些对刺激还有假死性，不易被发现。

(5)繁殖能力强。多数仓虫在适宜的环境条件下，能连续繁殖一年，有的长达2～3年。抢产卵多，孵化率高，繁殖期短。有的仓虫一次产卵100多粒，有的一年能繁殖3～4代。

4. 仓库害虫防治的方法

(1)杜绝仓库害虫来源。要杜绝仓库害虫的来源和传播，必须做好商品原材料、商品包装物的杀虫、防虫处理，加强商品入库时虫害检查和处理，防止已经生虫的商品混进库内；仓库的环境卫生及备品用具的卫生消毒，经常清扫仓库及周围环境，封堵库房孔洞、缝隙，并根据商品的性质和进出情况，定期进行实仓和空仓的杀虫处理，在每年的11月至下一年的3月清杀越冬仓虫1～2次。

(2)药物防治。使用各种化学杀虫剂，通过胃毒、触杀或熏蒸等作用杀灭害虫，是当前防治仓库害虫的主要措施。常用的防虫、杀虫药剂有以下几种：

驱避剂。是一种易挥发且具有毒性、刺激性和特殊气味的固体药物，其驱虫作用是利用挥发出来的具有特殊气味和毒性气体，在商品周围保持一定的浓度，从而达到驱避害虫的目的。驱避剂对纺织品、皮毛和皮革制品、人造化纤织物都可使用，对金属制品、塑料制品、橡胶制品不易使用。常用的驱避剂有萘、对二氯化苯和樟脑精等，适用于棉、麻、丝、毛、皮革、竹木、纸张等商品。

化学药剂杀虫。主要通过触杀、胃毒作用杀灭害虫。触杀剂是通过仓虫表皮进入虫体而是仓虫中毒死亡。胃毒剂是将杀虫药物与诱饵拌和，仓虫食用后进入消化道及其他内脏发挥毒性而死。常用于仓库及环境消毒的化学试剂有敌敌畏、敌百虫、敌杀死等，适用于一般工业品的仓虫防治。

熏蒸剂。杀虫剂的蒸气通过害虫的气门及气管进入体内，而引起中毒死亡，叫熏蒸作用。具有熏蒸作用的杀虫剂称熏蒸剂。用熏蒸的方法杀虫有成本低，效率高等优点。常用的熏蒸剂有卤代烷类如四氯化碳、二氯乙烷、二溴乙烷、甲基溴、氯化苦、二氯丙烷、二溴氯丙烷等。硫化物如二硫化碳、硫酰氟、GY－81等。

仓库害虫的防治方法，除了药物防治外，还有高、低温杀虫、缺氧防治、辐射防治以及各种合成激素杀虫等。

5. 仓库鼠害的防治

害鼠不仅咬噬库存商品和包装，还会携带病菌，传染疾病，破坏仓库建筑及设施。我国危害商品的鼠类主要有褐鼠、黑鼠和小家鼠。害鼠的防治方法主要有生态控制、器械捕鼠、毒饵诱杀、熏蒸、化学绝育等。

(1)生态控制。主要包括环境改造，断绝鼠粮，防鼠建筑，消除鼠类隐蔽场所等。改变生态环境，造成不利于害鼠生存和繁殖的条件，以降低害鼠密度，是生态防治的重要手段，也是一种综合性措施。与其他方法配合进行，可提高其灭鼠效果，使防治效果持久，收到事半功倍的效果。具体做法是保持库内外卫生、整洁。经常清扫库内外卫生，随时整理好商品的包装和器材，使害鼠无处藏身；堵塞鼠洞；防止害鼠进入库内，如随时关门、门窗加装铁丝网等；库存商品可用塑料膜包围货垛，使害鼠难以爬上货垛。

(2)器械捕鼠又称为物理灭鼠法。捕鼠器械的种类很多，常用的传统捕鼠器械有鼠夹、鼠笼、竹套弓等，随着科学技术的进步，现代物理灭鼠中又有电子捕鼠器和粘鼠板等。器械灭鼠方法简便、节约粮食、诱饵灵活、鼠类易上当，清理死鼠容易，对人、畜安全，是目前广泛采用的灭鼠方法。

(3)化学灭鼠是指使用有毒化合物杀灭鼠类的方法。又称药物灭鼠法或毒饵灭鼠法，是目前国内外灭鼠最为广泛应用的方法。化学灭鼠包括胃毒剂、薰杀剂、驱避剂和绝育剂等。其优点是方法简单、工效高、灭效好、见效快、经济。缺点是易污染环境，如果灭鼠药使用不慎或保管不当，易引起人、畜中毒。灭鼠药分为两大类，一类为急性灭鼠药，另一类为慢性灭鼠药。急性杀鼠剂常用的有磷化锌、毒鼠磷(限制使用)、灭鼠安等，在使用时要切实注意安全，严密组织，以防中毒，限用于野外，室内不宜使用。氟乙酰胺、毒鼠强、鼠立死等属国家禁用的剧毒药，它们对鼠作用快，对人畜不安全，易造成二次甚至三次中毒，又没有特效的解毒剂，因此在选择灭鼠药时，切忌买此类灭鼠药，以免发生人员死亡中毒事故。

灭鼠一般采用安全、高效的慢性灭鼠药。抗凝血灭鼠剂是目前最常用的一类慢性灭鼠剂。其灭鼠效果好，尤其是大面积应用十分显著。一般采用低浓度、多次投放的方法。第一代抗凝血慢性杀鼠剂品种主要有敌鼠钠盐、杀鼠灵、杀鼠迷、特杀鼠2号等，第二代有溴敌隆、大隆等，保管和使用时要避免家禽家畜误食。

学习任务4 商品储存中的管理

商品发生质量变化有一个从量变到质变的过程。因此商品养护工作必须从加强商品出入库管理、在库养护、问题救治等几个方面入手，确保储存商品的质量。

一、商品的入库管理

商品的入库管理是做好商品养护工作的基础，包括场所准备和商品入库验收两部分。

（一）场所准备

1. 选择适当场所

商品的储存应根据其性能和保管要求安排适宜的场所。按要求分类、分区存放，做到品种分开、干湿分开、新旧分开、对商品性质相抵或消防要求不同的商品，不得同仓共存。如怕潮易霉变和锈蚀商品应存放在干燥通风库；怕热和易挥发商品应存放于低温库；鲜活食品和易腐蚀食品应冷藏或冻藏；危险品应专库存放。

2. 彻底清扫场地，保持环境卫生。特别注意对仓虫、鼠害、霉腐微生物的杀灭工作。

3. 检查水、电、及仪器仪表等设施。确保水电满足供应，库房的门、窗、地面、墙壁、顶棚等建筑设施符合要求，仪器设备性能正常。

（二）严格商品入库验收

商品入库验收主要包括数量验收、包装验收和商品质量验收三个方面。其程序是：

1. 先查总数，后看包装，见异拆验。
2. 核对单货，确保单货相符。如核对品名、编号、货号、规格、数量等项目。
3. 认真检验商品质量，质量完好，方可入库。

对质量、数量和包装有问题的商品，不得入库并立即在货单上注明，以便查明原因，分清责任，妥善处理。

（三）科学堆码

堆码应符合安全、方便、多储的原则。如对小商品可在货架上堆码，对易弯曲变形的商品应堆成平直交叉式实心垛，对含水量高、易霉变、需通风的商品应堆成通风垛。各类码垛应便于盘点和出入库，货垛之间留出1米以上的过道，货垛与库内干道距离一般为150～200厘米，距外墙50厘米，距内墙30厘米，距柱10～20厘米，距库顶或灯50厘米。

二、商品的在库管理

商品的在库管理是做好商品养护工作的关键，主要包括商品的在库检查工作、严格仓储条件管理并做好安全消防工作。

(一)在库检查工作

严格按制度要求对储存的商品进行定期、不定期，定点、不定点检查，重点检查和一般检查相结合，抽查和普查相结合，做到及时发现问题，及时解决问题。同时，还要进行环境卫生及安全检查，如消防设备、仪表设备的运行情况、预防虫鼠害的卫生状况等进行认真检查。

(二)仓库温湿度管理

1. 空气温度

空气温度是指空气的冷热程度，又称气温。仓库温度控制不仅要注意气温和库温，更要注意商品温度。测定温度的仪器有很多种，常见的有普通温度表、最高温度表、最低温度表、电子温度表。

2. 空气湿度

空气湿度是指空气中水蒸汽的含量或空气的干湿程度。常用绝对湿度、饱和湿度和相对湿度来表示。通常所说的空气湿度即指空气的相对湿度。

相对湿度是在相同温度下，空气中实际含有水蒸气的量距离饱和状态的程度。即同一温度下空气的绝对湿度与饱和湿度的百分比。其计算公式为

相对湿度(%)=绝对湿度/饱和湿度×100%

仓库的湿度管理主要是控制与调节仓库的相对湿度。相对湿度越大，表示空气越潮湿；相对湿度越小，表示空气越干燥。一般相对湿度大于70%称为高气湿，低于30%称为低气湿。

测定仓库湿度的仪器有干湿球温度计和通风干湿表。

空气的湿度与温度之间有密切联系。如果温度发生了变化，则各种湿度也随之变化。当空气温度下降到一定程度时，其所含的水蒸气就会达到饱和状态，并开始液化成水，这种现象叫做结露。水蒸气开始液化成水的温度成为露点温度，简称露点。如果温度继续下降到露点以下，空气中的水蒸气就会在商品或包装表面凝结成水滴，俗称“出汗”。

3. 仓库温湿度的变化规律

一年中气温最低在1~2月份，最高在7~8月。日气温最低在凌晨日出前，最高在14~15时。大气相对湿度变化趋势与温度变化相反，但东南沿海和大部分地区一年中湿度最大的月份是7~8月，一日内湿度最大的时间是日出前。

仓库内温湿度变化规律与库外基本一致，但时间一般延迟1~2小时，幅度也小于库外。另外，夜间库温比白天高，白天库温比库外低。湿度对密封良好的库房没有太大的影响，但库房的朝向、结构、使用的建筑材料不同，商品的垛形、位置不同，库内外的温湿度都有差异。如库房和货垛上部温度高湿度小，底部则相反。靠近门窗部位与里面温湿度可能不同。

4. 仓库温湿度调节与控制

库房温湿度调控方法主要有密封、通风、吸潮、气幕隔潮、自动控制调节温湿度等方法。

(1)密封。是利用导热性差、隔潮性能好或不透气的材料，将商品尽可能严密的封闭起来，以减小外界不良因素对商品的影响。合理的密封能起到防潮、防霉、防热、防锈、防虫、防冻、防溶化、防干裂是等多方面效果。

常用的密封材料有防潮纸、油毡纸、塑料薄膜、化学成膜剂等。密封的形式主要有整库密封、库内小室密封、货垛密封、货架密封和按件密封等。

密封时要特别注意三点:一要密封前要认真检查商品的温度、含水量和质量等,只有完全符合要求的商品才能密封;二要科学选择密封的时间;三要及时检查密封效果。

(2)通风。是利用空气温湿度变化规律,选择适宜时机,使库内外空气对流,达到调节库内温湿度目的。库内外温差越大,空气流动越快。

通风的方法有自然通风和机械通风两种。自然通风是利用库房的门、窗、通风洞等,使库内外空气自然对流。无需专门的设备,经济、简单易行。要注意风力不超过五级,以免带进沙土。根据需要选择风向,一般北风、东北风、西北风有利于散湿,西南风、东南风较为潮湿。可根据具体情况灵活掌握。机械通风是利用库房上部安装的排风扇和下部安装的送风扇,强迫库内外空气交换的通风方法。

(3)吸潮是在梅雨季节或阴雨天,库内外湿度均较大,无法进行通风散热时,在库房密封的条件下使用去湿机或吸潮剂来降低库内湿度的方法。

去湿机是利用蒸发器将吸入机内的潮湿空气凝成水滴后排出,同时将干燥冷却的空气送入库内,反复循环达到去湿目的。去湿机散湿效率高、效果好,适用于纺织品、贵重百货、精密仪器、电工材料、烟糖类仓库的去湿。

吸潮剂可分为吸收剂和吸附剂两类。吸收剂主要吸收水汽,自身慢慢变成液体而失去吸潮能力。常用的有生石灰、无水氯化钙等。吸附剂本身含有大量毛细孔,具有强烈的吸附性,能快速吸附空气中的大量水汽,常用的有活性炭、硅胶等。吸附剂突出的优点是,吸潮后仍为固态,对商品无不良影响,经烘干可重复利用,可用于仪器、电讯器材、钟表等贵重商品的防潮。

(4)气幕隔潮是利用机械鼓风产生强气流,在库门口形成一道气流帘子,其风速大于库内外空气流动的速度,可以阻止库内外空气的自然交换,防止库外潮热空气进入库内。

(5)自动控制调节温湿度是一种光电自动控制设备,在库内温湿度超过规定范围时,能自动报警、开启仓窗、开动去湿机、记录和调节库内温湿度的等。当库内温湿度降至要求范围时,又能自动关闭门窗并停止去湿工作。

三、商品的出库管理

商品出库也叫发货业务,是根据业务部门或存货单位开具的出库凭证,从对出库凭证审核开始,进行拣货、分货、发货检查、包装直到把商品点交给要货单位或发运部门的一系列作业过程。

(一)商品出库的基本要求

1. 认真实行“先进先出、推陈储新”和“接近失效期先出”的原则。

2. 严格按照出库计划进行。出库单据和手续必须符合要求,做到“三不”:即未接单据不翻账,未经审单不备库,未经复核不出库。

3. 商品出库必须及时准确,保证需要,做到“三核”、“五检查”。即核实凭证、核对账卡、核对实物,对单据和实物要进行品名检查、规格检查、包装检查、件数检查、重量检查。

4. 出库商品要符合运输要求。

(二)商品出库的主要形式

1. 提货。一般运用于有自备车辆的单位,提货商品量较少,运输距离又较近的商品。

2. 托运。运用于距离远、数量大的商品。

3. 送货。适用于少量商品的发运。

此外，还有转仓、取样、过户等。

(三)出库业务程序

1. 出库前的准备工作：预先准备好物品，做好出库物品的包装和标志标记。

2. 出库程序：核单备货→复核→包装→点交→登账→清理等过程。

(四)出库过程中问题处理

1. 出库凭证问题的处理

(1)发现出库凭证有假冒、复制、涂改等情况，应及时与保卫部门联系，妥善处理。

(2)出库凭证有疑点，或者情况不清楚时，应及时与出具出库单的单位或部门联系，及时查明或更正。提货时，若用户发现规格开错时，发货业务员不能自行调换规格进行发货，须通过制票员重新开票方可发货。

(3)出库凭证超过提货期限，用户前来提货时，必须先办理手续，按规定缴足逾期仓储保管费，然后方可发货。

(4)如顾客遗失提货凭证时，必须由用户单位出具证明，到仓储部门制票员处挂失，原制票员签字作为旁证，然后到仓库出库业务员处报案挂失。

(5)商品进库未验收或者期货未进库的出库凭证，一般暂缓发货并通知货主，待货到并验收后再发货，提货期顺延。

2. 提货数与实存数不符。

当遇到提货数量大于实际商品库存数量时，需要和仓库主管部门以及货主单位及时取得联系后再作处理。

3. 串发货和错发货。

如果物品尚未离库，应立即组织人力，重新发货。如果物品已经离开仓库，会同货主单位和运输单位共同协商解决。

4. 包装破漏。

发货时都应经过整理或更换包装，方可出库，否则造成的损失应由仓储部门承担。

5. 漏记和错记账。

应根据原出库凭证查明原因调整保管账，使之与实际库存保持一致。

任务小结

本章介绍了商品储存场所的种类及不同库房的适用范围，针对商品储存期间常见的变质现象及其影响因素，阐述了食品防腐与保鲜技术、工业批商品防霉、防锈、防老化及防虫鼠害的具体措施，介绍了仓库温湿度管理办法及商品储存中的管理规定。

习　题

一、思考题

1. 库房的种类有哪些？
2. 商品储存期间常见的质量变化有哪些？
3. 影响库存商品质量的因素有哪些？
4. 食品防腐与保鲜的方法有哪些？
5. 常见的霉腐微生物有哪些？商品应如何防霉？
6. 金属防锈的方法有哪些？
7. 如何防止商品老化？
8. 防治仓库虫鼠害的方法有哪些？
9. 如何控制和调节仓库温湿度？
10. 商品出入库管理规定有哪些？
11. 商品的在库管理包括哪些方面？

二、实训题

参观当地大型仓库，了解仓库的结构、设施、商品垛码及储存管理规定，熟悉常见仪器设备的使用。

◆项目八　商品检验

★知识目标：

1. 商品检验的概念、商品检验目的和任务及分类；
2. 商品检验的内容和意义、商品检验的基本要求及方式；
3. 商品抽样检验的概念及抽样方法；
4. 商品感官检验的概念及作用；
5. 商品品级及商品分级方法；
6. 商品质量监督。

★技能目标：

1. 熟悉企业各种商品检验业务活动；
2. 知道常用的商品抽样检验标准；
3. 知道怎样进行商品检验和检验哪些内容；
4. 知道商品感官检验标准和商品实物(样品)标准。

★任务导入：

一望、二听、三刮、四量选瓷砖

瓷砖在家装上应用普遍，如何选择瓷砖成为家装的必修课。劣质瓷砖大多颜色不一致，高低不平，易破碎。铺后由于水泥收缩易破裂，瓷面剥落，使用过程中容易吸污，刮花。劣质瓷砖铺在灶台上，因温度变化大，易爆裂，有很大的安全隐患。那怎样判断瓷砖的好坏呢？专家告诉我们挑选瓷砖也可望闻问切，即一望、二听、三刮、四量。

“望”是细看瓷砖表面。作为装饰材料，瓷砖的外观效果无疑是消费者最主要的考量因素。瓷砖的外观包括色彩、图案、光泽等方面内容，质量好的瓷砖一般色泽均匀，图案细腻、逼真，没有明显的断线、错位等。

挑瓷砖的“听”跟挑西瓜的听可是两码事。用硬物轻击砖侧，声音越清脆，则瓷化程度越高，质量越好。声音清亮悦耳者为上品，声音沉闷浑浊者为下品。

“刮”既是用小刀或硬物轻轻刮磨砖体以测试硬度。瓷砖表面的莫氏硬度大概在6~7之间，莫氏硬度是以世界上最硬的物体——金刚石为满分10为基础，再逐级来划分的，当硬度不同的两个物体相碰时，被磨擦掉的将是硬度较低的那一个。一般自然界中灰尘颗粒的硬度为5~6，小于瓷砖，所以正常使用的情况下瓷砖会完好无损。有些石英沙砾硬度却大于7，两者相摩擦，瓷砖表面就会被其划伤。瓷砖的硬度受原料的影响，也与烧结的工艺和技术有关。

“量”则是以瓷砖的规格差异大小来衡量优劣。边长是瓷砖的长度和宽度尺寸指标。用卷尺测量每片瓷砖的大小周边有无差异，精确度高的为上品。瓷砖边长的精确度越高，铺贴后的效果越好，买优质瓷砖不但容易施工，而且能节约工时和辅料。

思考：商品质量好坏如何鉴别？

学习任务1 商品检验概述

一、商品检验的概念

商品检验是指商品的供货方、购货方或者第三方在一定条件下，借助某种手段和方法，按照合同、标准或国际、国家的有关法律、法规、惯例，对商品的质量、规格、重量、数量以及包装等方面进行检查，并作出合格与否或通过验收与否判定；或为维护买卖双方合法权益，避免或解决各种风险损失和责任划分的争议，便于商品交换结算而出具各种有关证书的业务活动。其中，商品的质量检验是商品检验的中心内容，狭义的商品检验即指商品的质量检验。

商品检验对生产企业、商业部门、质量监督部门以及消费者，都是一项不可缺少的起着质量“把关”作用的重要工作。生产企业通过对原材料、半成品、成品等各生产环节进行检验来保证产品的质量，并指导产品质量不断提高，争创名优，促进产品更新换代。商业部门通过组织商品的进货、运输、储存、销售等各环节的商品检验，及时防止假冒伪劣商品进入流通领域，减少经济损失，维护消费者利益。质量监督部门通过商品检验，实施商品的质量监督，向社会传递准确的商品质量信息，促进我国市场经济的顺利发展。

二、商品检验的目的与任务

商品检验的目的，就是运用科学的手段和方法，正确地、公正地评定商品质量。从宏观来看，商品检验是保证国家利益和民族安全的有力武器，是一个国家对经济实行有效管理的重要手段。从微观来看，商品检验可以维护消费者和企业的利益，把好质量关，确保进入流通领域的商品质量，确保商品等价交换得以公平进行，实现商品的使用价值。

商品检验的任务是：

（一）维护生产者、经营者、消费者三方面经济利益，保障各方权益

对商品进行全面综合的质量监督检验，对符合商品质量标准、适合消费者需求的商品准予放行进入流通领域，保证商品质量，为消费者、经营者开出商品优质信用证，取得消费者的信任，从而使消费者得到实惠，企业的信誉也得到保障。同时，在商品的贸易中，通过检验，能公正地确定贸易中的有关各方对商品的残损负责，解决由此引起的纠纷和争端，从而保障

了贸易各方的合法权益。

（二）保证和提高商品质量

商品检验从商品的用途和使用条件出发，分析和研究商品的成分、结构、理化性质、机械性质等，以及分析这些因素对商品质量的影响程度，为生产部门提供科学、及时、可靠的数据资料，促进其采用新技术、新工艺、新材料，扩大新品种，以保证和提高商品质量，

（三）维护国家利益和信誉

商品检验为维护对外贸易的国家信誉，争取合法权益，为出口商品立足国际市场，为国家多创外汇，提供技术依据。商品检验对外行使国家主权。我国进出口商品统一由国家设立的商检机构办理检验和鉴定工作，保证进出口商品质量，促进对外经济贸易关系顺利发展，维护国家经济利益。在出口方面，依法严格检验，不合格的商品不准出口，并把检验和监督工作延伸到生产过程中去；在进口方面，防止质量低劣和带有病虫害及其他有害因素的商品进口，通过检验消除隐患。

（四）为科学物流提供可靠的数据

商品检验为仓储管理、商品安全保管和运输、科学养护等提供数据依据，从根本上减少商品损失，保证商品的使用质量。

（五）打击假冒伪劣商品

商品检验是保证贯彻商检法、质量法、商标法、标准化法等有关法规和评选优质商品、打击假冒伪劣商品的重要手段。

三、商品检验的种类

（一）按商品检验目的分类

按商品检验目的，商品检验可以分为第一方检验、第二方检验、第三方检验。

1. 第一方检验，又叫生产检验、卖方检验

第一方检验是指由生产企业或其主管部门自行设立的检验机构，对所属企业进行原材料、半成品和成品产品的自检活动，目的是及时发现不合格产品，保证质量，维护企业信誉。经检验合格的商品应有“检验合格证”标识。

2. 第二方检验，又叫验收检验、买方检验

第二方检验是指由商品的买方（如商业部门、物资部门、外贸部门、工业用户）为了维护自身及其顾客利益，保证所购商品符合标准或合同要求所进行的检验活动，目的是及时发现问题，反馈质量信息，促使卖方纠正或改进商品质量。在实践中，商业或外贸企业还常派“驻厂员”，对商品质量形成的全过程进行监控，对发现的问题，及时要求产方解决。

3. 第三方检验

第三方检验是指由处于买卖利益之外的第三方（如专职监督检验机构），以公正、中立、权威的非当事人身份，根据有关法律、标准或合同所进行的商品检验活动，如公证鉴定、仲裁检验、国家质量监督检验等，目的是维护各方合法权益和国家利益，协调矛盾，促使商品交换活动的正常进行。第三方检验具有公正性、权威性，其检验结果被国内外所公认，具有法律效力。

（二）按检验对象的流向分类

按商品检验对象的流向，商品检验可以分为内销商品检验和进出口商品检验。

1. 内销商品检验

内销商品检验是指国内的商品经营者、用户及相关部门的商品质量管理机构与检验机构或国家质检总局及其所属的商品质量监督管理机构与其认可的商品质量监督检验机构，依据国家法律、法规、有关技术标准或合同对内销商品所进行的检验活动，如日常监督抽查、委托性检验、全国统检等。

2. 进出口商品检验

进出口商品检验是指由出入境检验检疫机构(国家质检总局在省、自治区、直辖市以及进出口商品口岸、集散地设立的出入境检验检疫局及其分支机构)和国家质检总局及其分支机构指定的检验机构按照有关的法律、法规、合同规定、技术标准、公约与国际贸易惯例等，对进出口商品进行的法定检验、鉴定检验和监督管理检验。

(三)按检验方法分类

按检验方法的不同，商品检验可以分为感官检验、理化检验、生物学检验等。

1. 按检验时对样品的处理情况分类

按检验时对样品的处理情况，商品检验可以分为破坏性检验和非破坏性检验。

(1)破坏性检验

破坏性检验是指经测定、试验后，商品遭受破坏的检验。

(2)非破坏性检验，也称无损检验

非破坏性检验是指经测定、试验后，商品仍然能正常使用的检验。

2. 按受检商品的机率分类

按受检商品的机率，商品检验可以分为全数检验、抽样检验和免于检验。

(1)全数检验，也称百分之百检验。全数检验是指对被检批商品逐个(件)地进行检验。全数检验可以提供较多的商品质量信息，给人以心理安全感，适合于批量小、质量特性少而且不稳定、比较贵重、非破坏性的商品检验。在应用全数检验时，应注意避免由于检验工作单调、检验人员疲劳所导致的漏检、错检现象的发生。

(2)抽样检验。抽样检验是按照事先已确定的抽样方案，从被检批商品中随机抽取少量样品组成样本，再对样品逐一进行测试，并将结果与标准或合同技术要求进行比较，最后由样本质量状况统计推断受检批商品整体质量合格与否的检验。抽样检验的优点是受检的商品数量较少，节约检验费用，有利于及时交货;缺点是所提供的商品质量信息少，有可能误判。抽样检验适合于批量较大、价值较低、质量特性多、质量较稳定或具有破坏性的商品检验，不适合于质量差异程度大的商品。

(3)免于检验。免于检验是指对生产技术和检验条件较好，质量控制具有充分保证，产品质量长期稳定的生产企业的商品，在企业自检合格后，商业和外贸部门可以直接收货，免于检验。但是对于涉及安全、卫生及有特殊要求的商品不能申请免于检验。

四、商品检验的内容

商品检验的基本内容，包括商品的质量、规格、数量、重量、包装以及是否符合安全、卫生要求等。

(一)商品质量检验

商品质量检验是根据合同和有关检验标准规定或申请人的要求，对商品的使用价值所表现出来的各种特性，运用人的感官或化学、物理等各种手段进行测试、鉴别，包括成分、规格、等级、性能和外观质量检验等。其目的是判别、确定该商品的质量是否符合合同中规定的商品质量条件和标准。

（二）商品重量和数量的检验

商品的重量和数量是贸易双方成交商品的基本计量和计价单位。商品重量和数量的多少，与其质量的优劣一样，直接关系到买卖双方的经济利益，也是贸易中最敏感而且容易引起争议的因素之一，因此要求检验机构作出检验和鉴定。重量检验就是根据合同的规定，采用不同的计量方式，对不同的商品，计算出它们准确的重量。数量检验就是按照发票、装箱单或尺码明细单等规定，对整批商品进行逐一清点，证明其实际装货的数量。

商品数量和重量检验包括商品的个数、件数、双数、打数、令数、长度、面积、体积、容积和重量等的检验。

（三）商品包装检验

商品包装检验是指根据贸易合同或契约的规定，对商品的包装标志、包装材料、种类、包装方法等进行检验，查看商品包装是否完好、牢固等。

（四）安全、卫生检验

商品安全检验主要指商品安全性能方面的检验，如商品的易燃、易爆、易腐蚀、放射性、毒害性、易触电性能等的检验。商品卫生检验是指商品中的有毒有害物质及微生物等的检验，如食品添加剂中砷、铅、镉的检验，茶叶中农药残留量检验等。

对于进出口商品的检验除上述内容外，还包括海损鉴定、集装箱检验、进出口商品的残损检验、出口商品的装运技术条件检验、产地证明、价值证明以及其业务等的检验。

五、商品检验的意义

（一）商品检验是制定商品标准、实行商品标准化的科学依据

商品检验和商品标准在商品质量管理中是相互联系、不可分割的，是实行商品标准化的基础。没有商品检验就没有商品标准，因为商品标准中的各项技术要求不是凭空想象出来的，而是通过商品检验确定的。商品标准合理与否，需要通过商品检验来确定。没有通过商品检验的技术指标不可能具有科学性，更没有可靠性。所以制定商品标准，必须以商品检验的结果为依据。

在商品标准实施过程中，也必须通过对商品各项指标的检验，才能确定商品是否符合标准。只有商品标准而没有商品检验，则标准流于形式，商品标准将无从实施。

（二）商品检验是监督商品生产的必要条件，同时为企业质量评比竞赛提供依据

在商品生产中，从原材料到半成品、成品，每一个零件、每一个环节，都是形成商品质量的过程。因此，对整个生产过程都应该根据商品标准规定的质量要求进行严格的商品检验，以防止粗制滥造。在同行业间对同类商品的评比中，优质商品的评定、劣质商品的揭露，都是以商品各项性能指标的检验结果来确定其质量高低的。

（三）商品检验是改善商品流通环境不可缺少的环节

商品流通部门在从事商品经营活动时，加强对购、销、运、存等各个环节的商品质量检验

和监督，可防止假冒伪劣商品进入商业网。如果没有商品检验，商品在流通过程中的质量管理和质量纠纷问题就难以解决。

在对外贸易中，商品检验是完善商品质量管理、促进进出口商品质量符合协议要求的重要环节。交货→检验→接收或拒收三个环节，是国际贸易中的惯例，其中检验是关键的环节，是接收或拒收乃至提出索赔的主要依据。

(四)商品检验是维护消费者利益的可靠保证

消费者希望能买到物美价廉的商品。不符合国家卫生标准的食品、过期变质的药品、劣质的家用电器、以次充好的日用商品等，不仅使消费者蒙受经济损失，还有伤身害命的隐患。因此，以商品检验为手段，把好质量关，是防止伪劣商品进入市场的关键。加强各个环节的商品质量检验和监督管理，是维护消费者利益的可靠保证。

(五)商品检验是探索开发新产品、提高商品质量的有效途径

通过商品检验，可以全面分析研究商品的成分、结构、性质以及各种因素对商品质量的影响，从而找出提高商品质量的方向和途径。同时，随着科学技术的进步和人们生活水平的提高，消费者对商品质量的要求不断提高，使商品寿命周期大大缩短，而商品的升级换代离不开新技术、新工艺、新材料的探索。因此，商品检验成为探索开发新产品的有效途径。

学习任务2 商品检验的基本要求及方式

一、内销商品检验

(一)内销商品检验的要求

1. 按文件标准检验

我国对生产、经营已有国家标准和专业标准的商品，必须严格按标准进行检验；对没有国家标准和专业标准的商品，按企业标准或双方协商同意的质量标准进行检验。

2. 按实样标准进行检验

对于暂时不能制订标准的商品，可由工商双方先确定实样标准，按标样验收检验。

《中华人民共和国产品质量法》第21条规定：销售者应当执行进货检查验收制度，验明产品合格证明和其他标识。《中华人民共和国消费者权益保护法》第50条规定：经营者销售的商品应当检验、检疫；而未检验、检疫或者伪造检验检疫结果的，《中华人民共和国产品质量法》和其他有关法律、法规对处罚机关和处理方式有规定的，依照法律、法规的规定执行；法律、法规未作规定的，由工商行政管理部门责令改正，可以根据情节单处或者并处警告、没收违法所得、罚款，情节严重的，责令停业整顿，吊销营业执照。

(二)内销商品检验的方式

商业部门在检验商品时，先核对品名、规格、型号、等级、交货批数，查看包装标志，检查包装是否安全、完好，然后，根据质量标准所规定的要求，对照测量报告，进行验收检验。

一般对工厂直接购进的商品，采取下列检验方式：

1. 工厂签证，商业免检

工厂生产出的商品，经过工厂检验签证后，商业部门可以直接收货，免去检验程序。这种情况适用于产品质量稳定、生产技术条件比较好、工厂检验设备比较齐全以及管理制度较健全的企业。

2. 商业监检(下厂检收)，凭工厂签证收货

商业部门的检验人员对工厂的半成品、成品，甚至包括原材料等，在生产工艺全过程中进行监督检验，一直到成品包装、装箱后，才算完成监检任务。然后，商业部门可按工厂检验签证验收。此目的在于保证消费者对产品质量的要求。某些高档商品、有关人身安全和健康的商品，检验人员必须下厂监督检验，以确保商品质量，特别对出口商品，要求更要严格。

3. 工厂签证交货，商业抽验

质量较稳定的产品，工厂签证后便可交货，商业部门为确保质量，可定期或不定期地抽查产品质量。

4. 商业批验

这种检验对工厂的每批产品都要检验，合格者由商业部门收购。这种方法主要是对于产品不稳定，检验设备、技术条件不健全的工厂的产品采用的。

5. 行业会检

行业会检又称联检。同行业中，对于多个厂家生产的同一种产品，工商联合举办行业会检，由双方联合组成的质量检查评比小组，定期或不定期地对同行业的产品，按质量标准要求进行全面评定。

6. 报检

生产部门主动向商业部门提出要求检验，商业部门可及时进行检验，这是决定是否要货的一种方式。

7. 库存商品的检验

对储存期间的商品实行定期检验，以防止由于质量的变化而影响商品的使用效能。

二、进出口商品检验

(一)进出口商品检验的要求

我国进出口商品检验工作由国家质检总局及其相关附属机构负责统一管理，专业性的检验机构负责有关专业产品的检验工作。如中华人民共和国动植物检验所、药品检验所、船舶检验局、卫生检疫所等，都是我国专业性的检验机构。

根据国家有关规定，国家质检总局及其相关附属机构的主要任务是：对进出口商品施行品质管制，管理进出口商品的检验工作，办理与对外贸易有关的各项检验(包括法定检验、鉴定检验和监督管理检验)工作。品质管制范围内的商品，即法定检验的商品，不经检验既不能进口，也不能出口。

1. 法定检验

法定检验是指出入境检验检疫机构根据国家法律、法规，对指定的进出口商品实施强制性的检验。未经检验或非经检验合格的，出口商品不准出口，进口商品不准销售，以维护国家的信誉和利益。我国商检法规定，对重要进出口商品实施强制性的法定检验。商检部门根据合同或标准的规定进行检验，签发检验证书，作为海关放行的凭证。法定检验的范围如下：

(1)《商检机构实施检验的商品种类表》(以下简称《种类表》)中列入的进出口商品。对

于表内所列商品，根据对外贸易的发展和进出口商品的品质情况，可不定期地进行调整。

(2)有关国际条约规定须经商检机构检验的进出口商品和其他法律、法规规定的须经商检机构检验的进出口商品。我国有关法律、法规规定的实施检验的商品，例如，《中华人民共和国食品卫生法》、《中华人共和国卫生管理条例》、《中华人民共和国进出口动植物检疫条例》、《海运出口危险货物包装检验管理办法》等规定的商品必须实施检验。

(3)对外贸易合同规定，应由商检部门检验出证的商品。

2. 鉴定检验(也称公证鉴定)

鉴定检验与法定检验性质不同，不是强制性检验，是指凭对外贸易关系人(进口商、出口商、承运部门、仓储部门、保险公司等)的申请进行的检验。其工作范围和内容十分广泛，包括运用各种技术手段和经验，检验、鉴定各种进出口商品的品质、数量、重量、包装、积载、残损、载损、海损等实际情况，以及商品的运载工具、装卸等事实状态和其他有关业务是否符合合同、标准和国际条约的规定以及国际惯例的要求，进而作出检验、鉴定结果与结论，提供有关数据，签发检验、鉴定证书或其他有关证明。

3. 监督管理检验

监督管理检验是指出入境检验检疫机构或国家质检总局指定或认可的检验机构对生产企业申请使用认证标志或申请获得必要的进口安全质量许可、出口质量许可或卫生注册登记的进出口商品所实施的检验。只有检验合格，才可获准使用认证标志或者取得进口、销售、使用或出口资格。

(二)进出口商品检验工作程序

进出口商品的检验工作，由于专业化分工不同，检验商品种类及环境条件不同，因而实际检验的程序也不同。通常可分为受理报验、抽样制样、检验鉴定和签证放行四个环节。

1. 受理报验

报验是指对外贸易关系人将进出口商品向商检机构提报的申请检验。报验时需填写“报验申请单”，同时提交对外所签买卖合同及其他所需资料。

(1)进口商品的报验。进口商品的收货人，应当在商检机构规定的地点和期限内，向商检机构报验。商检机构应当在对外贸易合同约定的索赔期限内检验完毕，并出具证明；法定检验以外的进口商品，收货人发现进口商品质量不合格或者残损短缺，需要由商检机构出证索赔的，应当向商检机构申请检验出证。

(2)出口商品的报验。凡列入《种类表》之内的出口商品、买卖合同(包括信用证)规定由商检机构检验出证的、对外贸易关系人要求由商检机构检验的、输入国政府规定需要我国商检机构检验的商品，对外贸易关系人需向商检机构申报检验。出口商品的发货人，应当在商检机构规定的地点和期限内，向商检机构报验。商检机构应当在不延误装运的期限内检验完毕，并出具证明。经过商检机构检验合格的出口商品，应当在商检机构规定的期限内报运出口，超过期限的，应当重新报验。

2. 抽样制样

样品的抽取工作是进出口商品检验的基础，商检机构接受报验后，应及时派人员到规定的地点，按规定的方法和比例对被检货物抽取样品(标本)，保证样品的真实性和代表性。抽出的样品应妥善保管，以确保检验与复验的真实性。制样必须科学认真，为检验打好基础。

3. 检验鉴定

对申报的检验项目，依据有效文件的条款确定检验内容、检验标准和检验方法，然后对样品进行检验。

(1)进口商品的检验鉴定。运装进口货物的车船到岸后，商检部门应派人员到岸检勘货物的配载及受损情况。根据贸易关系人的申请，对有问题的货物及时进行检验，确定残损程度，分清责任归属;某些进口商品，如粮食、棉花、化肥、橡胶、食糖等，必须经过商检部门检验后，才准调配使用。凡质量不符合有关规定的，则由商检部门出具检验证书，作为办理索赔或退货的依据;对重要的进口商品和大型的成套设备，收货人应当依据对外贸易合同约定，在出口国装运前进行预检验、监造或者监装，加强监督。商检机构根据需要可以派出检验人员。

(2)出口商品的检验鉴定。对《种类表》内的商品及贸易合同规定由商检机构出证的出口商品检验，一般要经过三道检验工序，即出厂检验、公司验收、出口前检验。商检机构应在发货人报检后，在不延误装运的期限内检验完毕，并出具证明。对出口的动、植物类商品，均由商检机构按国家有关规定进行检疫或卫生检查。如果买卖双方在合同中另规定有检疫条件，则可根据合同规定的条件进行检验。该类商品必须经检验合格后方准出口。生产出口货物的企业，必须申请商检机构进行包装容器的使用鉴定。使用未经鉴定合格的包装容器的危险货物，不准出口。对装运出口易腐烂变质食品的船舱和集装箱，未经检验合格的，不准装运。在合同中应标明“以中国商品检验机构出具的检验证书作为结算依据”的条款，并对商品的品质要求尽力争取以中国有关标准为准。

(3)委托业务检验。由于世界经济一体化进程的加快，根据国际贸易的习惯做法，我国质检总局同许多国家的商品检验局、鉴定公司等商品检验机构建立业务关系，开展相互委托检验和公证鉴定工作。

4. 签证放行

(1)进口商品贸易。进口商品经检验后，分别鉴发“检验情况通知单”或“检验证书”，供对外结算或索赔用。凡由收、用货单位自行验收的进口商品，如发现质量问题，应及时向商检机构申请复检。复检不合格者，签发商检证书，供对外索赔用。对于验收合格的，收、用货单位应在索赔有效期内把验收报告送商检机构销案。

(2)出口商品贸易。凡列入《种类表》的出口商品，经商检机构检验合格后签发放行单。凡合同、信用证规定由商检机构检验出证的，或外国要求签发商检证书的，按规定签发证书;不需向国外提供证书的，只发放行单。《种类表》以外的出口商品，应由商检机构检验的，经检验合格发给证书或放行单，方可出运。

(三)进出口商品检验的标准选择

进出口商品检验标准选择，通常采用的有生产国标准、进口国标准、国际通用标准和买卖双方协议标准等。

1. 商检机构及商检机构指定检验部门检验时，一般按买卖双方合同(协议)的检验标准检验。

2. 按信用证方式成交的商品，以信用证规定作为检验的依据。

3. 如合同、信用证没有规定或规定不明确的进口商品首先采用生产国现行标准;生产国没有标准的，采用国际通用标准;既没有生产国标准，又没有国际通用标准，则采用进口国家的标准检验。

4. 出口商品检验以合同规定的标准作为检验的依据。

为增强国际信誉，占领国际市场，出口商品应尽量采用国际通用标准和国际权威性标准作为商检的依据。同样，进口商品也应采用国际标准或国外先进标准作为检验的依据。

学习任务3 商品抽样

一、抽样的概念

抽样，又称取样或拣样，是根据合同或标准所确定的方案，从被检批商品中抽取一定数量有代表性的、用于检验的单位商品的过程。正确的商品抽样方法，是保证获得准确检验结果的重要前提。

被检批商品应为同一来源、同质的商品，通常以一个订货合同为一批。如果同批质量差异较大，或订货量很大，或连续交货，也可以分为若干批。组成被检批的基本单元称为单位商品，其划分形式有自然划分和按抽检需要人工划分两种，如单个(台或件)商品、一对(双)商品、一组(套、袋、桶、箱、垛、车、船等)商品、一定长度(面积、体积、重量等)商品等等。被检批商品中所包含的单位商品的总数，叫做批量，用 N 表示。批量大小应由商品特点和生产、流通条件决定，体积小、质量稳定的，批量可大些;反之批量可小些。根据抽样检验要求，批量不宜太小或太大，太小则检验量大，费用高，失去抽样检验的优越性;太大，一方面易混淆不同来源、不同质量，另一方面若因不合格拒收，则再进行全数检验或返工或退货的工作量大，造成供货方损失增加，批量太大还会给抽样带来困难。由被检批中抽取用于检验的单位商品(即样品)的全体，称为样本。样本中所包含的单位商品数量称为样本大小或样本量，通常用 n 表示。抽样应依据抽样对象的形态、性状，合理选用抽样工具与样品容器。抽样的同时应做好抽样记录;抽取的样品应妥善保存，保持样品原有的品质特点;抽样后要及时鉴定。

抽样应遵循以下原则:

1. 代表性原则

绝大多数商品的鉴定，由于鉴定方法的破坏性以及考虑到经济、效率等因素，不可能取全部商品进行鉴定，而只能从被鉴定商品中抽取一部分进行鉴定，这些从被鉴定商品中抽取的样品，是鉴定工作的对象，也是决定商品质量的主要依据，因而要求抽取的样品必须具有代表性。不然，即使鉴定所用的仪器设备再精密，鉴定方法再科学，鉴定结果再准确，也是毫无意义的，甚至还会给生产、消费带来不应有的损失。

2. 典型性原则

针对所要达到的目的而要抽取的能充分说明这一目的的样品称为典型样品。典型样品一般在发现或怀疑商品有腐败、污染、掺杂、伪造以及含有某些毒物等情况时采集抽取，此时，所采集抽取的样品应当是可疑的商品，而不能用均匀的样品，以保证所抽取样品具有典型性。当一批商品中只有局部或部分由于运输、储存不当而造成品质劣变时，必须好次分开，分别抽样鉴定，以免互相影响或掩盖真相而造成鉴定结果失真。典型样品的抽取，在食物中毒鉴定和掺伪鉴定中尤为重要。

3. 适时性原则

由于很多商品的组成、成分、含量等会随着时间的推移而发生迅速的变化，因而要求鉴定者及时抽样并及时进行鉴定。例如，水果、蔬菜中各类维生素含量的测定、粮油等农副产品熏蒸杀虫剂残留量的测定等，都必须注意适时性。

二、抽样的方法

抽样的目的在于尽可能用少的样本所反映的质量状况来统计推断整批商品的质量合格水平，所以抽样时所抽取的样品，必须具有普遍性，能正确代表整批商品的质量，因此用哪种方法抽样，对准确评定整批商品的质量显得十分重要。当前普遍采用随机抽样的方式。

随机抽样法是指被批检中的任一单位商品，都有同等机会被抽取的方法，又称为无限制的随机抽样法。该方法的特点是全批中每一个单位商品被选取的机会均等，并不受任何主观意志的限制。抽样者完全是用偶然方法抽取，事先并不考虑或选择应抽取哪一个样品。随机抽样法有简单随机抽样法、分层随机抽样法和规律性抽样法等几种类型。

（一）简单随机抽样法

简单随机抽样法是所有抽样法中最为简单的一种方法，也是最具有代表性的抽样方法。通常是按照随机原则，不加任何分组、划类、排序等先行工作，从总体中直接抽取检验样品。采取此方法，对交验批中的全部商品，可以完全做到随机化抽取。

简单随机抽样，一般采用掷骰子、掷硬币、抽签、查随机数表等方法抽取样品。实际工作中多采用后两种方法。

抽签。将交验批中各商品的号码，逐个写在签条或卡片上，投入箱中摇拌均匀，然后按抽签方法不加任何选择地在全部签条或卡片中随机抽取所需样品的号码。

查随机数表。随机数表又称为乱数表，即把 0 - 9 的数字，随即排成一张表：

0347437846	3697568190	4967389592
5793217485	4579321478	5793214663
6921569324	5692147963	6953764880
……	……	……

采用查随机数表抽取样品，也是先将交验批中的商品逐一编号；其号码从 1 编起，多为二位数，也可为三位数或更多位数，编号的次序与方法不受任何限制。然后使用随机数表，从随机数表中任何一列的任何一行开始，依次选取与样品数相等的号码个数，然后按选取的号码对号抽取样品。

（二）分层随机抽样法

分层随机抽样法是将一批同类商品划分成若干层次（分层时应注意每个层次内部是均匀的），再从每一层次中随机抽取若干样品，最后将抽取的样品放在一起作为试样。这种抽样方法的特点是比较科学，能克服简单随机抽样法可能错过的集中性缺陷，尤其适用于批量较大且质量也可能波动较大的商品批。分层随机抽样的样本有很好的代表性，是目前使用最广、最多的一种抽样方法。

例如，有批待检零件 5000 个，是某厂甲、乙、丙三条生产线生产加工出来的产品，其中甲生产线的产品 2500 个，乙生产线的产品 1500 个，丙生产线的产品 1000 个。现欲取 250 个样品进行试验，如何抽样？

采取分层抽样法：

从甲生产线抽取:250×2500/5000=125(个)

从乙生产线抽取:250×1500/5000=75(个)

从丙生产线抽取:250×1000/5000=50(个)

(三)规律性抽样法

规律性抽样法是指按一定规律,从整批同类商品中抽取样品的方法。一般做法是:对一批同类商品或同批商品先按顺序编号,从中任意选定一个号码作为抽样的基准号码,如选定5是基准号码,则逢5(即5,15,25,35,45……)就将商品抽出作为试样。这样抽出的试样,在整批商品中的分布是比较均匀的,更具有代表性。但此法不适用于产品质量缺陷呈有规律变化的商品。

学习任务4 商品检验的基本方法

商品检验的方法很多,根据其检验所用的器皿、原理和条件,通常分为感官检验法、理化检验法和生物学检验法(如图8-1)。

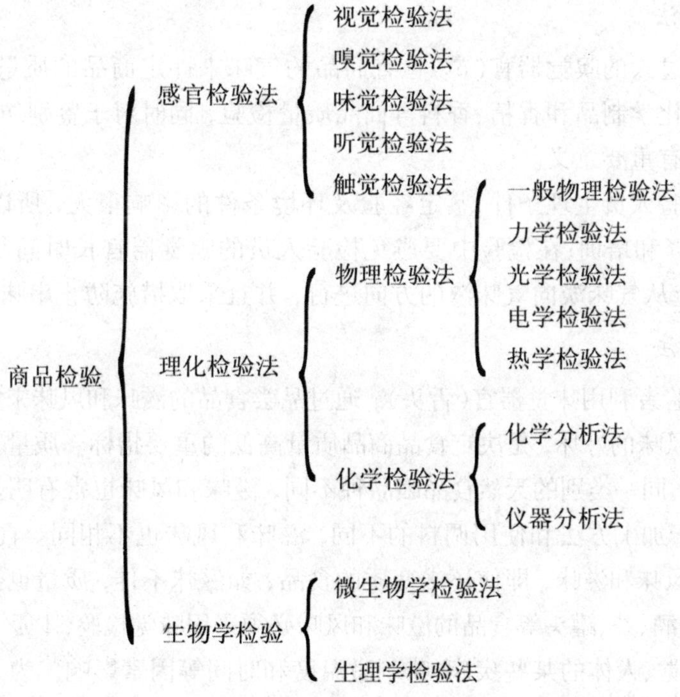

图8-1

一、感官检验法

感官检验法又称为感官分析、感官检查或感官评价,是指利用人的感觉器官作为检验器具,对商品的色、香、味、形、手感、音质等感官质量特性,在一定条件下作出判定或评价的检验方法。

感官检验的优点是不需要专门的仪器和复杂的设备，简便易行，快速灵活，成本较低，特别适用于目前还不能用仪器定量评价其感官指标的商品和不具备昂贵、复杂的仪器检验的企业、部门和消费者。目前某些与商品品质密切相关的品质指标，如气味、滋味、外形结构、外观疵点、花纹、图案、式样（款式）以及包装的造型和装潢等只能用感官检验法评定。但是，感官检验也有其局限性，它受鉴定人的生理条件、工作经验及鉴定时的外界环境等的影响，检验结果往往带有主观片面性，也得不到明确的数据，更不能分析商品的内在质量。在实际工作中，为提高感官检验结果的准确性，通常是组织评审小组进行检验，以修正检验结果的误差。

感官检验法主要包括视觉检验法、嗅觉检验法、味觉检验法、听觉检验法和触觉检验法五种。

（一）视觉检验法

视觉检验法是利用人的视觉器官来检验商品的外形、结构、颜色、光泽以及表面状态、疵点等质量特性。如食品的检验项目多由视觉进行，从色泽判定肉的新鲜度、水果的成熟度。

视觉检验受光线强度、照射方向、背景对比以及检验人员的生理、心理和专业能力的影响。为了提高视觉检验的可靠性，视觉检验应在标准照明条件下和适宜的环境中进行，而且必须对检验人员进行必要的挑选和专门的培训。

（二）嗅觉检验法

嗅觉检验是通过人的嗅觉器官（鼻）检查商品的气味来评定商品的质量，广泛用于食品、药品、化妆品、家用化学制品和香精、香料等商品质量检验，同时对于鉴别纺织纤维、塑料等燃烧后的气味差异也有重要意义。

嗅觉检验受检验人员生理条件、鉴定经验及环境条件的影响很大，所以必须对检验人员进行测试，严格选择和培训；在检验中要避免检验人员的嗅觉器官长时间与强烈的挥发性物质接触；检验顺序应从气味淡向气味浓的方向进行，并且采取措施防止串味等现象。

（三）味觉检验法

味觉检验是检验者利用味觉器官（舌头），通过品尝食品的滋味和风味来鉴定食品质量的优次。食品的滋味和风味的好坏，是决定食品商品质量高低的重要指标。质量正常的食品均具有特有的滋味和风味，同一类别的天然食品因品种不同，滋味和风味也常有明显的差别。经过加工调制的食品，由于加工方法和使用调料的不同，滋味和风味也不相同。食品一经腐败变质，则会改变其原有的风味和滋味，即使还未变质的食品，如滋味不佳，质量也会下降。所以对于各种水果、糕点、烟、酒、茶、罐头等食品的滋味和风味必须采用味觉检验，以区分品质。

味觉检验受视觉、人体的某些疾病、味刺激温度和时间等因素影响。为了顺利进行味觉检验，一方面要求检验人员必须具有辨别基本味觉特征的能力，并且被检验样品的温度要与对照样品温度一致（最好在20℃－40℃）；另一方面要采用正确的检验方法，遵循一定的规程，如检验时不能吞咽物质，应使其在口中慢慢移动；每次检验前后必须用温水漱口等。

（四）听觉检验法

听觉检验是指利用人的听觉器官（耳）检验商品质量的方法，如检查玻璃制品、瓷器、陶器、金属制品有无裂痕或其内在的缺陷；评价以声音作为质量指标的乐器、收录音机、音响设备等商品以及要求无噪声的机电商品；评定食品成熟度、新鲜度、冷冻程度等。听觉检验至今无法用仪器来替代，其重要原因之一就是人的耳朵灵敏度高且动作范围宽。听觉检验和其他感官器官一样，需要适宜的环境条件，力求安静，避免外界因素对听觉灵敏度的影响。

（五）触觉检验法

触觉检验是利用人的触觉器官（手）触摸、按压或拉伸商品，根据商品的光滑细腻程度、干湿、软硬、有无弹性、拉力大小等情况来评价商品质量。主要用于检查纸张、塑料、纺织品以及食品的表面特征。触觉检验时，应注意环境条件的稳定和保持手指皮肤处于正常状态，并加强对检验人员的专门培训。

二、理化检验法

理化检验法是在一定的实验室环境条件下，利用各种仪器、器具和试剂作手段，运用物理、化学的方法来测定商品质量的方法。理化检验法主要用于商品的成分、结构、物理性质、化学性质、安全性、卫生性以及对环境的污染和破坏性等方面的检验。与感官检验法相比，理化检验法的结果可以用数据定量表示，较为准确客观，但要求有一定的设备和检验条件，同时对检验人员的知识和操作技术也有一定的要求。理化检验法可分为物理检验法和化学检验法。

（一）物理检验法

物理检验法是根据物理学原理，应用物理仪器测定商品物理性质的一种检验方法，包括一般物理检验法、力学检验法、光学检验法、电学检验法、热学检验法等。

1. 一般物理检验法

一般物理检验法主要通过各种量具、量仪、天平、称或专业仪器来测定商品的一些基本物理量，如长度、细度、面积、体积、厚度、重量、密度、容重、粒度、表面光洁度等。如测量棉纤维的长度和细度。这些基本的物理量指标往往是商品贸易中的重要交易条件。

2. 力学检验法

力学检验法是通过各种力学仪器测定商品的力学（机械）性能的检验方法。这些性能主要包括商品的抗拉强度、抗压强度、抗弯曲强度、抗冲击强度、抗疲劳性能、硬度、弹性、耐磨性等。

3. 光学检验法

光学检验法是利用光学仪器如显微镜、折光仪、旋光仪、比色计等检验商品光学性能方面的质量指标的方法。例如，利用折光仪测定油脂的折光率可判断油脂的新陈、掺假或变质，利用旋光仪测定糖的比旋光度可测定糖中蔗糖的含量，利用比色计测定某些商品的颜色确定其品质或等级。

4. 电学检验法

电学检验法是利用电学仪器测定商品电学方面的质量特性的检验方法，检验的项目通常有电阻、介电系数、电容、电压、电流强度、静电性等。通过商品的某些电学特性的测定，如电阻电容等的测定，往往还可以间接测定商品的其他特性，如吸湿性等。电学检测法可节省大量材料，能迅速得出较准确的结果或数据，使用简便。

5. 热学检验法

热学检验法是利用热学仪器测定商品的热学质量特性的检验方法。商品的热学特性主要包括熔点、凝固点、沸点、耐热性、导热性及热稳定性等。商品的很多热学性质与商品的使用条件及使用性能有很大的关系。

(二)化学检验法

化学检验法是利用化学试剂和各种仪器对商品的化学成分及其含量进行测定，进而判定商品品质是否合格的检验方法。

根据具体操作方法，化学检验法可以分为化学分析法和仪器分析法两类。化学分析法是根据已知的、能定量完成的化学反应进行分析的一种检验方法，依据其所用的测定方法的不同，又可分为重量分析法和容量分析法。仪器分析法是采用光、电等方面比较特殊或复杂的仪器，通过测量商品的物理性质或物理化学性质来确定商品的化学成分的种类、含量或化学结构以判断商品质量的检验方法。它包括光学分析法和电学分析法。仪器分析法适用于微量成分含量分析。仪器分析法因具有测定的灵敏度高、选择性好、操作简便、分析速度快的特点而应用广泛。但由于样品前处理费时，仪器价格昂贵，对操作人员要求高，故使其应用受到一定的局限性。

根据商品检验目的的不同，化学检验法又可分为定性分析法和定量分析法两类。定性分析是测定商品化学成分的种类和性质的方法，主要是根据化学反应结果所呈现的特性来确定商品含有的化学成分和性质。比如，通过测定食品的营养成分和有害成分，判断食品的营养价值和危害性;测定纺织品纤维的成分，判断其纤维的种类和纺织品的质量;测定玻璃、塑料、日化商品的特殊成分，判断商品的性质和特殊用途。定量分析法是测定商品成分含量的方法。它是在商品定性分析的基础上对商品化学成分进行的量的分析。商品的性质和用途，不仅决定于商品化学成分的种类和性质，还取决于商品中各种化学成分的含量。许多商品的质量指标都是用某些化学成分的含量来表示的。例如，食品的营养成分、钢的含碳量、食品器皿的微量成分等，国家标准中都有明确规定。

(三)生物学检验法

生物学检验法包括微生物学检验法和生理学检验法两类。

1. 微生物学检验法

微生物学检验法是利用显微镜观察法、培养法、分离法和形态观察法等，对商品中有害微生物存在与否及其存在的数量进行检验，并判断其是否超过允许限度的一种检验方法。这些有害微生物包括大肠杆菌、沙门氏菌、霉腐微生物、致病性微生物等，它们直接危害人体健康，危害商品的安全储存。微生物学检验法是判断商品卫生质量的重要手段。

2. 生理学检验法

生理学检验法是用来检验食品商品的可消化率、发热量及营养素对机体的作用以及食品或其他商品中某些成分的毒性等的一种检验方法。检验时多使用鼠、兔等动物进行试验，通过动物的发育、体重的改变来检查食品的营养价值;通过观察动物健康状况变化、动物解剖结果来测定有害物质的毒性。只有经过无毒害试验后，视情况需要并经有关部门批准后，才能在人体上进行试验。

学习任务5 商品品级

一、商品品级的概念

商品品级是依据商品质量高低所确定的商品等级。根据一定的商品质量标准(包括实物质量标准)和实际质量检验结果，将同一种商品划分为若干等级的工作，称为商品分级。商品分级是商品检验的重要内容之一。

商品品级通常用“等”或“级”的顺序来表示，其顺序反映了商品质量的高低。如一等、二等、三等或一级、二级、三级，有的也用甲、乙、丙等级来表示。

我国国家标准 GB/T12707－91《工业产品质量分等导则》规定了我国境内生产和销售的工业产品质量等级的划分和评定原则。它将工业产品的实物质量原则上按照国际先进水平、国际一般水平和国内一般水平分成三个档次，相应的也将商品划分为优等品、一等品和合格品三个等级。优等品的质量标准必须达到国际先进水平，且实物质量水平与国外同类产品相比达到近五年内的先进水平；一等品的质量标准必须达到国际一般水平，且实物质量水平达到国外同类产品的一般水平；合格品是按照我国一般水平标准组织生产的，实物质量水平必须达到相应标准的要求。优等品和一等品的等级确认，必须有国家级检验中心、行业专职检验机构或受国家、行业委托的检验机构出具实物质量水平的检验证明。合格品则由企业检验判定。

商品分级工作，不仅有利于促进生产部门加强管理，提高生产技术水平和产品质量，而且有利于限制劣质商品进入流通领域，同时也便于消费者选购商品。

二、商品分级的方法

不同的商品，对其分级的具体要求，以及确定分级的方法各不相同，如茶叶按感官质量指标分级，糖、盐按化学成分分级，有些工业品按其外观疵点的多少和疵点对商品质量影响的程度分级，有的商品按其性能与标准偏差的程度分级。划分商品品级的方法有很多，归纳起来商品的品级划分主要有以下三种方法。

(一)百分记分法

百分记分法常用于食品等级的分级，它是将商品的各项指标规定为一定的分数，其中重要的质量指标所占有分数较高，次要的质量指标所占有的分数较低，如果各项质量指标完全合乎标准规定的要求，其各项质量指标的分数总和为100分。如果某一项或几项质量指标达不到标准规定的要求，则相应扣分，其分数总和就要降低。分数总和达不到一定等级的分数线，则相应降低等级。

例如，白酒的分级就用百分记分法，其各项质量指标的分数为：色 10 分，香 25 分，味 50 分，风格 15 分。根据总分多少排列名次。

又如，国家标准 GB5410－85 中全脂奶粉的分级也采用百分记分法，其各项质量指标的分数见表 7－1。全脂奶粉的品级依据总分高低来确定。特级、一级奶粉总分不应低于 91 分，其中气味和滋味分数不应低于 60 分；二等品奶粉总分不应低于 80 分，其中气味和滋味分数不应低于 50 分。

表 7－1　全脂奶粉感官分析表

项　目	特　征	扣　分	得　分
滋味和气味（65 分）	具有消毒牛乳的纯香味，无其他异味者	0	65
	滋、气味稍淡，无异味者	2～5	63～60
	有过度消毒的滋味和气味者	3～7	62～58
	有焦粉味者	5～8	60～57
	有饲料味者	6～10	59～55
	滋、气味平淡，无乳香味者	7～12	58～53
	有不清洁或不新鲜滋味和气味者	8～13	57～52
	有脂肪氧化味者	14～17	51～48
	有其他异味者	12～20	53～45
组织状态（25 分）	干燥粉末无结块者	0	25
	结块易松散或有少量硬粒者	2～4	23～21
	有焦粉粒或有小黑点者	2～5	23～20
	贮藏时间长，凝块较结实者	8～12	17～13
	有肉眼可见杂质或异物者	5～15	20～10
色泽（5 分）	全部一色，呈浅黄色者	0	5
	黄色特殊或带浅白色者	1～2	4～3
	色泽不正常者	2～5	3～0
冲调性（5 分）	润湿下沉快，冲调后完全无团块，杯底无沉淀者	0	5
	冲调后有少量团块者	1～2	4～3
	冲调后团块较多者	2～3	3～2

（二）限定记分法

限定记分法是将商品的各种质量疵点规定为一定的分数，由疵点分数的总和来确定商品的等级。商品疵点越多，则分数的总和越高，商品的品级则越低。限定记分法常用于纺织品的品级划分。

如纺织品以长 40 米、宽 110 厘米的本色棉布的布面上，视其疵点打分，评分累计限度为：

一等品　不大于　10 分

二等品　不大于　20 分

三等品　不大于　60 分
等外品　大于　　60 分

（三）限定缺陷法

限定缺陷法是在标准中规定商品的每个质量等级所限定的质量缺陷的种类、数目以及不允许有哪些质量缺陷，并决定成为废品的疵点限度。限定缺陷法多用于日用工业品的品级划分。

例如，全胶鞋有 13 个外观指标，其中鞋面起皱或麻点：一级品稍有，二级品有；鞋面砂眼：一级品不准有，在二级品中，砂眼直径不超过 1.5 毫米、深不超过鞋面厚度者，低筒鞋限两处，半高筒鞋限四处，但不得集中于下部，弯处不许有。此外，还有其他疵点限制要求。在 13 项指标中，如果一级品超过四项不符合要求者，降为二级品；二级品超过六项不符合要求者，则降为不合格品。

学习任务 6　商品质量监督

一、商品质量监督的概念

商品质量监督是根据国家的质量法规和商品质量标准，由国家指定的商品质量监督机构对生产和流通领域的商品和质量保证体系进行监督的活动。因此，我们可以认为，商品质量监督是一种质量分析、评价和保证活动；商品质量监督的对象是实体，如产品、商品、质量保证体系等；商品质量监督的范围包括生产、流通到运输、储存和销售整个过程；商品质量监督的依据是国家质量法规和商品技术标准；商品质量监督的主体是用户或第三方。

二、商品质量监督的种类

我国的商品质量监督有国家的质量监督和社会的质量监督两种。

（一）国家的质量监督

国家的质量监督是指国家授权，指定第三方专门机构以公正的立场对商品质量进行的监督检查。这种国家法定的监督，以政府行政的形式，实行定期或经常监督抽查和检验，公开公布商品质量抽查检验结果，并根据国家有关法规及时处理质量问题，以维护社会经济生活的正常秩序和保护消费者合法权益。国家的商品质量监督由国家质量技术监督部门规划和组织。

（二）社会的监督

社会的质量监督是指社会团体和新闻机构根据用户和消费者的反映，对流通领域中的某些商品进行抽样检验，将检验商品的质量状况和企业名单公布，以造成强大的社会舆论压力，迫使企业改进质量，对用户和消费者承担质量责任。社会的质量监督主体还包括用户，用户的质量监督是指内外贸易部门和使用单位为确保商品质量而进行的监督检验。

三、商品质量监督的形式

商品质量监督的形式，一般分为抽查型、评价型和仲裁型质量监督三种。

(一)抽查型质量监督

抽查型质量监督是指国家质量监督机构，通过从市场或生产企业或仓库等地随机抽取的样品，按照技术标准进行监督检验，判定其是否合格，从而采取强制措施，责成企业改进产品质量所进行的监督活动。抽查型质量监督的特点是，它是一种强制性的质量监督形式；抽查产品采用地点不限、随机抽样检查的方式；抽查检测数据科学、准确，对产品质量的判断、评价公正；抽查产品的质量检验结果公开；对抽查检验不合格的单位限期整改。

(二)评价型质量监督

评价型质量监督是指国家质量监督机构通过对企业的产品质量和质量保证体系进行检验和检查，考核合格后，以颁发产品质量证书、标志等方法确认和证明产品已经达到某一质量水平，并向社会提供质量评价信息的一种质量监督活动。评价型质量监督是国家干预产品质量的手段之一，它的特点是按照国家规定标准，对产品进行检验，以确定其质量水平；对生产产品企业的生产条件、质量体系进行严格审查和评定，由政府和政府主管部门颁发相应的证书；允许在产品上、包装上、出厂合格证和广告上使用、宣传相应的质量标志；实行事后监督，使产品质量保持稳定和不断提高。

(三)仲裁型质量监督

仲裁型质量监督是对产品质量有争议，进行仲裁时使用的手段，是国家质量监督机构站在第三方的立场上，公正地处理质量争议的问题，从而加强对质量不法行为的监督，促进产品质量提高的一种质量监督活动。仲裁型质量监督的特点是仲裁监督的对象是有争议的产品；具有较强的法制性；根据监督检验的数据和全面调查情况，由受理仲裁的质量监督部门进行调解和裁决，质量责任由被诉方承担。

四、我国商品质量监督管理模式

我国商品质量监督管理体制采用的是“集中与分散相结合”的模式，在全国形成了一个由多系统组成的质量监督管理网络，包括技术监督系统和专业监督系统的质量监督管理机构和质量监督检验机构。

(一)技术监督系统

技术监督系统是指国务院授权统一管理和组织协调全国技术监督工作的国家质量监督检验检疫总局系统，县级以上地区技术监督部门负责行政区内的商品质量监督和管理工作。为适应商品质量监督检验工作的需要，国家在各省、市、自治区工业集中的城市建立和健全了产品质量检验机构，在国家质量技术监督部门统一领导和规划下，开展商品质量监督检验工作。对不按标准进行生产、产品质量低劣的企业，有权停止签发合格证，特别严重的，有权建议主管部门对企业和有关人员进行经济制裁等。

(二)专业监督系统

卫生系统、船检单位、商检系统、农林牧系统等均根据国家颁布的有关法规，由各行业、部门相应的质量监督机构行使监督职权。如卫生系统，国务院卫生行政部门主管全国药品的质量检验工作，县级以上卫生部门行使药品监督权，各药品检验所负责药品质量检验工作，各级卫生部门负责食品监督工作，各卫生防疫站负责食品卫生监督检验工作。

任务小结

商品检验的基本内容,包括商品的质量、规格、数量、重量、包装以及是否符合安全、卫生要求等。商品检验大多采用随机抽样检验的方式，随机抽样法有简单随机抽样法、分层随机抽样法和规律性抽样法等几种类型。商品检验的方法有感官检验法、理化检验法和生物学检验法三类。商品品级是依据商品质量高低所确定的商品等级，商品分级常用百分记分法、限定记分法、限定缺陷法三类。我国商品质量监督有国家的质量监督和社会的质量监督两种类型，抽查型质量监督、评价型质量监督和仲裁型质量监督三种形式，技术监督系统和专业监督系统两种管理模式。

习　题

一、思考题

1. 什么是商品检验？商品检验主要有哪几种？
2. 什么是商品抽样？商品抽样的方法有哪些？
3. 商品检验的方法有哪些？各有何特点？
4. 什么是商品分级？商品分级的方法有哪几种？
5. 什么是商品质量监督？质量监督的基本形式有哪几种？

二、实训题

参观当地出入境检验检疫机构或质量技术监督机构的有关实验室，观看商品的检验过程或观看商品检验教学片。

◆项目九 食品类商品

★知识目标:

1. 酒品的分类;
2. 茶叶的化学成分;
3. 食品的安全卫生。

★技能目标:

结合实例说明常见的水果类食品的营养价值和禁忌。

★任务导入:

劣质奶粉的危害

自2003年以来,一些营养成分严重不足的伪劣奶粉充斥安徽亿阳农村市场,2003年4月至10月最为猖獗,导致众多婴儿受害甚至死亡。实际上,在阜阳市工商部门2004年初查封了33种伪劣奶粉后,伪劣婴儿奶粉改头换面,仍旧横行安徽阜阳农村市场。阜阳各大医院收治了十余名"大头娃娃"(由于患病婴儿四肢短小,身体瘦弱,脑袋尤显偏大,被当地人称"大头娃娃"),其中多为3-5个月的婴儿。

应患者家属要求,阜阳市疾病控制中心检测了13个品牌的奶粉,均为不合格产品。按国家卫生标准,婴儿一段奶粉的蛋白质含量应不低于18%,二、三段为12%~18%,而这些奶粉的蛋白质含量最低的只有0.37%,大多数只有2%、3%,钙、磷、锌、铁等含量也普遍不合格。

这些被查封的奶粉因脂肪、蛋白质和碳水化合物等基本营养物质不及国家标准的三分之一,被人们称为"空壳奶粉"。

劣质奶粉所含蛋白质极低,根本不能满足婴儿的生长需要,长期食用会导致婴儿营养不良,停止生长,严重的甚至越长越轻、越小,直至心、肝、肾等器官功能衰竭而死亡。

思考:食品营养价值重要性是什么?

学习任务1 食品的分类与营养卫生

食品类商品是最具特色的商品，它品种繁多，化学成分复杂，质量变化现象也很复杂，与人民生活关系密切。

一、食品及其分类

（一）食品的概念

所谓食品就是供人食用、具有人体所需的营养成分或能满足人们某种嗜好的天然产物及其加工制成品。像谷物、肉类、蛋类、乳及乳制品、果蔬等生活必须品，能给人提供各种营养成分，像茶、烟、酒等消费品能满足人们各种嗜好（茶、酒也营养丰富），它们都是最常见的食品。

（二）食品的分类

自然界的天然可食性资源原本就很丰富，再加上它们的再加工产品，使食品成为商品种类非常丰富的大家族。对食品科学分类，有助于我们深入研究和认识各种食品的质量。以下依据一些常见的标志对食品进行分类。

1. 根据食物来源分类

根据来源的不同，可把食品分为植物性、动物性、矿物性三类。

2. 根据食品在膳食中所占比重分类

民间常根据食品在膳食结构中比重的大小，将其分为主食和辅（副）食。在我国，主食主要指谷物类、豆类、薯类。辅食指果蔬类、肉奶禽蛋类、水产品以及它们的加工品；糖、烟、酒、茶等。

3. 按原料来源及经营习惯分类

这是最常用的分类法。据此，把食品分为以下十二大类：粮食类、油脂类、蔬菜水果类、肉食禽蛋类、糖业糕点类、烟酒饮料类、豆制品类、水产品类、乳及乳制品类、菌产品类、调味品类和其他类。

4. 按其他依据分类

随着食品工业的发展，新产品层出不穷，这给食品分类带来不尽的新课题。近年来，人们常常给食品作出以下分类：

（1）按消费对象把食品分为婴幼儿食品、中老年食品、运动员食品、宇航员食品、普通食品等；

（2）按是否使用特殊加工方法把食品分为强化食品、膨化食品和一般食品；

（3）按功能将食品分为疗效食品、保健食品、其他各类功能性食品等；

（4）按食品生产方法及其与人和环境的关系将食品分为绿色食品和一般食品；

（5）按食品摄入体内后的代谢状况将食品分为酸性食品和碱性食品。

二、食品的营养卫生

（一）食品的营养成分

食品的化学组成十分复杂，其中能满足人体正常生理功能所必需的物质称为食品的营养成分，它们主要有水分、蛋白质、脂类、维生素、糖类、矿物质等。其中蛋白质、脂类、糖类为人类的三大营养要素。

1. 水分

水是除氧气之外维持人体生命的最重要的物质，体液的90%以上是水。

2. 糖类

糖类也称碳水化合物，根据其分子结构复杂程度的不同，可分为单糖（葡萄糖、果糖、半乳糖）、双糖（蔗糖、麦芽糖、乳糖）和多糖（淀粉、糖原、纤维素和半纤维素）三类。糖类是最经济的供能物质，发热量与蛋白质相近，普遍存在于自然界中，很容易获取。摄入的双糖和多糖，在体内经过酶的催化，水解成单糖后再被吸收。只有多糖中的纤维素和半纤维素，不能被人体消化，但仍有特殊的保健作用。

表 9－1　某些食品适合微生物发育的 A_W 值

食品名称	A_W 值	微生物名称
鲜鱼、水果	0.98	
灌肠	0.90	一般细菌
15%盐制品	0.88	酵母菌
含有 15% ~17% 水的豆类、米等	0.80	霉菌、金黄色葡萄菌
果酱、某些点心	0.75	好盐性细菌
面粉	0.65	耐干性霉菌
干果、蜜饯	0.60	耐浸透性酵母菌
饼干	0.33	

糖类理性化性质中有一些与食品工业关系密切,这些性质是水溶性、水解、焦糖化、发酵性。

水溶性。不同糖在水中的溶解度极不相同。糖的溶解度一般取决于分子量的大小，分子量越大，溶解度越低。温度对溶解过程和溶解速度具有决定性影响作用。

水解。糖在酸或酶的作用下可发生水解。蔗糖的水解称为转化，水解的产物（葡萄糖和果糖）称为转化糖。

焦糖化。将蔗糖进行干燥加热，蔗糖即开始熔融，并变成黄色乃至褐色，这种特性称为焦糖化，焦糖化的蔗糖与水混合即为焦糖色素，是很好的食品着色剂。

发酵。糖在不同微生物作用下可以进行不同的发酵。在酵母菌作用下进行酒精发酵;在乳酸菌作用下进行乳酸发酵。工业上还利用特殊的微生物用单糖生产氨基酸和柠檬酸等产品。

膳食中糖类物质主要是淀粉和少量双糖，它们存在于各种粮谷类、薯类食品中。蔬菜和水果中含有大量纤维素和果胶，仅含少量的单糖。

3. 蛋白质

蛋白质是构成物质体的基本物质。无论是简单的低等生物还是复杂的高等生物，在它们的机体内都有蛋白质。病毒、细菌、激素、植物和动物细胞原生质都是以蛋白质为基础的。人体中除去水分之后的物质，45%是由蛋白质所组成。人体中新陈代谢是依靠蛋白质的不断更新。除了能产生与糖类相等的热量外，蛋白质对人体所产生的一系列重要作用是其他营养成分所不能代替的。

人体在利用各种蛋白质时，不仅要求必需氨基酸种类齐全、数量足够，而且要求各种必需氨基酸之间的相互比例也要符合人体需要。这种相互比例亦称为氨基酸模式。蛋白质的氨基酸模式越接近于人体蛋白质组成，并易为人体所消化吸收，就越能适应人体要求，其营养价值就越高。营养学家的研究发明，动物性蛋白质的氨基酸比较接近人体需要，并以鸡蛋蛋白质最为理想。植物性蛋白质的必需氨基酸比例与人体需要相差较大。通常将鸡蛋蛋白质中的含氨基酸的相互比例作为评定蛋白质营养价值的参考标准。将评分结果列于表9－2。若蛋白质的氨基酸评分(简称氨基酸分)越接近100，表示其越接近人体需要。

表9－2　几种食品蛋白质氨基酸构成比例评分结果

全蛋	100	花生	65
人奶	100	小米	63
牛奶	95	稻米	67
大豆	74	玉米	49
棉籽	81	全麦	53
芝麻	50		

判断食品营养价值高低，除参考其氨基酸评分外，往往可用蛋白质消化率、蛋白质生物价、蛋白质净利用率、蛋白质功效比值等项指标。

4. 脂类

脂类包括脂肪和类脂两类物质。其中脂肪是高效的供能物质，同时亦在人体中发挥着保护肌体和内部脏器、调节体温、参与代谢、抵御疾病等生理功能。

脂肪是发热量高的营养物质，发热量高于糖类和蛋白质近一倍，因其发热量高，占体积小，是人体内最佳的贮能物质。饮食中摄入的超出人体需求量的糖类和蛋白质会转化为脂肪物质储备起来。

脂肪主要成分是三酸甘油脂，由一分子甘油和三分子高级脂肪酸组成。含有不饱和双键的脂肪酸，称为不饱和脂肪酸。含不饱和脂肪酸多的脂肪熔点低，室温下为液态，称为油。如多数植物性脂肪。不含不饱和双键的脂肪酸称为饱和脂肪酸。含饱和脂肪酸多的脂肪熔点高，室温下是固态，称为脂，如多数动物性脂肪。脂肪是油和脂的总称，亦称油脂。脂肪一般不溶于水，微溶于热水，易溶于有机溶剂。

脂肪的消化吸收率与其熔点有关，若熔点低于人体温度则易吸收，反之，则难吸收。因此，植物油比动物脂易消化、易吸收。

脂肪是复杂的有机化合物，基本构成物质与糖类相似，即炭、氢、氧三种元素。脂肪需分解为脂肪酸后才能被人体吸收。在脂肪酸中，有一些不饱和脂肪酸是人体所必需，且人体内不能合成，要直接取之于食物。这些必需脂肪酸是亚油酸、亚麻酸、花生四稀酸。膳食中增加含必需脂肪酸的植物油，能防止动脉硬化，有良好保健作用。

脂肪还是有助于人体获得脂溶性维生素的重要营养物质。

类脂是指性质近似于脂肪的物质。主要有磷脂、糖脂、固醇和蜡质。类脂在生物学上具有重要的生理意义，但人体对其摄入要适中，尤其是中老年人，否则易诱发心血管类疾病。

脂肪普遍存在于动植物性食品中:脂存在动物某些组织中;油集中在某些植物种子内。

5. 维生素

维生素是人和动物维持生命和生长必需的一类低分子有机化合物。它们虽然不能供给人体热量，在生理上的需要量也极微，但它们对人体内营养成分的消化吸收、能量的转换及其他正常的生理活动，都具有十分必要的功能。人体缺乏维生素，会引起各种维生素缺乏症。

目前，已知人体所需的维生素约30种，除某些B族维生素和维生素K能在体内合成外，大多数必须由食品中摄取。我国传统的膳食以谷类和蔬菜为主，动物性食品摄入较少，故容易引起维生素A、D、B_2的缺乏症。不良的饮食习惯会导致各种维生素缺乏症。不合理的烹调方法会使食品中的维生素损失或丧失而引起各种维生素缺乏。因此，日常生活之中人们应从各个方面努力，确保摄入种类和数量充足的维生素。

对于维生素，人们到目前为止还只能按溶解性作为分类依据，将其分为脂溶性和水溶性两大类。一般脂溶性维生素可以在体内大量储存，当吸收过量时，储存量也随之增加。必须注意的是摄取过量维生素，导致维生素在体内过多储存，也会对人体造成危害。而水溶性维生素在体内不易储存，需要随时提供。脂溶性维生素主要有维生素A、维生素A原、维生素D、E、K等。水溶性维生素主要有维生素B族、维生素C族、维生素H等。

6. 矿物质

食品中除去三大营养要素等有机成分外，还有无机成分。这些无机成分又称食品的灰分（经550℃～600℃高温煅烧后仍未挥发的残留成分），实际就是各种矿物元素，这些矿物质对人体有重要的营养功能。

在正常条件下，成年人所需的一般矿物质从普通饮食中可以得到满足，只有婴幼儿、乳母、孕妇等因需要量相对增加，要注意适当补充含各种矿物质的营养品。

食品中的矿物元素可以按其在人体组织中所占份额的多少分为常量元素、微量元素和超微量元素。含量在0.01%以上的称为常量元素，如钙、镁、钾、钠、磷、氯、硫等；含量低于0.01%的称为微量元素，如铁、碘、氟、铜、锌、锰、钼、钴、铬、镍、锡、硅等；含量在微克数量级的为超微量元素，如铅、汞、镭等。

矿物元素也可以从营养学角度出发分为必需元素和非必需元素以及有毒元素。目前已知的必需元素是铁、锌、铜、碘、锰、钼、钴、铬、镍、硒、硅、氟、钙、锡共十四种。

（二）食品卫生

食品商品最起码的质量要求应是对人体健康有利无害。工业、农业生产实现现代化的同时，也引发了越来越严重的环境问题。工业"三废"的排放和化肥农药的广泛使用，在一定程度上破坏了农业生态环境。环境中各种有毒有害的物质通过空气、土壤、水源潜入农作物、家禽、家畜和水产品中，经过食物链不断积累直接或间接地进入人体，危害人类健康；食品储藏过程中也会因这样或那样的原因使食品带有不洁或有毒物质。20世纪中叶以来，人们已逐步认识到食品卫生的重要性。发展到今天，保护环境、治理环境，采取各种有效措施确保食品卫生，已成为全世界共同重视和关注的问题。辨别食品污染类型和污染途径，有利于对症下药，维护食品安全。

1. 食品的生物性污染及其防治

食品的生物性污染是指食品在生产、运输、贮藏、销售和烹调的各个环节中，受到致病微生物和寄生虫、卵的污染。

人如果食用被一些有害生物污染的食品，会引起各种疾病，如食物中毒、肠道传染病、呼吸道传染病、寄生虫病等，甚至会导致癌症，危机生命。各种生物致病源中，黄曲霉素就是一种严重的致癌毒素。

黄曲霉素是一种常见霉菌黄曲霉的代谢产物，它的毒性很大，可以破坏肝脏功能，并可诱发肝癌、胃癌、直肠癌等。它对食品的污染，是人类健康的大敌。黄曲霉素耐热，一般的烹调加热处理是不可能破坏出去它的。

防止食品生物性污染的主要措施是加强食品卫生监督，提高食品卫生的科学管理水平，改善食品加工、贮藏、运输、销售等环节的卫生条件和环境条件等，比如防止黄曲霉素的污染，得力的措施就是控制食品的贮藏环境，防止食品发生霉变。

2. 食品的化学性污染及其防治

食品的化学性污染是指在生产、加工、贮藏、运输和烹调过程中被化学有害物质污染。其污染源主要有以下几个方面：

(1)化肥农药残留对食品的污染。由于农业上广泛使用、过量使用农药、化肥、杀虫剂、除草剂、动植物生长促进剂，造成了一些有害成分对食品直接或间接的污染。而这些化学物质对食品乃至人体健康的危害究竟有多大，人们也是在实际生活中不断加深认识的。国家现在对一些农药的使用条件、范围作了明确的规定，以此来防止食品的污染;并对越来越多的食品规定了各种化学有害成分的残留量标准，有效地控制了食品污染。

(2)重金属对食品的污染。工业生产中的“三废”是造成食品重金属污染的主要途径。对人体危害较大的重金属是汞、镉、钾、铅等。

重金属进入人体后，与蛋白质结合成不溶性盐而使蛋白质变性，使人体出现种种中毒症状。我国食品卫生标准对有害金属允许含量均有规定。

(3)添加剂对食品的污染。食品添加剂主要有防腐剂、抗氧化剂、发色剂、漂白剂、凝固剂、疏松剂、着色剂、香精等。食品添加剂有天然与人工合成的两类。食品添加剂的允许使用种类，我国有严格的国家标准。

食品添加剂的使用原本是为了改进食品品质、方便加工和储存等。但随着科学的进步，人们逐渐认识到添加剂使用不当会对人体造成危害。例如，防腐剂苯甲酸可引起过敏性哮喘，某些香料也可引起呼吸系统过敏性反应，出现草麻疹、关节痛等症状。另有一些添加剂会诱发癌症，如腌腊肉制品中所加的硝酸盐、亚硝酸盐、它们虽然能使食品增色，也能防腐防霉，但亚硝酸盐可与蛋白质代谢的中间产物——仲胺生成亚硝胺，亚硝胺有很强的致癌性。

3. 食品的放射性污染

相对于前两类而言，此种污染可以说是物理性污染。食品的放射性污染主要来自于放射性物质的开采、冶炼以及国防、医疗、生产中放射性物质的应用与排放。放射性物质可污染大气、水、土壤和食物，人体通过呼吸、皮肤接触和进食等途径受其危害。放射性污染发生的频率大大低于前二者。

学习任务2　糖酒类商品

食糖是重要的生活必需品，酒类是内涵丰富的传统食品及重要的消费品，对糖类食品的分类研究、质量评价以及贮藏方法的探索具有普遍意义。

一、糖类商品的品质特征及储藏

(一)食糖的分类

食糖是甘蔗或甜菜的提取物，食糖除供人们直接消费外，还是食品工业的重要原料和辅料。食糖的种类较多，可做以下分类。

按制糖的原料分类。食糖按原料来源可分为甘蔗糖和甜菜糖。我国甘蔗糖产量占总产量的80%，余下的为甜菜糖。甘蔗糖与甜菜糖的主要成分都是蔗糖，二者在口味品质上并无多大差异。

按商业经营习惯分类。按商业经营习惯，一般将食糖分为白砂糖、赤砂糖、绵白糖、土红糖、冰糖和方糖六种。

(二)食糖常见种类品质特征

1. 白砂糖

白砂糖是食糖中比较纯净的品种，它的特点是色泽洁白明亮，晶粒均匀整齐，糖质坚硬且松散干燥，滋味纯正，水分、杂质及还原糖含量都极少，是食糖中纯度最高的品种，也便于运输和贮藏。根据晶粒大小可分为粗砂、中砂和细砂。按国家标准又可分为优级、一级和二级。白砂糖主要供食品工业作原料，也有供消费者直接食用的。供食用的多为细砂糖。表9－3为白砂糖的理化指标。

表9－3　优级、一级、二级白砂糖的理化指标(GB317－84)

项目名称	规定		
	优级	一级	二级
糖分、不少于(%)	99.75	99.65	99.45
还原糖分，不多于(%)	0.08	0.15	0.17
电导灰分，不多于(%)	0.05	0.10	0.15
干燥失重，不多于(%)	0.06	0.07	0.12
色值，不超过(国际糖色值)	80	180	300
浑浊度，不超过(度)	5	7	11
不溶于水杂质，不超过(mg/kg)	40	60	90

2. 绵白糖

简称绵糖。其色泽雪白，颗粒细小，质地绵软，潮润，入口、入水即化，基本不含杂质，是深受消费者喜爱的食糖品种。绵白糖在制作过程中除了控制晶粒大小外还要加入2%的转化糖浆，所以其成品不仅具有蔗糖的清甜，还具有转化糖的甘爽味。绵白糖比白砂糖含水多，还原糖含量也多，因此吸湿性大，易返潮结块，不如白沙糖耐贮。

3. 赤砂糖

赤砂糖又称红糖，是三号机制甘蔗糖。由于加工中未经洗蜜处理，表面含有较多糖蜜(主要成分是还原糖、水分、色素及其他非糖物质)，色泽赤红，有农甜和焦煳味。因含糖蜜和水分较多，雨季易潮解，但由于它保护了甘蔗的原汁原味，且含有较多铁质、胡萝卜素、核黄素和烟酸等，因此对产妇尤为适宜。

4. 土红糖

土红糖亦称红糖、糖粉。土红糖含糖蜜、水分、杂质均较多，结晶细而软粘，晶粒大小不匀，色泽深浅不一，有红、黄、紫、黑数种，易受潮溶化和风化结块、难以保管。土红糖以鲜艳、松燥无结块者最好。由于土红糖不仅带有甘蔗香气和糖蜜的甜味，而且带有诱人的焦香味，故很受部分消费者欢迎。它也是制作一些风味食品、中成药等的重要辅料。

5. 冰糖

冰糖是砂糖的再制品。砂糖先溶化成液体，再经过烧制、除去杂质、蒸发水分于特制容器内进行重结晶，形成透明或半透明块状大晶粒。冰糖杂质低，味纯正，是高档糖类品种。越是透明者，杂质越低，味越纯正，品质越好，也越容易保存。冰糖可直接食用，亦可烹制精美的风味或滋补食品，还能入药。

6. 方糖

方糖也是再加工糖。是将优质砂糖磨细后，经润湿、压制和干燥而成，形状为正方体。方糖纯度高，颜色洁白，表面有晶莹的光泽，在水中溶解速度快，水溶液清澈透明，无杂质，口味清甜不带异味。方糖主要用于饮料加糖。用之方便，快捷。

(三)食糖的贮糖

1. 食糖的常见质变现象

吸湿潮化。食糖是一种具很强吸湿性的商品，当空气湿度高于食糖吸湿点时，食糖即开始吸湿。当吸湿达6%以上时，食糖的晶粒表面会被水溶解破坏，逐渐溶化。吸湿溶化的食糖会失去流散性和光泽，粘结成块，降低品质。

结块与干缩。食糖结块的主要原因是因其含有还原糖和水分较多，受潮后，糖晶粒表面因水分聚成一层糖浆膜凝结，糖晶粒之间结块。还原糖含量越多，越易结块；糖晶粒越硝，结块后硬度越大；水分含量越高，结块条件越充分；受压力越重，结块面积和硬度越大；结块时间越久，硬层越厚。含水分和还原糖较少的食糖一般易发生干缩现象，如白砂糖、方糖等。当空气干燥，仓库相对湿度过分降低时，食糖含有的水分被大量吸收，而产生干缩现象。

变味变色。食糖的变味变色主要是由于发生氧化作用和受到微生物污染而引起的。与空气接触易发生氧化作用，产生酒味、酸味，所含非糖有机物内有少量蛋白质，与空气接触后，糖色会变黑发暗；污染微生物后，也易变味。

2. 食糖的保管养护方法

仓库周围无污水与洼泥塘。仓库空气相对湿度力求保持在70%以下，温度不超过38℃。绵白糖、赤砂糖、白砂糖分开摊放，其他能影响食糖的物品不能同库堆放。糖包应放在距离墙壁、暖气管或水泥柱1m以外，离地面0.1m以上的木制垫板或地板上。用50kg、100kg装麻袋内衬以食品塑料袋包装时，堆码高度不得超过25包。糖堆上需用干净的帆布或塑料薄膜盖好。入库时应尽量避免骤冷骤热。根据先入仓先出仓的原则，依次调拨运出。

二、酒类商品的分类品种及质量鉴别

含有酒精成分的饮料都称为酒，适量饮用可兴奋神经、舒筋活血、怯湿御寒，是人们的习惯性消费点。

(一)酒的分类

1. 按酿造方法分类

(1)酿造酒。原料经糖化(或不经糖化)发酵后采用压榨方法使酒与酒糟分离制成的酒。

(2)蒸馏酒。含淀粉或糖较多的物质原料,经过糖化、发酵后,采用蒸馏的工序制成的酒。

(3)配制酒。用成品酒或食用酒精作为酒基,再配以香料、中草药和添加适量的糖和食用色素制成的酒。

2. 按酒中酒精含量分类

(1)高度酒。酒中酒精含量在40%以上,用蒸馏制成的酒,如白酒、威士忌等。

(2)中度酒。酒中酒精含量在20% ~40%之间,如青梅酒、人参酒。

(3)低度酒。酒中酒精含量在20%以下,如葡萄酒、黄酒、啤酒等。

3. 按糖分含量分类

(1)干型酒。葡萄酒中的糖经发酵后,绝大部分成为酒精,酒中含量0.4克/100毫升以下;如民权干葡萄酒、沙城白葡萄酒。黄酒中含糖量0.5克/100毫升以下,如元红酒。

(2)甜型酒。葡萄酒中每100毫升含糖量5克以上,如中国红葡萄酒、烟台红葡萄酒等;黄酒中每100毫升含糖量10克以上,如香雪酒。

(3)半甜型酒。葡萄酒中每100毫升含糖量为1.2~5.0克,如通化半甜葡萄酒等。黄酒中每100毫升含糖量5~10克,如加饭酒。

4. 按商业习惯分类

(1)白酒类。白酒以含淀粉和糖类较多的物质为原料,通过酒典、酵母的糖化和发酵,经蒸馏而制成的一种无色、透明、含高度酒精成分的酒称为白酒。

(2)黄酒类。黄酒以糯米、黏黄米(黍米)为原料,用麦曲、红曲、酒药进行糖化发酵,经压榨而制成的一种低度酒,称为黄酒,如绍兴酒、南方红曲黄酒、即墨老酒等。

(3)啤酒类。啤酒是以麦芽、酒花为原料,经过糖化发酵酿造而成的含有低度酒精和二氧化碳的酒。

(4)果酒类。果酒以各种果实为原料,发酵酿制而成的具有果实风味的一种低度酒,如山楂酒、苹果酒。

(5)配制酒类。配制酒类以葡萄酒或蒸馏酒为酒基,加入各种调香物质,配制而成。

(6)国外蒸馏酒类。蒸馏酒由于酿酒原料不同,酒度不同,除我国的白酒外世界蒸馏酒还有白兰地、威士忌、伏特加等。

(二)酿酒基本原理

在酿酒过程中,淀粉吸水膨胀,加热糊化,形成结构疏松的a-淀粉酶,在淀粉酶的作用下分解为低分子的单糖。单糖在脱羧酶、脱氢酶的催化下分解,逐渐分解形成二氧化碳和酒精。以淀粉为原料酿酒,需经过两个主要过程,一是淀粉糖化过程,另外还要经过酒精发酵过程。

1. 淀粉的糖化

淀粉在催化剂淀粉酶的作用下水解为单糖。淀粉酶来源于酒曲中的微生物,反应过程为:

$$(C_6H_{10}O_5)_n + nH_2O \xrightarrow{\text{淀粉酶}} nC_6H_{12}O_6$$

2. 酒精发酵

淀粉在淀粉酶作用下转化为葡萄糖,葡萄糖在酒化酶的作用下转化为酒精,酒化酶是由酵母菌分泌出来的。多数酒曲中也含酵母菌。反应过程为：

$$(C_6H_{12}O_6)\xrightarrow{\text{酒化酶}}2C_2H_5OH+2CO_2$$

这一反应与葡萄糖在人体内消化吸收过程完全不同，没有氧参与作用。酒精发酵是一个复杂的生物化学变化过程，它不仅产生酒精和二氧化碳，还产生许多其他物质，如甘油、高级醇等。

（三）白酒

1. 白酒的原料

生产白酒的原料包括主要原料、辅料、酒曲、酒母、水等。主要原料包括高粱、玉米、大米、大麦、薯类。

2. 白酒的成分

（1）酒精。酒精为白色透明液体，有独特的辛辣气味，具有较强的刺激性，酒精是衡量白酒酒度高低的标志，白酒的酒度是以酒精的容量百分比来表示的，如100毫升白酒中含40毫升酒精，其酒精度为40°，白酒中酒精含量高，刺激性大，不利于人体的健康，所以，白酒的质量优劣不能以酒精度来衡量。

（2）总酸。白酒中各种酸的总称。他们随水蒸气蒸馏进入白酒中，具有刺激性，分子量增加刺激性降低，对白酒中香气体起烘托作用，使主香气突出，是构成白酒“后味”的主要成分之一，酒中酸含量少酒味淡薄，后味短，含量过高，使白酒的刺激性增加，风味破坏，口味粗糙。因此白酒中的总酸含量应控制在一定的范围内。

（3）总脂。总脂是白酒中各脂类的总称。在储酒过程中，酒中的有机酸与醇作用形成酯是决定白酒香型的主要成分。

（4）总醛。白酒中的总醛主要是乙醛、乙缩醛、丙烯醛及糖醛。醛类多数是醇氧化酸的中间产物，具有强烈的刺激性和辛辣味，含量大，质量次。丙稀醛是在发酵过程中由葡萄糖在腐败细菌作用下产生的，毒性大，刺激性强，可使人流泪，酒中丙烯醛含量越少越好。糖醛刺激性强，有苦味、辛辣，酒中含量越高，质量越差。若含量在0.03%以下，使酒产生特殊香味，是形成异香型白酒的基础。

（5）高级醇。高级醇习惯上称为“杂醇油”，是高分子醇的混合物。白酒中存在的高级醇主要是异戊醇、异丁醇、正丙醇和少量的其他高级醇。白酒中的甜味来源于高级醇，优质白酒中高级醇有几十种。少量的高级醇能赋予白酒较浓的香气，但酒中高级醇含量高，使酒产生涉味，饮后上头，因为高级醇可引起中枢神经麻醉，所以称之为“酗酒之本”。

（6）甲醇。白酒中的甲醇主要是来源于原料中的原果胶物质，水解后生成甲醇，特别是薯类及代用原料中的果胶物质含量较高，成品酒中甲醇含量高，影响酒的质量，甲醇对人的视觉神经损伤可致失明。

（7）氰化物。以木薯或代用品为原料酿造的白酒，原料中的成分在发酵中分解形成氰化物，氰化物有剧毒，对人体健康有害无益。因此白酒中氰化物含量超过国家标准应处理后才能出厂。

（8）铅。白酒中铅主要来源于酿酒容器和冷凝器。铅为有毒的重金属，在人体内蓄积中毒，白酒中的有机酸与铅结合形成铅盐溶于酒中。一旦白酒中铅超过标准要求，必须经过处理后，才能出厂。

3. 白酒的质量

白酒质量的评价，基本上采用感官鉴定和理化鉴定。

(1)白酒的感官鉴定

①色泽。将酒倒入无色透明的高脚酒杯中，酒液应无色透明，无悬浮物，无沉淀，一些名优酒储存期较长，允许酒中存在极轻微黄色，如茅台酒。

②香气。白酒倒入杯中后，易挥发的呈香物质分散在杯口周围的空气中，通过嗅觉来检验酒的香气。对白酒香气要求协调愉快，主要香气突出，没有异常气味。

③口味鉴定。白酒的口味应“协调、和谐”。白酒中甜味主要来源于多元醇，白酒中多元醇主要有甘油、环已醇，它们是黏稠物质，能赋予白酒丰富的醇厚感，使白酒口味绵软可口。白酒中的酸味来源于酸产生的氢离子，氢离子浓度增加，酸味增强。白酒中羟基酸酸味较温和，对白酒口味有协调作用，而且对白酒有烘托作用。白酒涩味来自乳酸、高级醇、多酚类等成分可引起舌部黏膜蛋白凝固，产生收敛作用，感到涩味，白酒辅料用量过多和发酵不足，高级醇含量过多使白酒后味有苦涩感。

④酒体鉴定。通过色、香、味三方面评价酒体。酒体要求色、香、味正常，具有典型性。名优酒要求风格突出，一般白酒风格不突出，但不能有异味，白酒中某一成分超过平衡要求，酒会出现异常的气味和口味。

(2)白酒的质量要求

感官指标：

①色。无色透明，清亮无悬浮物，无混浊和沉淀物。

②香。清香，芳香扑鼻，饮后有回味玉香。

③味。醇厚，不酸，无怪味，无强烈刺激性。

理化指标：

①酒精。白酒酒精含量应符合各种白酒所规定的含量标准。

②甲醇。国家食品卫生标准中规定，粮食白酒中每100毫升不得超过0.04克，薯干等代用原料不得超过0.12克。

③总醛。具有强烈的刺激性和辛辣味，饮用后头晕，有害健康，一般白酒总醛含量每100毫升不宜超过0.02克(以乙醛计)。

④总酸。白酒中有机酸可提高酒的风味。一般白酒总酸含量每100毫升为0.06~0.15克(以醋酸计)。

⑤总酯。白酒中香味的主要成分，总酯含量每100毫升在0.02克(以乙酸乙酯计)。

⑥杂醇油。具有苦涩味，过多引起头晕。一般要求杂醇油含量不能超过0.15克/100毫升(以戊醇计)。

⑦铅。酒中有毒的重金属，白酒中的含铅量不能超过1×10^{-6}。

⑧氰化物。烈性毒物。国家食品卫生标准规定：木薯为原料白酒中含量不得超过5×10^{-6}(以氢氰计)，代用原料白酒中氰化物含量不得超过2×10^{-6}。

4. 白酒的保管

白酒保管主要任务是保证白酒的质量，降低损耗及防火。对酒库的管理要求，成品瓶装白酒，应选择比较干燥、通风、清洁的仓库进行保管，应避免阳光直射。库内温度不宜过高，防止酒中乙醇挥发，堆箱码垛时，应按不同品种规格进行分别码垛，摆放整齐，一般5~6层为宜。对散装白酒的包装容器应经常检查、检修，做到无渗漏，不破损，检查包装口是否严密，定期清除容器底部的杂质，以免影响白酒质量。

（四）啤酒

1. 啤酒的原料

酿造啤酒的主要原料有大麦、酒花、辅助原料、啤酒酵母和水。

2. 啤酒的种类

（1）根据啤酒的色泽分类

①浅色啤酒。色度在0.4毫升碘液以下。酒液淡黄，口味清爽，酒花香气突出，酒液透亮属于淡爽型。

②金黄色啤酒。色度在0.4～0.7毫升碘液。酒液金黄，口味清爽醇和，酒花香味突出。

③棕黄色啤酒。色度在0.7毫升碘液以上。酒液褐黄、棕黄、香气有焦味、口味稍苦醇爽。

④浓色啤酒。色度液在1～3.5毫升碘液之间。酒色棕红，麦芽香味突出，口味醇厚。

⑤黑色啤酒。色度在5～15毫升碘液之间，酒色深红褐色或黑褐色。麦芽香味突出，口味醇厚，泡沫细腻。

（2）按麦汁浓度分类

①高浓度啤酒。原麦汁浓度为14～20°，酒精含量为4.9%～5.6%浓色啤酒或黑啤酒，这类啤酒稳定性好。

②中浓度啤酒。原麦汁浓度11～12°，酒精含量为3.1%～3.8%，我国大多数啤酒属于此种。

③低浓度啤酒。原麦汁浓度为7～8°，酒精含量为2%左右，属于营养型啤酒，适合为夏天清爽饮料。

（3）按工艺中是否杀菌分类

①鲜啤酒。鲜啤酒又称生啤酒。在生产中未经杀菌，味鲜美，营养价值高，稳定性差，多位夏季桶装啤酒。

②熟啤酒。装瓶后经过巴氏杀菌，防止酵母发酵和微生物引起的质量变化，稳定性好，不易发生混浊，易保管。保存期一般为60天以上。高档产品可保持半年以上。多用于瓶装和罐装。

（4）按国外风味分类

①慕尼黑啤酒。德国慕尼黑产区，质量好，有浓郁的焦香麦芽味，口味微苦后甜，清爽淡雅。

②多特蒙德啤酒。德国产，酒品最佳，酒花少，酒精含量高，口味轻。

③波特啤酒。英国伦敦脚夫喜欢，有称“脚夫啤酒”。口味较淡，泡沫浓稠，酒液色浅。

④司都特啤酒。主产为英国和爱尔兰，酒色黑棕，酒花香味浓。

⑤爱尔兰啤酒。产于英国，为鲜啤酒。

⑥拉戈啤酒。产于美国，市场中多销售这种酒。

3. 啤酒的成分

（1）酒精

酒精含量是表示啤酒强度的一种方法。含量由麦汁浓度和发酵度决定的。麦汁浓度是酿造啤酒的基础，发酵度也十分重要，它们的变化与酒精含量和实际浓度（浸出物含量）有直接影响，并与啤酒的泡沫、滋味、稳定性密切相关。啤酒浓度是指原 麦汁浓度，它与白酒的酒度不同。如12°麦汁浓度的啤酒100克，标准中规定酒精含量不低于3.5%，发酵度应在60%以上。

(2)碳水化合物

啤酒中的碳水化合物主要是不能被酵母菌发酵的糊精，这部分糊精对啤酒的口味比较重要，它能增加啤酒的醇厚感也是啤酒产生热量的主要来源。

(3)含氮物

麦汁中低分子含氮物质含量较多，经发酵，低分子含氮物多数被酵母繁殖所利用，但酵母在代谢中也分泌一些含氮物(低分子含氮物占啤酒总量25%)，这些含氮物对啤酒的营养和风味有较好的影响。麦汁中高分子含氮物质较低分子含氮物质少，经发酵后，因温度降低和pH值变化一部分高分子含氮物析出沉淀，高分子含氮物过多影响啤酒的澄清和非生物稳定性。一般情况下，啤酒中的含氮物与麦汁含氮物的含量和酵母菌种的不同有较大关系。

(4)二氧化碳

啤酒中的二氧化碳是啤酒质量中的重要特征。溶于啤酒中的二氧化碳可降低啤酒的pH值，使口味柔和，二氧化碳还可防止杂菌污染。

4. 啤酒的质量

(1)感官检验

①透明度。酒液应澄清透明，无杂质，无沉淀，不含明显的悬浮粒。

②味与滋味。应有明显的酒花香味，口味纯正，无其他异味。浅色啤酒要求酒花香气突出，深色啤酒要求麦芽香气突出。

③泡沫。啤酒注入杯中，有泡沫升起，洁白细腻，持久挂杯。

(2)理化检验

①酒精含量。啤酒中酒精含量与麦汁浓度和发酵度有关系，一般来说12°啤酒，酒精含量不应低于3.5%。

②原麦汁浓度。12°啤酒原麦汁浓度应不小于12%。

③总酸。酒中酸对啤酒的风味影响较大。适量的酸可改进啤酒的风味，但酸含量过多使啤酒风味变坏。啤酒中总酸在1.8%~3.0%为佳。

5. 啤酒的包装

我国啤酒的包装主要有桶、瓶、听装三种。瓶装啤酒瓶为棕色或深绿色，防止阳光直射，造成酒精氧化混浊，瓶装啤酒应有一定耐压性，一般不低于1.2~1.5MPa。

(五)黄酒

1. 黄酒的种类

(1)南方糯米黄酒

绍兴酒以糯米为原料，以长江以南为主产区，主要是绍兴酒。以曲和药为糖化发酵剂，酿造方法分淋饭法和摊饭法两种。酒质醇厚，色、香、味高于其他黄酒。品种有元红酒、加饭酒、花雕酒、善酿酒、香雪酒等。此外，仿绍酒、宁波黄酒、无锡黄酒、嘉兴黄酒、江阴黑酒、丹阳甜酒、甜水酒等都属于此类。

(2)红曲黄酒

红曲黄酒是以红曲代替麦曲酿制的一种黄酒。以浙江南部、台湾、广州等省市为主。以糯米或大米为主要原料，利用红曲霉具有耐高温耐热的特点，而且具有一定的糖化发酵力酿造而成。品种主要有福建红曲黄酒。此外，浙江温州，金华也生产红曲黄酒。

(3)北方黍米黄酒

以黍米为原料，以麦曲为糖化发酵剂。以山东、山西、河北为主产区。品种主要以山东即墨黑老酒最有名。此外，东北黄酒也属此种。

2. 黄酒的质量

(1)感官指标

①色泽。浅黄到至红褐色，清澈透明，有光泽，不浑浊，无沉淀。

②香气。具有本品种特有的香气，香气浓郁，无异味。

③口味。甜、酸、鲜、苦、辣五味协调，有醇厚感，无酸涩味。

(2)理化指标

①酒精度。一般含酒精为10°~15°。

②酸度。总酸度一般在0.3%~0.5%(以醋酸汁)，超过0.5%酒味酸涩。

③糖分。绍兴酒在0.2~0.5克/100毫升。

④固形物。3克/100毫升。

3. 黄酒的包装

黄酒中酒精含量低，营养丰富，容易受微生物污染，引起变质酸败和沉淀。传统用陶质酒坛泥头封口，有利于酒液陈化老熟，提高香气，但易碎，运输不便。近年来，用瓶装和小型陶瓷坛，但不能采用金属物包装，因黄酒中酸含量高，易发生锈蚀，破坏酒的风味。

4. 黄酒的保管

黄酒在适当条件下储存，可以改进风味和提高质量，黄酒保管应在25℃以下，相对温度在60%~70%为宜，不能储存低于-5℃的环境中，否则会受冻变质。保管中黄酒会出现沉淀，这是自然现象，不是变质。

黄酒要求在低温、干燥、避光下保管。运输中避免风吹雨淋，陶坛包装泥头干裂脱落应及时修补。

(六)葡萄酒和果酒

1. 酒和果酒的原料

(1)葡萄

葡萄属于浆果，既可鲜食又能加工成果汁、葡萄干，还可以作为酿造葡萄酒的原料。

(2)果实

酿造的果品很多，应选择含糖量高，酸度适中，果汁多的品种。酿造果酒的果品主要有苹果、梨、草莓、沙果等。

(3)酵母

酿造葡萄酒和果酒所用的酵母，因酒的品种而异。酿造红葡萄酒，果皮上存在天然酵母，带皮发酵，可利用野生酵母。酿造白葡萄酒，在发酵时需加入培养酵母。

2. 葡萄酒和果酒的种类

(1)葡萄酒

①颜色的不同分为红葡萄酒和白葡萄酒

红葡萄酒。选用红色或紫黑色葡萄为原料，采用带皮发酵酿制而成。酒中溶有葡萄色素，使酒的颜色呈红色，如深红、宝石红等。口味浓郁醇和，酸度适中。葡萄果香、酯香突出。

白葡萄酒。选用黄绿色葡萄或红葡萄的果汁发酵酿制而成。果肉中的多酚类色素在发酵中氧化形成邻醌色素，酒色呈浅黄色或金黄色。口味鲜爽，澄清透明，柔和，有愉快的清香。

②酒中含糖量分为干葡萄酒和甜葡萄酒

干葡萄酒。葡萄中糖分经发酵后，大部分成为了酒精。100 毫升酒中含糖量在 0.4 克以下，口味清爽，协调柔和，有明显的葡萄果香，多为佐餐饮料。在国外干葡萄酒消费量大，我国人民不习惯饮用。

甜葡萄酒。酒中糖分含量高，100 毫升酒含有糖分在 5 克以上，口味甜爽。我国甜葡萄酒中含糖分在 1.2 ~5.0 克，口味微甜，醇厚，在美国、日本消费较多。

半干葡萄酒。100 毫升酒中含糖分在 0.4 ~1.2 克，酒香浓郁，微酸，爽口。

(2)果酒

果酒酿造方法与葡萄酒相似，果酒都是以果实名称命名的，如山楂酒、苹果酒、梨酒、黑豆蜜酒等。

3. 葡萄酒和果酒的质量评价

(1)感官指标

①外观。葡萄糖和果酒外观大多数应是澄清透明，有光泽，其颜色与酒的名称相符。

②色泽。葡萄酒种类不同而色泽不同，应具有与天然果实相近的色泽。红葡萄酒呈紫红色、宝石红、砖红色等。白葡萄酒、苹果酒应呈麦杆黄色、浅黄色、金黄色等。

③透明度。是反映酒质是否正常的一项指标。优质葡萄酒应澄清透明、有光泽、不混浊、无沉淀。

④香气。葡萄酒中香气主要是果香和酒香。应具有葡萄本身特有的果香和浓郁的酒香。果香是形成各种酒风味的重要因素，酒香是在酿造中产生的香气。构成酒香的成分不仅是酯类，还包括酚类、酸类、铜类等。酒香丰满持久，酒质越佳。

⑤滋味。滋味是决定葡萄酒的质量的重要指标。优质葡萄酒酒味香甜爽口，醇厚、软润，不得酸、过苦、过涩。干型酒滋味应爽口、酸、甜、涩味和谐、醇而不烈、甜而不腻。

(2)理化指标

①酒精度。葡萄酒属于低度酒，一般酒精含量在 10% ~14% 左右。

②酸度。酒中含有挥发酸和不挥发酸，两者之和为总酸。以葡萄酒为例一般总酸为 0.4% ~0.6%(以酒石酸计)。

③糖分。一般为 9% ~18%，最高达 20%。

4. 葡萄酒和果酒的保管

大多数采用玻璃瓶装，少数使用透明瓶装，大多数使用绿色，棕绿色及棕色等。葡萄酒和果酒中成分复杂，有些成分，如蛋白质、胶质、色素、单宁等水溶性胶粒，在外界温度、光等因素作用下，凝聚产生浑浊、沉淀。因此，最好采用深色瓶，有利于酒的保管。

5. 葡萄酒和果酒的储存

保管场所应空气流通，清洁卫生，防止光线照射，避光，储存要求库房温度在 8 ~25℃。温度过高加速酒中胶粒碰撞，易形成浑浊。温度过低，酒中大分子聚集产生沉淀。温度低于零度，酒精含量低的酒会出现结冰现象，破坏酒液的稳定性，易出现浑浊和沉淀。因此，应高于结冰温度 5℃为好。相对湿度 70% ~75% 以下，不应与有异味商品共同储存。葡萄酒和果酒运输时温度过高、过低易使酒质变化，应有防护措施。轻装轻卸，防止破损。

学习任务3 茶叶和水果类商品

茶叶是世界上三大饮品之一，而饮茶的历史之久、地区之广、数量之大、远远超过咖啡和可可。我国产茶历悠久，产茶地区分布广阔，品种繁多，除生产传统的名茶外，还根据市场需要生产速溶茶、袋泡茶等，很受国内外消费者的欢迎。

一、茶叶的分类

目前我国的商品茶可分为红茶、绿茶、乌龙茶、花茶、紧压茶等五大类。

(一)茶叶的主要品种及质量特点

1. 红茶类

是用鲜叶的茶叶，经过加工发酵制成的。质量特点：干茶色泽乌润，色红亮，具有红茶的香气和滋味。红茶类的商品茶有以下几种：

(1)功夫红茶。是我国传统规格的红茶。特点是做工精细美观，条索紧细，滋味醇厚，香气馥郁纯正，色红亮。著名品种有祁红(安徽祁红门，包括江西浮梁所产)；川红(四川宜宾)；滇红(云南风庆)。

(2)碎红茶。产品分叶茶、碎茶、片茶、末茶四种。以碎茶为主，故称碎红茶。特点是色泽红艳明亮，香高，味“强、浓、鲜”，经一次冲泡能将大部分有效成分浸出，在国际市场上最受欢迎。以云南、广西、广东所产大叶种碎红茶质量为最好。

(3)小种红茶。福建特产，初制时因烘干采用松末烟熏，所以它带有松木烟的香气。外形稍松散粗大，味烈爽口，是我国生产较早的红茶。

2. 绿茶类

绿茶的特点是初制采用高温杀青(铁锅“杀灭”鲜叶中的酶)，制止鲜叶中的酶对茶单宁的氧化，使绿茶汤色绿，味甘爽。绿茶按干燥方法的不同，分为下列几种：

(1)炒青。凡是用锅炒干的均称炒青。外销茶和内销茶的扁形类多属此类。炒青茶火候较高，外形紧结，汤色叶底翠绿，香气鲜锐，滋味醇厚，耐冲泡。由于炒制方法不同，外形有圆、扁、曲、直等形状，如眉茶、园茶、龙井、旗枪、大方、碧螺春等品种。

(2)烘青。凡是用烘笼烘干或用烘干机烘干的，内销茶(除扁形茶外)多属此类。烘青茶条索松弛，汤色、叶底黄绿，香气不及炒青鲜锐，滋味较浓醇厚。根据采摘时间和烘的方法不同，分毛峰、条茶、烘青、尖茶、片茶等品种。

(3)晒青。用太阳晒干的或先晒后烘干或炒干的均叫晒青。晒青茶香气低闷，有腥味，汤色和叶底乌暗，品质较差，如滇青、黔青、粤青、桂青、川青、湘青、老青茶等品种。以滇青质量为最好，是蒸压沱茶、方普洱、紧茶、饼茶的原料。用粗老鲜叶制成的老青茶是经日光晒干又经过“渥堆”变为黑茶，是蒸压青砖茶的原料。

3. 花茶类(又名香片)

花茶以绿茶中的烘青、炒青、毛峰等为原料，经过干燥和鲜花窨制而成的再制茶，也有用乌龙茶和红茶为原料加花窨制的花茶，但数量很少。花茶主要产于福建、浙江、江苏、安徽等省，广州、成都等地也有生产，但数量不多。

4. 乌龙茶(又名青茶)

乌龙茶的特点是制造方法介于红茶和绿茶之间，属于半发酵茶。条索较粗壮松散，香气滋味兼有绿茶的鲜浓和红茶的甘醇。茶汤棕红明净，叶底绿叶红镶边。

乌龙茶产于福建、广东、台湾地区，是主要的侨销茶，外销马来西亚、新加坡、泰国、菲律宾等地区，内销主要是福建、广东省，香港、澳门特别行政区。乌龙茶的品种很多，有40多种。福建省分为闽南、闽北两地。闽北乌龙茶以崇安武夷山所产的岩茶为代表;闽南乌龙茶所产的铁观音为代表。广东以水仙为代表，产于潮安、饶平、陆丰等县，潮安的凤凰水仙最著名，台湾以乌龙为代表。

5. 紧压茶

紧压茶是用黑茶(此种茶是用较粗老的鲜叶经杀青、揉念、渥堆、干燥等过程制成，色泽黑褐油润，汤色橙黄或橙红，香气纯正，滋味不苦涩，叶底黄褐粗大)、晒青和红茶的副茶为原料，经蒸茶、装模压制而成的再制茶。紧压茶的命名不一致，有的以形态来命名，有的以产地来命名。主要品种有砖茶(包括青砖、黑砖、米砖、伏砖、花砖等)、饼茶、紧茶、方包茶、金尖茶、沱茶、普洱茶等。特点是保持原茶的品质，便于携带、运输和储存。

(二)茶叶的主要化学成分与品质的关系

1. 茶叶的主要化学成分

茶叶中的化学成分有茶单宁、咖啡碱、芳香油、色素、碳水化合物、蛋白质、氨基酸、维生素等。在这些成分中茶单宁、咖啡碱、芳香油等是形成茶叶质量的重要因素，也是饮之有益的成分。

(1)茶单宁

茶单宁是一种多酚类的混合物，茶单宁在空气中易氧化为鞣质红，棕红色，这氧化过程是在氧化酶催化下进行的，茶单宁与高铁盐容易氧化成蓝、黑色的氧化物，所以泡茶不能用铁壶。

在中性或弱碱性溶液中有酶存在时会氧化成为无味的褐色物质，茶汤放的时间长了会氧化成树胶，使水面上有一层皮膜，遇到蛋白质能生成沉淀。茶单宁与蛋白结合生成鞣酸蛋白，易被人体消化吸收，与生物碱结合能生成晶体沉淀物，有解毒杀菌作用。茶单宁略呈酸性，具有收敛性的涩味，对茶叶的色、香、味有直接影响，在热水中溶解度大，在冷水中溶解度小。茶单宁使茶叶具有特殊味道，以稍带有收敛性而又带有甜味的为最佳，高级茶都是这个特点。

(2)咖啡碱(又名茶素)

茶素是茶叶中的主要生物碱，还有少量的可可碱、茶叶碱、黄嘌呤、腺碱等，茶素对茶叶的色香味虽无直接关系，但有生理功效，具有兴奋神经中枢，加快血液循环，消除疲劳、增强心脏、肌肉和肾脏功能的作用，所以能够健心利尿等。茶素呈白色针状有光泽的长条状晶体，无臭味而稍有苦味，在热水中溶解度大，在冷水中溶解度小，茶汤冷后发浑，叫“冷后浑”。茶素比较稳定，但是遇到高温，即发生升华，当温度达120℃时升华速度加快。幼芽嫩叶茶素含量多，老叶含量少，茶叶采摘越早越嫩质量就越好。

(3)芳香油(又名挥发油，茶香精)

芳香油是形成茶叶香气的主要物质，是一种很复杂的混合物，包括醇类、脂类、醛类、酚类、铜类等，具有挥发性的香气。芳香油在茶叶中含量虽然很少，但它决定茶叶的香气。嫩茶、高山茶含量多，品质好，香气高。

(4)蛋白质和氨基酸

茶叶中含有较多的蛋白质，约为17% ~20%（干茶），除蛋白质外还含有一定量的游离氨基酸(1% ~3%)，氨基酸的存在有利于提高茶汤的滋味，使茶汤具有鲜爽味。

(5)碳水化合物

茶叶中含碳水化合物约20% ~30%，有单糖、双糖及淀粉、纤维素、果胶质等。单糖和双糖能使茶汤具有甜醇味。还有助于提高茶香，可溶性果胶质可以使茶汤具有醇厚感。

(6)色素

色素是构成干茶、茶汤、叶底颜色的主要物质。绿茶的色素物质主要是叶绿素，故称茶绿、汤绿、底绿；红茶的色素主要是儿茶素的氧化产物茶黄素和茶红素等，因此称茶红、汤红、底红。

2. 茶叶的主要化学成分与成品茶质量的关系

茶叶的色、香、味、形是茶叶质量的主要因素，这些因素都和其成分有密切的关系，是各种成分的综合反映。

茶叶的不同色泽(包括干茶的色泽、叶底的色泽和茶汤的色泽)是由于不同的化学成分决定的。红茶干茶和叶底的色泽主要是茶单宁的氧化产物。而茶汤色泽主要是由水溶性的茶黄素、茶红素和少量的茶褐素形成的。

与茶叶香气有关的成分，主要取决于芳香油的含量和组成。茶叶的香气和滋味在感觉上虽然很难截然区分，但决定它们的化学成分是有区别的。鲜叶中的芳香油以醇类、醛类为主，还有部分酸类，其气味特征则以青草气味占主导地位。经过初制后，这些芳香油的含量和组成都发生了变化，所以不同茶的香气不同。

与茶叶滋味有关的化学成分主要是儿茶素，其含量决定着茶汤的滋味和涩味。蛋白质分解产物氨基酸的存在，使茶汤滋味鲜爽，尤其茶氨基酸对茶汤滋味的影响较为明显。在制茶过程中淀粉水解后，产生的糖使茶汤味甜。茶汤的苦味则是由咖啡碱产生的，茶青素也具有苦味，所以茶汤的滋味是多种成分综合的反映。

对茶叶外形的质量要求，虽然不同的茶类有所区别，但是茶叶的外形与内质有密切的关系。一般说来外形较粗送的茶叶，其色、香、味质量必然较差，而外形紧细的茶叶具有较好的色、香、味。

(三)茶叶的采摘和加工

1. 茶叶的采摘

茶叶主要采新长出的梢上幼芽、嫩叶。采一芽一叶，一芽两叶、一芽三叶作高级茶，采的幼芽、嫩叶产量低，质量高。采一芽五叶或六叶产量高些，而质量较低。如银白毫、高级龙井或高级碧螺春都采一芽一叶；一级、二级茶，是一芽三叶、五叶等。一芽一叶采在清明前，叫“明前茶”。一般是指江苏、浙江、福建一带，时间在3月底4月初(阴历)。安徽气温低些，就在谷雨前采“雨前茶”。而长江以北地区采“雨前茶”，比以上地区时间晚半个月左右。如果是高山，那么采茶时间就更短些。一年间采的茶以春天采的为最好，夏天、秋天差一些。二春茶(春天采二遍茶)比暑茶好，暑茶的生长期为炎热季节，叶片含纤维素多，颜色较深，质量差。在同一天内采茶，因时间不同，品质也有所区别，早晨采的早菁，因露水多，品质较次；中午采的午菁，润而不湿，品质最优；傍晚采的夜菁，品质亦差。茶叶的采摘方法目前仍以手工为主，也有用机器采摘的。

2. 茶叶的加工

(1)红茶

初制毛茶过程:鲜叶—萎凋—揉念—发酵—烘干—毛红茶。

经初制的毛茶外形不一致，质量不均匀，还需要经过精制，剔除杂质，进一步干燥，划为不同等级。

精制过程:筛分—切断—风选—拣剔—复火—匀堆—包装。

(2)绿茶

初制过程:鲜叶—杀青(炒或蒸)揉念—干燥(炒干、烘干或晒干)—绿毛茶。

(3)乌龙茶(青茶)属于半发酵茶

乌龙茶制法介于绿茶与青茶之间，精制过程与红茶相似。

其初制过程:鲜叶—萎凋(晒或晾)—摇青—炒青—揉念与烘焙。

摇青是制造乌龙茶的关键环节，目的是使鲜叶边缘相互摩擦，使细胞破裂、茶汁流出、氧化变红、叶绿发酵，形成绿叶红镶边的特点。

(4)花茶

花茶的窨制原理是利用茶叶里含有的高分子棕榈酸和烯萜类化合物，这些化学成分具有吸收异味的特点，所以通过窨制能使茶胚充分吸收鲜花的香气，提高茶叶品质，泡饮时有一种清香鲜爽之感。我国鲜花窨制花茶的类别很多，有茉莉花茶、玉兰花茶、珠兰花茶、柚子花茶、玳玳花茶、玫瑰花茶等。另外台湾省还有一种秀英花茶。其窨制过程为:

鲜花处理—茶胚整理(筛分、风选、拣剔、烘焙)—窨花—晾花—出花(起花)复火(干燥)—提花(即为商品花茶)。

(5)紧压茶

紧压茶是用黑茶、红茶末(包括老茶)做原料制成的。

从鲜叶制成紧压茶，须经过“初制”、“复制”、“压制”三个过程，初制是将鲜叶制成毛茶；复制是将毛茶筛分拼制成散茶;压茶是把筛分拼制好的散茶蒸饮后压制成紧压茶。

3. 茶叶的感官质量审评

茶叶的鉴定习惯上称为审评。除了对水分、灰分、茶末含量采用理化鉴定外，主要是感官审评，分为外形审评和内质审评两个方面，把两者结合进行审评，能全面地说明茶叶的质量。

(1)茶叶的外形审评

外形审评包括外形、嫩度、色泽和净度四项指标，主要反映了原料鲜叶的老嫩程度和制茶工艺是否恰当。审评所采用的方法是双手转动盛茶盘(清楚看见上、中、下不同层次的茶叶)，还可以采取扦取茶样的方法测出茶叶的外形匀度。

(2)茶叶的内质审评

内质评审包括香气、汤色、滋味和叶底四项指标。

①茶叶香气的审评。其香气干嗅也能辨别，但是湿嗅更明显，嗅香时不要把茶杯盖全掀开，只需要稍稍掀开杯盖，将它接近鼻子，嗅后盖好，放在原位，茶叶的香气在热、湿、冷时的差别很大，一般情况下热时香气高，区别比较明显，在湿冷时嗅香，可以嗅其特殊的香气和香气的持久性。每次嗅香不能太久，否则容易嗅觉迟钝。香气的审评主要区别香气的高低、持续时间的长短、纯正、有无异味等。高山茶的香气高而持久，春茶的香气高于夏、秋茶。

②茶叶汤色的审评。审评汤色应趁茶汤烫热时进行，茶汤冷却后，不仅汤色的色泽砖深

而且会出现"冷浑浊"。

③茶叶滋味的审评。茶叶滋味是由多种成分形成的，其中最主要的是茶单宁和咖啡碱，氨基酸和糖分也起着一定的作用。另外，茶叶的香气也与滋味密切相关。品尝茶汤的滋味，不要直接咽下，用舌头在口腔内打转2~3次后，再吐出来，质量好的茶叶，其滋味入口后稍有苦涩之感，但很快就会有回甜清爽的感觉。

④茶叶的叶底审评。从茶叶的叶底色泽和软硬，可以反映鲜叶原料的老嫩，叶底的色泽还与汤色有密切关系，叶底色泽鲜亮与浑暗，往往和汤色的明亮和浑浊是一致的。茶叶叶底柔软者说明鲜叶比较细嫩，粗老的鲜叶，其叶底比较硬。

二、水果的品质特征和选购、食用

水果类商品如今在国内人民生活和商贸事业中扮演重要角色。一是进入小康阶段以来，膳食结构从维持基本生活需要转为追求营养健康，水果成了生活必需品；二是加入世贸组织后，水果和茶叶将同属于国际市场上前景看好的商品。为此，在有限篇幅与众多食品中权衡，水果与茶叶同被选为本章研究的内容。

（一）水果的食用价值及主要化学成分

水果以鲜食为主，此外还可制成果汁、果脯、蜜饯、果酒等各式食品。水果所具有的极高的食用价值，取决于它独到的色、香、味、形及营养成分。

水果的色、香、味与其特殊的化学成分有关。

色彩鲜艳是水果的一大质量特点，各种果品的色泽都是由多种色素混合组成。果品中广泛存在的色素有叶绿素、类胡萝卜素、花青素和黄酮类色素，它们的种类和特性，关系到水果新鲜度、成熟度等。有的色素除呈色作用外，还具有营养价值，如胡萝卜素被人体吸收后可转化为维生素A。

不同水果具有不同香气。各种芳香油是水果香气的源泉。芳香油的含量及主体成分不同，因而使不同果品香气有别。芳香油只有当果品成熟时才大量产生，所以没有成熟的果品缺乏香气。

水果中的呈味物质主要为糖类和有机酸。糖酸比值的高低直接反映水果口味是否甜酸适中。使水果具甜味的主要是葡萄糖、果糖和蔗糖。

果品中的有机酸主要有苹果酸、柠檬酸和酒石酸，它们通称为果酸，对人体无害。果酸的种类及含量因果品的种类不同而有差异。

矿物质和维生素含量丰富是水果具极高食用价值的根本原因。矿物质和维生素可称之为水果类标志性的营养物质。

果品中含有多种矿物质，如钙、磷、铁、钾、钠、镁、硫和微量的碘、砷、铜等。钾的含量最高，因此多食水果有强心降压等保健作用。果品是人体所需钙、磷、铁、钾的重要食品源。

除上述主要成分外，与水果质量有关的化学成分还有果胶、鞣质、糖甙。果胶对食品加工有意义；鞣质是使某些食品具涩味的物质；糖甙多数具强烈苦味，或具特殊香气，代表性种类有普遍存在于果仁中的苦杏仁甙和柑橘果实中的柑橘甙，其中苦杏仁甙的水解产物中有对人体有害的氢氰酸。

此外，纤维素、脂肪、蛋白质也与水果质量有关。纤维素使果品耐贮，也对人体健康有益；脂肪和蛋白质主要存在于果品的籽实中。

（二）水果主要品种的品质特征及选购

1. 苹果

苹果按收获季节可分为伏苹果、秋苹果两大类。伏果多为7、8月采摘，果实肉质松脆，口味淡薄，略有香气，易腐，不耐贮，品质不如秋果。但它上市早，因此有一定的市场价值。市销伏果主要品种有黄魁、红魁、祝光、白粉皮，伏花皮、彩苹等。青岛、烟台所产白粉皮，辽宁产的甜黄魁，7月上、中旬成熟，上市早；祝光和黄魁品质较好。

秋果多在8月至11月采摘，肉质紧密，甜酸适口，香气浓，品质佳，耐贮藏，是日常消费中的当家品种。市销秋果主要有红香蕉、黄香蕉、青香蕉、红富士、国光、红星、红玉，其中以富士、青香蕉品质最佳，其果肉致密，质脆多汁，甜酸适度，香气浓郁，风味甚佳。秋果耐贮，在 -1℃到1℃，相对湿度在85% ~95%的条件下，3 ~5个月保持质量不变。

苹果在选购时，其品种的识别主要根据果梗、果形、果萼、果面和果肉风味五个方面进行辨别；其质量鉴别主要看其果肉成熟度、有无机械损伤及病虫害程度等。在同一品种中以果品光洁无虫害、色泽鲜艳、成熟度适中、肉质紧密、味正质脆、细嫩多汁、甜酸适中为上品，兼有浓郁香气者为佳品。

2. 梨

梨按果实形态可分为白梨、沙梨、秋子梨、西洋梨四大类。白梨果实大，倒卵形或长圆形，成熟后皮为黄色或黄白色，果肉脆、石细胞少，味香甜，肉质细嫩无渣、水分多，耐贮。我国优良品种的梨都属于白梨类。市销白梨品种有鸭梨、酥梨、山东莱阳梨等。其中鸭梨以皮薄、肉细嫩、香甜多汁、石细胞极少、无渣且耐贮的特点而享誉国内外市场。

砂梨果实多为圆形，果皮褐色或绿色，味甜多汁，但耐贮性差。市销沙梨名品有雪梨、三花梨等。其著名产地分别是安徽徽州、浙江义乌、四川苍溪。砂梨著名品种还有二十世纪、二宫白等，它们都是从日本引进的品种，现在我国中、南亚热带有较多栽培。

秋子梨果实呈扁圆形，果皮黄绿或黄色，有的品种石细胞多，品质较差。秋子梨极耐贮。常见品种为南果梨、京白梨、大香水梨等。其中产自北京的京白梨以皮薄核小、肉厚汁多、味酸甜而带清香闻名南北。

西洋梨果实多为瓢形，成熟后的果肉柔软多汁，香气很浓，但易腐不耐贮。西洋梨市销量大的品种有巴梨、伏茄梨、三季梨等。

梨有特殊食用价值，除有一般水果的功效外，梨能生津止渴、润肺消炎、清凉解毒、通便醒酒。

梨的品质优劣，品种是重要因素，选购时要注意品种的识别，必须从色、香、味、形四大方面进行品质鉴别。不同品种的梨以皮薄细嫩、有光泽、果肉脆嫩、汁多味甜、石细胞少、果心小、香味浓郁者为佳。同品种的梨以果个大小适中、果形完整、无病虫害；果皮光滑、无疤斑、无机械伤者为最好。

3. 香蕉

香蕉可分为香蕉、大蕉、龙牙蕉、粉蕉四大类。

香蕉果实狭长而弯曲，未成熟时有棱角，皮色青绿，成熟后皮色变黄并带有梅花点，俗称芝麻蕉。果肉黄白，味香甜，肉软糯滑，品质好。著名品种有福建天宝蕉、台湾北蕉、广东和广西的香牙蕉。

大蕉果形较直，呈五菱形，皮青色绿。成熟后果皮薄呈深黄色，果肉淡黄，肉厚有酸味，缺乏香气，品质中等。常见品种有半角蕉、月蕉、板蕉等。

龙牙蕉，俗称金蕉，外形较香蕉弯曲，蕉身圆滚，熟后皮金黄，皮薄光洁，果肉白色，水分少，含淀粉多，有特殊香气，品质中上。

粉蕉又称糯米蕉，果实长椭圆形，有棱角，形似大蕉但果个小，成熟后皮色黄白，皮比大蕉薄，味甜，香气一般，品质中上。大蕉、粉蕉上市者少。

香蕉性寒，味甘，具止烦渴、润肺肠、通血脉、通便等药用价值。香蕉的含糖量比较丰富，淀粉含量多。

香蕉产地偏于一隅，成熟后不宜长途运输，故一般在其七八成熟时采摘，再运达销售点经人工催熟后销售食用。

香蕉不同品种间以香蕉最好，龙牙蕉次之，粉蕉再次，大蕉列最后。同一品种以果实肥壮、只大皮薄，成熟适度、成色新鲜、无病虫害及伤烂、色味俱全者为佳。选购时可采用观色、手提、剥皮、品尝等方法进行。成熟适度的果皮色鲜黄两端带绿，两指轻捏果身，富有弹性，皮易剥离，果肉完整，肉色洁白或略带浅黄，入口柔软糯滑，甜香俱全。

4. 柑橘

柑橘是主产于亚热带的大宗水果，市面销售的常见种类有柑、橘、橙、柚四大种类，其中又以柑、橘、橙最普遍。民间将柑、橘、橙统称橘，但其形状与性味各不相同。橘类小而扁，皮薄而宽松，比柑类易剥离，橘络较少，种子尖细，品质上等，能早熟，但不耐贮。常见品种有早橘、乳橘、蜜橘、红橘等。江西南丰蜜橘、浙江黄岩蜜橘质量佳。

柑类果实大多趋于球形，果皮略粗厚，皮较紧，不易剥离，种子呈卵圆形，耐贮藏。常见品种有芦柑、邵柑、新会柑、蜜柑等。温州蜜柑最有名，其果肉细嫩多汁，酸甜可口，有桂花香气，无核或稍有小核。

橙类果实近于球形或卵球形，果汁多，酸甜适中，品质佳，耐贮。常见品种有新会橙、柳橙、漳州橙、锦橙、冰糖橙、脐橙等。其中的新会橙、锦橙是著名品种。

柑橘中含有极丰富的维生素 C。柑橘的皮、核、络、叶都是良好的中药材，也是提取香料的重要原料。

选购柑橘时不同品种应选择色泽鲜艳、香气浓、甜味足或甜酸适口、汁多、少渣者为佳；同种品种以果实端正、果实成熟、清新、光亮、无病虫害及疤伤、果梗新鲜青活络者为好。

5. 猕猴桃、山楂

这是两种由野生改良为大田栽培时间很短的新果品，均以富含维生素 C 而著称于世。猕猴桃每 100 克中含维 C100 毫克 ~420 毫克，是苹果的 20 ~80 倍，其他营养成分也很丰富，被誉为水果之王；山楂每 100 克中含维 C89 毫克，是苹果的 9 倍。据研究表明这两种水果对心血管病有较好的防治与辅助治疗的作用，对癌症有一定的抑制作用。

选购时，猕猴桃不同品种间以无毛型品种质量上，软毛型次，硬毛型差；同一品种，以充分发育、适时采收、正常成熟、自然软化的果实为佳。具体选购时，果实大、手捏有弹性、气味清香者为好，如带有酒气，则果实已发酵，不宜食用。

山楂不同品种以肉厚籽少，酸甜适度为好，同一品种以果大而均匀，色泽深红鲜艳，无虫蛀、硬伤、僵果者为佳。

任务小结

食品是供人食用、具有人体所需的营养成分或能满足人们某种嗜好的天然产物及其加工制成品。食品的营养成分主要有水分、蛋白质、脂类、维生素、糖类、矿物质等。食品商品最起码的质量要求应是对人体健康有利无害。在生产、加工、储运等环节有多种因素可能对食品造成污染。必须辨别食品污染类型和污染途径，采取各种有效措施确保食品卫生。绿色食品是按照特定标准生产方式生产，经专门机构认定，许可使用绿色食品标志，无污染的安全、优质、营养类食品。食糖是甘蔗或甜菜的提取物，按商业经营习惯分为白砂糖、赤砂糖、绵白糖、土红糖和方糖六种。酒是含有酒精成分的饮料。酒类的配制方法、风味、质量评价标准、贮藏和保管方式各不相同。商品茶可分为红茶、绿茶、乌龙茶、花茶、紧压茶等五类。茶叶的审评分为外形审评和内质审评两个方面。果类商品消费量高，是生活质量和水平普遍提高的标志，大宗果品有苹果、梨、香蕉、柑橘等。掌握一些果品的分类及选购知识有利于指导消费。

习 题

一、思考题

1. 食品污染类型主要有哪些？
2. 糖类物质的重要特性有哪些？
3. 简述白酒的感官鉴定。
4. 简述茶叶的主要化学成分。
5. 何为绿色食品，绿色食品应符合哪些标准？
6. 如何鉴别茶叶的质量？
7. 茶叶有何特性？如何保管？
8. 如何对苹果、梨、香蕉、柑橘等水果进行感官检验？

二、实训题

感管鉴别白酒、啤酒、葡萄酒、黄酒，分析各种酒的品质。

(1) 实验目的

不同种类的酒具有不同的特征，通过观察酒的外观特征和品尝酒的气味、滋味等感管特征，以鉴别酒的种类和质量。

(2)仪器和样品

酒杯、漱口杯、多种酒类。

(3)操作步骤和方法

将一定量的样酒倒入酒杯，在明亮处观察酒体的颜色、透明度等外观特征，然后闻其香气，品其滋味。对照本章第二节内容鉴别酒的种类和质量。

◆项目十　服装类商品

★知识目标：

1. 纺织品商品特性。
2. 纺织纤维的种类和性质；了解纺织品形成过程；了解服装的分类品种及性能特点。
3. 掌握服装的质量鉴别及选购、熨烫。

★技能目标：

能运用所学知识和方法鉴别服装质量，初步具备经营服装的有关技能和咨询服务能力。

★任务导入：

市井老裁缝的服装设计理念

清代钱泳的《履园丛话》中记载了这样一个故事。旧时北京有个裁疑缝做服装时，对穿衣人的性情、年龄、相貌，以至什么时候中举者要问个清楚。有人不解，嗔怪之，他回之曰："如少年中举，必定性情骄傲，走起路来挺胸凸肚的，因此衣要缝制得前长后短；如果年老中举，大都意志消沉，走路不免弯腰曲背，衣就得前短后长；性急的，衣宜短；性慢的，衣宜长。"

市井老裁缝的设计理念倒是与国际上公认的TPO原则（T代表时间、时令、日期、时代；P代表地点、场合；O代表对象、肤色、气质、职业）相吻合。

服装选裁与设计皆应因人而异，以人为本。这样的理念原来自古有之！难道不值得我们深思？

学习任务1　服装材料

一、纺织纤维的分类和性质

(一)纺织纤维的概念

纤维是指直径为几微米到几十微米，而长度比其直径大许多倍，其中有的长达数十毫米以上，具有一定柔软性和弹性的纤细物质。纤维的种类很多，通常把用来制造纺织品的纤维称为纺织纤维。纺织纤维除具有普通纤维的特征外，还应具备如下要求：有一定的强度，一定的长度、细度，有较好的吸湿性、保温性、饱和性、染色性能等。

纺织品商品无论品种怎样变化，花色、规格如何复杂，就商品本身而言，都是用各种纺织纤维为原料，经加工而制得。该类商品的使用性能、质量、主要取决于所用纤维种类的性质和质量。

(二)纺织纤维的分类

纺织纤维种类繁多，可以分为天然纤维和化学纤维。

天然纤维是人类直接从自然界取得的一类纤维。几千年来，天然纤维一直被人类所沿用。20世纪以前天然纤维是纺织品的主要原料来源。天然纤维包括植物纤维、动物纤维和矿物纤维。植物纤维因其主要组成物质是纤维素，又称天然纤维素纤维，包括棉纤维和麻纤维两类；动物纤维因其主要组成物质是蛋白质，又称天然蛋白质纤维，包括毛纤维和蚕丝两类；矿物纤维因其主要组成物质是无机的金属硅酸盐类，又称天然无机纤维，包括各类石棉。

化学纤维是由人工加工制成的纤维，包括人造纤维和合成纤维两类。人造纤维又称再生纤维，包括人造纤维素纤维（如粘胶纤维）、人造蛋白质纤维（如酪素纤维）、人造无机纤维（如玻璃纤维）；合成纤维包括聚酯纤维（涤纶）、聚酰胺纤维（锦纶）、聚丙烯腈纤维（腈纶）、聚乙烯醇缩甲醛纤维（维纶）、聚丙烯纤维（丙纶）、聚氯乙烯纤维（氯纶）等。

天然纤维和化学纤维中的黏纤、富纤等都具有吸湿、透气性好，易染色，其织品无熔孔性（遇热不会发软、发黏、熔融，而是先分解后炭化），穿着舒服等特点，但由于这些纤维强力较低，不耐磨，因此其织品一般耐用性较差，尤其是普通黏胶纤维织品表现明显。这类纤维织品在保管中要注意防霉防蛀。

合成纤维具有强力大、弹性好、耐磨、耐蚀性好，不易霉蛀等优点。因而用合成纤维加工的织品具有耐用性、保形性好等特征。但由于这种纤维的吸湿性小，耐热性差（遇热收缩变形），因而其织品透气性差，在穿着过程中易起毛，起球，吸附灰尘（静电作用）。

为了系统了解纺织纤维的性能及品种，需要对它们进行科学分类。习惯上，纺织纤维原料来源不同可分为天然纤维和化学纤维两大类，再按其化学组成和生物属性的不同又分为若干小类。具体分类见图10－1。

- 纺织纤维
  - 天然纤维
    - 有机纤维
      - 植物纤维
        - 棉纤维
        - 麻纤维
      - 动物纤维
        - 毛纤维
        - 丝纤维
    - 无机纤维：石棉
  - 化学纤维
    - 人造纤维
      - 铜氨纤维
      - 黏胶纤维
      - 黏胶纤维
    - 合成纤维
      - 锦纶
      - 涤纶
      - 腈纶
      - 维纶
      - 氯纶

图 10－1　纺织纤维分类图

（三）纺织纤维的种类及性质

1. 棉纤维的主要成分及性质

棉纤维的主要成分是纤维素。成熟的棉纤维在正常状态下含有 6%～8% 的水分。完全失去水分的棉纤维其成分有：纤维素占 94.5%，蜡质占 0.5%～0.6%，果胶质占 1.2%，含氮物占 1%～1.2%，矿物质占 1.14%，其他（糖类、有机酸类）占 1.36%。由以上成分看出：棉纤维是一种近于纯纤维素的纺织纤维。所以，纤维素的性质也就决定了棉纤维的理化性质。棉纤维的重要理化性质如下：

（1）吸湿性。棉纤维的吸湿性主要取决于纤维素的结构。因为在棉纤维中各个分子的排列是不规则的，这样就使得棉纤维成为一种多孔性的物质，它不仅具有中腔，而且在纤维素填充层之间也存在很多孔隙，使棉纤维具有吸湿性。同时，由于纤维素的分子结构中存在亲水基因，也使棉纤维具有较强的吸水性。

棉纤维的水分含量可用含水率和回潮率表示：含水率指棉纤维中水分含量占未干燥棉样重量的百分数；回潮率指棉纤维中水分含量占干燥棉样重量的百分数。含率与回潮率的互换关系式：

含水率（%）＝［回潮率/（1＋回潮率）］×100%

回潮率（%）＝［含水率/（1－含水率）］×100%

棉纤维在标准状态下的回潮率为 7%，当温度为 20℃、相对湿度为 95% 时的回潮率为 24%～27%。由于棉纤维吸湿性好，使其织物服用性能好且不易产生静电、吸尘和沾污。

（2）热性能。纤维素本身是热的不良导体，而棉纤维又是多孔性物质，内有中腔，这样就使纤维间存在大量的空气，使棉纤维及其制品具有良好的保温性能。

棉纤维具有良好的耐热性和热稳定性，棉纤维在受热后的显著表现是：常温下棉纤维无变化；在100℃条件下放置5～10小时，只会引起水分蒸发，而纤维的强力无明显变化；棉纤维在110℃以下不受损坏；当温度达150℃时引起棉纤维分解；温度高达250℃时开始变色，温度再升高时则会引起燃烧，纤维受到破坏，发生炭化。

棉纤维无热塑性，受高温作用不软化、不熔融，使其织物抗融性好。与热体接触时不会产生融孔现象，燃烧时不会发生因熔融黏结而伤害皮肤的现象。棉纤维耐湿热性良好，可用热水浸泡和熨烫。

(3)导电性。棉纤维是电的不良导体，干燥的棉纤维介电常数较低为3左右，由于水的介电常数较高(为80左右)，所以棉纤维随着吸收水分的增加介电常数相应增大，导电性能增强，在棉花检验中常利用这一原理制造纤维水分含量电测器。

由于棉纤维在一般的大气环境中能保持一定的吸湿水平，故导电性好，不易积蓄静电，用棉纤维与合成纤维混纺可降低合成纤维织物在加工和使用过程中的静电现象。

(4)光学性能。棉纤维的大分子沿着纤维的轴向有不同的取向排列，使其光学性质和其它物理性能呈现各向异性。与其他纺织纤维一样，在平等于纤维轴的方向上折射率高，而垂直于纤维轴的方向上折射率低，从而出现对光的双折射性。棉花的双折射性与纤维中大分子的排列情况有关，反映了纤维内部结构和品质，根据这一性能可制成仪器鉴定棉纤维的成熟度。

(5)酸的作用。棉纤维的化学性能比较稳定，对碱的抵抗能力强，不溶于一般的溶剂，但对酸的抵抗能力弱。

棉纤维耐酸性能较差，这是因为纤维素大分子上的1、4葡萄甙键对无机酸不稳定的缘故。在无机酸的作用下，纤维素大分子发生水解断裂生成水解纤维素，水解纤维素是各种聚合度的、被破坏的纤维素分子的混合物。纤维素水解后使棉纤维强力下降，化学稳定性变差。

影响纤维素水解速度的因素是酸的种类、浓度、温度及作用时间。强无机酸(如硫酸、盐酸、硝酸)对纤维素的破坏作用剧烈，磷酸较弱，硼酸和有机酸(如甲酸、乙酸等)则更弱。一些酸性盐类(如硫酸铝等)的水溶液呈酸性，也会引起纤维素大分子水解断裂，使纤维脆损。酸的浓度越高，温度越高，纤维素水解速度越快，作用的时间越长，水解破坏得越严重。

(6)碱的作用。棉纤维对碱的抵抗能力很强，即使是热的强碱溶液对纤维素的破坏也很缓慢，但若将棉纤维置于热的强碱溶液中并与空气接触，则纤维素极易被空气氧化生成氧化纤维素，此时碱起着催化氧化裂解的作用，氧化裂解的结果使棉纤维的物理机械性能下降，化学稳定性变差。

将棉纤维在常温或低温条件下浸入浓度为180～280克/升的烧碱溶液中，纤维吸收氢氧化钠引起剧烈溶胀，长度缩短，直径加大，并失去天然转曲，中腔变小或消失。若此时对棉纤维施加张力不使其长度收缩，则棉纤维产生丝一般的光泽，强度增加，吸湿能力提高，毛细管效应增高，化学反应能力提高，易于染色印花。当烧碱液被洗去后，纤维或织物所获得的优良性不消失。印染厂常利用此法处理棉强品或棉混纺织品以提高织品的质量，通常称为丝光工程。利用绵纤维在浓烧碱液中直径加大、长度缩短这一性能，还可在棉布上印碱制成泡泡纱。

(7)氧化剂与还原剂的作用。棉纤维抵抗还原剂的能力较强，抵抗氧化剂的能力较弱。在氧化剂的作用下使纤维素大分子发生氧化裂解，造成纤维或织物脆损。不同的氧化剂对纤维素的氧化破坏作用不同。

(8)耐日晒性。棉纤维长时间在空气中受到日光照射会引起纤维的损伤，由于纤维素大分子氧化裂解生成氧化纤维素使纤维的强力等物理机械性能下降。若将棉纤维置于惰性气体或无氧的环境中照射，则纤维无损伤；若将棉纤维置于无光的氧气中，则纤维几乎不被氧化破坏。

日晒时光线的强度越高，波长越短，纤维受到光氧化裂解的破坏作用越严重，若环境中有水分存在，则破坏作用加剧。

实验证明，使天然纤维经过日光暴晒，强力下降50%所需的时间如表10－1所示。可见，天然纤维中棉纤维的耐日晒性能较好，但不如亚麻和羊毛。

表10－1　天然纤维耐日晒性能对照表

纤维	日晒时间(小时)	强力损失(%)
蚕丝	200	50
棉	940	50
亚麻	1100	50
羊毛	1120	50

(9)耐微生物性。棉纤维容易发霉，但不易被虫蛀，在一定温湿条件下，棉纤维受到微生物的破坏而引起纤维素大分子的水解，继而发生水解产物的发酵促使棉纤维发霉、变色、变质，尤其是高品级的棉花色泽变化更为突出。受微生物扣害的纤维表面出现黑班，在碱液中变得容易溶解，色泽变暗，品级下隆。破坏棉纤维的微生物很多，其中以霉菌作用较剧烈。

由于在高温潮湿的条件下微生物极易生长繁殖并分泌出纤维素酶和酸，因而棉花及棉织物在储存时需控制好环境的温湿度及含水量，还应做好清洁卫生及堆码、苫垫等工作。

(10)染色性。棉纤维吸湿性能好，大分子上存在能与染料相结合的基团，纤维中又有能容纳染料分子的空隙，因而具有较好的染色性能，适宜于棉纤维染色的染料种类较多，且吸色性及色牢度均较好。

2. 麻纤维的主要成分及性质

我国种植的麻纤维有很多种，作为纺织用的主要是苎麻和亚麻。麻纤维化学成分主要是纤维素，以苎麻为例，其成分含量如下：纤维素点78.79%，果胶和木质素占60%，水溶性物质点6.9%，脂肪和腊质点1%～1.5%，灰分占0.6%水分占6.0%。纤维素含量愈多，麻纤维品质愈好。胶质含量愈多，则麻纤维粗糙发硬，又易于折断。木质素含量愈多，在日光照射下受潮时容易变。因此麻纤维的成分对其品质性质有较大的影响。麻纤维的重要性质如下：

(1)强度。麻纤维在天然纤维中强度最大，其中，苎麻强度为麻纤维之首，其实为亚麻。麻纤维的湿态强度是干态强度的11%～130%。麻纤维的强度使麻织品具有而磨、耐穿的特性。

(2)吸湿性。麻纤维是空隙性纤维，具有毛细管效应，其吸湿性比棉纤维还要强，散湿速度快，有干燥的手感。

(3)电性能及执性能。麻纤维是电的不良导体，有很好的电绝缘性。麻纤维散热很快，较棉纤维快25%左右，穿着麻织品有凉爽感，在湿热的情况下，以苎耐热性最好。

(4)耐酸、碱性。麻纤维不耐酸，若经大处理则可增加柔软和洁白，也可与化学纤维混纺。用苎麻制成的衣服穿着凉爽，吸湿透气、挺括。苎麻纤维与涤纶混纺是目前市场上最受欢迎的涤麻衣科，它具有挺括、不皱的特点。

亚麻耐磨性好，主要用于制作帆布、军用织品等。近年来，制成薄、中、厚度的衣秋穿着挺括、舒适、美观，深受消费者喜爱。

3. 羊毛纤维的主要成分及性质

羊毛纤维的化学成分主要是由角质蛋白质组成。角质蛋白在羊毛纤维中的平均含量占97%以上，组成角质蛋白质的元素是碳、氢、氧、氮、硫。在羊毛中硫的含量愈多，其强度和弹性也愈高。

羊毛分为无髓毛和有髓毛。无髓毛由鳞皮层和皮质层组成。有髓毛是鳞片层、皮质层和髓质层三部分组成。无髓毛和有髓毛对羊毛纤维性质及其特点有着直接影响。

一般说，羊毛纤维越细其鳞片数目越多。皮质层是羊毛纤维最主要的一层它直接影响羊毛的物量机械性能。如强度、弹性和耐折皱性等。皮质层越厚、其强度、抻度和弹性等就越好。毛髓位于维中心部有很多孔隙，含有一些空气在，潮湿一并境中，可提高羊毛的合湿，可提高羊毛的含湿量，毛髓大，则羊毛的强度、弹性、柔软性及着色力降低，影响其他用价值。累此无髓毛纺织价高有髓毛纺织价值小，羊毛纤维的主要性如下：

（1）伸度、弹性及密度。断裂强度及新断列延，科强伸度。管称强伸度。由于美的精细差异效大，其断裂强度多采用相对强度或断裂长度表示。正常情况下，羊毛的相对强度较其他天然纤维低，干态强度为0.9～1.5cN/dtex，湿态强度为0.67～1.43cN/dtex，相对湿强度（即湿强/干强×100%）为76%～96%。羊毛的断裂延伸度干态时为25%～35%，湿态时为25%～50%。回弹率高，当拉伸2%时，回弹率为99%；拉伸20%时，回弹率为63%。由于羊毛纤维柔软，弹性好，使其织物不易产生折皱；又由于羊毛较其他天然纤维粗，尽管相对强度低，但单纤维强并不差，使其织品较其他天然纤维织品耐磨，坚固耐用。羊毛的密度为1.32克/立方厘米，较其他天然纤维轻。

（2）热性能。羊毛的保暖性好。羊纤维是热的不良导体，其导热系数较低，为0.45～0.47千卡/米·度·时，比棉纤维低20%左右，加之羊毛纤维膨松柔软，在纤维内及纤维之间存在着许多不流动空气，使毛织品具有较好的保暖性能。

羊毛的耐热性和良好的耐低温性能。在干燥状态下加热羊毛时，当温度由30℃升高到70℃时，只会引起毛纤维回潮率的下降，纤维逐渐趋于硬糙，但无实质性的变化；温度由100℃升高到110℃时，纤维变黄，长时间处理30小时以上，分解出硫化氢和氨，使纤维强度下隆，弹性变坏；温度为135℃时是羊毛的分解点；温度达到160～170℃时，纤维产生显著分解，可嗅出臭味；温度达到220℃时，纤维发焦趋于炭化，明显失重；温度达到300℃以上，纤维发火燃烧。

羊毛耐低温性能较好。在-60℃～-50℃的低温条件下，纤维仍保持其柔软性，强度与常温时相仿。

羊毛能经受一般的湿热处理，强度和重量损失不大，处理条件剧烈会使纤维的强度和重量讯速下降，这是因为纤维的大分子发生了水解的缘故。

（3）吸湿性。羊毛是吸湿性较强的纤维材料，在标准状态下的回潮率为16%左右，最高吸湿能力可达到40%以上。这是由其化学成分及纤维结构决定的。羊毛大分子含有较多的亲水性基团，纤维又具有多孔性，使毛织物吸湿性和透气性好。与其他纤维材料一样，羊毛吸湿多少与环境的温度有密切关系。为了确定羊毛的真实重理，合理计价，羊毛及其制品在收售业务中须规定公定回潮率，羊毛的公定回潮率15%。羊毛的吸湿量除影响纤维的重量外，还会引起纤维一系列性能的为化。例如吸湿后水分进入纤维内部，使大分子间的作用力减弱，造成纤维直径的加，长度增长，体积增加，同时使羊毛的断裂强度下降，断裂延伸度高行等等。因此对羊毛及其制品进行质量签定和性能分析时，须严格掌握回潮率。此外当羊毛的吸湿量达到一定程度后，在高温高湿情况下会促使微生物繁殖，不利于保管。

(4)可塑性。在沸水或100℃的蒸汽作用下，羊毛纤维会逐渐膨胀，毛质变软，此时若施加一定的压力将羊毛压成各种形状，待一定时间后冷却并除去外力，则被压成的形状保持不变。毛织物的熨烫便是基于这个原理。羊毛的可塑性对于毛织物的外观美化加工具有重大意义。

(5)缩绒性。羊毛纤维及其制品在湿和热的条件下，经过机械外力的反复作用，羊毛纤维相互插纠缠，使纤维的集合体逐渐收缩紧密，交编毡化，这一性能称为羊毛的缩绒性。

毛织物绒后，其表面积收缩，厚度和紧度增加，表面露出一层绒毛，手感丰厚柔软，保暖性提高，且坚牢耐用。许多粗梳毛织物及精梳毛织物的个别品种(如啥味呢)需经过这一加工使织物外观优美，获得独特的风格。毛纺织厂将这一加工工序称这为“缩绒”或“缩呢”。松散的毛纤维也可经过缩绒制成具有一定机械强度、一定形状、一定密度的毛毡片，这一加工又称之为“毡合”，毡帽、毡靴便是这样制成的。

着毛具有缩绒性的主要原因，一是羊毛的毛干上有定向热电厂列的鳞片层，使毛纤维的顺摩擦系数，当羊毛受到机械外力的反复作用时，产生向着根部方向的定向移动，这是产生缩绒现象的根本原因。每根纤维都带着和它纠缠在一起的纤维按照一定的方向蠕动，致使纤维间相互紧纠缠毡合，摩擦系数差异越大，则羊毛的缩绒性越强。二是羊毛具有高度的拉抻与回缩弹性，当外力反复作用时，羊毛产生变形，时而拉伸时而回缩，纤维间形成了相互移动，有利于纤维的纠缠密集，三是羊毛具有双侧结构，使纤维具有稳定的卷曲，当纤维向着根部移动时并非直线运动，而是方向不定地使蠕动着的纤维交叉穿插纠缠时，同时受到湿和热的作用，使羊毛在新的位置上塑造因定形状，从而达到了缩绒的目的。

由此可见缩绒性是羊毛纤维的重要特性，它是羊毛各项性能的综合后应通常较细的羊毛结合实际绒性好，平面波形的羊毛比螺旋波形的羊毛缩绒性好。

缩绒性会使毛织物在穿用过程中产生收缩变形。这种收缩变形并非一次完成的，只是收缩的比例逐渐减小。缩剂的存在(如碱性洗涤剂、汗渍等)会促进缩绒变形。许多毛织物，如大部分精梳毛织物要求纹路清晰，形状尺寸不变，因此需要进行防缩绒处理，减小或消除羊毛纤维的缩绒性，通常采用破坏鳞片层的方法(丝光处理)来达到上述目的。

(6)导电性能。干燥的净羊毛是电的不良导体，由于摩擦会使羊毛带有静电，给纺织加工带来困难，并使沙条发毛。为便于纺织加工，常在羊毛中加入一定量的毛油并适当提高环境的相对湿度。

(7)酸对羊毛的作用。羊毛对酸的抵抗能力比纤维素纤维强，对酸比对碱有较高的称定性，因而可在酸性条件下进行染色加工。

酸对羊毛的作用随着酸的种类、浓度、温度及作用时间而异，强酸对羊毛角朊的破坏作用较弱酸大。在常温或低温时，弱酸或稀的强酸对角朊无明显的破坏作用，随着浓度和温度的提高及作用时间的延长，角朊被破坏的程度越加严重。

实验证明，当PH接近4时，角朊即产生破坏；当PH小于3时，角朊受到显著破坏，纤维强度有明显下降。

酸对羊毛大分子的作用，一是使大分子主链产生不同程度的水解；二是酸与大分子中盐式键的碱性基因（胺基 - NH2）相接合使盐式键被破坏的结果。

（8）碱对羊毛的作用。羊毛对碱的作用较敏感，对碱的抵抗能力比纤维要差的多。碱对羊毛的破坏作用是碱与羊毛大分子中盐式键的酸性基团（羧基 - COON）结合，使盐式键被破坏；碱破坏了羊毛大分子主链发生水解。

羊毛受到碱的破坏后，使纤维的强下降，颜色变黄，光泽暗淡，手感粗糙，含硫量下降，强性变坏，抵抗化学药剂的能力变差，以致在碱的破坏作用大于弱碱，破坏程度取决于碱的种类、碱的浓度及作用的时间。强碱的破坏作用大于弱碱，碱的浓度、温度及作用时间的提高使破坏作用加剧。当其他条件相同时，苛性碱的破坏作用最强烈，若条件控制得好，可不至对纤维造成明显的损伤。实验证明；当碱液的 PH 达到 8 时，角朊可产生破坏较显著；当 PH 高于 11 时对角朊破坏剧烈。

（9）氧化剂与还原剂的作用。羊毛对氧化剂较敏感，氧化剂对羊毛破坏，一是使胱氨酸键被氧化分解和水解，破坏了大分子之间的交联；二是氧化大分子末端具有氨基（ - NH3）的氨基酸；三是使大分子主链氧化断裂。作用的结果使羊毛的强度不断下降，性能恶化。氧化破坏的程度因氧化剂的种类、浓度、温度及作用时间不同而异。3% 的过氧化剂（如漂白粉、次氯酸钠等）对羊毛有强烈的破坏作用，不能用于漂白。所以毛织物使用过氧化氢漂白时，须控制好工艺条件，才能使羊毛少受损伤。

还原剂对羊毛的作用较氧化剂弱得多，还原剂对角朊的作用只限定在胱氨酸键，因而毛织物漂白常使用还原性漂白剂进行漂白。

（10）日光、气候对羊毛的作用。羊毛是天然纤维中最不耐日光气候的纤维。经过日光的照射 1120 小时，羊毛的强度下降 50% 。日光气候对羊毛的破坏主要是紫外线的照射使胱氨酸被氧化分解的结果。受破坏的毛纤维不但强度、弹性、手感等性能显著恶化，还会影响对化学药剂、染料的接受性能，使毛织物在染加工过程出现一系列不正常情况。日常洗涤后的羊毛服装也不宜长时间在日光中曝晒。

此外，在耐微生物性能及染色性能方面，羊毛纤维不耐虫蛀，抗菌食性尚好。吸收染料的性能较植物纤维强，这是因为羊毛的吸湿性强，且大分子中含有与染料相合的基因。毛织物染色时常用的染料有酸性酸性、酸性媒染、酸性络合和中性络合染料。

4. 蚕丝的化学成分及性质

蚕丝是一种化学成份复杂的天然蛋白质高分子化合物，每根蚕丝都由两条平行的单丝组成，蚕丝的主要成分是丝素或丝胶，在蚕丝中丝素含量约为 72% ~80%，四周包有的丝胶占 18% ~25%。还有少量的色素、脂肪和灰分等。丝素和丝胶都是蛋白质，蛋白质水解后最终产物为多种氨基酸。蚕丝的主要性质如下：

（1）吸湿性。蚕丝具有较好的吸湿性。蚕丝中有许多可以吸收气体的空隙和能吸附水分子的亲水性基团，使干燥的蚕丝在潮湿的环境中能放湿。这样，用蚕丝制成服装后，能吸收人体排出的汗水，带走人体热量，减少微生物在皮肤上滋生的机会，故穿着真丝服装使人体具有滑爽、舒适、凉快的感觉。同时也可以防止湿疹、皮肤瘙氧等皮肤病的产生。

（2）绝缘体和耐热性。蚕丝是电的不良导体，是电器的绝缘材料。具有较好的耐热性，当温度为 1100C 时失去水分，1500C 时纤维强力下降，温度达 2350C 时，立即燃烧并发出烧毛臭味。

(3)光泽。蚕丝的外观有柔和润亮的光泽，是其他纤维所不能相比的，这是由它的表面性质的截面性质和截面形状对光线的综合反射所形成的，生丝经炼脱胶后即为熟丝，外观更为明亮、光洁、滑糯、美观。

(4)与酸碱、盐的作用。蚕丝是一种弱酸性物质，耐酸性较好，稀酸处理可增加丝的光泽，也可进行皱缩加处理制成凹凸花纹。蚕丝对碱比较敏感，使用中不宜用碱性大的肥皂或洗涤剂洗涤。蚕丝受盐的作用，丝绸织物受汗水浸蚀，会出现黄褐色的斑点，降低强力，影响其穿用寿命。

另外，蚕丝的比重较水，耐日光性较差。

5. 化学纤维的性质及特点

化学纤维简称"化纤"，是通过方法加工制造出来。化学纤维可分为两类，一类是人造纤维，另一类是合成纤维。人造纤维生产较早，已有七八十年的历史，合成纤维在四五十年代才实现生产工业化。

(1)人造纤维。人造纤维是指取自含天然纤维素的物质，如木材、棉短绒、芦苇、甘蔗渣等，经过化学处理及机械加工而制成的化学纤维。这类纤维有黏胶纤维，醋酸纤维及铜氨纤维，其特点是强度较差，吸湿性好染色容易。

①黏胶纤维。黏胶纤维所含纤维素和棉花相似，但它的性质又不完全同于棉纤维。黏胶纤维主要有以下几方面的物点：

a. 光泽：黏胶纤维虽不如蚕丝那样柔和悦目，但是用它织出的丝绸精致美观，富有耀眼的光泽。

b. 吸湿性：黏胶纤维在化纤中吸湿性是最强的，约为12% ~13%。比棉花高，仅次于羊毛，吸湿性大的纤维，缩水率一般都比较大，黏胶纤维也如此，其缩水率一般10%左右。纤维吸湿大，从穿着卫生看，衣料排汗畅通，避免汗液刺激皮肤，身感舒适。如与吸湿差的合成纤维混纺，可约会被后者穿着的不吸湿性和不透气性，并且还有利于纺织上的加工。

c. 染色性：黏胶比棉纤维容易上色，并肯容易获得鲜艳的颜色。一般染棉布用的染料都可用于人造纤维布。

d. 强力：是各种常见纤维中强力最差的一种。黏胶纤维在干态时强力接近棉纤维，但在湿态时，强力下降明显。

e. 弹性：黏胶纤维弹性较差，形态称定性差，织挺括，易起皱变形。

②富强纤维。富强纤维简称"富纤"属于纤维素纤维的一个品种，市场上称"虎木棉"，是一种强度较高的新型黏胶纤维。它的原料与黏纤相同，只不过在生产工艺上与普通黏纤有所不同。它的缩水率比较小，仅为3% ~4%，比普通黏纤小50%，强力较普通黏纤大，在干燥状态下强力比黏纤高，在湿状态下只降低20% ~30%，弹力较黏纤高40%左右。挺括不易起皱，易洗易干，耐碱性也较好。

③铜氨纤维和醋酸纤维。铜氨纤维是把纤维素常人于铜氨常人液再喷纺成丝，其性质与黏胶纤维相似，可喷纺纺特细的丝，纤维光洁润滑，与真纤维相似，抗霉力高于其他纤维素纤维，适宜作高级细、薄的衣料。

(2)合成纤维。合成纤维是用烧杯、天然气、石油等为原料、经过化学合成及机棋加工而制成的纤维。这类纤维有涤纶、锦纶、腈纶、维纶、丙纶、氯纶等，其特点是强度高、弹性好、耐磨、不易霉、不易虫蛀，但吸湿性差，染色一般比较困难。合成纤维工业在20世纪30世代末40年代初发展起来。由于石化的发展，为合成纤维提供了廉价原料，因而发展迅速。

①涤纶。涤纶为聚酯纤维，学名为聚对苯二甲酸乙二酯，我国命为涤纶,美国称达可纶，英称特丽纶，日本称帝特纶。

涤纶纤维的优点在于搞皱性好，织品做成的衣物挺括不皱，保型性极佳，强度高，耐热性能好。涤纶纤维吸湿性低，不易吸水，也不缩水，同样也不开吸汗，纺织工业常将涤纶纤和天然纤维或其他化学纤进行混纺，以提高织品的吸湿能力。涤纶纤维的强度是羊毛的三四倍，耐磨性比羊毛高三倍多，回弹性好。所以，涤纶衣料结实耐穿。

②锦纶。负担纶学名为聚酰胺纤维，它是合成纤维中发展最早的一种纤维，由于这种纤维具有很多优良特性，所以发展很快。近年来由于聚酯纤维和改性化纤快速发展，锦纶纤维已退居第二位。

锦纶纤维的优点在于它强力大，耐磨性强，有“强力大王”之称。锦纶纤维的耐腐蚀性好，可用来做耐腐蚀的工作服和渔网。绵纶的耐日晒性能很差，长时间在阳光下照晒，会使纤维强度降低，褪色发黄。绵纶的耐热性能也很差，在170℃时开始软化，到215℃就会熔化，因此最高熨温度不能超过150℃，否则绵纶衣服就有黏结熔化的危险，同时还要防止火星落到衣服上烧成孔洞。

③腈纶。腈纶的学名是聚丙烯腈纤维，1950年开始工业化生产，在合成纤维中问世较晚。从柔软、保暖、卷曲、蓬松等特来看，可以和羊毛媲美，但比羊毛轻、牢固、不易虫蛀、又耐洗，有“人造羊毛”之称。

腈纶的主要优点是耐晒。它对日光与气候作用抵抗力强。它的耐热性较好，在125℃热空气下持续一个月，强度仍不变，还可在180~200℃下短时间应用。腈纶纤维蓬松、卷曲、质轻丰满，利用现代染色技术可以染成五颜六色，鲜艳似锦。

④维纶。维纶学名叫聚乙烯醇缩甲醛纤维。没有染色的维纶洁白如雪，柔软如棉，有“合成棉花”之称。

维纶的优点是吸湿性能较好，一般条件下，吸湿性可达4.5%~5.0%，维纶的耐磨性较高，若在棉花中掺上一半维纶纤维，它的耐磨牢度要比条件相同的棉布高出两倍以上，不愧为耐磨的“棉布”。维纶的耐晒性较好，但它的弹性与耐热性较差，衣服易出现皱折，不易染成漂亮颜色，更不能沸煮。

⑤氯纶、丙纶、氨纶。氯纶学名叫聚氯乙烯纤维，它的优点是耐化学腐蚀性、保暖性、难燃性、电绝缘性都很好。氯纶的耐热性很差，在70℃左右开始收缩、软化。因此，在洗涤时温度要相当低(不超过40℃)，不宜熨烫。

丙纶学名叫聚丙烯纤维，它是合成纤维中最轻的，比水还累，放到水里可飘浮起来。市场上销售的主要是丙纶与棉混纺的衣料，用它做的衣服缩小率很小，约在2%~3%，低于棉/维布，耐磨坚牢度高于棉/维衣料，尺寸稳定易洗快干，近似涤/棉衣料。不过棉/丙衣料耐热和耐光性都差，所以用它做衣服，熨烫时不能超过100℃，更不宜在阳光下曝晒，否则易老化，损伤纤维。

氨纶的学名是聚氨基甲酸乙酯纤维。它的最大特点是弹性优良、回弹性高，可与橡皮筋相比。当伸长50%时，弹性恢复率达95%~99%，故穿着舒服、柔软性好。氨纶的化学稳定性、耐磨性、抗虫性良好，但吸湿性较差。它既可纯纺、也可混纺，广泛应用于针织品中，同时还大量用于各种服装的松紧部位。

二、纺织品的形成

纺织商品按形成的原理大致分为机织物、针织物、无纺织布法制成的非制造织物三种。机织物是由经、纬两系统纱线在织机上互相交织而成的织物;针织物是由单独一组线编连而成的织物,有经编织物与纬编织物之分;非织造织物是将松散的纤维用黏合法或针刺法,予以黏合或缝结而成的织物。由于它们的加工设备、生产工艺、生产程序等过程不同,形成了风格各异、用途不同的纺织商品。

各种纺织品都要经过纺织——织造——染整——成衣(部分或全部加工)等生产加工过程。

(一)纺纱

纺纱是指纺织纤维材料纺制成纱线的过程。各种纤维的纺纱工程虽有各自特点,但基本原理相同,都需要经过开松、梳理、牵伸、加捻等四个基本工序。开松是使用开松机械将压紧成包的大纤维块松懈成小块或小束的过程,其中所含较重的杂质如泥沙、绵籽等在此过程被清除。梳理是用密集梳针将纤维小块或小束进而松懈成单根纤维状,使之充分混合制成符合一定规格和质量要求的均匀棉条的过程,它也有去除纤维中叶屑、草屑、纤维结等细小杂质的作用。牵伸是将所制成的纤维条,经过均匀地抽长拉细,使纤维逐步伸直直至条子达到预定粗细的过程。加捻是利用旋转运动使纤维细条绕其自身回转,使纤维互相抱合成为具有一定强度的纱的过程。

下面主要介绍几种主要原料的生产加工程序。

1. 棉纱及棉型纱生产程序简介

(1)原料的选配。由于棉花生长的地方、品种、生产条件、加工水平的不同,使原棉的主

要性质如纤维的长度、线的密度、强力、成熟度、杂质含量等都不同。企业为了使棉纱的质量好,成本低效益高,通过将具有各种不同特点的原棉,进行科学、合理地搭配的工序。化学原料的选配包括:纤维品种的选配,混纺比的确定,纤维性能等方面。

(2)开清棉。这是纺纱工艺流程的第一道工序,加工的对象是轧棉厂来的棉包或化纤生产厂来的化纤包。此道工序是为了纺制出清洁的符合一定要求的纱,而进行的清除杂质或疵点,并将各种原棉和化纤按工艺要求充分均匀混合的目的。为使除去杂质及充分混合,须将密度较大的棉块或化纤块进行松懈,原料越松散,杂质越易清除,混合也越均匀充分。使用的设备是抓棉机、混棉机、开棉机、清棉机。

(3)梳棉。这是纺纱过程中最重要的工序之一。此道工序是将开清棉工序制成的棉卷或棉层中的棉束、棉块进行细致的梳理,进一步清除细小的杂质和疵点并使其大部分分离为单纤维状态。然后,将单纤维充分地混合制成符合一定规格和质量要求的棉条。使用的设备是梳棉机。

(4)并条。这是将经梳棉工序制成的棉条用并和的方法改善条子的长片段、中片段的均匀度,继而采用对棉条约 6 ~ 8 倍的牵伸的方法改善其结构,提高纤维的伸直度和分离度,再经 2 ~ 3 次的反复并和进一步实现单纤维的混合,保证条子的混棉成分均一的工序。使用的设备是并条机。

(5)粗纱。经并条工序后的棉条(熟条)纺成细纱,需要约 150 倍以上的牵伸倍数,而且目前的大牵伸细纱机的牵伸能力大约 30 ~ 50 倍。所以,在目前条件下,在并条工序与细纱工

序之间，设置了粗纱工序。主要是将熟条先施加 5～10 倍左右的牵伸，使粗纱适应细纱机的需要，然后加上适当的捻度，使粗纱具有一定的强力，并且纤维的分离度、伸直度、清洁度得到进一步的提高。

(6)细纱。此工序是将粗纱均匀地抽长拉细到成纱所要求的线密度，加上工艺需求的捻度，使成纱具有一定的强力、弹性和光泽的特点。将此细纱在管筒上卷绕成形，便于运输、储存和后加工。

(7)后加工。此工序有络筒、并纱、捻线、摇纱、成包等。其目的是改善产品的外观质量；改变产品的内在性能；稳定产品的结构状态；制成符合后道工序的管纱、筒子纱、绞纱等卷装形式。

2. 毛纱及毛纱生产程序简介

(1)原毛准备。此过程是对进厂的原毛，按其品质或工业用毛标准进行分支或分级，去除杂质和疵点毛。然后使用开毛机对原毛开松和除杂质，提高洗毛的效率和质量。洗毛的目的是要洗去毛纤维上的羊毛脂、羊汗和尘土污垢等。经过洗毛加工的洗净毛还须要烘干以达到能储藏、运输的目的。使用的设备是开洗烘联合机。

(2)毛条制造。此过程是根据精梳毛条的品质标准，将不同长度、线密度及其他特性的洗净毛，按照一定比例搭配(配毛)后，经过和毛设备进行初步开松混合，同时加入一定量的乳化油，以增加润滑性，减少纤维损伤，消除静电，纺织纤维扩散。和毛机上下来的块状、束状原料需要经过精纺梳毛进一步松解、混合、除杂，通过反复的梳理，将散纤维聚合成连续不断的毛条。纤维经过梳毛机上各滚筒表面针齿间的反复松懈和叠和，实现梳理、混合及去杂质，最后将纤维理直，形成毛网，再聚集成条。然后经过理条针梳工序，使纤维顺直和松懈。此时的毛条还不能满足精梳毛纱的要求，因此，设置了精梳工序，目的是提高毛条中纤维的平均长度，除去上道工序残留的毛粒、草屑。此后再经过整条针梳工序，通过毛条混合、梳理、牵伸，使纤维平行伸直，改善毛条的结构不匀和重量不匀，加工成标准单位重量的、符合后道工序所需要的毛条。最后经过复洗使毛条通过洗槽的洗涤和烘房的热定型，进一步消除纤维的卷曲，固定其伸直度，洗去制条过程中的油污。

(3)前纺。此过程采取混条、针梳、粗纱三道工序。将若干根不同性质(如线密度、长度)、不同纤维(如羊毛、化纤等)、不同颜色的条子经过并合、混合和牵伸，纺制出下道工序所需要的毛条。毛条经过三或四道针梳机的合并、梳理、牵伸作用，使毛纤维进一步平行伸直，排列紧密，出条重量均匀。然后将针梳后的毛条再牵伸到一定的线密度，进行加捻或搓捻增加纤维间的抱合力，供后道细纱加工。

(4)后纺。此过程采用细纱、并线、捻线、络筒、蒸纱诸工序。将前纺工程制成的粗纱在环锭细纱机上，经牵伸、加捻、卷绕，纺制成条干均匀，符合线密度、捻度的细纱，以管纱的形式供后道工序加工。细纱机上出来的是单细纱，还需要在并线机上将若干根单纱并合，通过捻线机加捻，以提高纱线的张力、均匀度、光洁度、丰富弹性，改善手感。随后将管纱重新卷绕，增大容量，并经清纱器进一步消除纱线上的杂质和疵点。最后，采用真空蒸纱机蒸纱的工序达到消除羊毛内部的应力和静电，固定捻度，防止松懈、扭结的目的。

3. 生丝的生产程序简介

生丝是指通过制丝工艺将若干根蚕茧丝巢制成一根有一定加工和使用性能的复合丝。

(1)混剥选茧。此过程将不同茧站来源的茧子均匀混合，使每茧批的数量扩大，质量均衡。由于各批蚕茧存在着茧型大小、厚薄、色泽不一，所以需要按照工艺设计要求将茧子的外层茧衣剥去进行选茧分类和茧质鉴别，以便煮茧的称量准确和煮熟均匀。

(2)煮茧。干茧茧层上的茧丝之间胶着力较大，不便于缫丝时抽取茧丝。经过煮茧能适当地使丝胶膨润和溶解，减小了蚕丝之间的胶着力便于抽离茧层，增强了茧丝的强力，有利于后道工序缫丝。

(3)缫丝。此过程是根据生丝规格要求，将煮熟茧的茧丝离解后并接起来制成生丝。它包括索茧、理茧、添绪、捻鞘、卷绕、干燥等工序。这是将煮熟的茧放在索绪锅的热汤中，经索绪和理绪，整理成一茧一绪供缫丝备用。缫丝过程中要根据生丝规格要求不断地补茧添绪，保持生丝的线密度和均匀度。通过将松散的若干根茧丝从集绪器孔眼中穿过，去除水分，增加抱合力。再经丝条本身前后段相互捻绞的捻鞘工序，进一步增加生丝的抱合力、强伸力以及均匀度。然后将丝条卷绕成一定的形式(如小丝片或筒装生丝)，便于干燥和退绕。干燥的目的是及时烘干水分，不致于发生丝片内外层胶粘而不易退绕，影响生丝的洁净度和抱合力。

(4)复摇。此过程是将小丝片返成大丝片或筒装生丝的生产过程。此过程温湿度的控制非常重要，它对大丝片回潮率的高低起决定性的作用。而回潮率直接影响生丝的质量。回潮率过低则强伸力下降、易断;回潮率过高，手感粗硬，色泽差，易发霉。

(5)整理。此程序是将复摇后的丝片加以整理，保持一定的外形，便于运输、储藏，同时可使丝色和品质统一，有利于丝织生产。包含有编检、绞丝、打包、配色以及成件等工序。

4. 化纤的生产程序简介

(1)高聚物的提纯和聚合。化学纤维是由高聚物制造而成的。既可直接取自自然界，也可由低分子物经人工合成而得;再生纤维是以天然高聚物为原料，经化学方法提纯去杂质而制成的。它与原高聚物在化学组成上基本相同。如生产黏胶纤维的高聚物是纤维素，就是从棉绒、木材、芦苇、甘蔗渣等纤维素原料中将纤维素提纯出来，制成浆粕，进而制成纤维;合成纤维的高聚物是利用煤、石油、天然气、农副产品等制得的低分子化合物为原料，经化学加聚或缩聚而得到的。然后将高聚物经过加工得到合成纤维。

(2)纺丝流体的制备。通常采用熔体法和溶液法，将成纤高聚物按一定的方法制成纺丝流体。为了使纺丝流体具有均匀和良好的纺丝性能，纺丝流体需经过混合、过滤、脱泡等工序，用以出去杂质和气泡，之后才能进行纺丝。在制备纺织流体时，加入消光剂，能生产出有光、消光或半消光纤维，丰富纤维的光泽。

(3)纺丝。此过程是将纺丝液体采用纺丝泵连续、定量、均匀地从喷丝头或喷丝板的毛细孔中挤出而成液态细流，再在空气、水或凝固浴中固化成丝条的过程。刚纺出的丝条为初生丝条。纺丝是化学纤维生产过程中的关键工序，改变其生产工艺，可使纤维结构得到调节，从而使纤维表现出不同的物理机械性能。根据成纤高聚物的性质不同，化学纤维的纺丝方法主要是熔体纺丝法和溶液纺丝法两大类。

(4)后加工。纺丝过程中制出的初生纤维结构不完善，物理机械性能较差，如纤维强力低，伸长度大，沸水收缩率高，不能直接用于纺织。因此，需要将初生纤维经过一系列的后加工工序，改善其纤维结构，提高性能，满足纺织加工和使用标准。化学纤维后加工的具体工序主要是基于纤维品种和类型是长丝还是短纤维来制定。短纤维的后加工采取的是集束、拉伸、上油、卷曲、干燥热定性、切断和大包等工序;长丝的后加工其工艺和设备要比短纤维后加工复杂得多，各项指标均匀性方面的要求也比短纤维更高。主要分为黏胶长丝的后加工和涤纶长丝及棉纶长丝的后加工。前者的工序包括水洗、脱硫、漂白、酸洗、上油、脱水、烘干、络筒(绞)等。后者的工序包括拉伸加捻、后加捻、压洗(涤纶不需压洗)、热定型、平衡、倒筒等工序。

(二)织造

织造是通过机械作用将纱线按照一定的纹织组织及规格进行经纬交织或将线圈与线圈相互串套形成织物的过程。其中，由经、纬两系统纱线在织机上互相交织而成的织物是机织物或梭织物;由单独一组线编连而成的织物是针织物，有经编织物与纬编织物之分。纱线按横向成圈串套形成的织物是纬编织物。纱线按纵向成圈串套形成的织物是经编织物;非织造物是使纤维通过定向或随机排列的纤维经过摩擦、抱合或黏合，或这些方法的组合而相互结合制成的薄片、纤网或絮垫。

1. 机织物

按原料分为棉织物、毛织物、麻织物、丝织物、化纤织物、混纺织物等。生产机织物的织造原理基本相同。机织物的生产过程包括:机织物的织前准备;机织物的织造;机织物的整理。

(1)机织物的织前准备环节。机织物是由经纬纱在织机上交织而形成的。在织造过程中，经纱之间、经纬纱之间、经纱与织机上的各种物件之间，反复发生着经向、纬向的摩擦和弯曲。为了使纱线在此过程中不发生断裂，保有足够的强度、耐磨性、弹性及提高光洁度，需对经、纬纱进行之前准备，提高经、纬纱的工艺性能。生产不同的织物，此过程中所采用的工序是不同的。如本色棉布的之前准备工序要经过络筒、整纱、浆纱、穿经或结经、卷纬等。而色织布的织前准备比本色棉布要复杂些，它的经、纬纱通常要经过煮练、漂白、丝光、染色、烘干等先期加工后，才能分别进行类似于本色棉布的之前准备。

(2)机织物的织造环节。这是形成机织物的中心环节。虽然织物品种很多，但其织造的原理大致相同，都是将经过织前准备的经、纬两组纱线在织机上相互交织，最后形成符合一定规格要求的、具有各种不同风格的织物。

在织机上直接参与形成织物过程的机构有:

①开口机构。按照一定规律，将经纱上下分开，形成梭口。

②投梭机构。传动梭子，把纬纱导入梭口。

③打纬机构。把导入梭口的纬纱推向织口，使经纬纱在织口处交织而形成织物。

④卷取机构。把形成的织物由织口处引离，卷绕到卷布辊上，制成一定纬密的织物。

⑤送经机构。从织轴上均匀地送出经纱，并给予经纱一定张力，使织物能在一定张力作用下不断形成，补给制成织物的经纱长度。

织物形成的过程是由上述各机构的运动在织机弯轴(主轴)回转一周的时间内作有机配合而完成的。

织造出各种不同品种和结构的织物，其所用织机的机构和性能也不相同。通常织机按照不同的方法对织机进行分类:

①按开口机构类型分类。踏盘开口织机(用于制织平纹、斜纹、简单缎纹织物);多臂开口织机(用于制织组织较复杂的小花纹织物);提花开口织机(用于制织复杂的大花纹织物)。

②按织机上的梭箱数目分类。单梭箱织机(用于制织单色织物);多梭箱织机(用于制织花色织物)。

③按引纬方式的不同分类。有梭织机(依靠梭子来穿引纬纱);无梭织机(引纬无需梭子)。在无梭织机中，又有剑杆织机(靠剑状杆引纬);喷气织机(靠喷射气流引纬);喷水织机(靠喷射水流引纬);片梭织机(靠片状梭夹引纬)。

除上述五大项主要运动外，还有断经自停、缺纬自停、纬纱补给(换梭)等由辅助机构控制的辅助运动。

(3)机织物的整理环节。整理工序是机织物生产的最后一道工序，它一般包括验布、折布、分等、修织洗、成包等工序。验布:主要是通过验布机检验织物表面各种瑕疵，并做好按标准评分和标记等工作。折布:基本工作是将检验的布按规定的折幅折叠成匹，并按品种、疵点类别堆放。分等:按标准比照，依据疵病标记对织物定等级。修织洗:对有疵病的布匹进行修、织、洗，改善织物质量，提高使用价值。成包:根据相关包装标准和方法，按不同等级不同销售地区和客户的要求，分别进行包装并做好包装标志。

2. 针织物

针织物可分为棉针织物、毛针织物、丝针织物、化纤针织物、混纺针织物等。究其纺织方法而言，可分为经编和纬编两大类。针织物品种很多，但其织制原理基本相同，都是由纱线通过织针有规律地运动而形成线圈，线圈和线圈之间互相串套起来而形成的符合一定规格要求的、具有各种不同风格的织物。

纬编织物形成的方式:纱线沿纬向喂入，弯曲成圈并互相串套起来而形成的织物。根据纱线喂入是单向还是双向,纬编又可分两种,一种是纱线沿一个方向喂入，纺织成圈而形成织物的是圆机编织;另一种是纱线沿正、反两个方向变换编织成圈而形成织物的是横机编织。所用的主要机器设备有:圆纬机(单、双面圆纬机、袜机、横机等)。纬编织物主要产品有汗衫、棉毛衫、羊毛衫、袜品、手套等。

经编织物形成的方式;纱线沿经向喂入，弯曲成圈并互相串套起来而形成的织物。其特点是每一根纱线在一个横列中只形成一个线圈，每一横列又是由许多根纱线成圈并相互串套而形成的。所用的主要机器设备有经编机(单、双针床经编机)、缝编机、花边机等。纬编织物主要产品有家庭及宾馆装饰用品(如厚、薄型窗帘布)、床上用品(如蚊帐、床罩、拉舍尔毛毯)以及部分产业用品等。

针织物在针织机上的纺织过程分为三个阶段:

(1)纱线以一定的张力输送到针织机的成圈纺织区域的阶段。

(2)纱线在纺织区域，根据各种不同的成圈方法，形成针织物或形成一定形状特征的针织品的阶段。

(3)牵拉卷取阶段是将针织物成圈区域引出，或卷绕成一定形式的卷装阶段。

3. 非织造物

非织造物的品种繁多，生产的方法也很多。这是一种在原理上与传统织物完全不同的新型布状材料。其基本生产过程大致包括原料准备、成网、纤网加固、后整理、成卷。

(1)准备。包括纤维的开松、混合、除杂、加油剂及抗静电剂等，它是保证纤网质量的必备工序。

(2)成网。是形成纤维网的工艺阶段，是非织造布生产的重要加工工序之一，纤网的质量直接影响非织造布的性能和用途。非织造布成网的方法有干法、湿法、聚合物挤压法三种。

(3)纤网加固。是使纤网具有一定强力而形成非织造布结构的重要工序，对产品质量的好坏肯有决定性作用。通常采用的方法有机械加固、化学加固、热粘合加固等。

(4)后整理。包括干燥、焙烘、整理、轧光、轧花、涂层、成叠、染色、印花、切割等，主要是为了改善产品的使用性能和感观效果。

(5)成卷。按照一定规格的要求成卷。

(三)染整

织物染整在纺织品形成过程中起着非常重要的作用。经过染整可改善织物外观，改善使用性能，增加花色品种，提高纺织商品满足人们需要的程度。

染整就是从织物坯布(或半成品)开始直到成品的加工工艺过程。它包括预处理、染色、印花、整理等工序。机织物、针织物等由于其织制方法不同以及同类织物所用纤维的不同，其染整生产过程中所使用的染料及其生产工艺流程也不相同。下面介绍几种主要的织物染整过程。

1. 染料及其染色、印花性能简介

(1)直接染料。能溶于水，在中性或弱碱性溶液中能直接上染棉纤维。其色谱齐全，染色方法简单。但色牢度差，日晒牢度欠佳，需固色处理。

(2)活性染料。含有活性基团的可溶性染料。在适当的条件下，可与纤维素纤维、蛋白质纤维发生化学结合，极大地提高被染物的水洗、皂洗色牢度等。染色、印花简便，色泽鲜艳，匀染性好，色谱较齐。但固色率低，在碱性溶液中易，水解，造成浮色，需要固色处理。

(3)还原染料。不溶于水，不能直接染色。染色时需在烧碱、保险粉的碱性介质中还原，成为可溶性的隐色体而上染纤维，经氧化后再回复成不溶性的染料而固着在纤维中。色泽鲜艳，皂洗、日晒牢度高。但黄、橙色染料对棉纤维有光敏脆损作用，染浓色的摩擦牢度不太高，色谱中缺少浓艳的大红色。

(4)可溶性还原染料。还原染料的衍生物，可溶于水，染在纤维上后，要在酸液中经过氧化处理，使染料水解、氧化、回复成不溶性的还原染料而染着在纤维上。染色工艺简单，染色比较匀透，染色牢度高。但价格昂贵，主要用于浅、中色棉织物的染色、印花。

(5)硫化染料。不溶于水，但能溶解在硫化钠溶液中，还原成隐色体而被棉纤维吸收，然后氧化成不溶性染料而固着在棉纤维上。应用方便，调整色泽较易，适用纤维素纤维各种制品的染色，尤其是深色产品染色。水洗尚好，日晒牢度随不同染色有较大差异。但色谱不全，色泽不鲜艳，摩擦牢度较差，不少硫化染料对纤维有脆化作用。

(6)不溶性偶氮染料。这类染料是由打底剂(色酚)和显色剂(色基)两个组分在纤维中合成的。在染色过程中乃是将织物先以色酚的烧碱溶液处理，再用色基的重氮盐溶液处理，则在纤维内作用而形成不溶于水的偶氮染料，固着在织物上。色泽鲜艳，耐皂洗色牢度很好，耐日晒色牢度也较好。但摩擦色牢度较差，湿摩擦牢度更差，浅色色泽不丰满。

(7)稳定不溶性偶氮染料。色酚钠盐与暂时稳定的重氮化合物的混合物，在一般情况下，两者不发生偶合反应。印花后经过一定处理，暂时稳定的重氮化合物转化为活泼的重氮化合物，而与色酚偶合生成不溶性偶氮染料。主要用于印制小块花纹织物。

(8)分散染料。一类结构简单、疏水性较强的非离子染料。在水中只有极低的水溶性，染色时依赖分散剂的作用而在染浴中分散，借高温或载体的作用，将染料分子渗入纤维。用于涤纶上的各项染色牢度都很高，色谱齐全，也可以染其他合成纤维。

(9)酸性染料。能溶于水，在酸性、弱酸性或中性染浴中对羊毛、蚕丝、锦纶直接上染，不能上染棉纤维。酸性染料又可分为强酸浴酸性染料、弱酸浴酸性染料、中性浴酸性染料等。色谱齐全，色泽鲜艳，使用简便。

(10)酸性媒染染料。能直接上染羊毛。这类染料有能与金属离子形成络合物的特殊结构，染色时一般要分染色和媒染两步进行。在染色前或上染在纤维上以后，需将织物用媒染剂处理。水洗、日晒色牢度很好。但色泽不如酸性染料鲜艳。

(11)酸性含媒染料。这类染料染色时不需再经媒染剂处理，因为它是一种在染色前染料已和媒染剂发生络合作用。可分为1:1型合1:2型。前者与强酸浴酸性染料相似，后者与弱酸浴酸性染料相似。染色操作简便，染色牢度良好。但色谱不全，多用于染坚牢的淡色。

(12)阳离子染料。能溶于水，在水溶液中上染于腈纶。上染率、染色牢度高，色泽鲜艳。但由于上染于腈纶速度快，易发生染花现象。

2. 纯棉织物染整生产过程

纯棉织物染色的染料主要有直接染料、活性染料、还原染料、可溶性还原染料、不溶性偶氮染料、硫化燃料等。印花染料主要有活性染料、不溶性偶氮染料、稳定不溶性偶氮染料、还原染料、可溶性还原染料以及印花涂料。

纯棉织物染整工艺流程是根据织物的品种、规格、成品要求等，选择练漂、染色、印花、整理等全部或部分加工工艺流程。

(1)练漂。其目的是去除坯布的天然棉纤维中含有共生物(果胶质、蜡状物质、含氮物质等)等杂质以及织物加工过程中所沾染的污物，以便于染整加工顺利进行，并提高它的服用性能。通过运用化学和物理方法，不仅去除杂质，还使织物洁白、手感柔软、色泽鲜艳，具有良好的渗透性能。其加工的主要过程有原布准备(检查坯布质量)、烧毛(去除布面上的绒毛)、退浆(提高润湿性、柔软性)、煮练(去除共生物、提高渗透性能)、漂白(去除色素、增加白度)、丝光(提高纤维取向度，织物强力增加，光泽增强)。

(2)染色。是借染料与纤维发生物理或化学的结合，或用化学方法在纤维上生成颜料，使整个纺织品具有一定色泽的加工过程。染色要在一定条件(温度、时间、pH值及染色助剂等)下进行，达到色泽均匀，染色牢度好的要求。织物的染色方法主要分为浸染和轧染。前者是将织物浸渍于染液中，使染料渐进上染织物的疗法。它适合于小批量多品种染色。后者是先将织物浸渍于染液中，使织物通过轧辊，将染液均匀轧入织物内部，再经汽蒸或热熔等处理的方法。它适合于大批最织物的染色。

(3)印花。是借助于原糊作为载体，将各种不同的染料或颜料印到织物上，从而使设计好的图案转移到织物上的加工过程。所谓原糊就是用淀粉等糊料调制而成的稠厚流体。印花时，将染料和所用化学助剂加原糊调制成色浆，能克服染液的渗化而获得印在织物上的各种清晰的花纹图案。因为糊料的存存，色浆中染料对纤维的上染过程比染色时染液中染料对纤维的上染过程复杂。棉织物一般采直接印花，主要的工艺流程:图案设计→花筒雕刻→印花→烘干→蒸化→平洗→烘干。

(4)整理。是通过物理或化学的方法使用一定的机械设备，改善织物的手感和外观，提高服用性能或赋予某些特殊功能的加工过程。棉织物的整理主要在于发挥棉纤维的柔软、吸湿、透气等特性，使其更适合于服用要求或特絮殊用途的需要。所谓整理包括两个方面。一是机械方面，有拉幅、轧光、电光、轧纹、机械预缩等整理;二是化学方面，有柔软、硬挺、增白、防缩防皱等整理。

3. 涤棉织物染整生产过程

涤棉织物由两种不同性质的纤维组成。染色时涉及到用两种染料的不同方法上染不同纤维，才能使两种纤维的色泽染得均一。涤棉织物染色的染料主要有:

涤纶用分散染料，棉纤维用活性染料、还原染料等。印花一般也采用两种染料上染纤维或用涂料印花。

涤棉织物的染整工艺流程可分为练漂、染色、印花、整理。

(1)练漂。涤棉织物中由于含有涤、棉纤维，因此，它的练漂工序包括:坯布准备。烧毛、退浆、煮练、漂白、丝光和热定形。其中的工序除热定形以外，与纯棉染整加工目的相同。而热定形是将织物经过高温加热一定时间，使织物保持一定的尺寸，目的是去皱;提高织物的热稳定性;对强力、手感、起毛球及表面平整都起到一定的改善作用。涤纶在经过其他练漂加工后，因在染色或印花前，要进行热定形加工处理，所以将热定形整理工序放在练漂加工这一过程中。

(2)染色。为了使涤棉混纺织物中两种纤维同时染色又不受损伤的要求，涤棉中的涤纶组分可以用分散染料，采用高温高压法或热溶法及载体法进行染色。高温高压染色法是涤纶在密闭的高温高压卷染机中染色的方法。热溶染色法是织物浸轧分散染料悬浮液，预烘后，在热溶机上热溶固色的方法。这两种方法都是通过提高染色温度，既使纤维大分子震动激化，又能提高染料分子的扩散动能，从而加速上染。载体染色法是利用载染剂，使涤纶分子结构松弛，以降低染料扩散的阻力的方法。

(3)印花。涤棉混纺织物使用染料上染印花的基本原理与染色相同。在印花色浆中既加有分散染料用于涤纶，又加有活性、还原、可溶性还原染料用于棉纤维上染。印花烘干后，经高温焙烘，分散染料上染涤纶，棉用染料上染棉纤维。

(4)整理。涤棉混纺织物整理有耐久压烫、防油污、热定形三种整理。

耐久压烫整理。采用整理剂进行耐久压烫，使织物具有良好的干、湿防皱性、回弹性和平整性。

防油污整理。涤纶具有疏水性、亲油性容易吸附油污，进行此项整理有两种方法。一种是拒油污处理，经整理后的织物，不易沾染油污;另一种是脱油污处理，采取增加织物的亲水性，使沾上的油污易于脱落。

4. 毛织物染整生产过程

毛织物染色的染料主要有酸性染料、酸性媒染料和酸性含媒染料等。其染整工艺过程包含染色、湿整理、干整理等三个工序。

(1) 染色

毛织物染色分为散毛染色、毛条染色、织物匹染等。

(2)湿整理

湿整理的主要工序有洗呢(进一步洗去油污、尘埃、浆料等)、煮呢(用于精纺毛织物，使织物定形、改善手感)、缩呢(增加厚实感、提高保暖性和手感柔软性)、炭化(利用硫酸，去除植物性杂质)、烘呢(干燥织物并按成品规格拉幅、平整织物)。

(3)干整理

干整理的主要工序有起毛(采用拉毛使织物松厚柔软、保暖性增强)、剪毛(在刷毛前、后进行，平整呢面，改善外观)、刷毛(去除杂物并使呢面绒毛竖起，便于剪毛)、蒸呢(使织物平整柔软，有弹性，有光泽并定形织物)、电压(使呢面平整、挺刮、手感润滑、光泽柔和)

5. 蚕丝织物染整生产过程

蚕丝织物具有优良的染色性能，用酸性、中性、直接、活性、阳离子、还原、可溶性还原、不溶性偶氮染料等都能上染。由于丝纤维在碱液中易受损伤，因此，在实际使用时，一般以酸性染料为主，辅之中性、直接、活性染料。蚕丝织物多采用弱酸浴或中性浴及1:2型酸性含媒染料染色，染色牢度好，但色泽不鲜艳。强酸浴酸性染料染色的色牢度较差，需固色处理，因而影响色泽鲜艳度。活性染料染色的鲜艳度较高，染色牢度较好。蚕丝织物的染色工艺流程分为预处理、染色、印花、整理。

(1)预处理

主要是坯绸准备(坯绸检验、堆码折叠、逐匹穿挂绸竿浸渍练液)、预处理(去除织物上的丝胶和杂质，有利于印染加工)等两个工序。

(2)染色

一般采用卷染或绳状染色。常用染料的染色方法有酸性、直接、活性、中性等染料的染色方法。

①酸性染料的染色方法。主要是弱酸性染料。染色时，初始温度不能太高，采取逐渐升温的方法，可提高匀染效果。不宜沸染，否则，引起擦伤，光泽变暗。续染一定时间后，水洗即可。

②直接染料的染色方法。此种方法是使蚕丝织物在中性或微碱性溶液中，采取初始温度不能太高且逐渐升温的染色方法，可提高匀染效果。不宜沸染，否则，引起擦伤，光泽变暗。续染一定时间后水洗，再在醋酸浴中处理。

③活性染料的染色方法。染蚕丝织物选用较多的是X型活性染料。此种染料可在较低温度下染色，工艺简便，可克服织物因高温而引起的表面擦伤。它是将丝绸浸入染浴染色，一定时间后加入一半食盐，再过一定时间后加入另一半食盐，逐渐升温续染一段时间加入纯碱固色处理，最后水洗、皂洗、水洗。

④中性染料的染色方法。中性染料对蚕丝纤维直接上染率高，结合力强。初始染料不宜太高且必须缓慢升温，以使染料均匀上染。然后，水洗即可。

(3)印花。一般采用平板筛网印花或圆网印花。印花染料有酸性、直接、活性、中性、阳离子等。涂料印花有较强的立体感效果。印花工艺主要是直接印花，但对精细花纹采用拔染印花。直接印花是在白布上或色布上直接印上各种颜色的印花色浆。拔染印花是在已经染色的(或染色而尚未固色的)织物上，印上拔染印花浆，印浆中含有能够破坏底色染料的拔染剂，印花后经适当后处理，使底色染料遭破坏，最后从织物上洗去，印花处便成为无色。如果印花浆中存在另一类不能被拔染剂破坏的染料，那么，印花处无色范围同时便被另一类染料上染便成为另一种颜色的方法。

(4)整理。丝织物的整理主要有烘燥烫平、拉幅整纬、柔软、汽熨等工序。烘燥既有烘干作用，又有平光作用，对织物的手感、光泽都有很大影响。拉幅整纬的目的是使在印染加工中，由于受到不同的机械作用力，经向拉长、纬向收缩并宽窄不齐，还有纬斜的现象，经整理达到使织物门幅的尺寸保持一致，消除纬斜。汽熨的目的是恢复因加工使织物表面受到相互挤轧、磨擦而失去的风格和光泽。

6. 棉针织物染整生产过程

针织物染整是从针织坯布(或半成品)开始直到成品的加工工艺过程。它包括练漂、染色、印花、整理等工序。在这些工序中，采用物理、机械方法用以调整针织物的结构或改善其物理性能;采用化学方法，用染料或化学药剂改变针织物的外观或性能。

(1)练漂。工艺过程有煮练、漂白、碱缩、上蜡等。其中煮练、漂白的加工原理与棉布相同。碱缩是将棉针织物无张力地放置于浓碱中处理，目的是使棉纤维膨化，织物收缩，织物密度和弹性增大。碱缩的过程都要经过三个步骤，即浸轧碱液、堆置收缩、洗涤去碱。碱缩时的效果取决于碱液的浓度、温度和碱液作用于织物的时间。上蜡是将脱水后的织物浸轧石蜡乳液，再经脱液烘干即可。目的是减小纤维之间的磨擦力而易于滑动，在缝纫时，针头不易扎断纤维产生针洞。

(2)染色、印花。棉针织物和棉布的染色、印花基本相同。染色时使用的是绳状染色机等松式加工设备。印花使用的是手工印花或平版筛网、圆筒筛网以及滚筒印花。

(3)整理。棉针织物整理主要有防缩整理和起绒整理。在染整加工中，织物易受到轧伸积累变形，如果用这种积累变形的针织坯布缝制成衣，则一经水洗，织物积累的变形就要回缩，就会发生不合比例的尺寸改变。防缩整理的目的就是使织物存湿热松弛状态下强迫回缩，使织物达到稳定状态。针对棉针织坯布浮线中的纤维，采用起绒机将针织物进行拉绒形成绒毛，使织物质地柔软，手感丰满，且因生成绒毛而使织物保暖性增强。

7. 合成纤维织物染整生产过程

合成纤维中，涤纶染色是用分散染料。锦纶染色用酸性染料、酸性含媒染料、分散染料、活性染料等。腈纶染色用阳离子染料。维纶染色用硫化染料、还原染料、酸性染料、直接染料和分散染料等。染整的生产过程一般是练漂、染色或印花、整理等。

(1)练漂。合成纤维一般不需要漂白，练漂只需洗去黏附的油污及浆料。但如果高温定形造成了泛黄污迹，则要漂白。在染色之前通常要进行热定形。

(2)染色。合成纤维织物的染色，使用的染料不同，其所用的染色方法也是不同的，如下所述。

酸性染料用于锦纶:通常以用弱酸性浴染色的酸性染料为多。染色时，用醋酸将 pH 值调节到一定值，在一定温度开始染，规定时间内，逐步升温到沸染，一段时间后水洗即可。

分散染料染锦纶:锦纶在常压下可染色，但是分散染料染锦纶只能染淡色。染色时一定温度时开始染，规定时间内，逐步升温到规定温度，一段时间后水洗即可。

活性染料染锦纶:这是在酸性浴中上染，在碱性浴中固色的方法。染色时用醋酸调节 pH 值至一定值，在一定温度时开始染，规定时间内，升温到沸染，一段时间后加入纯碱，使 pH 值再升至某规定值，继续上染一段时间后水洗即可。

阳离子染利染腈纶:阳离子染料是染腈纶的主要染料。在一定温度时开始染，规定时间内，逐步缓慢升温到沸染，一段时间后再逐步冷却至某规定温度，水洗即可。

(3)整理。一般是热定形整理和特种整理。特种整理主要是进行防水、疏油污、抗静电、防火阻燃、防霉等处理。热定型整理是将织物在一定张力作用下，加热处理固定于新的状态，提高其尺寸稳定性。

(四)成衣

经过纺纱、织造、染整生产过程后，所生产的纺织商品按最终用途可分类为服装及服用纺织商品、装饰用纺织商品、产业用纺织商品三大类。其中以将各种纺织纤维加工成用作服装面料、辅料等的服装及服用纺织商品与人们日常生活最密切。

服装面料的种类非常多，这是因为纤维成分不同导致面料的内在性能有差异，而织物组织的不同又会产生风格各异的外观表象以及不同的加工过程所形成的。但不同的纺织面料制作成各种服装经过的生产工艺流程大致相同，即裁剪、缝纫、熨烫定形、检验、整理、包装入库。

1. 裁剪。一般要经过样板设计、排料划样、铺料、裁剪、验片、打号、包扎等步骤。

2. 缝纫。是将裁片缝合起来，使之制作成为适用于穿着的立体服装工序。此工序安排得合理与否，缝制工艺水平的高低，对生产效率和产品的质量有直接的影响。

3. 熨烫定形。在制衣工艺流程中，有产前熨烫、粘合熨烫、中间熨烫、成品熨烫。其目的是在服装结构设计的基础上，通过采取必要的熨烫定形，使服装服贴人体并体现人体曲线美。

4. 检验是对成衣质量进行控制且是贯穿全生产过程的环节。生产过程中有工序检验和成品检验两部分。前者是对每个工序中的在制品加工质量进行检验，发现不符合质量要求的立即返工。后者是对成品服装的外观疵点、尺寸规格、缝纫质量、熨烫质量等比照质量标准检验分等。

5. 整理、包装入库。经检验的服装，如发现有质量问题，则根据属于某工序给予原工序返工。如服装上有油渍、线头等问题，就必须在整理工序中予以清除。处理油渍时可以用水洗法和化学试剂干洗法进行清理。线头采用人工修剪的方式处理。然后将符和质量标准的成品，按要求进行内包装和外包装，起到保护商品、增加附加值的作用。

三、服装面料

服装面料是指用来制服装的材料。作为服装的要素之一，面料不仅可以诠释服装的风格和特性，而且直接左右着服装的色彩、造型的表现效果。在服装大世界里，服装的面料五花八门，日新月异。

（一）服装面料理的分类

1. 按加工方法分类服装面料可分为机织物、针织物、皮革物及毛皮材料

机织物也称梭织物，是采用经纱、纬纱相交织而成的织物向不同可以分为平纹组织物、斜纹组织物和缎纹组织物等。

针织物是由纱线成圈相互串编结而成的织物。针织物按生产方法不同分为经编和纬编两大类。

皮革及毛皮材料是指取自动物毛皮，如小牛皮、羊皮、貂皮等的服装面料。

2. 按原料品种分类服装面料可分为天然纤维织物和化学纤维织物

天然纤维织物主要有以植物种子为原料的棉织物；以植物韧皮维为原料的麻织物；以动物毛发为原料的毛织物；以动物腺分泌液为原料的丝织物。

化学纤维织物主要有人造纤维织物，如黏胶、富纤等：合成纤维织物，如涤纶、锦纶等。

（二）服装面料的主要种类及特点

1. 棉织物

它是指各类棉纺织品的总称，多用来制作时装、休闲装、内衣和衬衫。其优点是轻松保暖、柔和贴身，吸湿性、透气性、卫生性较好；其缺点则是易缩、易皱，外观上不大挺括美观，在穿着时必须时常熨烫。棉布主要种类有原色棉布、色织棉布、花布、色布四大类。

原色棉布主要有：普通布面、细布、粗布、帆布、斜纹坯布、原色布等。

色织棉布是指把纱或线先经过染色，后在机器上织成的布，如条格布、被单布、绒布、线呢、装饰布等。

花布是指印染上各种各样颜色和图案的布，如平纹印花布、印花斜纹布、印花哔叽、印花

直贡等。

色布主要有:有硫化蓝布、硫化墨布、士林蓝布、士林灰布、色府绸、各色卡叽、各色华呢等。

2. 麻织物

它是以大麻、亚麻、苎麻、黄麻、剑麻、蕉麻等各种类植物纤维制成的一种布料。一般被用来制作休闲装、工作装,目前也多以其制作普通的夏装。它的优点是强度极高、吸湿、导热、透气性甚佳。它的缺点则是穿着不甚舒适,外观较为粗糙,生硬。麻织物主要种类有苎麻布、亚麻布、毛麻花呢、涤麻花呢等。

3. 丝织物

又称丝绸,它是以蚕丝为原料纺织而成的各种丝织物的统称。与棉布一样,它的品种很多,个性各异。它可被用来制作各种服装,尤其适合用来制作女士服装。它的优点是轻薄、合身、柔软、滑爽、透气、色彩绚丽,富有光泽,高贵典雅,穿着舒适,享有"纤维皇后"的美称。它的不足则是易生折皱,容易吸身、不够结实、退色较快。

绚丽多姿的中国丝绸,历史悠久,饮誉世界。丝绸品种由于组织结构的变化、提花和素织的交替,以及到了现代与各类化纤纱丝的交织等处理方法,使其品种异常繁多,主要有以下分类。

按照加工方法不同丝织物可分为:机织物、编织物和无纺织物等。

按原料不同丝织物可分为:全真丝织物、人丝织物、柞蚕丝织物、合纤长丝织物及其交织物等。

按用途不同丝织物又可分为:衣着用绸、装饰用绸、工业用绸、医药用绸和国防用绸等。

按组织不同丝织物可分为:平纹织物、斜纹织物、缎纹织物等普通组织织物和特殊的绉织物、绒织物、纱罗组织织物等。

按组织规格不同丝织物可分为:绫、罗、绸、缎、绡、纱等。

按品种不同丝织物可分为:绫、罗、绸、缎、纱、绢、绡、纺、绨、绉、葛、呢、绒、锦、绣等十五大类。其中:纱、罗、绢、纺、绸、绨、葛等为平纹织物,锦与缎比较肥亮,呢和绒比较丰厚,纱及绡比较轻薄。

4. 毛织物

又称为呢绒或毛料,它是对用各类羊毛、羊绒织成的织物的泛称。它通常适用于制作礼服、西装、大衣等正规、高档的服装。毛织物外观光泽自然,颜色莹润,手感舒适,质量范围广,品种风格多。用毛织物制作的衣服挺括,防皱耐磨,手感柔软,高雅挺括,富有弹性,保暖性及吸湿性强。它的缺点主要是洗涤较为困难,不大适用于制作夏装。毛织物可分为精纺呢绒、粗纺呢绒和长毛绒互类。

精纺呢绒用精梳毛纱织制。所用原料纤维较长而细,梳理平直,纤维在纱线中排列整齐,纱线结构紧密。精纺呢绒的经纬纱常用双股 36 ~ 60 公支的毛线。品种有花呢、华达呢、哔叽、啥味呢、凡立丁、派力司、女衣呢、贡呢、马裤呢和巧克丁等。精纺呢绒大多质地较薄、呢面光纹路清晰,光泽自然柔和、漂光,身骨挺括、手感柔软而弹性丰富。紧握呢料后松开,基本无皱折,即使有轻微折痕也可在很短时间内消失。

粗纺呢绒用粗梳毛纱织制。因纤维经梳毛机后直接纺纱,纱线中纤维排列不整齐,结构蓬松,外观多茸毛。粗纺呢绒的经纬纱通常采用单股 4 ~ 16 公支的毛纱。品种有麦尔登、海军呢、制服呢、法兰绒和大衣呢等。粗纺呢绒大多质地厚实、呢面丰满、色光柔和,呢面和绒面类不露纹底。纹面类织纹清晰而丰富、手感温和、挺括而富有弹性。

长毛绒。经纱起毛的立绒织物。在机上织成上下两片棉纱底布，中间用毛经连接，对剖开后，正面有几毫米高的绒毛，手感柔软，保暖性强。

5. 皮革

它是经过鞣制而成的动物毛皮面料。它多用以制作时装、冬装。皮革可以分为两类：革皮，即经过去毛处理的皮革；裘皮，即处理过的连皮带毛的皮革。

皮革的优点是轻盈保暖，雍容华贵。它的缺点则是价格昂贵，储藏、护理方面要求较高，故不宜普及。用做皮革服装的皮革，主要是绵羊皮、山羊皮、牛皮、猪皮，另外还有一些稀有动物皮，如鹿皮、袋鼠皮等。一般绵羊皮的粒纹细致，手感柔软，高档绵羊皮有丝绸一样的感觉；牛皮的纤维紧密，强度高，通常压上荔枝花纹；猪皮的花纹清晰，结实耐用。

6. 化学纤维织物

化学纤维是利用天然的高分子物质或合成的高分子物质，经化学工艺加工而取得的纺织纤维总称。按原料和生产的方法分为人工纤维与合成纤维两大类。它们共同的优点是色彩鲜艳、质地柔软、悬垂挺括、滑爽舒适。它们的缺点则是耐磨性、耐热性、吸湿性、透气性较差，遇热容易变形，容易产生静电。它适合制作各类服装。

人造纤维是化学纤维中最大生产的品种，它是利用含有纤维素或蛋白质的天然高分子物质如木材、蔗渣、芦苇、大豆、乳酪等为原料，经化学和机械加工而成，如人造棉、人造丝、人造毛、虎木棉、富强棉等都属于人造纤维。

合成纤维也是化学纤维中的一大类，它是采用石油化工工业和炼焦工业中的副产品。如涤纶、锦纶、腈纶、维纶、丙纶、氯纶等都属于合成纤维。

7. 混纺织物

它是将天然纤维与化学纤维按照一定的比例，混合纺织而成的织物，可用来制作各种服装。它的长处是既吸收了棉、麻、丝、毛和化纤各自的优点，又尽可能地避免了它们各自的缺点，而且在价值上相对较为低廉，所以大受欢迎。如涤棉布、涤毛华达呢等。

四、服装辅料

服装辅料是指在服装中除了服装面料以外的一切辅助性材料的总称。服装辅料主要包括填料、里料、衬料、纽扣、拉链、线、花边以及商标、标签等。服装辅料对服装起着辅助和衬托的作用，在服装中辅料与面料共同构成服装，并共同实现服装的功能。现代服装特别注意辅料的作用以及面料的协调搭配，辅料对现代服装的影响力也越来越大，成为服装材料不容忽视和低估的重要部分。

（一）填料

填料是指秋冬服装中的填充物，在夹里与面料之间起保暖作用。用来作服装填料的有动物纤维、植物纤维和化学合成纤维功能型填料等，如驼毛、驼绒、丝绵、羽绒、裘皮、棉花、腈纶、定型棉、中空涤纶棉等。

（二）里料

里料是指在服装加工过程中，用来制作服装夹里的料子，通常又称里子或夹里。一般用于中高档服装、有填料的服装以及面料需要加强支撑的服装。其作用是使服装坚牢挺括、美观服装、增加厚度、提高保暖性及穿着光滑方便等。里料的种类繁多，主要有:美丽绸、纺绸、袖里绸、尼龙纺、羽纱、软缎及近年来流行的针织经编网眼布等。

(三)衬料

衬料是位于面料与里料之间的服装材料，可以是一层或几层，通常又称衣衬。衬料是服装的骨骼和支撑，对衬托体形、完善服装造型有重要作用。衬料主要包括衬布与衬垫两种。

1. 衬布

衬布指在服装衣领、袖口、袋口、裙裤腰、衣边及西裤胸部加帖的衬料。一般含有胶粒、通常称为黏合衬。衬布主要有纺衬布(梭织与针织)与无纺衬布两大类。各种衬布与面料黏合后要具有柔软、舒适、挺括、保形性好、洗后不变形的特点，又能充分体现各类服装的个性风格。

2. 衬垫

衬垫是指在肩部为了体现肩部造型使用的垫肩及胸部为增加服装挺括饱满风格使用的胸衬均属衬垫材料，一般没有胶。衬料是服装的骨骼，能够增强服装的强力，并使服装饱满美观;另外衬布的使用还可以增强服装的可缝纫性能，易于缝纫操作。

服装其他辅料如拉链、纽扣、线带等也是服装必不可少的组成部分，这些辅料在满足服装性能的同时，朝着高科技、功能性、保健性和绿色环保的方向发展。

学习任务2　服装商品

在生活窘迫的年月里，服装只有一个功能——御寒蔽体;在高度物质文明的时代，着装成了一门学问。服装因年龄、性别、季节不同自不待言，更重要的是，着装的风格应因环境场合、因地位身份的不同而变化。服装应成为使着装者舒适得体地融入各种生活场景的手段;应成为标志着装者社会角色、显现着装者精神面貌的工具。应该说，我国消费者目前的着装理念是中西文化合璧的产物。一方面保留了一些中式着装的内涵及程式，但更多的是受西方风气的影响。如今在国内市场，服装款式不断翻新，服装种类越来越丰富，服装功能越来越齐全。

一、服装的分类品种及性能特点

(一)按服装的功能分类

1. 礼服

是指各种正式礼仪活动所穿的服装。礼服按性别不同而有区别。

(1)男子礼服。按西方的程式，男子礼服分为第一礼服、正式礼服、日常礼服三级。这其中有些繁文缛节虽随时代的发展有所简化，但其基本规范现今被国际社会接受，成为社交着装的国际惯例。第一礼服属最高级别，分为夜晚穿的燕尾服和白天穿的大礼服。随时代变迁，第一礼服现已基本不再出现，过去必须穿第一礼服的场合现已改穿正式礼服。正式礼服有缎面覆盖,门襟一粒纽扣，圆下摆，口袋为缎面双开线无袋盖形式，后摆不开叉。裤子与上衣同料。衬衫为白色双翼领礼服衬衫，配黑领结，春、秋、冬季常用黑色或深冷色调，夏季上衣用白色。日常礼服是形式变化较多的一类礼服，黑色为常见颜色，通常采用双排四扣枪驳领式。在礼仪性较明显的场合，如对服装没有作特别要求时，现在一般都着日常礼服。

在着装追求舒适型、个性化的今天，国内在社交场合久已不见的中式开襟衫，也频频露脸，但绝不是长袍马褂。在我国这一特殊文化背景下中山装也是使用频率较高的礼服。

(2)女子礼服。女子礼服分为晚礼服和晨礼服。晚礼服是女子夜间社交场合穿着的礼服，具有豪华、袒露、标新立异的特点，整体风格追求雍容华贵。晨礼服一般是高雅的裙服或套装，配以考究的首饰以及与服装风格一致的鞋、帽、手袋、手套等。晨礼服追求的整体风格是典雅、庄重。

中式旗袍在女子礼服中独树一帜，在性质不同的正式场合都可穿着。

2. 生活服装

分为家居服和外出服。

(1)家居服。指在家庭环境中穿着的服装。包括家常服装、围裙衣、浴衣、睡衣、晨衣等。追求的风格是舒适、方便、随意、温馨。

(2)外出服。指闲暇户外活动时穿着的各式服装。这类服装在穿着上可以自由表达、自由搭配，是能体现穿着者个人修养和品位的服装。

实际在日常生活中，在各种没有统一着装规定的职业群和工作场所，人们在工作时也穿此类服装。这也是现如今的一种时尚。

3. 工作服

一般包括防护服、标识服和办公服三大类。

(1)防护服。防护服即劳动保护服，是一类保证特殊环境下工作的从业人员操作方便和生命安全的服装，如钢铁工人的石棉服、宇航员的宇航服、潜水员的潜水衣等。

(2)标识服装。是有明显标识作用的服装，分职业服和团体服。职业服是指公职人员按有关惯例和国家制度规定穿用的一定形式的服装的总称，亦称制服，如军服、警服、海关服、邮电服等。此类服装的特点是造型严肃大方，款式统一醒目。服装整体风格适合职业特点，并配以专用标识标明穿用者的职业权限和身份。

团体服是某些集团内部相对统一具有鲜明特征的服装，广泛用于商业、餐饮业、证券业等行业，以及学校、公司和其他集团。团体服装追求的风格是整体美、秩序美，目的在于通过统一的着装树立团体形象，并唤起成员的责任感、自信心。

(3)办公服。并不是统一固定款式的服装。泛指白领阶层上班时穿着的服装。这是一类集大众要求与个人爱好为一体的服装。总体风格追求端庄、简约，又不失时尚与实用。

4. 运动服

运动服装包含职业运动装和休闲运动装。

职业运动装指运动员和裁判员在训练和比赛时穿着的服装。其特点是简练、舒适、美观，既适合不同运动特点，又有防护作用。

休闲运动装品种多样，是大众化的运动服，笼统地适合各种运动时穿着，而不再细分项目。一般色彩艳丽，尺码宽大。用料选用有一定弹性、易洗免熨、吸湿爽身者为多。

(二)按年龄及性别分类

1. 成人服装

有男装、女装和中老年服装之分。一般男装款式、色彩变化不多，注重用料与做工。时下男装的大品种有西服、衬衫、T恤衫及休闲装。其中T恤衫与休闲装选料范围及款式变化大于西服和衬衫。在我国，中山装亦为男装中的大品种。

女装款式、色彩、用料丰富且千变万化，流行趋势明显。套装、裙装、休闲装应有尽有，而且各种功能服装现今界线模糊，使各大类的品种更趋丰富。

中老年服装当然也有性别区分。其共同的追求是在款式上趋于饰物减少以追求庄重；线条变化简单，以适合中老年人在体型上的生理变化；用料趋向于纯天然与高档；色彩趋向于稳重和深沉，少受流行色影响。其整体风格是自然舒适，又得体不失身份。

2. 儿童服装

儿童服装分婴儿服、幼童服、中童服、大童服等。款式、色彩鲜明活泼，用料以纯天然为主流。

3. 青年服装

这是适合特殊年龄群消费者穿着的服装。不把它归为成年组是因为青年人是追求个性，独树一帜的特殊群体。此类消费者对服装流行趋势特别敏感，他们是各种新派前卫服饰的主体消费者。如今在国内青年服装市场前景广阔，值得研究的课题很多。青年人既逐潮流而动，又是消费潮流的创造者。青年服装在款式、色彩及用料上均以追求新、奇、异为主流。

除上述分类外，服装还可按消费季节分类；按材料分类等。

(三)服装的功能

服装最基本功能为实用功能。随着文明的进步，服装概念的内涵不断丰富，它的社会、文化生活的功能得到丰富和强化，如审美功能、标识功能。

1. 实用功能

服装的实用功能，主要体现在防寒保暖、防暑隔热、适应气候变化等基本功能，人们因季节变化而更换衣物就是实现这一功能。

服装的实用功能还体现在保持皮肤清洁、维护身体健康方面。一方面服装在人体与环境中形成了一种屏障，有效阻隔了生活环境中不洁物质及各种有害微生物与人体的接触；另一方面服装也能将人体内分泌到皮肤表面的排泄物如汗液吸走，从而使人体感觉舒爽。

服装的实用功能还体现在对人体的安全防护方面，如劳动保护等。

2. 美化功能

在物质生活丰富到一定程度后，人们着装的目的，凸现为追求服装的美化功能，而逐渐淡化了服装的实用功能。当然，无论到什么情况下，服装的最基本功能——实用功能是不会消失的。

单从物质方面看，服装的美要通过服装材料、款式、色彩等因素构成，但这只是单纯的材质美。完整的服装之美是服装材质美与着装者状态美的一种完美结合，是服装的材料、款式、色彩等与穿着者个人条件、穿着环境达到协调一致的一种特殊的美的表达方式。静态的服装会因着装者的修养、风度而获得一种动态的美，即所谓“衣在人穿”；有这样或那样个人缺陷的人会因服装设计者独具匠心的设计而达到“藏拙”的目的，即所谓“人要衣装”。

标识功能。标识功能是指通过服装的外观形态来区别着装者所属职业行业、社会地位、社会角色的功能，如在分类中所介绍的标识服装所发挥的功能。

二、服装的质量要求及鉴别

随着科学技术和生产技术的发展，社会经济水平的不断提高，人们对服装内外在质量的要求也越来越高。它与一次性消费的商品不同，是可经过多次使用或逐渐消费完其实用价值的消费品。因此，消费者对服装类商品的质量要求与一次性消费类的商品不同，他不仅要考虑其用途因素，还要考虑其使用性能。总的概括起来，服装类商品的质量要求基本上有舒适性、耐用性、安全性、方便性、美观性及经济性等六个方面。

（一）舒适性

1. 合体舒适性

人们对衣着商品的合体舒适性要求是其穿在身上，感觉能否适应人体的体形，有纵横适度的舒展性，并且面料的质地是否轻便，使人体无压迫感以及行动自由。服装过长、过短、过大、过小都会使人感到不舒服。据研究资料所知，人体动作时，皮肤伸长范围大致为20%～50%。依随动作服装的伸长比皮肤的伸长少，其减少的多少取决于服装的宽裕度和皮肤与织物间的滑动。在穿着过程中反复伸长易起拱变形的织物，其伸长率大。因此，由于衣着用途不同，不同类服装要求的伸长率也不同，如衬衣应为10%～15%，成套服装为10%～25%，泳衣为50%等。

2. 微气候舒适性

微气候是指衣服内层与人体皮肤之间空气层的温湿度状态。微气候舒适性则是要求衣服在各种气候环境中，其微气候都能使人体保持生理热平衡，从而有舒适的感觉。一般空气层的状态保持在温度为32±1℃，相对湿度为50%±10%时，是较舒适的状态。所以衣服所用材料的保暖性、透气性、透湿性、吸水性以及款式对其空气层状态的稳定性起着很重要的作用。

3. 触感舒适性

人体皮肤与服装材料接触时产生不同的感觉，这些感觉会使人体反射出不同生理、心理现象，这就是触感的舒适性。如衣着外衣或内衣时，由于面料选择的过厚、过硬、柔软不够、弹性不足，就会产生压迫力；因制作衣服的材料性质的差异，有的透气性、吸湿性、柔软度较好，用于内衣接触皮肤穿着较舒适；衣物材质纤维对皮肤的刺激作用会引起诸如搔痒类的反应等。新内衣或其他衣服穿用之前，应该经过清水浸泡，洗去残留化学物质，增加柔软度和舒适感。

（二）耐用性

服装是需要经受反复穿戴、洗涤的商品，它的耐用性能是消费者考虑的重要指标之一。因此，在穿用和洗涤过程中抵抗外界各种破坏因素影响的能力，是衡量服装质量优劣的具体体现。

服装商品的耐用性是指其在穿用和洗涤过程中抵抗外界各种破坏因素作用的能力，它包括抗拉伸强度、撕裂强度、顶破强度、耐磨牢度、耐日光性、耐热性、染色牢度以及耐霉性等内容，这些方面决定了衣服的使用期限和合适的使用寿命。

衣服在实际穿用、洗涤过程中，所受的各种外力使之破损的力度并不太大，它是一个有一定时间积累的反复作用的结果。由于衣服的不同部位所受的力度不同，受到的内外界力破坏的次数不同，因而出现破损的部位先后不一。在选用服装材料时，要注意内、外衣对人的不同使用性质、用途等，依据纺织材料的不同特性而选用符合内、外衣特点的纺织物作衣料。

(三)安全性

衣着纺织商品的安全性主要是指两个方面，一是对人体健康因素；二是对人体安全因素。它包括衣服材料的抗燃性、抗静电性和织造染整后有害物质残留等方面。

一般服装商品所用的纺织纤维都属于易燃或可燃纤维。棉、麻、黏纤、丙纶、晴纶等属于易燃纤维，易点燃并且燃烧速度快；羊毛、蚕丝、锦纶、涤纶等属于可燃纤维，易点燃但燃烧速度慢。所以提高纤维的抗燃性能力，是涉及改善对人体安全的重要因素。提高抗燃性的方法可采取阻燃纤维和对易燃、可燃纤维进行阻燃处理的方法。如对服饰材料进行抗静电处理，消除因静电起火而伤人的可能性。

由于服装材料在染整加工过程中，要使用染料及其各类助剂等化学物质，达到使衣料能符合对服装的穿着要求，因而在衣用商品上会残留一些对人体有害的物质，从而影响人的身体健康。如染色中使用的重铬酸盐、膨润剂等，漂白时的增白剂，柔软剂中的硫酸酯等，如果超过一定浓度，对皮肤就有刺激作用引起皮炎。因此，对残留的有害物质种类和残存量的限制是非常重要的。

(四)方便性

方便性的要求是指在服装商品的穿用及整理过程中，具有易洗涤、易整烫(或免烫)、易干燥、易保管等以及穿着时能方便工作、生活。

(五)美观性

服装的美观要求是一个综合性的审美范畴，它包含衣着材料、色彩搭配、款式设计等方面的内容。

1. 材料

衣服所用的面、里料的布面对外观疵点、刚柔性、悬垂性、抗起毛球性、缩水率以及丰满度、手感等都有一定的要求。服装给人的感觉首先是视觉、触觉所引起的，所以织物的内外在质量直接影响服装的外在美。根据穿着内、外衣的不同要求，选用不同衣料，可使衣服给人的视觉、触觉效果有很大差异。如蚕丝缎面织物做女士内衣，使人觉得华丽丰满、手感细腻；而呢料大衣材料则要求挺括、悬垂性好，有一种骨感美的效应。

2. 色彩搭配

色彩的感觉在一般美感中是最直接的、最大众化的表现形式。色彩及其搭配在服装上的运用既具有独特性，又具有一般性。衣着色彩的搭配有一般基本对比、调和的规律，是色彩搭配反映在衣着上的内在有机联系。但色彩又有其独特的一面，不同颜色表现的个性各不相同，使得服装的色彩表现出流行和前位。衣服的色彩及搭配是与人所处的环境(如季节、工作环境、活动场合、宗教意识、风俗习惯等)有关联，也要求和人的肤色、体型、发色、社会地位、内在气质、性格等特征相统一。

3. 款式设计

服装的式样美是由点、线、面、三维体等式样构成要素按形式美的法则以及人体体型和活动特征综合体现出来的美学特性。服装的变化主要是外观特征，通过对点、线、面、体以及配件饰物、色彩搭配的变化，可使服装呈现出千变万化的款式。它与色彩一样，与人所处的环境(如季:审、工作环境、活动场合、宗教意识、风俗习惯等)有关，也需与人的肤色、体型、发色、社会地位、内在气质、性格以及时代潮流等特征相适应。

（六）经济性

服装作为商品进入流通领域，其商品的实用价值与价值之比值，是消费者必须要考虑的因素。因此，服装商品的成本和价格不能脱离其实用价值。只有设计美观、大方，适合市场需求的服装，并尽量减少其生产成本，避免库存积压，才能提供物美价廉的服装商品。

三、服装的选购及熨烫

（一）服装的选购

1. 粗懂选购常识

要想买到称心如意的服装，消费者必须具备以下常识。

（1）要懂一点面料知识。不同面料，其质感、用途、价格不同，如能懂得一点面料知识，既能根据自己的需要选择相应面料的服装，又能防止不法商贩以次充好、以假乱真的欺骗行为，避免上当。

（2）要懂一点服装制作知识。知道控制服装整体质量的一些关键部位是什么地方，尺寸如何把握。要会查看做工。局部要仔细检查服装针脚是否均匀、细密；整体要查看领、袖、口袋是否对称，衣袖、裤脚长短肥瘦是否一致，要看整体熨烫是否平整等。

（3）要检查各种质量标志、标签。正规的厂家产品应有商标，一般附在上衣领下和下装的腰间。随商标应说明服装规格、厂名、厂址等等。在上装的摆缝处还应缀有标签，注明服装面料的成分、服装洗涤保养方法等。可以根据商标标签的有无及其标明内容的可信度、与服装实际情况的相符度来辨别服装真伪。

（4）要会定号型。统一服装号型，不可能一人一型，一人一号，还存在靠档的问题。因此，要自己买衣服，若是外衣，一定得试穿，若为内衣，得清楚自己的号型，选准规格。

（5）问准价格。目前服装价格不统一，这属于正常现象。选购时最好能“货比三家”，

慎重挑选。在小商品市场和集贸市场要能把自己掌握的服装与面料方面的知识综合起来加以运用，在“砍价”中争取主动权。

（6）要有主见。穿衣戴帽，个人所好。选购服装要根据消费者的自身条件，全面周到地考虑。自身条件如体型、肤色、气质、爱好以及经济承受能力等，是决定服装规格、色彩、款式、档次等的主要因素。总之，选购服装，是“系统工程”。

2. 细查服装内质

以上衣、裤子为例，作简要介绍。

（1）上衣。应以试穿目测为好，从前、后、侧三方面检查。前看衣领两个尖角是否对称，不能有高低不齐或歪斜现象，应挺括，领围大小合颈，领里不外露；看口袋位置是否正确，袋盖是否平舒。后看后身是否方凳，肩胛部位是否宽舒，后叉是否平服。测看肩缝是否顺直、窝服、袖子是否圆顺，吃势均匀，不能有凹凸不平或瘪陷的毛病，再看摆缝是否顺直。

（2）裤子。分平面、上部、立体三步检查。平面检查：先将挺缝对齐、摊平，看栋缝是否顺直、不吊裂。侧缝袋是否平服，袋垫不外露，裤脚是否服帖、大小一致，不吊兜。再将一只裤脚拉起，看下档缝是否对齐、顺直、不吊裂，与后缝的交叉处是否平直，不回不紧，裥子、省缝是否对称，后袋是否服帖、平服，穿眼小襟是否平服，位置是否准确，门襟、里襟配合是否合

格、圆顺；拉链是否灵活。立体检查时，将裤腰按穿着时形状提起，看前后栋缝是否圆顺，四格挺缝、裤片、缝子是否平整、不吊裂。

(3)面料、花纹检查。看面料有无明显疵点、色差及虫蛀、鼠咬等破损；看有格、条及其他图案的面料在拼紧处的对接有无偏差；看绒、毛面料光泽有无因倒顺毛引起的不正常的反差等，存在以上缺陷的均不能选购。

(二)服装的熨烫

熨烫就是给服装热定型。不同面料因耐热性不同所需熨烫温度不同。温度偏低，达不到定型目的，温度过高，会损伤纤维。因此，服装熨烫时，温度控制很关键。各类纤维的熨烫温度见表10-2。

表10-2　各类纤维的熨烫温度表

服装纤维种类	直接熨烫温度(℃)	垫干布熨烫温度(℃)	垫湿布熨烫温度(℃)
麻	185~205	205~220	220~250
棉	175~195	195~220	220~240
羊毛	160~180	185~200	200~250
桑蚕丝	165~185	190~200	200~230
柞蚕丝	155~165	180~190	190~220
涤纶	150~170	185~195	195~220
棉纶	125~145	160~170	190~220
维纶	125~145	160~170	-
腈纶	115~135	150~160	180~210
丙纶	82~105	140~150	160~190
氯纶	45~65	80~90	-

对于混纺或交织面料缝制的服装，其熨烫温度的选择原则就低不就高，此外，服装熨烫温度选择时把织物的厚薄与色劳度等情况也要考虑进去。

(三)服装的保养

服装保养中要特别加以重视的是各类天然纤维类服装、天然裘皮类服装。

1. 棉麻服装的保养

棉麻服装保养一定要注意防潮防霉，收藏前需洗净、晾干。分深浅色折叠收藏，避免久藏中因受潮而互相染色。久藏不穿的衣物每年夏季要“晒霉”。

2. 丝绸服装的保养

中心内容也是防潮防霉。丝绸衣服比棉麻织品“娇气”，洗涤时注意轻搓、轻揉、少挤、不拧；不宜日光曝晒，宜晾干。织锦缎、古香缎、软缎、丝绒服装一般不水洗，收藏时应折叠好，用布包好置于干爽清洁箱柜中，不宜挂藏，以免因自重导致变形，白色或浅色绸服装收藏时不宜置放樟脑丸，以防虫蛀。

3. 呢绒服装的保养

呢绒服装收藏前要洗净(多数干洗)、熨烫、晾干待充分干燥、凉透，再收存。宜放在通风阴凉处晾干，曝晒会引起退色和光泽、弹性、强度的下降。高档呢绒服装最好悬挂于衣柜中以免折叠放时因重压而变形。收存时，要在衣服的口袋里及箱柜内放入用纸包好的樟脑丸，以防虫蛀。

4. 裘皮服装的保养

裘皮服装，尤其是毛类和贵毛皮服装穿着时应尽量避免玷污和雨淋受潮。受潮会导致脱鞣变性而脱毛。裘皮服装收藏不当，会出现虫蛀、脱毛、绒毛纠结或皮板硬化等。存放时，最好用“美人肩”之类宽衣架挂起来，并在大衣袋内放上用纸包好的樟脑丸。如放在箱内，折叠时应将毛朝里平放，宜放在箱子最上层，以免重压。在伏天，可取出晾晒、通风，以防虫蛀及霉变。

皮革服装的保养。皮革服装不宜在雨、雪天穿用，收前晾晒时宜在上午 9 至 10 时，下午 3 至 4 时，不可暴晒，否则会使皮革老化。收藏时以挂藏为宜，并放置以纸包好的樟脑丸。为增加皮革柔润，可用布在表面轻敷一层甘油，或保养皮革衣物专用制剂，穿用前晾晒一下即可。收藏期间要注意防潮防霉。

其他各类服装的保养法，则相对简单。但不论何类服装均应清洁、干爽地收存。存放各项细节要按服装的结构及面料的理化性质来定。

任务小结

纤维是指直径为几微米到几十微米，而长度比其直径大许多倍，其中有的长达数十毫米以上，具有一定柔软性和弹性的纤细物质。通常把用来制造纺织品的纤维称为纺织纤维。纺织纤维分为天然纤维和化学纤维。纺织商品按形成的原理大致分为机织物、针织物、无纺织布法制成的非织造织物三种。各种纺织品都要经过纺纱 - 织造 - 染整 - 成衣（部分或全部加工）等生产加工过程。服装面料是用来制作服装的材料，它的主要种类有棉织物、麻织物、丝织物、毛织物、皮革、化学纤维织物、混纺织物。服装辅料指在服装中除了服装面料以外的一切辅助性材料的总称，它主要包括填料、里料、衬料、纽扣、拉链、线、花边以及商标、标签等。掌握服装商品的品种及性能特点是本章的又一学习目标。应从科学的服装分类着手研究，最主要的分类法就是按功能分类。服装类商品的质量要求基本上有舒适性、耐用性、安全性、方便性、美观性及经济性等六方面。掌握服装选购及保养方面的常识对消费者有积极的意义。各类服装的保养方法和手段取决于服装材料特别是面料的性能。

习 题

一、思考题

1. 什么是天然纤维、化学纤维和合成纤维？纺织纤维是怎样分类的？
2. 纺织品的生产过程主要有几个环节？其主要作用是什么？
3. 服装面料的主要种类及特点是什么？
4. 服装如何分类更合理？

二、实训题

带着实际问题去服装市场，认识和比较各种服装标签。

◆项目十一　日用工业品商品

★知识目标：

1. 日用工业品有关商品的分类品种；
2. 日用工业品有关商品的组成和结构；
3. 日用工业品有关商品的性能特点、质量要求与选用。

★技能目标：

能够运用所学的知识和技能，进行日用工业品商品的质量鉴别、挑选使用和咨询服务。

★任务导入：

一种护肤品全家共用不科学

一种化妆品适合全家共用吗？消费者经常被一些产品的宣传广告搞得一头雾水。美国加州大学有关专家认为，即使同是一家人，肤质也可能完全不同，所以，全家人共用一种护肤品是极不科学的。

使用护肤品，首先要遵循的原则是干性皮肤要保湿，油性皮肤要注意洁净，混合型皮肤要保持水油平衡，过敏性皮肤要避免刺激，各种肤质的护肤品一定要严格区分开来。

家中肤质不同的姐妹兄弟也应该有属于自己的特殊护肤品。特别需要指出的是，敏感性皮肤的人在选购护肤品时应尽量避免酒精、矿物油和香精等致敏成分。使用化妆品时不要把产品盒子轻易丢掉，因为万一孩子出现过敏，可以根据说明书中的产品成分确定过敏源。因为不同年龄阶段肤质有所不同，所以家里的孩子、老人也应该有属于自己的护肤品。

思考：如何选用护肤品？

学习任务1　日化类商品

日化商品是指用化学原料制成的用品，包括肥皂、合成洗涤剂、牙膏、化妆品、鞋油和塑料制品等。

一、洗涤用品

（一）洗涤原理

1. 污垢

污垢是指吸附于基质表面、内部，不再分开，可改变清洁表面外观及质感特性的物质。

（1）污垢的分类

日常生活和工、农业生产都不可能不产生污垢，污垢成分的复杂性也是显而易见的。物品的使用环境不同，污垢的种类、成分和数量也不相同。例如衣服上的污垢，餐具上的污垢、住宅中的污垢、盥洗室中的污垢、地毯上的污垢，不同工作服上的污垢其成分都是不同的。就衣服上的污垢而言，内衣、外衣、工作服因使用环境和条件的不同，污垢的种类也不同。衣服上的污垢，就其来源而言，可有人体分泌物或排泄物如汗、皮脂、皮屑、皮肤分泌物、皮肤老化物、手垢、乳、血、唾液、尿液等；有来源于食品的污垢如牛奶渍、油渍、调味品渍、淀粉、菜渍等；由文具带来的污垢如墨渍、蜡笔、颜料、铅笔、圆珠笔油等；有由化妆品带来的污垢如唇膏、指甲油、染发水等；有大气中的固体颗粒如尘埃、砂土、铁锈、煤灰、花粉等，将各种污垢加以分类是困难的，也不易做出科学的分类。

（2）污垢与物体的结合力

一般情况下，污垢与物体表面接触后之所以不再分开，是由于污垢与物体之间存在着某种结合力，这就造成污垢与其他物体的粘附。污垢与物体的结合力主要有以下几种：

①机械力结合

机械力结合主要表现在固体尘土的粘附现象上。依衣料纺织的粗细程度、纹状及纤维特性不同，结合力有所不同。在洗涤时，根据搅动或振动等不同的机械力作用，污垢的脱落程度不同。机械力结合是一种比较弱的结合，以此种力结合的污垢比较容易去除，当污垢的粒子小到0.1m时，就很难洗掉。

②静电力结合

纤维素或蛋白质纤维在中性或碱性溶液中带有负电。有些固体污垢的粒子在一定条件下带有正电荷，如炭黑、氧化铁之类的污垢。带有负电荷的纤维对于这类污垢粒子就表现出很强的静电引力。静电结合力比机械结合力强，所以带正电荷的炭黑、氧化铁之类的污垢附着在带负电荷的纤维上时，很难将此类污垢去除。

③化学力结合

极性固体污垢（如粘土）、脂肪酸、蛋白质等污垢与纤维素的羟基之间通过形成氢键或离子键的化学结合力而粘附在纤维上，这类污垢用通常的洗涤方法很难去除，需要采取特殊的化学处理，使之分解、去除。

④油性结合

在塑料制品上的油性污垢，具有把固体污垢和塑料本身粘附在一起的作用，这种粘附作用可以认为油性结合。

2. 表面活性剂的基本性质

肥皂和合成洗涤剂之所以能去除污垢，主要因为在它们的组成中，含有表面活性剂。表面活性剂是一种能在较低的浓度下即能显著降低溶液表面张力的物质。一般物体相界面（如液—液、液—固、液—气）之间的张力统称为界面张力，但通常把液—气相界面之间的张力叫做表面张力。肥皂和合成洗涤剂都有降低水溶液表面张力的性能，同样也有降低水—油、水—固之间界面张力的性能，这与它们的分子结构有密切的关系。

（1）表面活性剂的分子结构特点

无论是合成洗涤剂中的表面活性剂或是肥皂，都有一个共同的基本结构，即分子的一端是由一个较长的烃链组成的，它是憎水性，能溶于油，但不能溶于水中，因此称为憎水基或亲油基；分子的另一端是较短的极性基团，它能溶于水中而不能溶于油中，称为憎油基或亲水基。

（2）表面活性剂的性质和作用

①由于表面活性剂的这种结构特点，使之在相界面上定向排列成吸附膜，即造成表面张力或界面张力的降低。在水溶液中分子聚集而规则定向排列，即使溶液获得胶束性，由于洗涤表面活性剂既有表面活性又有胶束性能，才使其水溶液具有分散乳化、润湿渗透、泡沫、增溶等效用。

②表面活性剂的作用：

第一，分散乳化作用。洗涤表面活性剂降低了水 - 固体微小粒子间的界面张力，凭固体微小粒子周围形成一层亲水的吸附膜，使固体粒子均匀地分散于水中形成分散液，这就是洗涤表面活性剂的分散作用。洗涤表面活性剂降低了水 - 油的微小粒子间的界面张力，同样在油的微小粒子周围形成一层亲水的吸附膜，使油粒均匀分散在水中形成乳浊液，这就是乳化作用。

第二，润湿渗透作用。洗涤表面活性剂降低了水 - 固之间的界面张力，使水容易吸附扩展到固体表面，并渗透到物体中去，这种作用称为润湿渗透作用。洗涤液的润湿渗透作用既破坏了衣物和污垢间的吸引力，又破坏了污垢微粒间的吸引力，当加以适当外力时，可使污垢粉碎成细小粒子。

第三，泡沫作用。洗涤表面活性剂降低了水 - 空气之间的表面张力，空气分散在水中而形成泡沫，同时又在气泡表面吸附着定向排列的一层一定浓度的洗涤表面活性剂，气泡壁就形成一层坚固的膜，从而形成了稳定的泡沫，这称为泡沫作用。泡沫虽然和洗涤作用没有多大的直接关系，但它能吸附已分散的污垢使之聚集在泡沫中，并把污垢带到溶液的表面。

第四，增溶作用。当洗涤表面活性剂的水溶液的胶束把油溶解在自己的憎水基部分中，这种因胶束的存在而使物质在溶剂中溶解度增加的现象，称为增溶作用。

3. 洗涤过程

在洗涤过程中，借助于某些化学物质（洗涤剂）以减弱污垢与被洗物表面的粘附作用并施以机械力搅拌，使污垢与被洗物分离并悬浮于介质中，最后将污垢洗净冲走。洗涤过程是一个可逆过程，分散和悬浮于介质中的污垢也有可能从介质中重新沉积于物品表面，使被洗物变脏，这叫做污垢再沉积作用。因此，性能良好的洗涤剂最少应具备两种作用：一是降低污垢与基质表面的结合力，具有使污垢脱离物品表面的能力；二是具有抗污垢再沉积作用。

洗涤过程中使用的介质，一般为水，称为水洗。若洗涤过程使用的介质是有机溶剂，一般称为溶剂洗涤或干洗。

实际上，表面活性剂的洗涤性，包括了表面活性剂的润湿性、渗透性、乳化性、分散性、增溶性、发泡性等几乎全部基本特性。也可以说，洗涤性是表面活性剂综合性能的表现。

洗涤过程一般要达到下列目的：

(1)增加感观价值。例如洗涤衣物及家庭日用器具；能使被洗物保持良好的色调和光泽。

(2)保持环境卫生。例如洗掉食品、水果、蔬菜等附着的有害病菌和残留的农药，保持衣着和人体的清洁等。

(3)提高被洗物的质量和纯度，去掉被洗物上不需要的部分。例如洗掉食品上的不可食用部分。

(4)保持和提高被洗物的性能。例如使用祛污粉擦洗锅、勺等炊具以及餐具、器皿等，不仅可以保持清洁美观，还可保持其使用性能。

此外，经过洗涤还可以达到提高被洗物的加工性，保存被洗物、延长耐用期等目的。

从目的和机能来说，洗涤过程包括下列要素：

①被称为基质的洗涤对象；

②从基质上被除去的物质、污垢；

③洗涤时使用的洗涤液，即在除去污垢时使用的肥皂溶液，合成洗涤剂溶液。

在这些要素中有多种原料构成的基质，繁多污垢组成和不同吸附条件，洗涤液又是含有各式各样组分的复杂溶液，这些因素又有各种各样的组合，因此使去污过程复杂化。

通常可将洗涤过程用下式表示：

物品·污垢+洗涤剂→物品+污垢·洗涤剂

整个过程是在介质中进行的。粘着污垢的物品和洗涤剂一起投入介质中，洗涤剂溶解在介质中，洗涤液将物品润湿，进而将污垢溶解，使污垢与物品表面的结合变为污垢与洗涤剂的结合，从而使污垢脱离物品表面而悬浮于介质中。分散、悬浮于介质中的污垢经漂洗后，随水一起除去，得到洁净的物品，这是洗涤的主过程。

4.影响洗涤效果的几种因素

(1)表面张力。表面张力是表面活性剂水溶液的一种重要的物理化学性质，而表面活性剂是洗涤剂的必要组分，洗涤剂的去污作用主要是通过表面活性剂来实现的，所以表面张力与洗涤作用必然有内在的联系。一般洗涤剂的表面张力越低洗涤效果越好。根据固体表面润湿的原理，对于一定的固体表面，液体的表面张力愈偏低，通常润湿性能愈好。润湿是洗涤过程的第一步，有利于润湿，才有可能进一步起洗涤作用。此外较低的表面张力和界面张力有利于液体油污的去除，有利于油污的乳化、加溶等作用，因而有利于洗涤。大多数优良的洗涤剂溶液均具有较低的表面张力与界面张力。

(2)吸附作用。洗涤液中的表面活性剂在污垢和被洗物表面吸附的性质，对洗涤作用有重要影响。这主要是由于表面活性剂的吸附，使表面或界面的各种性质均发生变化。对于液体油污，表面活性剂在油-水界面上的吸附主要导致界面张力降低，从而有利于油污的清洗。界面张力的降低，也有利于形成分散度较大的乳状液；同时由于界面吸附所形成的界面膜一般具有较大的强度，这使形成的乳状液具有较高的稳定性，不易再沉积于被洗物表面。

表面活性剂的界面吸附对液体污垢的洗涤作用可产生有利的影响。

一般固体表面带负电，不易吸附阴离子表面活性剂。如果质点的非极性较强，可以通过表面活性剂分子碳氢链与质点非极性表面间的范德华引力而发生吸附，此时质点表面负电荷密度由于吸附了阴离子而增加，这使质点间的斥力及质点与固体表面之间的斥力也相应增加，从而提高了洗涤效果。

(3)加溶作用。表面活性剂胶团对油污的加溶作用是从被洗物表面去除少量的液体油污的最重要的机理。不溶于水的物质，因其性质各异而加溶于胶团的不同部位，形成透明、稳定的溶液。非极性油污加溶于胶团的非极性内核中；极性油污根据其极性大小及分子结构可加溶于胶团外壳的极性基团区域，或者极性基团在胶团表面，非极性基团插在胶团中形成栅栏结构。胶团对于油污的加溶作用，实际上是将油污溶解于洗涤液中，从而使油污不可能再沉积，这将大大提高洗涤效果。

(4)乳化作用。不管油污多少，乳化作用在洗涤过程中总是相当重要的。具有高表面活性的表面活性剂，可以最大限度地降低油－水界面张力，只要很小的机械功(略作搅动)即可乳化。降低界面张力的同时，发生界面吸附，有利于乳状液的稳定，油污质点不再沉积于固体表面。

仅仅是油污质点的乳化和分散不足以有效地完成洗涤过程，洗涤过程必须着眼于降低污垢与被洗物之间的结合力。乳化和加溶仅在防止污垢再沉积方面起作用。

(5)泡沫作用。泡沫作用与洗涤的关系不像乳化作用与洗涤的关系那样清楚。习惯上往往把起泡作用与洗涤作用混为一谈，认为洗涤剂的好坏决定于泡沫的多少。实际并非如此，许多经验和研究结果都表明，洗涤作用与泡沫作用没有直接关系。例如用低泡沫洗涤剂进行洗涤，并不比高泡沫洗涤剂的洗涤效果差。

泡沫与洗涤虽然没有直接关系，但在某些场合下，泡沫还是有助于去除污垢的，例如手洗餐具时洗涤液的泡沫可以把洗下来的油滴携带走，擦洗地毯时，地毯香波的泡沫有助于带走尘土等固体粒子样的污垢，泡沫起到携带污垢的作用。另外，泡沫有时可以作为洗涤液是否有效的一个标志，因为脂肪性油污对洗涤液的起泡力有抑制作用，当脂肪性油污过多而洗涤剂的加入量不够时，洗涤液就不会生成泡沫，并使原有的泡沫消失. 这标志洗涤液中的洗涤剂量不够，应添加或另外配制洗涤液。

泡沫对盥洗制品是重要的，洗发或洗浴时产生细腻的泡沫使人感到滑润舒适，令人感到愉快。虽然泡沫与洗涤过程没有直接关系，但是泡沫在洗涤制品的使用中经常是不可缺少的。

(6)表面活性剂疏水基链长。在表面活性剂的同系物中，碳氢链长与物理化学性质(如表面活性、润湿、乳化等)有密切关系，在洗涤性能上也不例外。一般说来，碳氢链愈长者，洗涤性能愈好。链过长者，溶解度变差，洗涤性能亦降低。

(二)肥皂

肥皂是以天然油脂与碱作用制成的高级脂肪酸的盐类，通常可用作家庭洗涤的是高级脂肪酸的钠盐或钾盐(钠皂或钾皂)。肥皂又可分为洗衣皂、香皂和其他皂类。

1. 肥皂的主要原料

(1)天然动植物油脂。主要有牛油、羊油、猪油、蚕蛹油脂、木油、骨油、棕榈油、椰子油、菜籽油、棉籽油、糠油、蓖麻油、橄榄油、大豆油、花生油等。

(2)合成脂肪酸。是用熔点 43 ~ 51℃的石蜡经氧化而生成的。

(3)碱类。常用的有苛性钠(烧碱 NaOH)、苛性钾(KOH),也可用碳酸钠或碳酸钾来制。

(4)辅助原料。对制品的品质有所增益的成分,如香料、色料(染料或颜料)、药料、食盐、荧光增白剂、水等。

(5)填充材料。主要是填充肥皂的体积与增加重量的材料,如硅酸钾、碳酸钠、陶土等。

2. 肥皂的主要品种

肥皂按性质分为两类,即碱金属皂和金属皂。金属皂是除钠皂和钾皂以外的工业用皂,一般不溶于水,无洗涤去污作用。日常用的碱金属皂分为钾皂和钠皂。钾皂在常温下呈软膏状或液状,故称软皂;钠皂在常温下质地较硬,又称硬皂。钠皂的品种也很多,主要品种如下:

(1)洗衣皂。洗衣皂是洗涤织物的块状肥皂。洗衣皂是用不需精炼的各种动植物油与苛性碱作用制得的用于洗衣物的肥皂。它的生产工艺简单,制作成本较低。其脂肪物的含量在47% ~70%之间,一般呈淡黄色,优质的洗衣皂质坚耐用,色泽较浅,略有香味。一般制成长方形和长条形,重量在200~333g之间。

(2)香皂。香皂指日常洗脸、洗澡用的肥皂,多用牛羊油和椰子油制造,并需经过碱炼、脱色、脱臭等工艺后方可皂化,还要加入各种香料,所以生产成本也较高。香皂的脂肪物含量一般为80%左右。随着加入着色剂和香精的不同而呈现出不同色泽和香型。国产的香皂规格一般有125g、110g、100g、90g、80g、40g不等。

(3)其他肥皂。包括具有特殊用途或显著特点的各种肥皂,如药皂、透明皂、润肤皂、营养皂、减肥皂等。

①药皂:多用于洗澡洗手,它的原料成分与香皂基本一致,只是多加入了不同的药物,如碳酸精萘粉和邻甲苯酚,具有杀菌、消毒作用。目前,市场上的药皂较多的有去痱香皂、驱蚊香皂、中性药物香皂、硫磺香皂等,有枣红、橘红、赭红三种颜色。

②透明皂:是用一般香皂皂基,通过控制水分以及游离碱含量和加工温度等碾压而成的制品。它的碱性小、耐用、溶解度大、泡沫丰富,可代替香皂作为皮肤洗涤用品,也可用来洗涤丝、毛、合成纤维等较高级的织物。

③液体皂:是近年来的新品种,是以肥皂为主要成分,再加入质量优异的表面活性剂复配而成。它具有软化硬水的较强的去垢作用,性能温和,手感柔软,泡沫少,适合洗衣机使用。

3. 肥皂的质量要求

肥皂的质量要求包括感官质量要求和理化性能指标两部分。

感官质量从外观、形状、气味和包装等方面衡量肥皂的好坏。如图案字迹要清晰,形状端正,表面无明显斑纹、不发粘,色泽均匀,香味纯正持久,无油脂酸败异味等。

理化性能侧重于去污能力和安全卫生性。具体指标有脂肪酸等的含量、发泡能力等,如表11-1、表11-2所示。

表 11－1 洗衣皂的理化指标

指标名称	53 型	47 型	42 型
总脂肪酸含量(％)	53	47	42
每块总脂肪酸实际重量不低于标准重量(％)	95	95	95
游离碱(NaOH)不大于(％)	0.3	0.3	0.3
脂肪酸凝固点(℃)	37.0～45.0	37.0～45.0	37.0～45.0
硅酸钠用 SiO_2 表示不小于(％)	2.0	2.0	2.0
泡沫(40℃)最高点不小于(mm)	170	170	160
过 5 分钟后不小于(mm)	160	160	150
40℃ ±1℃时溶解度(mg/cm^3)	20～35	20～35	20～40

表 11－2 香皂的理化质量要求

指标	优级	一级	二级	三级
总脂肪酸含量(％)	83	80	80	80
每块总脂肪酸含量不低于(％)	78.5	78.5	78.5	78.5
游离碱(NaOH)不大于(％)	0.05	0.05	0.05	0.05
开裂(级)不大于	2	3	4	5
糊烂(20℃ ±1℃)不大于(mm)	2.0	2.0	3.0	3.0
剖面自心气泡(级)不大于(mm)	1	2	3	4
脂肪酸凝固点(℃)	37.0～43.0	37.0～43.0	37.0～43.0	37.0～43.0
泡沫(40℃)最高点不小于(mm)	180	175	170	165
过 5 分钟后不小于(mm)	175	170	165	160

(三)合成洗涤剂

合成洗涤剂是以合成表面活性剂为主要成分，并添加其他助洗剂和辅助材料制成的洗涤用品。由于合成洗涤剂使用了性能优良的表面活性剂，再加上各种助洗剂的配合，具有比肥皂更为良好的洗涤性能，它遇硬水不会产生沉淀；在水中不会水解而产生游离碱，因此能配制成适合丝毛织品用的产品；它在酸性溶液中使用，不像肥皂那样受到影响；使用它还具有省时省力等优点；另外，合成洗涤剂可以配制成粉状、膏状、液状等形态，使它更能满足人们对洗涤品的要求。

1. 合成洗涤剂的组成及其作用

(1)合成洗涤剂表面活性剂的种类及其性能特点。表面活性剂是合成洗涤剂中最重要的有效成份，起着降低表面和界面张力达到洗涤祛污的作用。根据其在水溶液中离解出来的表面活性质点的电荷不同，分为阴离子型、阳离子型、非离子型和两性离子型四大类。

①阴离子型表面活性剂。由于这类表面活性剂在水溶液中离解出来的阴离子是有表面活性，故通称阴离子表面活性剂。阴离子型表面活性剂是洗涤表面活性剂中的大类，占总量的65％～80％，用量最大、应用最广，适合于制成各种类型的洗涤剂。

②非离子表面活性剂。这类表面活性剂在水溶液中不会离解为带电荷的阴离子或阳离子，即在水中呈中性的非离子的分子状态或胶束状态。

③阳离子表面活性剂。这类表面活性剂在水中离解出的阳离子具有表面活性故通称为阳

离子表面活性剂，因其只有在酸性溶液中才能发挥作用，一般不作洗涤表面活性剂。在工业上阳离子表面活性剂被广泛用于作纺织柔软剂、抗静电剂、杀菌剂等。主要品种有季胺盐、咪唑啉盐等。

④两性表面活性剂。两性表面活性剂兼有阴离子和阳离子基团，所以既有阴离子表面活性剂的洗涤作用，又具有阳离子表面活性剂的对织物的柔软作用。它易溶于水，耐硬水，对皮肤刺激小，有较强的杀菌力和发泡力，适宜做泡沫清洗剂，多用于洗涤丝毛织物和洗发香波中。目前因其生产工艺复杂，成本较高，使用量还很少。主要品种有甜菜碱类、咪唑啉类、氨基酸类等。

(2)助洗剂及其他辅助剂。为了提高和改善合成洗涤剂的综合性能，除了主体成分——表面活性物外，必须加入助洗剂及其他辅助剂，以改善洗涤剂的去污力，乳化性、泡沫性、表面活性，并发挥各个组分相互协调、互相补偿的作用，使产品的洗涤性能更加完备并降低成本。

另外，在洗涤剂中还可加入其他辅助剂如防腐剂、香料、色料等，并视其用途、种类不同还可加入皮肤保护剂，织物柔软剂等。

2. 合成洗涤剂的分类和品种

(1)分类。合成洗涤剂一般可按商品形式、用途范围、洗涤对象、洗涤难易程度，活性物含量、泡沫多少等分成不同的类型。

①按商品的外观形态可以分为粉状、空心颗粒状、液体、浆状、块状等多种形式洗涤剂。

②按用途可分为衣用洗涤剂、厨房用洗涤剂、住宅用洗涤剂等。

③按洗涤对象可分为丝毛织品类洗涤剂、通用类洗涤剂等，丝毛织品类洗涤剂 pH 为 6.5 ~ 8.5。通用类洗涤剂 pH 值在 9.5 ~ 11.0 之间，适于洗涤棉、麻、合成纤维等。

④按洗涤难易程度可分为轻垢型洗涤剂和重垢型洗涤剂。

⑤按表面活性剂的种类和含量可分为Ⅰ类、Ⅱ类、Ⅲ类。Ⅰ类、Ⅱ类以阴离子表面活性剂为主，活性剂含量在 10% ~30% 之间。Ⅲ类以非离子表面活性剂为主，表面活性剂含量是 10% ~20% 之间。

⑥按泡沫多少可分为低泡型、中泡型和高泡型。低泡型适用于洗衣机洗涤，高泡型适用于人工搓洗，中泡型可以兼顾。

⑦按助洗剂的特点可分为加酶型、增白型、漂白型等。

市场上出现的各种合成洗涤剂都是针对某些用途特点，选择一定的配方类型和合理的商品形式复配而成。目前合成洗涤剂走向专用型是一重要趋势。

(2)合成洗涤剂的主要品种

①合成洗衣粉。合成洗衣粉是合成洗涤剂用品中主要大类，产品主要是空心粉状的，如果调整其中表面活性剂的配比以及加入特殊的助洗剂，就可以制成各种特点的洗衣粉，如丝毛洗衣粉、加酶洗衣粉、漂白洗衣粉，低泡洗衣粉、浓缩洗衣粉等。

②液体洗涤剂。液体洗涤剂在合成洗涤剂中是仅次于洗衣粉的第二大类洗涤剂，由于其使用方便，溶解迅速，并适合节能时代的要求，因此近年来发展很快，尤其在欧美国家所占比例逐年上升。

③浆状洗涤剂。以烷基苯磺酸钠为主体成分，加入各种助洗剂和适量的脂肪醇硫酸盐或非离子型活性物。特点是:便于生产、洗涤性能良好、成品为稳定、均匀、黏稠的胶态分散体。

④餐具洗涤剂。餐具洗涤剂是厨房用洗涤剂中最重要的一类，在产销量上仅少于衣用洗

涤剂，近年来餐具洗涤剂的功能更趋于完善，洗涤、杀菌、消毒等功能集于一体。

⑤住宅用洗涤剂。住宅用洗涤剂是专门对门窗、瓷砖、浴盆、家具等硬表面清洗用，故又称硬表面清洗剂。这类洗涤剂往往是碱性的，表面活性剂含量不高。不要求有泡沫，但一般加入相当量的有机溶剂，可溶解油脂。

3. 合成洗涤剂的质量检验

(1)包装检验

合成洗涤剂可采用塑料袋或硬纸盒包装，要求封口牢固整齐，印刷图案、文字清晰美观，不能褪色或脱色。小包装箱，不得松动或鼓盖，必须放平码齐。小包装箱上应印有下列标志:产品名称、类别型号、商标图案、厂名厂址、性能及保管说明。大包装上应印有下列标志;产品名称及牌号、净重及内装小包装袋数、厂名厂址、装箱日期、箱体体积、以及“防止受潮”“轻放轻装”字样等。

(2)观检验

①色泽和气味。合成洗衣粉的色泽应为白色，不得混有深黄色或黑粉(若是添加了色料的洗衣粉色泽应均匀一致)。合成洗衣粉的气味要求正常，无异味。

②颗粒度和表观密度。颗粒度是指洗衣粉的颗粒大小和均匀度。表观密度是指单位体积内洗衣粉的重量，以 g/mL 表示，它是反映洗衣颗粒度和含水量的综合指标。空心粉状洗衣粉的表观密度在 0.42g/mL 至 0.75g/mL 左右。

③流动性和吸潮结块性。流动性较好的洗衣粉，为包装工艺和使用都带来了方便;而吸潮结块性的洗衣粉则相反，并易造成变质失效。

(3)稳定性。稳定性指洗衣粉在储存过程中，有无因受潮而出现的泛红、变臭现象。稳定性差的洗衣粉，在很大程度上反映了它的组成和内在质量问题。

二、化妆用品

(一)化妆品的概念及作用

化妆品是一种修饰人们的外貌、增加容貌美观或具有芳香气味的日用品。它是由脂肪性原料、甘油碱类、香料、色料、营养物质、药物、水等各种成分，按不同配方经过化学方法加工制成的具有不同用途的一类日用品。

中国《化妆品卫生监督条例》中给化妆品下的科学定义是:“化妆品指以涂擦、喷洒或其他类似的方法，散布于人体表面任何部位(皮肤、毛发、指甲、口唇等)，以达到清洁、消除不良气味、护肤、美容和修饰目的的日用化学工业产品”。随着社会的进步和发展，人们更加认识到化妆品对于美化容颜和保护皮肤的重要作用。化妆品已经成为人们日常生活中不可缺少的用品。

化妆品的使用对象为人体的表面皮肤及其衍生的附属器官，其作用主要表现如下:

1. 清洁作用

化妆品能温和地清除皮肤及毛发上的污垢，使之保持健康状态。

2. 呵护作用

化妆品能温柔地保护皮肤，使之光滑、柔润、防燥、防裂;保护毛发使之光泽柔顺，防枯、防断。

3. 营养作用

维系皮肤及毛发的水分平衡，补充易被皮肤和毛发吸收的营养物质及清除致衰老因子，以延缓衰老。

4. 美容作用

化妆品经涂抹后，可美化面部皮肤(包括口唇、眼周)及毛发(包括眉毛、睫毛)和指甲(趾甲)，使之色彩耀人，富有立体感和青春魅力。

5. 其他作用

除上述作用之外，一些具有特殊用途的化妆品还具有增白、亮肤、育发、染发、烫发、毛、丰乳、健美减肥、除臭、祛斑、去痤疮、防晒等作用。

(二)化妆品的种类

化妆品的种类繁多，国内外对化妆品没有统一的分类方法，一般常用的分类方法有以下几种：

1. 按化妆品的功能分类

(1)清洁类。它是用以除去皮肤、毛发上污染物的化妆品，如 洗面奶、清洁霜、浴液香波、清洁面膜、磨砂膏、去死皮膏等。

(2)护理类。它是用以保护皮肤及毛发的化妆品，它能在其表面形成薄膜(或脂膜)，防止皮肤粗糙干裂，使毛发光泽、易梳理。如各种化妆品水(露)、乳(蜜)、霜、脂、护发素、发油、发乳等。

(3)营养类。它是用以营养皮肤及毛发，可保护皮肤角质层含水量，增进血液循环，清除过剩的氧自由基，延缓皮肤衰老的各类化妆品。如添加了维生素、水解蛋白、中草药、透明脂酸等生物活性成分的霜、乳、露等。

(4)美容类。它是用于美化皮肤及毛发的化妆品。如粉底、遮盖霜、唇膏、胭脂、眼影、眉笔、发胶、摩丝、彩色焗油等。

(5)芳香类。用于身体及毛发，能散发芳香气味的化妆品。如香水、花露水、古龙水等。

(6)特殊用途类。介于化妆品和药物之间，用于助长毛发生长，减少脱发、断发，改变毛发颜色，改变毛发弯曲程度，减少、消除体毛，消除腋臭，减轻皮肤表面色素沉着，可吸收紫外线，减轻因日晒引起的皮肤损伤的功能性化妆品。如各种生发灵、染发剂、冷烫精、脱毛露、丰乳霜、减肥霜、腋下香露等。

2. 按使用的部位分类

按使用的部位可分为皮肤用化妆品、黏膜用化妆品、头发用化妆品、指甲用化妆品、口腔用化妆品等。

3. 按产品形态分类

(1)液态化妆品。常见的液态化妆品有化妆水、各种乳剂和油剂，它们是由水、油或酒精配入其他物质制成的，为了促进加入物质的溶解，还常常加入助溶剂。

(2)固体化妆品。固体化妆品最基本的类型是膏类、霜类、粉类、胶冻状、硬膏状(如唇膏)、块状(如粉饼、胭脂、香皂)、锭状、笔状、胶囊状和纸状等。

(三)化妆品的质量要求

1. 化妆品卫生标准

化妆品所用的原料必须保证不对人体造成伤害，对不同类型的化妆品所禁止使用的原料及限定使用的着色剂，《中国化妆品卫生管理条例》都做了详细规定。如一般化妆品禁止使用二氯酚、汞及其化合物、硫双二氯酚、毛果芸香碱；含激素类化妆品对激素种类和用量都加以限定。

《中国化妆品卫生管理条例》中对化妆品经营的卫生监督做了明确规定，指出化妆品经营单位和个人不得销售下列化妆品。

(1)未取得《化妆品生产企业卫生许可证》的企业所生产的化妆品。

(2)无质量合格标记的化妆品。

(3)标签、小包装或者说明书不符合下列规定的化妆品：化妆品标签上应注明产品名称、厂名，并注明生产企业卫生许可证编号；小包装或说明书上应注明生产日期和使用期限；特殊用途的化妆品还应注明批准文号；对可能引起不良反应的化妆品，说明书上应注明使用方法、注意事项；化妆品标签、小包装或说明书上不得注有适应症，不得宣传疗效，不得使用医疗术语。

(4)未取得文号的特殊用途化妆品。

(5)超过使用期限的化妆品。

2. 化妆品的感官质量要求

对化妆品的感官质量要求主要是对其色泽、组织形态、气味和包装的具体要求。利用人体的感觉器官加以检验，这也是化妆品经营者以及指导消费者挑选时普遍采用的检验方法。

(1)色泽。无色固状、粉状、膏状、乳状化妆品应洁白有光泽，液体应清澈透明；有色化妆品应色泽均匀无杂色。如发现变色或红、黑、绿等颜色的霉斑或颜色暗淡，说明是过期货或制造时添加色素有误，不能出售或使用。

(2)组织形态。固状化妆品应软硬度适宜；粉状化妆品应粉质细腻，无粗粒或硬块；膏状、乳状化妆品应稠度适当，质地细腻，不得有发稀、结块、龟裂干缩和分离出水等现象；液状化妆品应清澈均匀，无颗粒等杂质。在检验或挑选时如发现外观混浊，油水分层或出现絮状物，膏体干缩、裂纹，则不能出售或使用。

(3)气味。化妆品必须具有幽静芬芳的香气，香味可根据不同的化妆品呈现不同的香型，但必须幽美持久，没有强烈的刺激性。如嗅之有变味、异味或刺鼻的怪味，则不能出售或使用。

(4)包装装潢。化妆品的包装应整洁、美观、封口严密。商标、装饰图案、文字说明应清晰，色泽鲜艳，配色协调。

(四)化妆品的储存保管

1. 化妆品入库

化妆品入库要分类或单独存放，以防串味；要轻装轻卸，以防玻璃、陶瓷类包装容器破碎。

2. 化妆品在库

化妆品在库要控制好温湿度。温度过高，会引起水分、香气、易挥发成分逸失及霜膏中油水分离变质；温度过低，又会使含水较多的化妆品变硬、产生粗渣等质量变化，还能引起包装容器冻裂。湿度过高，会使粉质化妆品受潮结块，化妆品所含营养物质生霉变质和包装损坏。因此，应保持库内温度在 0～35℃、相对湿度在 60%～85%之间。

要加强化妆品的在库检查，发现漏气包装，要立即密封，以防香气和水分散发。

3. 化妆品出库

化妆品要注意及时出库销售，遵守先进先出原则。一般化妆品的保质期为一年，较长的不超过两年。

(五)国家对化妆品质量监督管理的规定

1. 国家对化妆品管理实行的制度

国家对化妆品实行卫生许可证制度。未取得《化妆品生产企业卫生许可证》的单位，不得从事化妆品生产;国家对部分化妆品实行生产许可证制度，未取得《化妆品生产许可证》的产品不得生产和销售。

2. 国家对特殊用途化妆品的要求

特殊用途化妆品是指用于染发、烫发、脱毛、美乳、健美、除臭、祛斑、防晒的化妆品。生产特殊用途的化妆品必须经过国务院卫生行政部门批准，取得批准文号后方可生产。

3. 国家对化妆品的标识标注的特殊要求

化妆品的标识标注内容除《产品标识标注规定》中规定必须标注的内容外，还应标注生产许可证编号和生产企业卫生许可证编号。特殊用途的化妆品应当注明批准文号。对可能引起不良反应的化妆品，其说明书应当注明使用方法、注意事项;不得注有适应症，不得宣传疗效，不得使用医疗术语。

4. 国家对进口化妆品的规定

首次进口化妆品，进口单位必须提供该化妆品的说明书、质量标准、检验方法等有关资料和样品以及出口国(地区)批准生产的证明文件，经国务院卫生行政部门批准，方可签订进口合同。进口的化妆品，必须经过国家商品检验部门检验;检验合格的，方准进口。

个人自用进口的少量化妆品，按照海关规定办理进口手续。

5. 国家对化妆品的广告宣传禁止性规定

化妆品的广告宣传不得有下列内容。

①化妆品名称、制法、效用或者性能有虚假夸大的。

②使用他人名义保证或以暗示方法使人误解其效用的。

③宣传医疗作用的。

三、塑料制品

(一)塑料简介

1. 塑料的概念

塑料是指以合成树脂为主要成分，在一定温度、压力条件下，塑成一定形状，且在常温下保持形状不变的高分子材料。

2. 塑料的组成

塑料由合成树脂和辅助剂两部分组成。

(1)合成树脂。合成树脂是塑料的主要成分，是用化学合成方法制取的，质量占塑料的40% ~100%，它决定塑料的类型、化学性质和物理机械性质。

(2)辅助剂。常用的辅助剂主要有:增塑剂、稳定剂、润滑剂、抗静电剂、交联剂、填充剂、增强剂、发泡剂、着色剂、防霉剂等。

3. 塑料的分类

塑料种类很多，目前有300多种。

(1)按塑料的用途分

①通用塑料。这是指产量大、价格便宜、成型性好、应用广泛的塑料。通用塑料占塑料总产量的75%以上，多为民用。如，聚乙烯塑料、聚丙烯塑料、聚氯乙烯塑料等。

②工程塑料 。这是指具有相当强度及刚性，可作工程结构、机械部件等的材料。如，聚酰胺塑料、ABS塑料、玻璃纤维增强材料等。

③特种塑料。这是具有特殊性能的塑料，一般价格较贵。如，耐辐射塑料、超导塑料、感光塑料等。

(2)按塑料的受热特性分

①热塑性塑料。热塑性塑料是用线型高聚物制造的塑料。这种塑料受热能软化熔融，塑成一定形状，冷却后固结成型。这种变化可多次反复。因此，常见的热塑性塑料有聚乙烯塑料、聚丙烯塑料、聚氯乙烯塑料等。

②热固性塑料。热固性塑料是用体型高聚物制成的塑料。成型后受热不再软化变形，只会炭化，其废旧制品无回收再利用价值。常见的热固性塑料有酚醛塑料、脲醛塑料、蜜胺塑料等。

4.塑料的品种

(1)热塑性塑料的主要品种

①聚乙烯塑料。聚乙烯塑料代号为PE，是由乙烯经聚合而成的高分子化合物，按其密度可分为低密度、中密度和高密度聚乙烯。由于聚乙烯的密度、结晶度和分子量的差异，其性能差异也较大。一般而言，低密度聚乙烯的力学性能较高密度聚乙烯稍差，制品较高密度聚乙烯软，因聚乙烯无毒，可作为药品、食品、玩具等的包装材料，低密度聚乙烯的最大用途是用于地膜覆盖、农用大棚、包装材料、果品保鲜，也可用于电线、电缆、绝缘护套、塑料花、塑料儿童玩具等。高密度聚乙烯可制作管材、周转箱各种容器等，超高分子量聚乙烯具有良好耐磨性，用于各种机械部件做不黏、耐磨、低噪声的润滑部件。如，密封圈、轴承等零件，也可制作与食品接触的材质，人体内部器官如关节等器件。

②聚丙烯塑料。聚丙烯塑料代号为PP，是由丙烯聚合而成的高分子化合物。聚丙烯塑料无味、无毒，密度为0.90～0.91，是最轻的日用塑料。耐热性高，在沸水中不软化、不变形，其使用温度可达140℃。化学稳定性好。硬度、弹性、强度和抗冲击强度较好。有一定的透光性和透气性。低温性能稍差，在低温下弹性逐渐消失，抗冲击强度较差。聚丙烯塑料是容易加工的塑料，加工方法有多种。其应用广泛，可制作家用器具(如饭碗、汤勺、口杯、脸盆、保温瓶壳、梳子、玩具等)、电视机外壳、管材、板材、包扎带、电缆包覆和护套、双向拉伸薄膜、包装箱、瓦楞板等;聚丙烯也是纺织品的原料，可制作丙纶纤维、无纺布等;其发泡制品可作为包装材料使用。

③聚氯乙烯塑料。聚氯乙烯塑料代号为PVC，以聚氯乙烯树脂为主要成分，加入稳定剂、润滑剂、改性剂、填料、颜料等各种助剂，经加工得到所需形状的塑料制品。聚氯乙烯塑料制品的种类很多，根据树脂中增塑剂量的多少，可分为聚氯乙烯软制品和聚氯乙烯硬制品，由于制品的配方不尽相同，其性能差异是较大的，有的很柔软，有的则强度较高，故适用范围也不同。主要用于制作薄膜软制品和各种硬制品。聚氯乙烯软制品有透明和不透明的塑料布，如雨衣、台布、包装薄膜等。聚氯乙烯硬制品有各种板材、管材、管件，目前大量用于建筑装饰条、塑钢窗等。聚氯乙烯塑料的共同特点是适用范围广，具有阻燃性。

④聚苯乙烯塑料。聚苯乙烯塑料代号为PS，是由苯乙烯聚合而成的高分子化合物，是无

色、无味、无毒，且具有光泽的透明固体，其相对密度为1.04～1.09，其刚度和表面硬度较大，尺寸稳定性好；着色容易，耐辐射性好，电性能优异，使用温度较低，适合在70℃以下或低负荷下使用；冲击强度低，易碎，耐磨性差；可耐水、酸、碱，但溶于芳香烃等有机溶剂；耐油性差，不耐热水。主要加工方法为注塑和挤出。主要用途为制作透明或色泽鲜艳的各类制品，如文具、灯具、灯饰、室内外装饰、化妆品容器、果盘、仪表外壳、车灯、光学零件等。采用悬浮法生产的聚苯乙烯可制成不同密度的泡沫塑料，用作绝热、隔声、防震、漂浮、包装材料和软木代用品等。

⑤聚甲基丙烯酸甲酯塑料。聚甲基丙烯酸甲酯塑料代号为PMMA，又称有机玻璃，是由甲基丙烯酸甲酯本体聚合或悬浮法聚合而成的高分子聚合物。用本体聚合可直接制成片、板及管、棒材是透明如玻璃的无色体，相对密度为1.18，质轻，不易破碎，耐光，透光率为91%～92%。由于它的高度透明性，常用来制造光学和照明工具，如，航空窗玻璃、仪表盘、汽车灯罩、装饰品等。着色后可制造纽扣、牙刷柄、广告牌等。

⑥ABS塑料。ABS树脂为丙烯腈、丁二烯、苯乙烯的共聚物，它具有高的坚韧性、刚性和化学稳定性，并具有耐热性、耐油性和绝缘性。主要制品有电器部件、旅行箱、安全帽等。由于ABS塑料具有良好的电镀性能，其制品可代替金属部件，生产各种美观的电器零件、奖牌、日用品部件、装饰件；其板材可以制作电冰箱的内衬；在建材行业中应用也极为广泛，主要品种有ABS管材、管件、百叶窗、门窗框架等。

⑦聚酰胺塑料。聚酰胺塑料代号为PA。又称尼龙。主要品种有尼龙66、尼龙610、尼龙1010、尼龙11、尼龙12等。聚酰胺塑料具有良好的冲击强度和拉伸强度以及优良的耐磨性。主要加工方法为注塑和挤出。主要用于制作纤维即锦纶，只有部分用于工程塑料，如，制作管材，也用于制作刷子等日用品。

⑧硝酸纤维素塑料。硝酸纤维素塑料代号为CN，又称为“赛璐珞”。其本身无色透明，着色性能好，可制成各种色彩鲜艳的玩具、乒乓球、手风琴外壳、眼睛架、三角尺等。其最大的特点是质轻、弹性好，是制造乒乓球最理想的材料。其最大的缺点是易燃。

(2)热固性塑料的主要品种

①酚醛塑料。酚醛塑料代号为PF，俗称电木或胶木塑料。加入木粉或玻璃布增强的层压材料力学性能好、表面硬度高、电气绝缘性能优良，是良好的低压绝缘材料，常用来制造日用电器制品，如插头等。一般只有黑、棕两色，而且脆性较大，怕撞、怕压、怕摔。

②脲醛塑料。脲醛塑料代号为VF，俗称电玉。它是由尿素和甲醛反应制成的塑料。脲醛塑料的基本性能与酚醛塑料基本相似，但电玉具有一定的毒性，不易制作食具。

③蜜胺塑料 。蜜胺塑料代号为MF，是以三聚氰胺与甲醛为原料，经缩聚反应而制成的。蜜胺塑料强度大，表面硬度高，不易变形，它的手感和外观极似瓷器，而其抗冲击强度比瓷器高3倍。它的耐热性、耐水性都很好，它的卫生性能亦好，无毒、无嗅、无味。常用来制造各种杯盘、碗筷等餐具及烟缸等日用品。

5.常用塑料制品的鉴别

(1)感官鉴别。塑料的品种不同，其外观特征也不一样。根据塑料的不同外观特征，能基本判断出塑料的品种，这种方法就是感官鉴别法，也叫简易鉴别法。下面是常用塑料的外观特征。

①聚乙烯塑料。聚乙烯塑料为乳白色半透明体，手摸有滑腻感，外观呈石蜡状，质地柔

软能弯曲，放入水中能浮出水面，在沸水中显著软化。

②聚丙烯塑料。聚丙烯塑料本色为乳白色半透明体，手摸润滑但无滑腻感，质地硬挺有韧性，放入水中能浮出水面，在沸水中软化不显著。

③聚氯乙烯塑料。聚氯乙烯塑料外形形式较多，硬质塑料坚硬平滑，色泽鲜艳，敲击时声音发闷，半硬质塑料富有弹性，放入水中能下沉，薄膜制品透明度高，遇冷变硬变脆，有特殊气味。

④聚苯乙烯塑料。聚苯乙烯塑料表面坚硬有光泽，透明度高，敲击时声音发脆如金属声，色泽鲜艳，质地较脆，扭折时容易碎裂。

⑤有机玻璃。有机玻璃外观似水晶，透明度高，色彩鲜艳，有韧性，敲击时声音发闷。用柔软物摩擦制品表面产生水果香味。

⑥酚醛塑料。酚醛塑料表面坚硬，质脆易碎，断面结构松散，为黑色或棕色不透明体，敲击时有木板声。

⑦脲醛塑料。脲醛塑料表面坚硬，质脆易碎，断面结构紧密，颜色鲜艳，大都为浅色半透明体。

⑧蜜胺塑料。蜜胺塑料表面光滑，坚韧结实，外观似瓷器，可着成各种颜色。

⑨ ABS 塑料。ABS 塑料表面硬度较高，有弹性，断面结构紧密，表面易于电镀。

根据塑料的上述外观特征，即可由感官初步判断塑料的种类。

（2）燃烧鉴别。燃烧鉴别法是将塑料试样放在火焰上燃烧，仔细观察其燃烧的难易程度、火焰颜色、气味和冒烟情况、熄灭后塑料的色泽、形态等，根据这些特征，大致可以确定属于哪一类塑料。

常见塑料的燃烧特征如下。

①聚乙烯塑料。聚乙烯塑料容易燃烧，火焰上端为黄色，下端为蓝色，燃烧同时有熔融物滴落，离火后能继续燃烧，有石蜡燃烧的气味。

②聚丙烯塑料。聚丙烯塑料燃烧性能与聚乙烯相似，但火焰上端有少量黑烟。

③聚氯乙烯塑料。聚氯乙烯塑料难燃烧，在火焰上能够燃烧，离火即灭，火焰呈黄色、有刺激性酸味。

④聚苯乙烯塑料。聚苯乙烯塑料 容易燃烧，为橙黄色火焰并冒浓黑烟，离火后能继续燃烧，有聚苯乙烯单体味。

⑤有机玻璃。有机玻璃容易燃烧，为浅蓝色火焰，顶端呈白色，离火后能继续燃烧，有水果香味。

⑥酚醛塑料。酚醛塑料在火焰上能慢慢燃烧，塑料膨胀开裂，为黄色火焰，离火后能自动熄灭，有木材和酚醛味。

⑦脲醛塑料。脲醛塑料难燃烧，在火焰上膨胀开裂，为黄色火焰，离火后自动熄灭，有甲醛气味。

⑧ABS 塑料 。ABS 塑料容易燃烧，为黄色火焰并冒黑烟，离火后能继续燃烧，有特殊香味。

根据上述塑料的燃烧特征，仔细观察，也可定性鉴别出塑料的种类。

（二）塑料制品

塑料制品是以合成树脂为主要原料生成的塑料粉或颗粒，经过成型，有的还经过修饰、装配等加工而制成的日用工业品。具有质轻、耐冲击、耐酸碱盐及水的腐蚀、不导电、不透水、有光泽、易装饰、易加工、成本低等优点。在日常生活中应用十分广泛。

1. 塑料制品的成型方法

塑料制品常用的成型方法有注射成型法、挤出成型法、吹塑成型法、压延成型法、模压成型法等。

(1)注射成型法。注射成型法是将塑料(粉或颗粒)加入料桶内加热至黏流态后，经柱塞推挤，注入冷的金属模中，冷却后托模，即得尺寸准确的、有一定造型(包括复杂造型)的塑料制品。如塑料水桶、塑料面盆、塑料漏斗、塑料皂盒、塑料烟盒、塑料梳子、塑料鞋底等多种热塑性塑料的制品是日用塑料中最常用的成型方法。

(2)挤出成型法。挤出成型法是将塑料在料桶内加热到黏流态后，用推杆使其连续从特定形状的模口挤 出，成为连续成型的制品，最后冷却定型。其制品形状取决于模口的断面。可制得塑料棒、塑料管、塑料片、塑料薄膜、塑料带、塑料绳、塑料丝等多种塑料制品。

(3)吹塑成型法。吹塑成型法用于热塑性塑料的薄膜或空心制品的成型。前者是将挤出的管状坯料经过压缩空气将其横向吹胀，同时纵向牵伸，使管壁膨胀变薄至所需厚度，冷却即得具有一定厚度的塑料薄膜;后者是将挤出的管状胚料置于模具里，并吹入热空气(或将坯料预热，并吹入空气)，使塑料膨胀、紧贴模具壁，再冷却，脱模，即得一定形状的空心塑料制品。如塑料提桶、塑料保温瓶外壳、塑料水壶、塑料奶瓶及各种塑料瓶、塑料球、塑料玩具等。

(4)压延成型法。压延成型法是将塑料通过加热压辊变软后，再通过若干组相向旋转辊筒的间隙进行压延，达规定厚度后冷却，即得软质塑料薄膜或硬质塑料板等塑料制品。压延法还是人造革的制造方法。将棉布或帆布、针织布等织物随同塑料通过最后一组辊筒的间隙，塑料膜层就会紧密覆盖在织物上，从而制得人造革。

(5)模压成型法。模压成型法主要用于热固性塑料制品及层压制品的成型。将塑料(粉、粒、碎屑)放入热模具里，闭模加压，使塑料固化成型，即得热固性塑料制品，如蜜胺塑料餐具、蜜胺塑料饮具、电木灯头外壳、电木墨水瓶盖、电玉纽扣等;若是将布或纸、玻璃布等材料经合成树脂浸渍后，以相同或不同材料若干层，在层压机上进行热压，即得层压制品，如，塑料装饰板等。

2. 塑料制品的分类和品种

(1)按塑料制品的原料分类。塑料制品按所用塑料种类的不同，可分为聚乙烯塑料制品、聚氯乙烯塑料制品、聚丙烯塑料制品、聚苯乙烯塑料制品、ABS 塑料制品、有机玻璃塑料制品、尼龙塑料制品、赛璐珞塑料制品、电木制品、蜜胺塑料制品、电玉制品等多种。

(2)按塑料制品的用途分类。塑料制品按用途的不同，可分为塑料材料制品和塑料日用制品两大类。

①塑料材料制品。塑料材料制品是主要用来作为某些产品原材料的塑料制品。按结构、性能的不同，可分为人造革、合成革、塑料薄膜、泡沫塑料、玻璃塑料等五种。

人造革是塑料和纤维织物的复合材料。目前主要有聚氯乙烯人造革。人造革具有外观似皮革、质地柔软、耐摩擦、耐酸碱、可洗涤、不透水、不透气、不耐低温、价格便宜等特点。按用途不同又可分为普通人造革、地板人造革、泡沫人造革三种。普通人造革可制造手提包;泡沫人造革可制造帽子、手套、提包、箱子、鞋等。

合成革是以有孔结构的无纺布为底布和有微孔的聚氨酯为覆盖层所制得的复合材料。合成革的耐磨性、强度、弹性、耐油性、透气性、透湿性、耐低温性均优于人造革。品种有光面合成革、绒面合成革、压花合成革、搓纹合成革、衣用软合成革等。外观和性能近似皮革，用于制作合成草鞋和衣等，有取代人造革制品的趋势。

塑料薄膜品种很多，用途很广。如制作台布、雨衣、窗帘、提包、包装袋，还用于制作农用地膜等。

泡沫塑料是合成树脂经过发泡后制成的内部有无数小孔的塑料制品，具有吸水、保温、隔热、隔声、体轻、弹性好、防震等特点。泡沫塑料有硬泡沫塑料和软泡沫塑料两种，常用于制作床垫、坐垫、拖鞋、包装等。

玻璃塑料（又称玻璃钢）是由合成树脂和玻璃纤维组成的增强塑料，体轻，强度高，耐腐蚀。比钢轻一半以上，强度不亚于钢。用于家具、汽车等的制造。

②塑料日用制品。塑料日用制品是日常生活中使用的塑料制品。按用途的不同，可分为塑料容器、塑料餐具、塑料玩具、塑料工艺品、塑料家具、塑料洁具、塑料文化用品等七类。

塑料容器类，有塑料瓶、塑料盒、塑料盆、塑料桶、塑料缸等品种。塑料餐具类，有塑料碗、塑料盘、塑料碟、塑料匙、塑料筷、塑料水杯等品种。塑料玩具类，有塑料小动物、塑料汽车、塑料飞机、塑料插片、塑料棋等品种。塑料工艺品类，有塑料动物雕塑、塑料花、仿水晶塑料摆件等品种。塑料家具类，有塑料桌、塑料椅、塑料凳、塑料充气沙发等品种。塑料洁具类，有塑料浴盆、塑料坐便器、塑料簸箕、塑料扫帚等品种。塑料文化用品类，有塑料三角尺、塑料直尺、塑料文具盒、塑料笔筒、塑料活页夹、塑料文具夹等品种。

③塑料制品的挑选。挑选的塑料制品应是结构合理、不变形、造型美观、花纹清晰、色泽鲜艳、色调一致、表面平滑光亮、厚薄均匀；而无难闻气味、无变色、无麻点、无沙粒、元气孔、无缺损、无裂缝、无皱纹、无毛边等缺陷。

3. 塑料制品的储存保管

（1）分库存放。塑料制品勿与化学药品同库混存。尤其是挥发性有机溶剂，对塑料制品容易发生侵蚀。

（2）防热、防冻、避光。塑料制品应避光存放，并避免暴晒、受热和冷冻。过高或过低的温度都容易加速塑料制品老化，从而逐渐失去使用价值。

（3）防裂、防压。塑料制品应轻搬轻放，堆码勿过高。受到碰撞的硬质塑料制品容易破裂；长期受到重压的软质或空心塑料制品容易变形，塑料薄膜容易黏结。

（4）注意卫生，保持干燥。要保持库房干燥和清洁。潮湿和尘埃都容易使塑料制品失去表面光泽。

（三）可降解塑料的发展现状

随着环境保护的呼声日益高涨以及塑料工业的不断发展，可降解塑料逐渐成为一类重要的高分子材料。

所谓可降解塑料按其降解机理主要分为光降解塑料、生物降解塑料和光/生物双降解塑料。目前已采用的光降解技术有合成型和添加型两种。前者是在烯烃聚合物主链上引入光敏基团，后者是在聚合物中添加有光敏作用的化学助剂。对聚乙烯的研究表明，当聚乙烯大分子降解成相对分子质量低于500的低聚物后，可被土壤中的微生物吸收降解，具有较好的环境安全性。杜邦、陶氏化学、拜尔等公司和加拿大多伦多大学都已利用该技术实现了工业化生产。

学习任务2　皮革类商品

皮革是指毛皮和革的总称，一般把革制品称为皮革制品，把毛皮制品称为裘皮制品。皮革是指动物皮经过一系列物理的、化学的加工处理后所获得的变性物质。随着科学技术的发展，人造革、合成革制品已成为皮革制品的一个有机组成部分。

一、天然皮革的种类和特点

(一)皮革的种类

不同种类的原料皮能制成不同性质的皮革；同样采用不同的揉制加工方法，也能得到不同种类的皮革，因此，皮革的种类很多。

1. 按原料皮分类

皮革根据原料皮的来源可以分为：牛皮革、羊皮革、猪皮革、马皮革、其他动物皮革。

2. 按重量分类

皮革在生产和销售中有的以面积计；有的以重量计。按皮革的重量可以分为重革、轻革。

3. 按用途分类

根据皮革的不同用途可分为生活用品革、生产用革、国防用革。生活用品革又可分为制鞋用革、服装用革、箱包用革等；生产用革也可分为纺织生产用革、球用革等。

4. 按照加工方法分类

根据皮革的加工程度、加工方法分为：铬鞣革、植物鞣革、油鞣革、结合鞣革等。

(二)皮革的性能特点

皮革与纺织品以及橡胶、塑料比，有以下优点。

1. 具有良好的耐热性和耐寒性。皮革制品一般在热水中的收缩温度都在600℃上，有些革甚至在沸水中也不收缩。通常热至120℃～160℃时也不变形；在冰雪严寒的冬天，甚至在零下50℃～60℃时，仍保持一定的柔软性和坚固性。

2. 具有较高的机械强度。其耐磨强度、抗张强度、拉伸强度和耐折度等在一定的程度上都比橡胶、塑料好；其延伸性和变形性都好于橡胶、塑料。

3. 由于革属于多孔性的变性物质，因此具有保温性、透气性、透湿性和卫生性。

4. 革具有很好的着色能力，因此它具有鲜艳的颜色和很好的光泽。

皮革的主要缺点是耐水性差，因为皮革里填充着可溶性物质，当这些可溶性物质遇到水，就会被水溶出来，这样皮革就变成疏松而不耐磨，也容易破裂。此外，皮革的耐酸碱能力较差。又由于皮革的原料主要来源于动物皮，价格也较贵。

二、皮革的外观特征与质量要求

(一)皮革的外观特征

1. 猪皮革，表面毛孔圆而粗大，毛孔以倾斜方向伸入革内，而且每三个毛孔排列成一组，呈品字形，每组相隔较远，革面比较粗糙，成革机械强度较高。

2. 黄牛皮，表面毛孔细小而呈圆形，分布均匀而紧密，但排列不规则，好像满天星斗，革面丰满细致，手感坚实而富有弹性，毛孔也较直地伸向里面。

3. 水牛皮，表面毛孔比黄牛皮粗大而稀少，革面较松弛，成革粒面比黄牛皮粗糙，但成革机械强度大。

4. 山羊皮，表面毛孔清楚，呈扁平圆形，革面细致，纤维紧密，粒纹是在半圆形的弧上排列二至四个针毛，周围有大量的细绒毛孔，形成瓦形粒纹，成革坚实，强度较大。

5. 绵羊皮革，革面较松，毛孔细小，呈扁圆形，由几个毛孔构成一组，排成长列，似鱼鳞形或锯齿形，分布均匀，手感柔软，但坚牢度不如山羊皮革。

6. 马皮革，表面毛孔不明显，仔细观看时能发现椭圆形，比牛皮革毛孔略大，斜伸成革内，有规律地排列呈山脉形状，革面较为细致、柔软，但色泽昏暗，不如牛皮光亮。

7. 再生革，再生革是将皮渣、皮纤维磨碎，经高压用黏合剂粘合，形成片状，然后经片革机片到需要厚度，再进行涂饰，使它具有一定皮革特性的革，其特征为：粒面经修饰，然后压上花纹，花纹种类为牛、羊、猪皮等，但花纹无毛孔眼，花纹浮在皮表层上，表面光泽亮，塑料感强。

8. 人造革，人造革是在布底基上涂饰聚氯乙烯树脂，经处理成的革。其特征为，质地柔软，富有弹性，不易燃烧，耐热温度低，透气性差，遇低温发硬，塑料感强，光泽亮，冬天摸有冷凉感。

9. 合成革，合成革是布底基上涂饰聚氨酯微孔弹性体复合材料，其特征为，表面硬度高，机械强度、耐磨性、弹性等都优于人造革，透气性接近天然皮革，低温下质地同样柔软，塑料感强，光泽亮，各部位纹理规则一致。

(二) 常用皮革的外观质量要求

1. 鞋面革，要求有一定的延伸性和可塑性，革身柔软、丰满、有弹性；穿用时，鞋面要受反复的拉伸、曲折作用，要求有耐拉伸、耐曲折、耐碰擦的性能，不易断裂；为穿用时舒适，要求有优良的耐水性、透气性和透水汽性。

2. 鞋底革，外底革要求耐磨性能特别好，抗压缩和耐弯曲变形能力强，身骨好，吸水性小，受潮干燥后变形小，革面平整光滑细致，不裂面，无管皱龟纹，颜色均匀一致；软底革则要求厚度均匀一致，不应有发脆、僵硬、延伸过大、不牢等缺点；内底革要求耐汗性和耐温热稳定性好。

3. 鞋里革，要求平整细致，质地薄而柔软，略有光亮，不能喷染溶于水的色料。

4. 服装革与手套革，服装革质地应丰满柔软，具有良好的透气性，革身厚度均匀一致，革面应细致美观，染色均匀牢固，无脱浆、裂浆、散光现象，并能耐熨烫而不变色。手套革与服装革相似，质地更应柔软丰满而有弹性，厚薄均匀，不得有色花、刀伤，染色牢固。

5. 箱包革，要求色泽均匀，革面平整，具有适当的强韧性和耐磨性。

6. 沙发革，要求革身丰满柔软，弹性好，耐干湿摩擦性好，具有良好的吸汗性能。涂饰层粘着牢固，不掉浆，不发粘，色泽鲜艳，光泽好，经久耐用不易老化。

三、皮革制品

(一) 皮鞋

1. 皮鞋的分类

皮鞋的花色品种繁多，可按穿用对象分类、按穿着用途分类、按原料皮分类、按式样分类等。如按式样分为三接头、青年式、套舌式、松紧口式、拉链式和平跟、中跟与高跟式等。

2. 皮鞋的质量要求

主要有两大方面：一是使用原材料的质量；二是加工制造技术。

总体应符合坚固耐久、穿着舒适、外表美观三方面的要求。

对鞋帮的要求是：鞋面前帮不能有明显的伤痕，包头应细致光亮、颜色均匀一致，革面无裂纹、管皱、松面、褪色等，后帮高低适当，不应卡痛踝骨；鞋里革光滑，无皱褶，胶粘应牢固；垫跟皮厚薄、色泽一致，粘贴平服；鞋眼的距离相等，左右均匀对称；主跟和内包头下部坚硬，上部柔软而有弹性。

对鞋底的要求是：底革质地应坚韧紧密，无裂面和明显伤痕，膛底无露线或露钉尖现象；沿条平整、宽窄均匀；鞋跟装配牢固，高低一致；大底、沿条、鞋跟的厚度要符合规定。

此外，缝绱应均匀整齐，针码符合标准，左右两只应有相同的质量。

（二）皮革服装

1. 皮革服装的特点

皮革服装指用动物的毛皮或革制成的成衣，分皮革服装和毛皮服装两种。皮革服装对气候多变具有较强适应性，春秋季穿不冷不热、不闷不捂，寒冷季节穿挡风御寒，且耐穿耐用、风格潇洒。主要品种有皮背心、皮裙、皮夹克、皮外套、皮大衣等。毛皮服装又叫裘皮服装，具有外观雍容华贵、穿着轻盈保暖的特点，属高档服装，主要品种有裘皮背心、女式裘皮大衣等。

2. 皮革服装的质量鉴别

皮革鉴定主要有脱色检验和强度检验，前者是选择皮衣次要部位（如衣领后面，衣服里面），用脱脂棉沾净水挤干，在皮衣上选定一条约10厘米长的部位来回擦20次，观察脱色情况，如脱色较重，脱脂棉变黑或深灰色，则为不合格品；皮革的强度检验是在皮革次要部位用手轻轻一掰，如部位变形较大，说明撕裂强度不够。

对裘皮服装，先看出是否脱色，再看毛是否结实。将皮毛拿起用手折一下，然后用嘴吹见到底板，看是否掉毛。伸开手指，用食指和中指将毛夹一下，如大量掉毛，可定为劣质品。然后看皮板，双手提起抖一抖，如果发出“哗啦”声像纸板，说明质量不好。用手摸，如皮板僵硬，说明皮子未熟透；如非常僵硬，折几次中间有裂缝，可判为劣质品。人造裘皮与天然裘皮的主要差别是光泽和花纹等。人造裘皮光泽塑料感强，手摸无温暖感觉，且毛被很整齐，毛与皮的连接部有明显的经纬线或布基形状；而天然裘皮手摸有温暖感，各种毛长度不等，有较长且硬的刚毛、柔软且较短的绒毛，同时整张皮不同部位毛的色差、长度、密度、手感也有区别，以每个毛囊3～4根毛均匀地分布在皮板上，且用手提毛被难以从皮板上拉起。若能点火检验，则区别更明显，人造毛皮碰到火立即熔化，并散发塑料燃烧时的气味；而天然毛皮点燃后立即产生灰黑色的灰烬，并散发出头发燃烧的气味。

（三）皮箱

1. 皮箱的种类

按生产原料分为猪皮、牛皮、羊皮、马皮、帆布、人造革和合成革皮箱等；按结构可分为软盖箱、硬盖箱、航空箱和密码箱四类。

（1）软盖箱。箱体大，结构坚固耐用，盛装物品较多，具有一定的伸缩性，应用最广，使用较为方便。

(2)硬盖箱。箱体高度较软盖略低些，整个箱体挺阔、坚硬、无伸缩性、变形性小。可盛装怕压物品，摆放平稳端正。

(3)航空箱。箱体较小，箱角呈圆形，并装有金属包角，便于携带中防止磨损。这种箱还有箱锁和拉链，式样美观，携带方便，经久耐用。

(4)密码箱。箱带有密码锁，分机械、电子两大类。机械密码对上密码即可开启;电子密码锁不仅要密码对号，还必须使用磁卡才能开启。

2. 皮箱的质量要求

盖面及底面，要求革应坚韧耐磨，机械强度好，革面应无皱纹、裂痕、刀伤、掉浆等现象，颜色应均匀一致，并有一定亮度;箱帮，革质应与箱盖、箱底一致，颜色光泽应无区别;四周高度一致，折边整齐，盖口与底口相互吻合，开关顺利，箱口闭合性好，不应过大或过小;纸架，应采用优良的32号黄板纸制成，具有较高的弹性和硬度;里衬，多采用浅色布制成，要求针码均匀、平整，不应有跳线、折皱现象，更不应有糨糊和胶水污迹，箱内应整洁、匀称、大方，开箱后给人以爽快感觉;箱锁，要求在中间部位安装箱锁;也有在中间、两头均要装箱锁。箱锁要灵活可靠，不得歪斜和有镀层脱落现象;提手，内部采用通心铁皮折回为夹心，外部采用拉力较强的多层皮革进行包面，要求以回针缝牢;皮带，要求用拉力较强的水牛革制成，厚薄均匀，颜色应与箱体一致;琵琶头，厚度应为6mm，针码应靠边缘2mm，并与高半圆圈相接处应缝牢固，不得有露缝现象;泡钉，应光亮美观，要求铆牢;缝纫针码，每寸5-6针，针码大小均匀。

学习任务3 照相器材类商品

一、照相机

现代社会，照相机已被运用到各个领域，不仅用来拍摄人像和风景，新闻图片，从事摄影艺术创造。还能通过人造卫星，把宇宙间和地球上的实况拍摄下来，通过显微镜，拍摄到肉眼看不到的微生物。能将海底的情景真实地记录下来，能翻拍各种图案，文物资料和实物，也是公安司法部门用来侦破案情，采取罪证的一种重要手段，是国防现代化的重要仪器设备之一。

(一)照相机的工作原理

照相机照相原理和人眼看景物的道理差不多，主要是利用了凸镜成像原理，照相机的前部有镜头，相当于一个凸透镜，后部有底片，能记录摄像，照相机拍摄景物的时候，景物的生成通过镜头会聚到底片上，形成缩小的倒立实像，经过冲洗和印相就得到了相对应的照片，由于景物千变万化，有亮有暗、有远有近，因此照相机除了镜头和底片外，还需其他的调节、控制等装置。

(二)照相机的结构

照相机是由镜头、光圈、快门、取景器、测距器、卷片、机身(暗箱)等主要部件构成的。

1. 镜头

镜头的作用是通过光线把景物集结成影像并投射到感光片上，使感光片接受清晰的影像，它的好坏直接决定了照相机的性能。

最早的镜头是由单片凸透镜制成的，也叫新月形镜头，现在最简单的低级照相机上，偶尔使用，这种镜头，镜面直径很小，光线强时曝光太多，光线暗时曝光不足，另外还存在光学上的几种误差，像的中间和四周不能同时清晰，像也会变形；为了克服这些缺点，又发明了一种灭色镜头，由一片凸透镜和一片凹透镜组合在一起，也称消色镜头，它的色散差已得到较好的纠正，适合拍摄风景，也叫风景头，但成像质量不理想；现在，除装在普及型低级照相机的镜头外，都发展成多片多组的不同材料制成，并在每一块与空气接触的镜面上，加上一层呈紫色、米黄色或深蓝色的增透膜，因而大大降低了光线的干扰和反射，使通光量增加，镜头的相对口径，也是朝着较大的方向发展，各种光学误差已较得很小，但也越来越复杂了。

照相机镜头上有两个很重要的参数，一个是镜头的焦距，另一个是镜头的有效口径。

镜头焦距：镜头焦距是镜头焦点到镜头中心的距离，用 F 和 f 表示。不同用途的照相机镜头焦距差别很大，一般按焦距长短可分成标准镜头，远摄镜头和广角镜头三种。标准镜头是指镜头焦距和所用底片对角线长度大体相等的镜头，对于 135 相机，f 在 40 - 58 毫米的都算标准镜头，对于 120 相机，f 在 75 - 85 毫米的都算标准镜头，使用标准镜头拍得照片，符合人们的视觉习惯，看起来比较舒服，所以一般都采用标准镜头；远摄镜头是指镜头焦距比所用底片对角线长的镜头，135 相机，f 大于 58 毫米，120 相机 f 大于 85 毫米的都算远摄镜头，在同一地方拍摄同一个物体，使用远摄镜头所得的像比标准镜头大；广角镜头是指镜头焦距比所用底片对角线短的镜头，135 相机，f 小于 40 毫米，120 相机，f 小于 75 毫米的都算广角镜头，广角镜头拍摄到的角度范围大，标准镜头的视角大约为 53°，而广角镜头在 75°到 110°之间，在同地方拍摄景物，使用广角镜头拍得景物范围比标准镜头宽。

镜头的有效口径：有效口径是用来表示镜头最大通光量的，即指镜头通过光线的能力，一般用镜头口径同镜头焦距比表示

$$\text{镜头的有效口径} = \frac{\text{镜头口径}}{\text{镜头焦距}}$$

照相机镜头边框上都刻有有效口径的比值，有效口径越大越好，如 1:2.8 的比 1:3.5 的好，有效口径大的镜头能够拍比较暗的景物。

2. 光圈

为了调节通光量的多少，在镜中间装一个虹膜式的可以收缩的光孔，这个调控装置叫光圈，光圈能调节镜头的景深范围，光圈缩小，景深延长，光圈放大，景深缩短。景深就是景物前后的清晰范围，因此光圈对摄影起重要的作用，光圈值的刻度，就是各级光孔口径通光量多少相比较的数据，每一级光圈的通光量恰好相差一倍，它们有几种不同的排列，我国生产的相机排列顺序是 1、1.4、2、2.8、4、5.6、8、11、16、22、32。数字越大，光圈越小，光圈口径是可以连续改变的，光圈一般是用 5 片或 5 片以上的薄钢组成，中心随着差拨杆放大或缩小，光圈的调节收缩，有手动收缩，半自动收缩和全自动收缩三种形式。

3. 快门

快门是控制曝光时间的装置，快门开启的时间以秒为单位，一般设有慢至 1 秒，快至 1/1000 秒等多级速度，按照相差 50% 的序列递减，以适应各种拍摄情况的需要，此外，还有两

个手控曝光时间标记，B 门和 T 门，B 门是手按下快门打开，手抬起快门关闭；T 门是手按一次快门按钮快门打开，手抬起后仍不关闭，需要再一次按下快门按钮，快门才关闭。快门只能一档一档改变，千万不要把快门放在两档之间使用，否则容易损坏快门，快门按构造不同，可分为机械快门和电子快门两大类。

4. 取景器

取景器是用以观看被摄景物范围的装置。从取景器中所看到的景物，一般都比底片上的略小，以保证所看到的景物完全可以拍出。

取景器有以下几种：框式取景器，由前后可以折叠的方形柜架构成，通过方框直接取景，多装于最老式的相机上；光学平视取景器，它由取景窗口，目镜等构成，取景的时候，眼睛平视观察，观察到的景物上下左右都和实物相同，用来拍摄运动的物体很方便；反射式取景器，有俯视和平视之分，它由镜头、毛玻璃和一块 45°角的反光镜共同构成，俯视反射式取景器观察物和实际景物上下一致，但左右相反，用来拍摄运动物体有一定困难；平视五棱镜反射式取景器所观察到的景物和实际景物上下左右都一致，并且无论换用何种焦距镜头，在取景器中所看景物和拍摄的景物范围，基本上保持一致，单镜头反光照相机基本上采用这种取景器。

5. 测距器

在拍摄各种景物时，根据被摄物体的远近，随时调整照相机镜头的焦距，保证感光片上能获得清晰的影像，照相机上的这种装置就是测距器，也叫调焦。

调焦器有固定式、目测式、光测式等。现在采用的基本上是光测式，常见有的重影式、截影式、俯视反光式、平视五棱镜反光式和自动式等。重影式是虚实重叠或分离为依据，截影式是以两截景物合成一个整体为准，俯视和平视五棱镜反光式以景物在磨砂玻璃上成像清晰为完成调焦过程。自动式是利用电子技术进行自动调焦，操作简便。

6. 卷片和机身

卷片机构从外表看，有旋钮、扳手、摇柄、发条和电动机等几种形式，在构造上，主要分为机械卷片和电动卷片两类，机械卷片有红窗计数、自动停片和自动计数，发条卷片三种结构。电动卷片为自动输片，有内藏和外配两种款式。

机身是照相机的主体，有了它才能装置其他机件，机身又起到暗箱的作用，制造机身的材料有胶木、塑料、金属等。

(三)照相机的分类品种

照相机可分为以下类型：

1. 135 帘幕快门照相机：体积小，镜头口径大，速度快，拍片多，能更换镜头. 经久耐用，在 20 世纪 30 至 50 年代深受人们喜爱。主要品种有国产的上海牌 58 - I 型，红旗Ⅱ型及进口莱卡、康太克斯等，由于其校正视差能力差，操作麻烦，现在这种照相机已基本被 135 单镜头反光照相机取代。

2. 120 双镜反光照相机：它的特征是有两个镜头，上镜头取景，下镜头拍摄景物，拍照时测距取景容易掌握，取景内看到的景物与实拍照片画面相同。受广大摄影爱好者欢迎，主要品种有国产的海鸥 4 型系列、珠江 4 型、牡丹 2 型及进口的雅西卡 124、禄来等。

3. 135 平视取景照相机：它的特点是小型轻便，自动决定曝光参数，有各种曝光方式。有的还把微型闪光灯组装在照相机内成为一体，并能自动记录拍摄日期，是一种适合业余摄影爱好者使用的中低档相机，主要品种有国产凤凰 205、东方 S2，长城 S2 - 1，西湖 PT - 4 及进口的柯达35，阿克斯等。

4. 单镜头反光照相机：有135和120两种，是一种适合专业和业余摄影者使用的较高级照相机，性能优越，设备齐全，自动化程度高，能适合各种复杂场合摄影的需要，使用较为方便。主要品种有国产的海鸥DF型、凤凰MD型、孔雀DF型、珠江201型及进口的佳能、康尼、美能达、富士、理光、潘太克斯、亚西卡等。120的性能特点都与135相近似，只是它使用的胶卷和拍摄的底片稍大一些，由于其体积大、价格高、其品种、产量和使用面等，均没有135广泛。主要品种有哈斯、布朗尼卡、禄来、玛米雅等。

5. 傻瓜照相机：这种相机只需按快门，一切不用调，使用极为简便。低档机多采用简易型设计，快门速度固定，光圈固定或仅有两三档可调，固定焦距，结构简单，价格低廉；中档机多有电子程序快门，目测区域调焦，手动或电动卷片；高档机同时具有自动曝光、自动调焦和自动输倒片功能，使用方便，价格稍高；超级机在上述基础上又增加了双焦（如30毫米与80毫米）或变焦（135－70毫米）功能，结构复杂，价格昂贵，柯尼卡EEP、POP，玛米亚M为低档机，柯尼卡EFS、美能达SD属中档机、理光XF－30属中高档机、尼康135AF、PA是较高档的相机；国产的百花EF、甘光、凤凰、海鸥等属中低档机。

6. 数码相机：数码相机是以电子存储设备作为摄像的记录载体，通过光学镜头，在光圈和快门的控制下，实现在电子感光设备上的曝光，完成被摄图像的记录。数码相机的结构形式和工作原理与传统相机差不多，主要差别在摄像记录和储存上，传统相机记录和储存在胶片上，数码相机以数码信息的形式记录和储存在存储器上。像素是数码相机的命根子，像素越高的数码相机，拍出来的照片清晰度越高，数码相机的像素一般在十几万到几百万之间。主要品种有尼康、柯达、奥林帕斯、卡西欧、佳能、富士、爱普生、爱克发、宝利来、海鸥、凤凰等。用数码相机记录的影像，不需要进行复杂的暗房工作就可非常方便地用相机的液晶显示屏或用电视及个人计算机再现出来，也可通过打印机完成硬拷贝的输出。数码相机与传统相机各有特点，如你想拍几张高质量照片或做精美广告，那么最好还是选择传统相机；如果你想作新闻报道，拍些普通的生活照或想把照片插入网页中，那就选择数码相机吧。

（四）照相机的选用与养护

1. 照相机的质量检查

(1) 检查外观

①照相机的外表没有裂缝、没有划伤。

②电镀表面无泛黄剥落的现象。

③镜头与机身联结紧密无松动。

(2) 检查镜头

打开后盖，按下B门，光圈开到最大一档，镜头对着光亮处，即可检查镜头。检查的方面有：

①镜头表现是否划伤，镜头边缘是否有破碎现象。

②镜头是否有尘埃和金属屑。

③镜头是否有丝状物霉菌。

④镜头是否有气泡，假如在中心部位有较大气泡是不允许的，若气泡在镜头边缘也可以选购。

⑤镜片是否明显脱胶与有水泡。

⑥观察最小两档光圈是否有区别，没有区别是不符合要求的。

⑦光圈叶片是否有锈斑和油渍。

⑧逐级拨动光圈，检查各档光圈收缩的形状是否一致，严重不规则，会影响光圈值的正确性。

⑨光圈的调节环，调焦环和变焦环等，手感量是否均匀。

(3)检查快门

①释放快门时，声音要清脆，铿锵有力。

②低速度快门如1，1/2，1/4，1/8档，凭听觉，检查它们有无明显差别，后一档时间是前一档时间的一半。

③检查B门的好坏，因它影响高速度快门的稳定，按下B门，听到轻快的齿轮声为正确。

④检查自拍机装置。正常的自拍机装置，使用时，运转声音清脆，频率稳定，自拍延长时间为8~12秒。自拍机刚开始运行时，快门叶片不应打开。

⑤检查调焦装置。磨砂玻璃或五棱镜反光式调焦装置，拨至无限远标志，无限远处的景物必须清晰。重影式调焦装置，双影必须明显，调至无限远时，上下左右必须重叠。检查近距离调焦时，可以用尺测量验证。

⑥检查闪光同步。先将闪光灯的同步连线接在照相机上或者接插入触点，将闪光灯充电，把光圈开到最大，打开后盖，闪光灯和照相机都对着白墙，透过镜头观看，在按下快门钮，闪光灯闪亮，快门开启时，看见闪光灯反射光入镜头，说明快门与闪光是同步的。

⑦检查计数器。观察计数器在卷片时，是否变动数字。打开后盖时，应自动复零。

⑧检查电子自动装置。装上电池，观察各种自动功能是否有效、可靠。

2. 使用与保养

照相机是由光学、机械、电子等部件构成的比较精密的摄影工具，它的种类繁多，造型各异即使同一品牌的照相机，如型号不同，其使用方法也可能不同。在照相机的使用过程中，要首先仔细阅读产品说明书，熟悉所用照相机的性能，掌握正确的使用方法。要了解怎样打开和关紧底盖，怎样装卷、卷片、倒片、光圈、快门、自拍机、调焦装置、取景装置、景深表的位置和调节方法，并要实际操作一下，看看各种装置是否正常，然后装上胶卷，进行取景，定光圈和快门、调焦距、按快门、卷片，最后取出胶卷，及时冲洗。对于装有电子装置的照相机，装上胶卷后，要根据胶卷的感光度调定好片速调节装置，注意弄清曝光系统是快门先决式，还是光圈先决式，还是程序式自动曝光或多功能式，及时更换新电池，长时间不用的照相机，应将电池取下，对于外接闪光灯的相机，要特别注意配套，不要随便使用其他闪光灯，不然会烧坏相机。

镜头的镀膜和镜片质地较嫩，极易损伤，要注意不要碰撞镜头，尽量防止镜头污染，不拍时，随手盖上镜头盖，不要让镜头暴冷暴热，防止镜头发霉；使用推拉式变焦镜头或转动式变焦镜头，不要轻意用擦镜头纸或脱脂棉擦拭镜头表面，不要用擦眼镜巾、手拍、衣服等物擦拭镜头；镜头表面上的灰尘，可用橡皮吹气球或驼毛刷轻拂，不能用嘴吹；镜头表面的手印痕、浊污，先用吹气球吹，再用脱脂棉沾微量乙醇、乙醚混合液轻擦，最后用未沾溶液的脱脂棉擦去余迹。对于整机的保养要注意避免摩擦、碰撞和强烈震动，长时间不用的照相机，应将相机与皮套分开保存，保存时，擦净相机，快门与自拍机释放，快门速度到B门，光圈开到最大档，计数器复零，电子照相机还须取出电池，最后把相机放在盛有干燥剂的玻璃皿或塑料袋内密封好。还要注意照相机不宜在高温和严寒下长期使用。

二、感光材料

(一)胶卷

1. 胶卷的分类

(1)黑白胶卷。按型号不同分为120、135和127型;

(2)彩色胶卷。按成色不同分为水溶性和油溶性彩色胶卷两种;按摄像光源不同分为日光型、灯光型和日光通用型3种。

2. 胶卷的主要性能

感光度,胶卷对光的敏感程度称胶卷的感光度;反差系数,被摄影物的明暗判别程度叫反差,被摄景物画面表现出来的反差与实际景物反差的比值,叫做胶卷的反差系数;灰雾度,是胶卷没有曝光部分,经显影加工产生的光学密度;宽容度,是胶卷能容纳被摄景物明暗反差的范围;颗粒度,是胶卷曝光显影后,卤化银被还原的金属颗粒在胶卷上组成的影像;清晰度,是胶卷成像后的可辨程度;感色性,是胶卷对不同颜色光波的敏感程度。

(二)照相纸

1. 照相纸的分类

按用途不同分为:印相纸和放大相纸两种;按成像色相不同分为:黑白相纸和彩色相纸两种;按纸面不同分为:光面、皱纹、绒面和无光等。

2. 照相纸常见规格(以黑白相纸为例)

盒装:6.35cm×6.35cm、8.89cm×13.7cm 、12.7cm×17.78cm、16.51cm×21.59cm、25.4cm×30.48cm和50.8cm×10cm、106.7cm×10cm和106.7cm×100cm。

3. 照相纸的性能

反差,表示照相纸上所成影像明暗对比程度;感光度是指照相纸对光的敏感程度;耐冲性,耐冲性是指照相纸经受显影剂作用而不生灰雾的性能;耐光性,耐光性是指照相纸应具有对光不敏感的性能。

(三)感光材料的保管

感光材料存放期限一般为2年,彩色相纸一般为1年左右。感光材料在进仓时必须注意商品的有效期限,严格执行先进先出的原则。感光材料怕热、怕潮,仓库要保证通风、干燥、阴凉;感光材料都是纸包装,不能受压,否则,纸盒破裂,胶片就会曝光而失效。买后而又暂不拍摄的胶卷,可密封放在冰箱里,使用时从冰箱取出,不要马上打开,要把胶卷放在室内升温1小时再装片,否则胶卷因突然受热,会在表面上凝结小珠。

任务小结

洗涤用品中的肥皂和合成洗涤剂,是人们常用的生活必需品,它们的主要成分是表面活性剂,不同种类的表面活性剂及其组合,构成了众多性能各异的洗涤用品。洗涤用品的质量可以从用途、配方、感官指标和理化指标方面来考查，还必须考虑其环保性。

化妆品是一种修饰人们的外貌、增加容貌美观或具有芳香气味的日用品。它是由脂肪性原料、甘油碱类、香料、色料、营养物质、药物、水等各种成分，按不同配方经过化学方法加工制成的具有不同用途的一类日用品。化妆品的质量可从包装、说明书、色泽、组织状态和安全卫生性方面来检查，选用时应根据人的皮肤、发质及季节等来进行，保管中的库房应干燥、阴凉、通风，适宜的温湿度。

塑料是以合成树脂为主要成分的高分子化合物，树脂不同，其制品的性能和用途也不同。塑料常见的有十多种，塑料制品按用途的不同，可分为塑料材料制品和塑料日用制品两大类，塑料制品的鉴别主要有外观鉴别法和燃烧鉴别法。

皮革制品原料皮来源于动物界，人造革、合成革已成为其重要组成部分。皮革具有独特的特点，种类很多，制品也很多，常见的有皮鞋、皮箱等，皮鞋、皮箱的质量可以从原料皮种类、制品结构、用途、外观和内在质量来评价，原料皮种类可以从外观粒面特征来鉴别。皮革制品保管时，应注意防潮、防热、防酸碱、防虫、防挤压等。

照相器材的主要品种是照相机，照相机照相原理与人眼看景物的道理差不多。照相机种类很多，检查和评价照相机质量主要从结构入手，照相机使用保养时要认真阅读说明书，掌握正确的使用方法，保管时应放在干燥和密封的环境中，感光材料主要有胶卷、照相纸等。

思考题：

1. 简述合成洗涤剂和肥皂的去污原理。
2. 化妆品的感官质量要求有哪些？
3. 简述两种塑料品种的性能特点、用途及外观鉴别。
4. 在皮鞋的选购与保养中应注意哪些问题？
5. 简述照相机结构及其作用。

◆项目十二　家用电器商品

★知识目标：

1. 了解家用电器商品的分类品种和有关的基本知识；
2. 认识有关家用电器商品的结构与工作原理；
3. 掌握家用电器商品的质量要求，选用和维护。

★技能目标：

能够运用所学知识和技能，对有关家用电器商品进行质量鉴别，选购调试和咨询服务。

★任务导入：

空调四大巨头变数陡增

统计数据显示:2007 年，格力空调市场份额位列第一，美的空调位列第二，海尔位列第三，海信－科龙空调位列第四，四者相加的份额已经接近60%。随着空调新国标的实施，这种竞争格局还能维持多久?

早在2006 年国家发改委、国家质监总局联合公布的一、二级能效空调产品规格型号及企业备案名录显示，科龙、格力、美的、海尔、海信五个品牌共有能效比3.4 以上的一级能效定速空调77 款，其中科龙有32 款，因此，科龙空调应对能效升级，可谓胸有成竹。

目前，海信变频空调最低的能效水平也达到3.3 以上，新国标一旦实施，可谓如鱼得水。而且，作为变频市场契机的先知先觉者，海信在今年3 月份，高调启动了百万变频工程，提出了三个阶段的细化目标:今年6 月底之前，变频空调实现销量100 万套，7－12 月份，实现销量60 万套，明年的目标是260 万套，在未来两年内，实现跳跃式发展。

海信科龙，是否将成能效三级跳的最大赢家，现在断言为时尚早。但是，这场即将由新国标引发的空调格局之变，由于市场的天平向节能实力派“一边倒”，市场的技术的诉求点发生了质的变化，竞争的结果也将是节能技术“强者愈强”。受此影响，各品牌间的市场份额变动在所难免。

学习任务1 家用电器的分类和基础知识

家用电器(简称家电)是指适用于家庭或类似条件(系指人数较少的社会单位，如幼儿园、学校、医院、游艺场、办公室等)或个人使用的一切电器产品，只要是在家庭使用带电的器具我们都关注。

一、家用电器的分类品种及特点

(一)家用电器的分类

1. 我国商家对家电的分类

我国商家将家用电器大致分七大类:(1)电热器具，包括电炉、电吹风、电熨斗等。(2)电炊器具，包括电饭锅、微波炉、电磁灶、电火锅等。(3)电动器具，如洗衣机、吸尘器、空气清洁机、油烟过滤器、洗碗机等。(4)电子器具，如电子钟、电子表、电子计算器、电冰箱保险器、电话机、电子琴、电动玩具、电子照相机等。(5)声像器具，如收音机、收录机、彩色电视机、录像机、电唱机及音箱系统。(6)照明器具，如各种灯具的调光控制、台灯、吊灯、壁灯、落地灯、吸顶灯以及镇流器、启辉器等。(7)制冷器具，如电冰箱、空调器、电风扇及各种冷冻冷藏箱。

2. 美国采用的分类法

美国则采用混合的分类法共计七大类:(1)大件器具;(2)小件器具;(3)空调器具;(4)家用电子消费器具;(5)办公室业务用电气设备;(6)商业和公共设施用器具;(7)售货及钱币器具。上述分类中的大件器具，指洗衣机、洗碟机、电冰箱和微波电灶等;小件器具指电风扇、吸尘器、咖啡壶、电热毯等一些小型便携式产品。

3. 从价格分

大家电:又称耐用家电一般指价值 >1000 元的电器，能使用两年以上。

小家电:除耐用家电外的家电产品。

4. 从使用的硬软件角度分

纯硬件类电器:打开电源就能工作的家用电器，一般指不需要软件或软件已固化的电器，如洗衣机，电工类产品等。

硬件 + 社会传媒类电器:如收音机，电视机。需要有广播电台、电视台才能工作的，因此此类电器要注意当地的使用环境，有没有电台、电视台等。

硬件 + 软件类电器:如录像机、计算机。

硬件 + 网络类电器:如数字电视机顶盒。

5. 从安装方式分

悬挂式电器:如吊扇，一定要注意悬挂可靠。

壁挂电器:占地少，面积大，视觉效果好。如壁挂电视、壁挂电话、挂壁空调。

落地式电器:一般重量较重，适合布置在地面。为方便操作，面板一般向上或较高。

台式电器:一般重量较轻。如台式电脑、一般电视机。

可移动式:如移动空调、吸尘器。

便携式(袖珍式):随身三宝，MP3/MD，呼机/手机，掌上电脑。包含手腕式、挂颈式。

6. 从智能分

无智能电器，如开关，灯泡。

少量智能电器，如彩电，洗衣机。

智能电器，如电脑。

7. 从用途来分

白色家电:厨房设备，洗涤设备，空调。

黑色家电:音响，视听。

灰色家电:家用智能电器。

目前也有了酒红色、深蓝色、亮黄色的冰箱，白色、银色的平板彩电，橘红、宝蓝的空调室内机，使得室内气氛一下子活泼起来。黑白灰这只是据传统色系的分类而已。

8. 家电分代

老祖宗:电灯、手电。

旧一代:收录机、收音机、电扇。

老一代:洗衣机、电冰箱、电风扇。

新一代家电:以家用电脑(组成PC娱乐中心)、组合音响、影碟机(组成影视娱乐中心)为代表的新一代家电产品。

普及的一代:液晶投影仪等大屏幕显示设备，数码AC3音响系统，数码摄像、摄影设备。

未来家电将向人工技能、三维图像方向、多媒体等方向发展。

(二)家用电器的特点

1. 适用性

指家用电器所具备的适合其用途的各种性能，如电冰箱的制冷性能、洗衣机的洗涤性能等。

2. 安全性

是衡量家用电器的首要质量指标，指人们在使用电器时免遭危害的程度。包括防止人身触电、防止过高的温升、防止机械危害、防止有毒有害气体防辐射危害及防止火灾和爆炸等危险的性能。

3. 可靠性

要求平均无故障时间长，维修方便。

4. 耐用性

要求产品结构牢固，经久耐用。

5. 廉价性

价廉物美是大多家电消费者的共性要求，也是厂家拓展市场的重要手段。

6. 外观造型

要求产品外形美观，色调和谐，既实用又可装饰美化环境。

二、家用电器基础知识

(一)声学常识

1. 声波的产生与传播

我们生活的空间，充满各类声音，有些弱如虫鸣；有些则强如炮轰；有些声音尖如汽笛；有些又沉如闷雷；有些声音悦耳动听；有些却吵闹难忍。但它们有一个共同的特点，就是都产生于物体的振动。

要听到声音，必须有三个基本条件：一是存在声源；二是要有传播过程中的弹性媒质，即传声介质，例如：空气；三，要通过人耳听觉产生声音的感觉(图 12－1)。

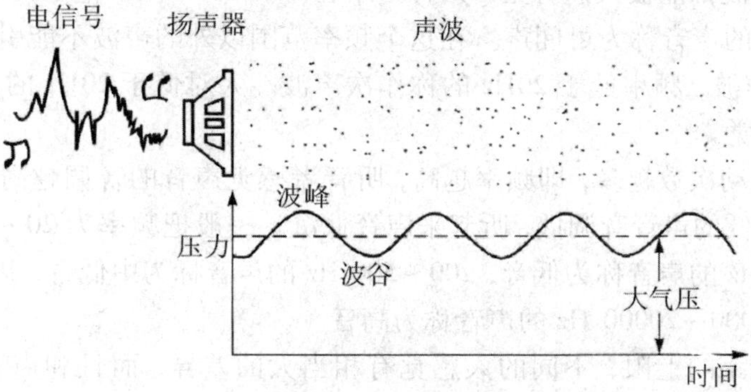

图 12－1　声波产生的示意图

声波的传播可以用水面波作形象的比喻：当一石块投入平静的水中时，在水面上便可看到一圈圈的水波纹，它由波峰和波谷高低起伏交替变化着向外传播，如图 12－2 所示。倒相式音箱就是利用这一特性。

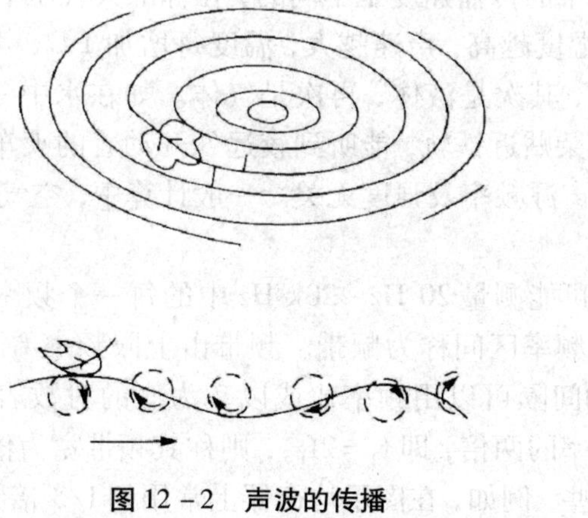

图 12－2　声波的传播

声波的传播方向可以用声射线来表示，声射线简称声线，球面波的声线是以波源为中心的半径方向，所以球面波是无方向性的。大多数声源是有方向性的，即声波向某一方向辐射得强。例如，通过喇叭发声就具有明显的方向性，朝着喇叭口的轴线方向，声音听起来就强一些，而其他方向就弱一些。因此，利用喇叭的方向性可以将声音传送得很远，如图 12－3 所示。

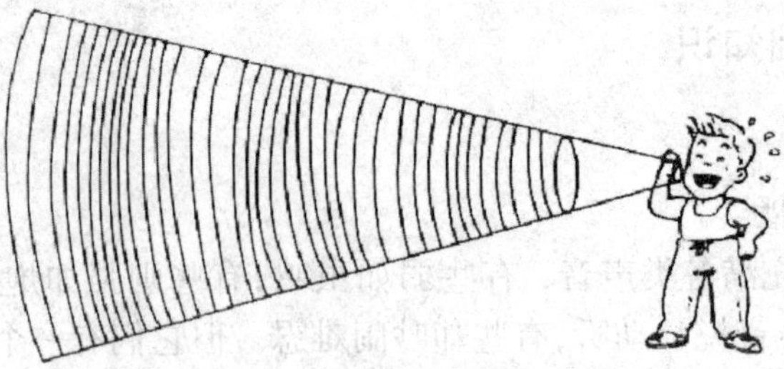

图 12－3　声波的方向性

2. 频率、声速和波长

不是所有的声波都能被人们听见，只有频率在 20～20000 Hz 范围内的声音才能被人听到，该频率范围内的声音称为可闻声。在这个频率范围以外的声波不能引起听觉，频率超过 20000 Hz 称作超声波，频率低于 20Hz 的称作次声波。人对低于 20Hz 的声波可以感觉到振动，而不会引起听觉。

发声体每秒振动次数越多，即频率越高，听音者感觉声音的音调越高，一般称之为声音尖锐。反之，频率低的声音音调低，听起来声音低沉。一般把频率为 20～40 Hz 的声音称为超低音，50～100 Hz 的声音称为低音，200～500 Hz 的声音标为中低音，1000～5000 Hz 的声音称为中高音，10000～20000 Hz 的声音称为高音。

对于可闻声频率的上限，不同的人感觉有相当大的差异，而且和声音的声压级也有关系。一般年轻人可以听到约 20k Hz，中老年人只能听到 12k Hz。近期流行的一段 14400 Hz 高频手机铃声，一般成年人听不到(25 岁左右)，只有未成年人才能听到。这种铃声原型为英国一家公司发明的“青少年超音驱逐器”，商家可以用这种驱逐器让徘徊在店门口的不良青少年掩耳走避，就是利用这个道理。

声音在不同的介质中的传播速度是不同的，在标准大气压下，0℃的空气中，声音的速度是 331.4 m/s。空气的温度越高，声速越大，温度每增加 1℃，声速增加 0.607 m/s。声音在固体中传播的速度最快，其次是液体，再次是气体。如在水中一般是 1450 m/s；在钢铁中约为 5000 m/s，所以将耳朵贴近铁轨，能听到较远处开动着的火车声。由此可见，声速决定于传声介质的性质，而与声源频率及强度无关。一般计算中，空气中取声速 $c = 340$ m/s。

3. 频程

在声学测量中，不可能测量 20 Hz～20k Hz 中的每一个频率，而总是在某一频率区间取特定值进行测量。这个频率区间称为频带。频带由上限频率 f_2 和下限频率 f_1 确定，f_1、f_2 又称为截止频率。f_1、f_2 的间隔可以用频率比或以 2 为底的对数表示，称为频程。若一个频带中，上限频率为下限频率的两倍，即 $f_2 = 2f_1$,，则称其频带宽为倍频带或倍频程。如果测量精度要求高，频带可以窄些，例如，在图示均衡器上常用到 1/3 倍频程、2/3 倍频程；在声学测量中常用到 1/6 倍频程。

上限和下限截止频率的一般关系为：

$$f_2 = 2^n f_1$$

式中，n 为倍频程的系数，或称倍频程数，它可以是分数或整数。例如，n＝1/3 即指 1/3 倍频程；n＝1 即指倍频程。

音频的倍频程：16 Hz、32 Hz、64 Hz、125 Hz、250 Hz、500 Hz、1 k Hz、2 k Hz、4 k Hz、8 k Hz、

16 k Hz。一般用于低档图示均衡器上进行频谱调节。

4. 声波的度量

声波的强度可用声压、声压级来定量描述，声压的国际单位是“Pa”(帕)，1 $P_a = 1N/m^2$，1 大气压 $= 105P_a$。声压与大气压相比是极其微弱的。正常人能听到的最弱声音约为 2×10^{-5} P_a，称为参考声压，用符号 P_e 表示。人耳有一个很奇怪的特点，主观感受的响度并不是正比于声压的绝对值，而是大体上正比于声压的对数值。为此，在声学中还用声压级来描述声波的强弱，用符号 SPL 表示，单位为 dB(分贝)。人耳能听到的最弱声音，即参考声压级为 0dB。通俗讲就是 1w 与 10w 电声功能，对人耳只是音量相差了一倍。

5. 声波的特性及听觉的主观感受

声波在传播中会产生反射、绕射相干涉等现象，并具有一定的传播规律。

生理声学认为，听觉形成的基本机理可以这样描述：由声源振动发出的声波，通过外耳道、鼓膜和小听骨的传导，引起耳蜗中淋巴液和基底膜的振动，并转换成电信号，由神经元编码形成脉冲序列，通过神经系统传递到大脑皮层中的听觉中枢，产生听觉，感受到声音。

由入耳和大脑所组成的听觉系统真是一个奇妙的机构，它能够接收频率为 20 Hz ~ 20 k Hz 的音频；可以感受声压为 $2 \times 10^{-5} \sim 2 \times 10^{2}$ 帕的声波；具有判别响度、音调、音色和方位的本领；还能从本底噪声环境中听出某些需要的声音…… 至今还没有一种物理仪器能有人类听觉机构那样惊人的特性，听觉的这些基本特性决定着人们对声音的主观感受。

(1) 可闻声、听阈和痛域

可闻声、听阈和痛域决定了人耳的听觉范围。

①可闻声。可闻声是指正常人可以听到的声音频率范围：20 Hz ~ 20 k Hz 称为音频。在音频范围内，人耳对中频段 1 ~ 4 k Hz 的声音最为灵敏，对低频和高频段的声音则比较迟钝。对于次声和超声，即使强度再大，人们也是听不到的。

②听阈和痛域。可闻声必须达到一定的强度才能被听到，正常人能听到的强度范围为 0 ~140dB。使声音听得见的最低声压级称为听阈，它和声音的频率有关。在良好的听音环境中，听力正常的青年人，在 800 ~ 5000 Hz 频率范围内的听闻十分接近于零分贝。当左右两耳听阈有差异时，双耳听阈主要决定于灵敏度较好的那只耳朵。当两耳灵敏度完全相同时，双耳听阈比单耳听阈低 3dB。

使耳朵感到疼痛的声压级体为痛域，它与声音的频率关系不大。通常声压级达到 120dB 时，人耳感到不舒适；声压级大于 140dB 时，人耳感到疼痛；声压级超过 150dB 时，人耳会发生急性损伤。

正常人的听觉范围如图 12 -4 所示。语言和音乐只占整个听觉范围的很小一部分。

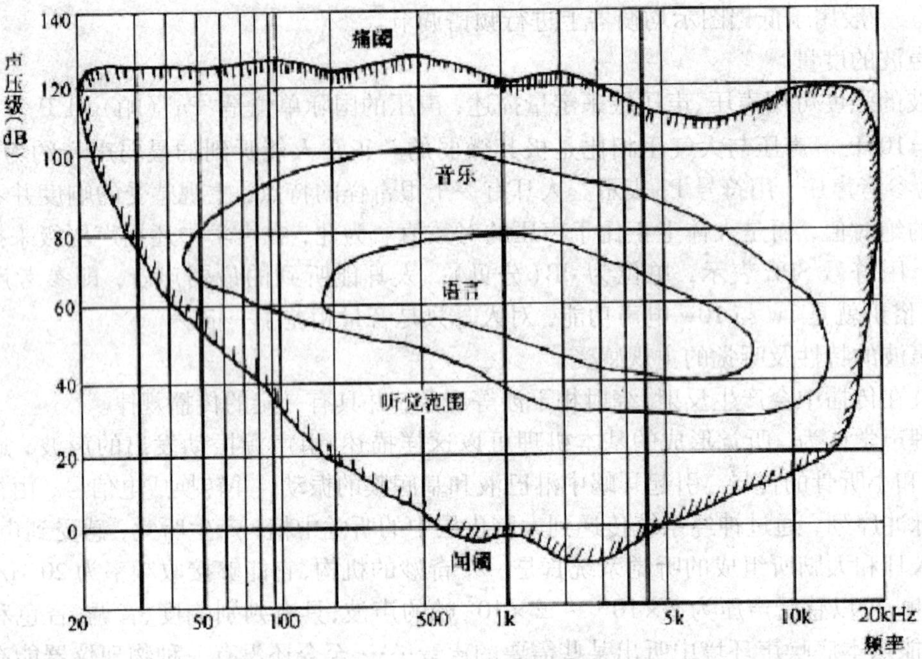

图 12－4　正常人的听觉范围

(2)响度、音调和音色。响度、音调和音色是描述声音特性的三个要素。

①音调。人耳对声音高低的感觉称为音调。语声主要由声带振动所产生。男声声带长而厚，发声频率较低，基音约为150Hz。女声的基音约为230Hz。对于歌唱家，男低音的基音频率可低至55Hz，女高音的基音频率可高至1180Hz。同时，发出的许多泛音也要高的多，有的甚至超出6000Hz。

②响度。人耳对声音强弱的主观感觉称为响度。如果能够想办法减小声音的分散，就可以使声音响度更大些。

③音色。音色是人们区别具有同样响度、同样音调的两个声音之所以不同的特性，或者说是人耳对各种频率、各种强度的声波的综合反应。音色与声波的振动波形有关，或者说与声音的频谱结构有关。胡琴、钢琴、吉他、笛子等乐器发出的声音，即使音调、响度都相同，我们也可以分辨出来，可见乐音除了音调和响度这两个特征外，还另外有一个特征，这第三个特征叫做音色，我们能够分辨出各种不同乐器的声音，就是由于它们的音色不同。人的声音的音色也因人而异，所以我们闭着眼也能听出是哪位熟人在讲话。

(3)听觉灵敏度。听觉灵敏度是指人耳对声压、频率及方位的微小变化的判断能力。

当声压发生变化时，人们听到的响度会有变化。例如声压级在 50 dB 以上时，人耳能分辨出的最小声压级差约为 1 dB；而声压级小于 40 dB 时，要变化 1 ~ 3 dB 才能觉察出来。

当频率发生变化时，人们听到的音调会有变化。例如频率为 1000 Hz、声压级为 40 dB 的声音，变化 3 Hz 就能觉察出来，当频率超过 1000 Hz、声压超过 40 dB 时，人耳能觉察到的相对频率变化范围(Δf / f)约为 0.003。听觉灵敏度还与年龄有关。

研究结果表明：对于纯音，人耳能分辨出 280 个声压层次和 1400 个频率层次。对于复音，人耳只能分辨 7 种不同的响度层次和 7 种不同的音调，共 49 种响度和音调的组合。这个数字颇为接近我们在语言中可觉察到的音素数。

在高保真音响系统中，如果能将声音的畸变控制在人耳无法觉察的范围内便可以获得高保真的主观听觉效果。

(4)掩蔽效应。掩蔽效应是指同一环境中的其他声音会使聆听者降低对某一声音的听力。一个较强的声音往往会掩盖住一个较弱的声音，特别是当这两个声音处于相同的频率范围时。

掩蔽效应在音响技术中得到应用。如一些降噪系统就是利用掩蔽效应的原理设计的，信噪比的概念及其指标要求也是根据掩蔽效应提出来的。在数字音源中，可利用掩蔽效应进行压缩编码。

6. 立体声基本原理

立体声是现代家用音响的主要应用形式，现代家用音响系统无不包含立体声技术。

(1)立体声定义。立体声对我们来说并不陌生，日常听到的自然界的声音就是立体声。但是，在音响技术中所讲的立体声并不是自然声，而是通过录音、传输和重放系统所获得的声音。它要使聆听者获得声音的空间分布印象，并产生临场感。有人给出这样的定义：立体声是一个应用两个或两个以上的声音通道，使聆听者所感到的声源相对空间位置能接近实际声源的相对空间位置的声音传输系统。

(2)立体声成分。为了使重放立体声给人有身临其境的感觉，必须了解真实生活中节目演出现场的自然立体声是由哪些成分构成的，哪些成分是构成听众临场感的要素。由于目前立体声节目绝大多数是音乐、歌曲、戏剧，因此，仅以音乐厅的立体声为例进行说明。

我们以舞台上左右前后错开的各种乐器组成整个乐队。他们演奏时，到达众耳际的声音可分为三类：直达声、反射声、混响声。反射声和混响声共同作用，综合形成现场环境音响气氛，即产生所谓临场感。优良的立体声应能再现这些要素。

(3)立体声的特点。与单声道重放声相比，立体声具有一些显著的特点：具有明显的方位感和分布感，具有较高的清晰度，具有较小的背景噪声，具有较好的空间感、包围感和临场感。

(4)听觉定位机理。人对声音方向的定位能力是由听觉的定位特性决定的。产生听觉定位的机理是复杂的，其基本原因是声音到达左右耳的时间差、声级差，进而引起相位差、音色差所造成的；也与优先效应、耳壳效应等因素有关。确定一个声源的方位，需要从平面、距离、高度三个方面来定位。

此外，人类对声音的空间印象，除了听觉的生理作用外，还涉及心理作用因素、存在所谓心理声学效应问题。例如，见物听音或启发诱导听音都会提高人对声源的定位能力。

(5)双扬声器声像定位。聆听重放的立体声时，听觉器官幻觉中的声源位置称为声像。声像是立体声技术研究的首要问题。声像分布、声像清晰度是最终体现立体声效果的关键，是研究立体声系统，设计立体声设备和指导放声布局及聆听方法的重要依据。

为解决立体声重放问题，历史上曾作过许多努力。20 世纪 30 ~ 50 年代，不少学者相继通过实验和理论研究，探明了双扬声器放声时对听觉所产生的一些效应，如双耳效应、哈斯效应及界外现象等。

在双声道信号间引进强度差或时间差，可以人为地改变单个声像在扬声器基线上的位置。实验还证实：两只扬声器辐射的两个信号之间必须有相关联系，才能融合成统一的声像。当两声道信号完全相关时，聆听者感觉到的是点状声像；当信号不完全相关时，形成的是统一的较宽的声像；如果放送的两个信号互不相关，无论强度差或时间差为何值，聆听者均感到两只扬声器各发出各自的声音。

综上所述，双声道立体声能够大体上重现平面内各声源的相对位置，并以密集的声像群形式产生一种扩散的混响声。若要重现三维空间的立体声效果，则需要采用多声道立体声系统，或者经过特殊处理的双声道系统。

(二)人类视觉

1. 人眼的亮度感觉

光也是一种电磁辐射，人眼对 780～380 nm 之间电磁波的刺激有光亮的感觉，故波长在这个范围内的电磁波称为可见光。人眼对 780～380 nm 之间的光还有彩色感觉，具体如图 12－5 所示。

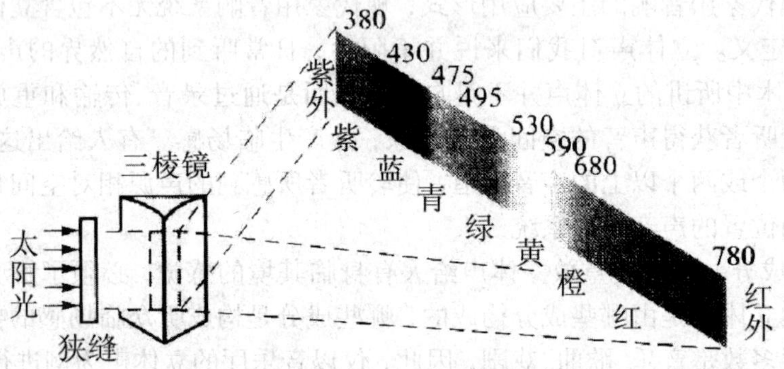

图 12－5　可见光光谱图

2. 人眼的视敏特性

人眼对 380～780 nm 内不同波长的光具有不同的敏感程度，称为人眼的视敏特性。衡量瞄述人眼视敏特性的物理量为视敏函数和相对视敏函数。

(1) 视敏函数。在相同亮度感觉的条件下，不同波长上光辐射功率的倒数可以用来衡量人眼对各波长光明亮感觉的敏感程度，称为视敏函数。

(2) 相对视敏函数。实验表明，人眼对波长为 555 nm 的黄绿光最敏感，因此把任意波长的光的视敏函数与最大视敏函数值 K(555) 相比的比值称为相对视敏函数。如图 12－6 所示，左边的曲线是暗视觉曲线，右边的是明视觉曲线。

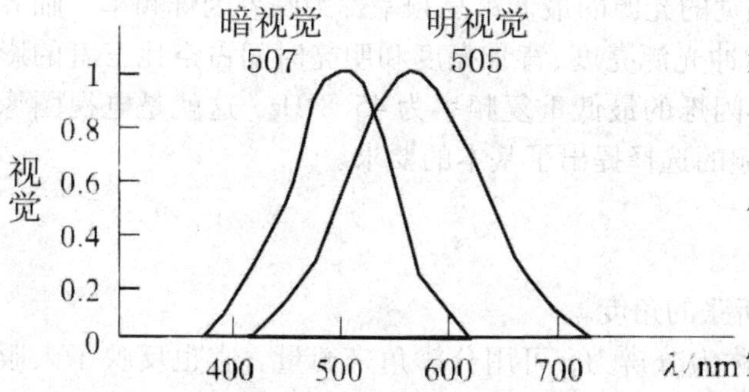

图 12－6 相对视敏函数曲线图

3. 人眼亮度感觉的特性(描述人眼对光亮差别的感觉特性)

(1)亮度

光源或反射面的明亮程度，亮度的单位为 cd/m2(坎德拉/平方米)。

(2)亮度视觉的范围

人眼总的感光范围极其宽广，由明视觉的亮度感觉范围和暗视觉的感觉范围两部分构成。

(3)光亮感觉的特点

①人眼的主观亮度感觉与周围环境亮度有关。

② 主观亮度感觉 S 与亮度值 B 的对数成比例关系。

③主观亮度感觉是心理量而不是物理量，故其单位是以实验得出的变化级数(S)来表征的。实验表明，在不同的亮度 B 值下，人眼能觉察的最小亮度变化并非定值。

人眼的亮度感觉并非决定于绝对亮度变化，而是决定于相对亮度变化。故重现景物的亮度无须等于实际景物的亮度，而只需保持最大亮度与最小亮度之比值相同，就能给人以真实感。

(4)对比度和亮度层次

①对比度:指光源或发光面的最大亮度与最小亮度之比值。

在普通起居室内 CRT 的实际对比度约为 100:1。这与人眼明暗识别能力的极限值一致，可以满足大多数消费者的画质需求。但是，要实现这一对比度，暗处对比度需要达到数千:1到数万:1，如果利用最尖端的技术，甚至可达到 100 万:1。最新一代的液晶屏，亮度可以达到 550～600 尼特，对比度可以达到 800:1，甚至 1000:1。第四代等离子电视机的亮度是 1300～1500 尼特，对比度是 10000:1。

②亮度层次。

亮度层次指画面最大亮度和最小亮度之间可分辨的亮度级差数，也称为灰度层次，用 n 标记。亮度层次是图像质量的重要参数。亮度层次多，图像显得明暗层次丰富，柔和细腻；反之，亮度层次少，图像会显得单调生硬。

4. 人眼的视觉惰性和闪烁感觉(描述人眼对光亮变化连续性感觉的特性)

(1)视觉惰性。当有光脉冲刺激人眼时，视觉的建立和消失都需要一定的过程，即具有一定的惰性。光源消失以后，景物影响会在视觉中保留一段时间，称为视觉暂留或视觉惰性现象。视觉暂留时间在 0.05～0.2s。

实验表明，若景物以间歇性光亮重复呈现，只要重复频率大于 20 Hz，视觉上始终保留有景物存在的印象,该重复频率可称为融合频率。人眼感觉的连续性是活动画面有连续感的前提。在荧光屏上，电视图像是几十万个像素按一定顺序轮流发光形成，然而人们看到的是每幅完整的画面在整体的发光，获得一幅幅连续画面印象的感觉，正是视觉暂留效应的结果。

(2)闪烁感觉和临界闪烁频率

①闪烁感觉。如果周期性重复的脉冲光源作用到视网膜上，当脉冲光的重复频率不够高时，人眼会对之产生一明一暗交替变化的闪烁感觉。这是因为光源在有光和无光间变化时，人眼在亮度感觉上能辨识出它们的差异所致。

②临界闪烁频率。把不再引起闪烁感觉的光源的最低重复频率称为临界闪烁频率。临界闪烁频率的值与很多因素有关。其中，脉冲光源亮度、背景亮度和明亮时间占空比三者的影响较为明显。由经验公式计算电视图像不闪烁的最低重复频率为 45.8 Hz，这就是电视图像不闪烁的最低重复频率,这个值对电视场频的选择提出了基本的要求。

5. 人眼的分辨力

(1)视角、分辨角和分辨力

①视角:观看物体时，人眼对该物体所张的角度。

②分辨力:人眼分辨图像的细节能力称为分辨力，可用分辨角来衡量。它也反映了人眼的视力。在量值上，分辨角用 θ 表示，如图 12－7 所示。它大致和可分辨的紧邻的两点间距成正比，和观看距离 L 成反比。分辨角的倒数为分辨力,分辨力还和照度及景物相对对比度有关。

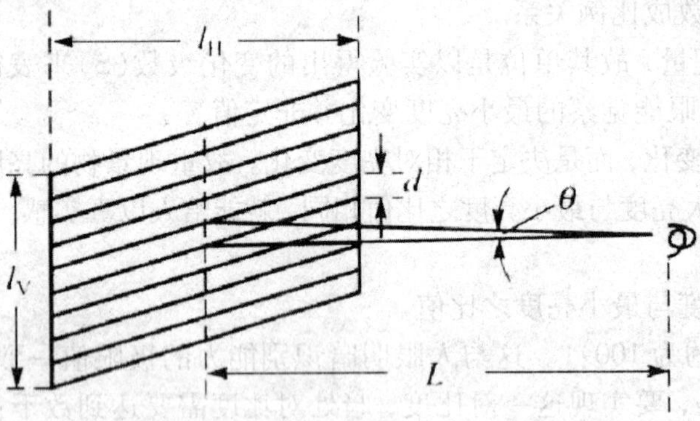

图 12－7　人眼分辨图像的细节能力

(2)分辨力和景物运动的连续感的关系

人眼对运动景物的分辨力要低于对静止景物的分辨力，其分辨角值约是静止景物时的 5 倍。这个数值关系到人眼对运动景物的连续平滑感，要求图像在相继两次呈现之间运动景物的相对位移对人眼的张角不超过 7.5°。从而对图像的换幅频率提出了要求。

一张 35 mm 胶片的分辨极限是 2000 像素，一般 CCD 在 600 万像素时看上去已经与 35 mm 胶片相当。人的每只眼睛相当于有 17～20 mm 左右焦距并有像素距离为 6μm 的 CCD/CMOS 的数码相机/摄像机。人眼的有效像素绝对没有700 万，最多50 万。但是人厉害的是后面的处理器和扫描式的工作方式。另一种说法:一个视神经细胞相当于 1 像素，人的视网膜上共约有 1.1 亿～1.3 亿个杆细胞，有600 万～700 万个锥细胞，杆细胞感光能力强但只能感应光线的灰度(得到黑白图像)，主要在离中心凹较远的视网膜上。锥细胞则在中心凹处最多，能感应彩色图像。所以人眼就相当于有 1.1 亿～1.3 亿像素。

学习任务 2　电子类家用电器

电子类家用电器品种很多，组合音响和彩色电视机，是它们的典型品种，也是电子类家用电器学习、研究的代表性品种。

一、组合音响

组合音响是指收、唱、录、放等功能齐全的高保真重放系统。但是这种组合并非简单的机械性拼装，而是包括电路在内的重新设计和组合。

通常组合音响由调谐器，双卡录音座、立体声电唱盘、激光电唱盘(激光唱机)、图示均衡器，功率放大器和高保真音箱等几大部分组合而成。它能够如实地反映声音信号的本来面目，并能使人有亲临音乐会现场的感觉。

(一)组合音响的分类

1. 按结构特点分类

组合音响根据结构特点不同分有分体式和一体式两种。分体式组合音响把各个部分分成独立的单机，每个单机一般只能完成一种相应的功能，各单机的外形尺寸基本相同，可分层叠放，各单机之间用专用导线连接，而一体式组合音响，除了音箱单独分开外，其他各个部分都组合在同一机箱内。

2. 按式样分类

根据组合音响的式样可分为台式和落地式两种。台式组合音响体积较小，重量较轻，适宜放置在台面上；而落地式组合音响有两个很大的音箱，整机体积大，但音质较好。

3. 按性能分类

组合音响一般可分为普及型和高档型两种。普及型组合音响的内部电路简单，电、声性能指标不高，但其价格较低，它一般不带 CD 唱机和卡拉 OK 混响器；高档组合音响的内部结构复杂，外形豪华，具有较多功能，通常均带有 CD 唱机，它的电声指标高，音质好。

(二)组合音响的一般组成

1. 立体声唱机

组合音响的立体声唱机主要用于播放高质量的唱片，一般为半自动或全自动操作。

立体声唱机是一种将记录在唱片上的信息转变为相应音频信号的装置，它由一套机械系统和一套电子电路组成，它是由拾音器上的拾音头在匀速圆周运动的唱片声槽中作凹凸不平的位置移动，使拾音器产生机械振动导致拾音器中的换能器件(如晶体)产生与机械振动成正比的信号电流，然后送到前置放大器进行均衡放大，最后由扬声器还原成声音。

2. 激光唱机

激光唱机也叫 CD 唱机，它采用了激光、数字技术和微电脑技术，其音响效果达到目前家用音响装置的最高水平，是组合音响中最理想的音源。

激光唱片是将连续变化的声波通过模/数变换后，变成数字化的音频信号，然后通过脉冲编码调制，以坑点的形式记录在唱片上，反映在激光唱片(CD 唱片)上的是一系列表征音频信号特征的坑点。

激光唱机主要是将记录在 CD 唱片上的坑点信号取出，然后解调(解码)还原成模拟的音频信号。激光唱机主要由激光拾音器及唱盘系统、伺服系统、信号处理系统、信息存储与控制系统等组成。

激光唱机由于采用了激光技术，数字信号处理技术、精密伺服技术和微电脑技术，并且其拾音器与唱片是非接触式的。因此它的电声性能，唱片的永久性都是普通唱机所无法比拟的。表 12－1 列出了普通唱机、录音机与激光唱机的性能比较。

表 12-1 普通唱机、录音机与 CD 唱机性能比较

品种 / 性能	CD 唱机	录音机		普通唱机
		普及机	高级机	
放音频响	20Hz-20KHz	100KHz-6.3KHz	60KHz-18KHz	60KHz-20KHz
动态范围	90dB 以上		70dB 以上	75dB 以上
信噪比	90dB 以上	35dB 以上	63dB 以上	60dB 以上
分离度	90dB 以上		60dB 以上	20dB-30dB
失真度	<0.01%	0.3%-1%	0.3%以下	0.1%-0.2%
抖晃率	仪器无法测量	0.2%-0.4%	0.15%-0.3%	0.03%

3. 调谐器

调谐器包括调频波段(FM)、中波(MW)和短波(SW)波段。调谐器在组合音响中用来接收无线电广播信号，并将其转变为音频信号送入功率放大器，最后由音箱还原成声音。

4. 双卡录音座

组合音响中的双卡录音座就是双卡录音机去掉音调、音量控制器、功放，音箱后的电路及机械传动系统。在组合音响中，双卡录音座的音响效果良好，高档录音座中还设有杜比降噪系统，使重放效果更加明显。

5. 卡拉 OK 混响器

卡拉 OK 功能可分为声频卡拉 OK 和声视频卡拉 OK 功能两种。声视频卡拉 OK 要与录像机或影碟机以及 VCD 机配合使用(有些组合音响中配有 DVD 机)当然，还需与电视机的配合使用。声频卡拉 OK 在机内即可实现，将话筒插入孔(MZC)中，录音座播放专门的卡拉 OK 磁带，将组合音响功能选择开关设在磁带位置，适当调节机器音量和话筒电平，使两者声音大小适中，平衡输出，同时调整混响时间，使高音清晰、低音浑厚、音质丰满、清晰、响亮。

6. 图示式音调控制器和频谱式电平指示器

图示式音调控制器有五段、十段等几种，用来对各频段信号进行提升或衰减处理，以满足使用者对某一频域音响的偏爱。

7. 主功率放大器

组合音响的功率放大器按结构分为两种形式：一种是不带前置放大器功能的单纯功率放大器；另一种是带前置放大器的功率放大器，称为综合功率放大器。前置放大器主要用来控制放大，均衡各路输入段音频信号，调整信号的频响、幅度等，以美化音质；功率放大器的作用是将前置放大器输出的音频电压信号进行功率放大，以推动扬声器放音。

8. 音箱

音箱又称扬声器箱，它由扬声器、分频网络及箱体等组成。音箱的作用是获得高保真、立体声的放音效果，一般高保真的放音频率范围要求达到 40 Hz~16000 Hz，而单只扬声器很难重放整个频率范围，这需要有多只扬声器工作在不同频率范围，以给出均匀的频率特性和指向性；分频网络可完成对整个频率范围的划分，通过分频网络组成的扬声器系统(音箱)具有频响宽、效率高等特点。

(三)组合音响的质量检验

1. 外观检验

组合音响的外观要求设计新颖、豪华、美观，各种指示要醒目大方，对外壳要求平整、光洁，不应有划伤、脱漆、锈蚀等现象，各开关、按钮等应操作灵活自如。

2. 性能检验

收音部分高低端频率的各电台信号强弱大体一致，大、小信号均无失真现象，距人耳一米倾听应无交流声，无各种噪音、杂音，无混台串音、啃叫和自激振荡等现象，调谐指示器的反应灵敏，用电平表指示的表针摆动应平稳，用发光二极管指示的跳动应准确，颜色应明亮鲜艳，灵敏度越高越好，信噪比越大越好。灵敏度高，能收到微弱电信号能力强，收到的台多，声音清晰。

录放音部分，选择一质量可靠的空白磁带，把音量开到最小，逐个按下放、录音、倒带、快进等功能按键，分别观察磁带卷绕情况，磁带应卷绕整齐，没有上下参差不齐现象。同时倾听录音机械运转时发出的沙沙声，工作于录、放音状态时，声音应流畅而均匀；工作于快进和倒带状态时，由于速度较快，机械转动声稍大是正常的，但必须均匀，不应带有节奏的响声或其他撞击声，更不允许有转动呆滞或停转现象。随后把音量开至最大，重复上述各动作，此时，除机械传动系统的沙沙声外，在扬声器内有轻微的哈声，在各种工作状态以及由一种工作状态转换成另一种工作状态时，在扬声器中均不应有其他杂声出现。再将短路插头插入话筒插孔，按下录、放音按键使录音机呈录音状态（实际处于消音状态），运转数分钟后，倒带至原起始位置进行放音功能，如噪音显著增大，则说明录放音部分消音功能不佳。最后进行录放试听，将音量开至适中位置，按下录音装置，距话筒半米至 1 米处讲几句话或唱一段歌曲，然后倒带放音，此时听到的声音应清晰、噪声小、有真实感，熟人能很快判断出谁的声音。如声音颤抖、混浊、噪声明显、变调等则说明该音响录放音或机械部分质量有问题。将音量开至最大放音略有失真是正常的。对于立体声检查，可放入一立体声磁带，观察两个声道是否平衡，检查时距音响 1 米远地方，检查者所在的位置对两组音箱的张角大约 40° ~ 50°，调节声道平衡按钮，应能听到立体声。

音箱部分，一观工艺，从音箱外表的第一印象来判断该箱的档次和品质优劣，最好的音箱多是用天然木材打造；现在一般用 MDF 中密度纤维板敷一层木皮做装饰，表面打磨得油光锃亮如乐器可以算中档以上音箱；如表面敷的是 PVC 塑料贴皮，则档次要低一等。二掂重量，好的音箱每只箱子可能有十几至二十余公斤，低档大路货多半重量比较轻。三是敲箱，用指节敲击箱体上下左右发出坚实的脆响，说明箱体木质坚硬，内部有多根钢筋支撑，并有一定的吸音和驻波措施，可以认为是正规厂家产品。四是认铭牌，箱体背面有一块制作精致的铭牌，上面印有商标厂家、生产序号、各种技术指标等。可以说是音箱的身份证。一般来说试听时，好的音箱应该是很耐听的，具有明显的个性，能表现出音乐背景中最细微的讯息等。

唱片、CD 唱片的播放效果，进行试听时，要求音响效果达到高音清晰明亮，中音丰满而舒适，并且有弹性，低音温柔而有力度，立体声效果强，真正体现出音乐厅演奏的真实感、空间感和临场感。

（四）组合音箱的使用方法

1. 装配方法

组合音箱分层越多，则连线也越多，连接成的装配主要有输入、输出线的装配和音箱的连线装配，在装配前先详细阅读说明书中的接线图，切不可盲目乱接，装配错误有可能损伤机器。

一般组合音响配有左(L)、右(R)两声道音箱，高档机中除了左、右声道外，还配有两只重放环绕立体声的后方小音箱，在音箱连线时连线尽可能不要太长，不要用普通的电线连接，最好采用双股平行音箱连接专用线。

2. 音箱的摆放

音箱摆放是否合理，关系到是否聆听到完美的立体声，居室中正确的摆位一般是在左右主音箱距离1.5米-3米间调节，音箱离侧墙的距离不少于30厘米，有条件的用钢脚钉坐地，则低频变得更加浑厚有力。如低音不足，可背贴墙放置，低音可增强一倍，置于墙角，则再次倍增。聆听者的位置与左右音箱成45°~60°角为佳。音箱的摆放可参照图12-8。

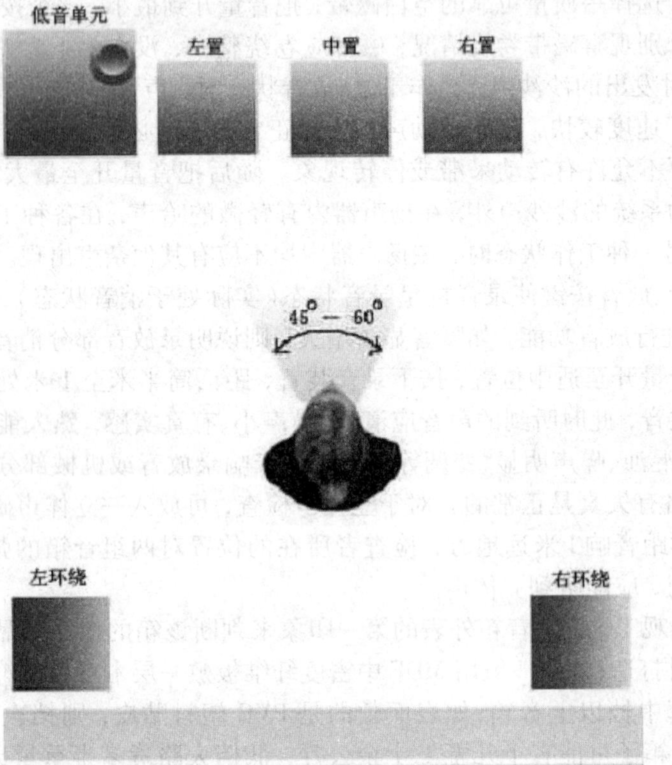

图12-8　音箱摆放位置

二、彩色电视机

(一)彩色电视机的分类

1. 按电路工作原理可分为模拟电视、数字化电视和数字电视等。

(1)模拟电视:电视使用电信号传送远距离的图像。使用模拟信号来传送图像的称为模拟电视。

(2)数字电视:使用数字信号的称为数字电视，是计算机化了的电视，与计算机技术融为一体，数字化地处理、传输、接收和显示信息。

(3)数字化电视:数字化电视与模拟电视没有本质的区别，它只是采用了数字芯片，把模拟电视信号进行数字化处理，它接收的仍然是模拟电视信号。

2. 按显像原理可分为液晶（LCD）电视、等离子（PDP）电视、背投电视、SED（表面传导电子发射显示技术）电视和 OLED（有机发光二极管）电视等。

（1）液晶（LCD）电视：利用液晶分子在电压作用产生扭转，从而将背光透射出来，产生图像的电视机。

（2）等离子（PDP）电视：利用惰性气体在高压下放电产生高能量的离子激发气室内的荧光粉发光，产生图像的电视机 。

（3）背投电视：背投彩电接收到信号后，通过电路处理，再经会聚电路和数字滤波电路优化处理，将其传输给并排放置的红、绿、蓝 3 只单色投影管。3 只投影管产生的电视图像分别经过透镜放大，而经反射镜反射到投影屏上合成为一幅完整的大屏幕彩色图像。

（4）SED（表面传导电子发射显示技术）电视和 OLED（有机发光二极管）电视，虽然这两种电视目前还处于市场研发阶段，但由于其技术特点的巨大优势，已经被专家预言为未来在大屏幕电视和小屏幕电视的发展趋势，各大电视厂商已经开始逐渐关注并投入资金开发自己的样机，以期将来抢夺市场份额。

3. 按彩色电视机的广播制式可分为 NTSC 制（美、日、加拿大、韩国等国采用），PAL 制（德、英、意、中国等国采用），SECA 制（法国、前苏联、东欧各国采用）。

4. 按功能可分为普通电视、高清晰度电视、遥控电视、卫星电视、多画面电视、立体电视、平板电视、语言多重电视、交互电视等。

（二）彩色电视机工作原理

1. 彩色电视三基色

（1）含义。自然界的任何彩色都可用三种基色光按一定比例相加而成的。

这三种基色即红色（R）、绿色（G）和蓝色（B），这样，同等强度的红光、绿光和蓝光分别进行混色就可以得到：黄光（红加绿）、紫色光（红加蓝）、青光（蓝加绿）、白色光（红加绿加蓝）。而如果加大红光的比例或减小绿光的比例，红加绿就会得到橙色，由三基色可获得自然界的任何色彩。

（2）三基色原理在电视中的应用。彩色电视系统为了能与黑白电视系统兼容，所以在发射端先把图像分解为红、绿、蓝三种基色信号，并把三个基色信号转换成一个亮度信号 Y 和两个色差信号（R－Y）和（B－Y），然后传送这一亮度信号和两个色差信号，亮度信号可以被黑白电视机接收，实现兼容，而两个色差信号代表图像的色彩。在接收机中就要利用这三个信号，经处理恢复彩色显像管所需要的红、绿、蓝三基色。

2. 彩色显像管（彩管）

彩色显像管同黑白显像管一样，都是阴极射线管，但是它的结构要更复杂，工艺也要精细得多。

3. 彩色电视机的电路结构及工作原理

（1）彩色电视机电路结构。主要由高频头、公共通道、伴音通道、电源、扫描电路、解码器、彩色图像显示等部分组成。

（2）工作原理

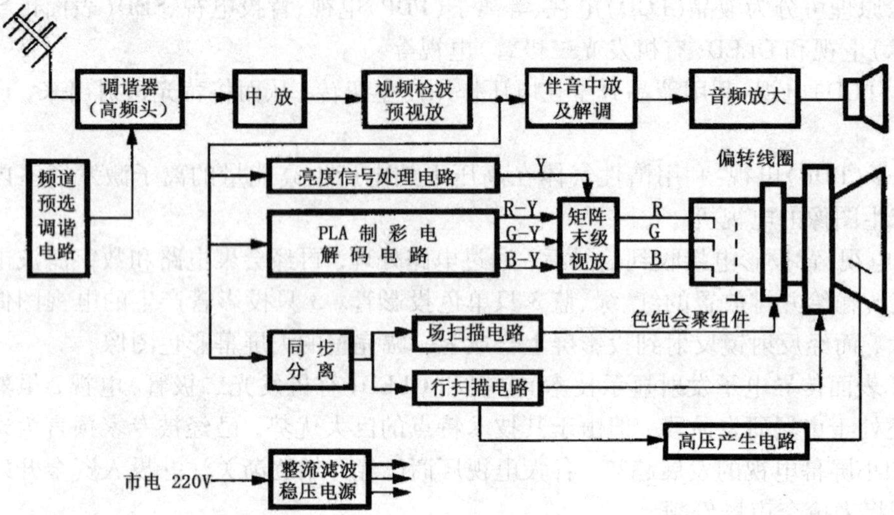

图 12－9　彩色电视机框图

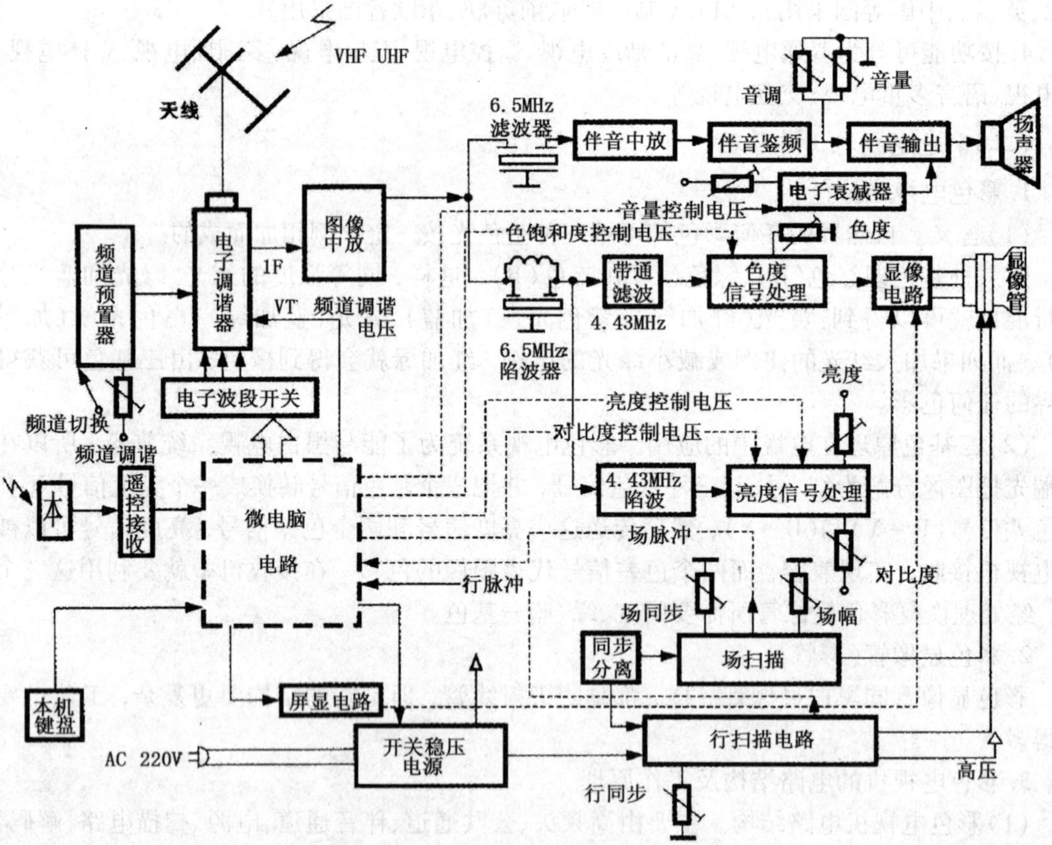

图 12－10　遥控型彩色电视机框图

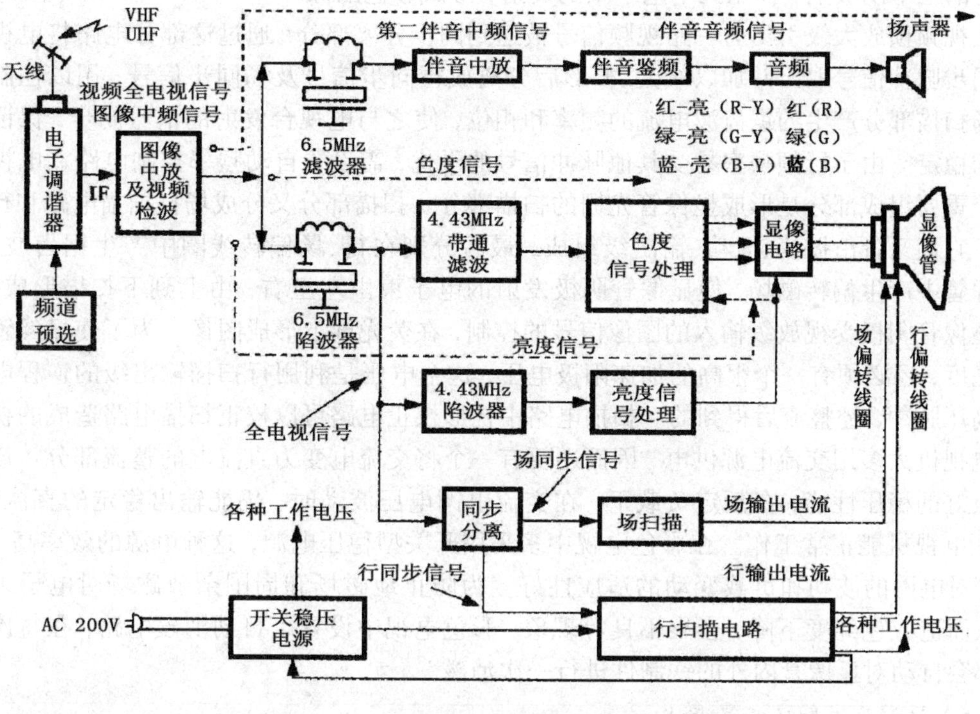

图 12－11 彩色电视机中各种信号的流程

从天线接收到的电视信号，先进入高频头的调谐器，经选择频道后，进入高频放大器。经过高频放大器放大后送到混频器，在这里和同时由本机振荡器送来的振荡信号发生差频作用，产生图像和伴音两个中频信号。这两个中频信号进入公共通道，经 3 至 4 级的中频放大后，送入视频检波器，检出(解调)0～6MHz 的彩色全电视信号(视频信号)，该信号经放大后，分三路分别送往亮度通道、色度通道和扫描控制电路。由于检波元件的非线性作用，使两个中频信号在检波时又产生以 6.5MHz 为中心的差频，从而形成伴音的差载频调信号，即第二伴音中频信号。这里视频检波器可以看成是一个混频器，对伴音中频来说，图像中频就是一个本机振荡频率，这种电路程式就叫超外差内载波式。第二伴音中频信号经与视频信号分离后送入伴音通道，由伴音中放放大、限幅，再经鉴频器解调获得音频信号，把音频信号放大后推动扬声器放出电视伴音。

由公共通道检波器解调出的彩色全电视信号，经预视放放大后，送往亮度能道和色度通道。在亮度通道中，彩色全电视信号先经过 4.43MHz 的吸收电路，吸收掉色度信号而分离出亮度信号，亮度信号经 0.6μs 的延时处理后，再放大到适当幅度，送到视放矩阵电路。由于彩色信号在经过色度通道处理后会产生一定的延时，不能与亮度信号同时到达矩阵电路，就需要在亮度通道中对亮度信号进行延时处理，如此处理后，彩色和亮度信号就可以同时到达矩阵电路，最后形成正确的图像。在色度通道中，彩色全电视信号被分离出色度信号，经放大后将色度信号的两个分量分开，分别送两个同步检波器，晶体振荡器产生 4.43MHZ 的副载波也分别以不同的相位送至两个同步检波器，就可以解调出(R－Y)和(B－Y)两个色差信号，再送往(G－Y)矩阵电路，恢复出第三个色差信号(G－Y)。在视放矩阵电路里，三个色差信号分别与亮度信号相加，从而恢复出三个基色信号 R、G、B，再经末级放大后，分别加到显像管的三个阴极上，控制三个电子束的发射，形成彩色图像。

在视频预放大级引出另一路视频信号被送到同步分离部分，通过这部分电路将电视台播放的同步脉冲信号取出并加以放大、整形后分离成行同步信号及场同步信号，用以控制行扫描和场扫描部分产生的锯齿波电流的频率和相位，使之与电视台发射的信号同步，保证图像画面的稳定。由于行频频率易受其他脉冲信号的干扰，需设置自动频率控制电路。电视机中另一个重要组成部分是形成显像管光栅的扫描部分。扫描部分又分成场打扫描电路和行扫描电路。它们又各由振荡、推动、输出级组成，最后分别在行、场偏转线圈中产生锯齿波电流，在显像管中产生偏转磁场，使显像管阴极发射的电子束由左至右，由上到下扫描形成光栅。这时显像管阴极受视放级输入的图像信号的控制，在荧光屏上形成图像。为了使显像管有足够的亮度，还必须有一个很高的加速阳极电压，这个电压是利用行扫描输出级的逆程电流产生的高压脉冲，经整流后得到的。扫描电路中枕形校正电路可以校正扫描电路造成的枕形失真。电视机大多用交流电源供电，因而还要有一个将交流电变为直流电的整流部分。该电路应有较好的稳压性能，在额定负载下，在交流电网电压波动时，仍能输出稳定的直流电压，以保证电视机能正常工作。在彩色电视中多采用开关型稳压电源，这种电源的效率高，稳定性好，对电网的波动和负载变动的适应性好。为防止地磁场和周围杂散磁场对电子束的影响，从而造成色纯度下降，会聚不良等现象，彩色电视中设置了自动消磁电路，在每次开机时，都会自动对显像管内外的铁制件进行一次消磁。

(三)彩色电视机的质量要求

1. 外观

外观要求协调、自然、机壳平整光洁，无变形、无损伤、无锈蚀、无裂纹、配件齐全，各开关、按钮、旋钮操作轻便自如，拉杆天线转动灵活，伸缩方便，停留稳定。荧光屏无划伤、水纹、气泡和麻点，仔细观察荧光粉应均匀，不应有局部发黄、发黑或色差。

2. 性能

色纯度及会聚:将色饱和度旋钮调至最小位置，对比度和亮度适中，让电视机接受黑白方格信号，此时荧光屏上出现的黑白方格图像不带彩色，且与黑白方格交界处也没有带颜色的条纹，说明彩电的色纯度和会聚较好。

白平衡:把色度旋钮调到最小，黑白图像的暗处、亮处都不出现彩色，说明彩电白平衡较好。

色彩质量:让电视机接收彩电信号，荧光屏上一次出现白、黄、青、绿、紫、红、蓝、黑 8 种颜色的竖条。将频率微调亮度和对比度调至最佳状态，再将色饱和度从小调至最大，此时图像上的彩色竖条颜色只会产生有浅到浓的变化，而不应有颜色上的变化，各彩条应色彩鲜明，间隔分明，稳定不变。

(四) 彩色电视机的鉴别方法

选购彩色电视机，除根据个人的要求选择屏幕尺寸、外观造型和颜色外，重要的是对彩电的性能进行鉴别，其主要性能包括图像质量、灵敏度、选择性和稳定性，这些指标在一般条件下不易鉴别。用以下方法可在没有检测仪器的情况下判别其质量，选购到较好的电视机。

1. 检查荧光屏外观质量

荧光屏颜色应均匀一致，无斑点，无气泡，无裂纹，无划痕;把荧光屏对着光线来回观察，如在某处发出闪亮的折射光，即是裂纹或炸痕，表明显像管质量不好。

2. 检查光栅质量

接通电源，一般5s左右显像管变热，荧光屏应出现光栅，把音量电位器调到最低位置扬声器应发出“沙沙”声，而不是“嗡嗡”的交流声。

将频道选择置于空频道处，并旋转对比度旋钮，使对比度减到最小，旋转亮度旋钮，使亮度达到最大，这时荧光屏应出现足够亮度的光栅，说明显像管发射电子能力良好。

注意观察光栅是否满屏，是否出现暗角、亮度不均匀或出现彩色斑点。如未出现上述现象，则表明显像管工作正常。

3. 检查灵敏度

旋转对比度旋钮，使对比度达到最大，亮度调节到适中，这时观察荧屏，雪花状波应细而密，黑白点为圆形，其边界分明清晰，则表明电视机灵敏度和清晰度良好。

4. 检查图像质量

接收电视台的彩色测试图：电子测试图应在荧屏中心位置，呈圆形，不应有明显的失真或呈椭圆形，图中彩条自然鲜艳，色彩亮丽，黑白层次分明，能判断出七级灰度，各级灰度层次分明，而且整幅图像稳定。如系彩色测试卡，也应具有同样的效果。

查色彩纯度：如电视台发送的是垂直彩色测试卡，其白、黄、青、绿、紫、红、黑等8种彩条应分明，当调整色饱和度旋钮由小到大时，各条颜色应依次由浅到深变化，而不应有颜色的变化。

如果没有彩色测试图或测试卡，接收或送入其他图像信号进行检查亦可将电视电源开关迅速开关数次，观察荧光屏上的红、黄、蓝三基色的纯度及消色时是否在中心位置，而不应在荧光屏的各处出现。

5. 检查伴音质量和图像稳定性

转动音量旋钮（或拨动音量开关），使音量开至最大，伴音应宏亮清晰，在伴音停止的间隙时间内，扬声器不应有交流声和杂波声。有伴音时，荧光屏的图像不应出现抖动和横纹干扰（伴音干扰条纹），更不应影响图像的稳定性。

调整频率和频率微调旋钮，应能在一定范围内获得图像与伴音俱佳的效果，如果其范围很小，甚至调好图像却伴音不佳，或调好伴音而图像不佳，则说明彩电的稳定性差，质量不好。

6. 其他功能检查

按说明书要求，在接收信号的情况下，试调调频转换开关、频道选择开关和频率微调，如果有自控和遥控功能，亦应进行检查，这些旋钮和按键都应达到自身应有的功能要求。

学习任务3　电器类家用电器

电冰箱、空调器和洗衣机是电器类家用电器的常见品种，电冰箱、空调器的工作原理有相似之处。

一、电冰箱

（一）电冰箱的分类与型号

1. 电冰箱的分类

（1）按制冷方式分为电机压缩式、电磁振荡式、吸收式、半导体式四种，以电机缩式电冰箱应用最广，吸收式电冰箱小批量生产，其他两类应用较少。

电机压缩式电冰箱制冷效率高、降温快、制冷量大、可靠性好、使用方便等，但噪音大；吸收式电冰箱是利用制冷剂汽化热制冷，且无噪音，还可利用电能以外其他能源制冷，但制冷效率低主要用于小型船舶或无电源地区；电磁振荡电冰箱，它的制冷原理与电机压缩电冰箱基本相同，主要是利用共振弹簧扩大振幅，压缩制冷气体，达到制冷目的，它结构简单、工艺要求低，因此成本低，但工作稳定性差，一般仅适用50升左右的小型冰箱；半导体式电冰箱是利用两块不同金属片接触，通过直流电产生热端和冷端，以冷端为主，它结构简单，无噪音，但制冷效率低，适合制造小型冰箱。

(2)按冷却方式分为直冷式和间冷式两种。

直冷式电冰箱，又称有霜电冰箱，具有两个蒸发器，分别安置于冷冻室和冷藏室内壁，直接制冷形成低温，具有结构简单、冻结速度快、耗电省、寿命长、噪音小等优点，但冷冻室结霜，使用较麻烦；间冷式电冰箱，又称风冷式、无霜式电冰箱，只有一个蒸发器，安置于冷冻室与冷藏室之间隔层背部的夹层内，靠专用风扇通过风道强制性制冷，具有箱内温度均匀，不结霜、冷却速度快等优点，但结构复杂、耗电量较大、噪音较大、存贮食品干耗也较大。

(3)按星级的多少分为一星级、二星级、三星级、四星级等。一星级是指冷冻室温度不高于 -6.0℃，二星级是指冷冻室温度不高于 -12.0℃，三星级是指冷冻室温度不高于 -18.0℃，四星级电冰箱的温度同三星级电冰箱，第四个星为冷冻星，表示该电冰箱具有速冻能力。

(4)按使用的气候环境分为亚温带型(SN)、温带型(N)、亚热带型(ST)、热带型(T)四种，它们分别适合的气候环境温度是10℃ ~32℃、16℃ ~32℃、18℃ ~38℃、18℃ ~43℃。

(5)按有效容积分为50升、75升、100升、150升、180升、220升、300升等。

(6)按用途分为冷藏箱、冷藏冷冻箱、冷冻箱等。

(7)按功能还可分为绿色、无菌、智能、静音冰箱等。

2. 电冰箱型号的表示方法(如图12-12所示)

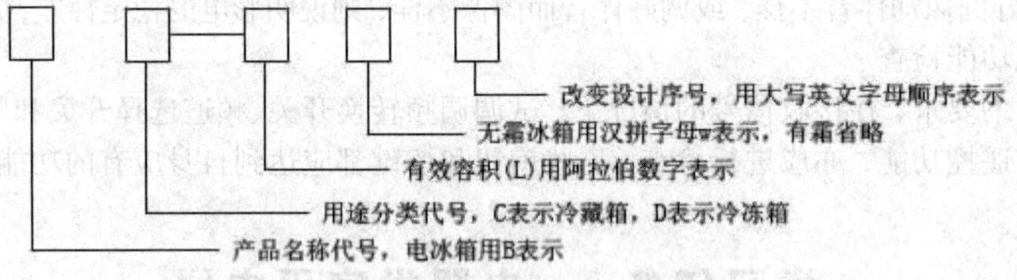

图12-12 电冰箱型号的表示方法

例BCD-216WB，为第二次改进设计的216升无霜式冷藏冷冻电冰箱。

(二)电冰箱的结构和制冷原理

1. 电冰箱的结构

电冰箱一般都设有冷藏室和冷冻室，因而也称冷藏、冷冻箱，它主要是由箱体、制冷系统和控制系统等部分组成。

（1）箱体

①箱体机壳一般用优质薄型钢板制作，外喷白色磁漆或丙烯酸漆。

②箱体的内胆用 ABS 树脂或高密度聚苯乙烯等塑料制成。

③为了防止箱内外空气对流，在箱体外壳和内胆之间需要充填导热系数低、保温性能好的材料作为箱体绝热层。绝热层大多采用硬质聚氨酯泡沫塑料或聚苯乙烯泡沫塑料。

④箱门的绝热层与箱体相同，箱门四周用软质橡胶套，插入塑料磁性条组成门封，以防止箱内外温度传导和对流。

（2）制冷系统

①制冷系统是利用低沸点、易液化的致冷剂在温度和压力的作用下，在制冷系统内作反复、循环的相态变化、大量吸收箱内的热量，造成冰箱内的低温环境。

②压缩式电冰箱的制冷系统由压缩机、蒸发器、冷凝器、毛细管和干燥过滤器组成。

③制冷系统大多数部件是用低碳冷轧无缝钢管、或铜管、铝管等管材制成，并连接成密封的管路，经清洗、干燥、抽真空后注入致冷剂。

④管材要保证有一定的纯度，化学成分应均匀，以免造成电化学腐蚀。

⑤制冷系统的弯管工序必须采用冷弯成型，防止弯管形成的氧化物在运转中结成硬渣堵塞管路。

（3）控制系统

①控制系统有温度控制和化霜控制两部分。

②温度控制部分用以控制制冷系统的开、停，使冰箱保持一定的箱温。

③化霜控制是为了消除蒸发器壁上凝结的冰霜，以保证蒸发器的制冷效果。化霜控制又分人工化霜、半自动化霜和自动化霜等方式。

④温度控制方法是将温度控制器的感温元件紧压在靠近蒸发器出口附近的表面上或放置在箱内空间中，用来感受蒸发器表面或箱内的温度变化，从而控制制冷系统的开、停。

2. 工作原理

（1）电冰箱的制冷系统的组成

电机压缩式电冰箱的制冷系统主要由压缩机、冷凝器、干燥过滤器、毛细管和蒸发器等部件组成，并在制冷系统中注入致冷剂氟利昂 -12（Freon -12）。

（2）F -12（CCL2F2）

F -12（CCL2F2）是一种低沸点（一个大气压下为 -29.8℃）、无色、无毒、无味、没有腐蚀性、易液化的气体，常压下呈现气态，经高压后即变成液态。电机压缩式电冰箱具有启动降温快，制冷效率高、耗电量少等优点。

（3）工作原理

①电机压缩式电冰箱通过压缩机做功，吸入低压气态冷剂 F -12，使 F -12 由低压气态压缩成高压气态，并被送入冷凝器。

②在冷凝器中，外界空气通过管壁冷却高压气态的 F -12，使其变为液态。

③液态 F -12 通过干燥过滤器去除杂质和水分，再经毛细管节流降压，进入蒸发器。

④由于 F -12 沸点很低，加之压力骤然降低液态 F -12 迅速沸腾蒸发吸收大量气化热，重新变成低压气态，从而带走箱内的大量热量，使箱体内温度下降。

⑤此时压缩机再次吸入低压气态 F -12，重复上述过程。这样循环往复，使 F -12 不断地

进行相态变化，连续地吸收箱内的热量，并把热量排至箱外，从而达到冰箱制冷降温的目的。

（三）电冰箱的质量和质量检验

1. 主要质量指标

（1）冷却性能。是指电冰箱负荷制冷能力的指标。

测试方法：

在规定测试条件下，在环境温度为15℃和32℃时，调温装置在可调范围内调于任意点上，并按容积每升放置一公斤冷冻负荷物。使电冰箱运行，达到稳定状态后（冷藏室温度变化每2小时低于1℃），测定冷藏室和冷冻室的负荷温度：冷藏室温度为3℃±1℃，冷冻室应达到各星级的规定值。

（2）冷却速度。冷却速度是反映电冰箱制冷效率的质量指标。

测试方法：

在规定测试条件下，在环境温度为32℃±1℃时，待箱内外温差大致一致的情况下，关上箱门，启动压缩机连续运行，使冷藏室温度降到10℃，冷冻室温度降到-5℃时，所需时间称冷却速度，（不应超过3小时）。测试时，箱内不置负荷物。

（3）冷藏室温度波动范围。在规定测试条件下，试验环境温度为32℃±1℃，电冰箱内冷藏室温度稳定在3℃±1℃，冷冻室负荷温度符合各星级规定值。

在一个运行周期内，在冷藏室中心部位测试点上，其温度的最高值与最低值之差为冷藏室温度波动范围，波动范围不得大于±1℃。

（4）耗电量和输入功率。测量电冰箱在规定条件下，24小时的耗电量作为该冰箱日耗电量。

输入功率是指压缩机的电动机正常运转时的消耗功率。上述两项实测值不应超过标定值的15%。

（5）启动性能。是指在电源电压允许的波动范围内，电冰箱启动能力。

（6）噪声。电冰箱在运行中，不应产生明显噪声和振动，在消音室内，距电冰箱一米处，用声级计“A”计权网络测量电冰箱运行时的噪声，应不高于54dB。

（7）冷冻能力。冷冻能力是指冰箱在连续运行24小时所能够冷冻的物品重量。它的单位为公斤，通常冷冻能力10公斤以上的冰箱冷冻能力较为正常，当然冷冻能力在20公斤以上的产品也并不少见。

（8）耐泄漏性能。用灵敏检漏仪检查制冷系统，制冷剂不应泄漏。

2. 电冰箱的质量鉴别

（1）外观鉴别外观。不应有明显的缺陷。表面漆膜颜色一致，结合牢固，无明显的流疤、划痕、麻坑、漏涂和集结沙粒等缺陷。电镀件表面应色泽光亮，均匀一致，不得有鼓泡、露底、划伤等。

箱门门封，四周应严密，在室温下，箱门正常关闭，用一片200×50×0.08mm的纸条（可用1元钱纸币代替），垂直插入门封的任何一处，不应自由滑落。箱门转动灵活，磁性门封应有足够的吸力。

（2）性能鉴别

①通电后，压缩机应立即启动，运转声轻微，无异常声响；

②温控器置中间档，启动电冰箱运行30分钟，观察冷冻箱，其箱内壁应结薄霜，用手摸

时，应有冰粘的感觉，冷凝器管应比较热；

③将冰盒盛上水，放入冷冻箱内，待观察；

④在两箱内各放置一支温度计，温度控制器置最冷档，关上箱门，开机 2 个小时，冷冻室温度应达到各星级标准、冷藏室温度应达到 5℃左右，冷冻室冰盒内的水应结成实冰；

⑤可根据冷冻室结霜状况，判断制冷剂是否不足，如冷冻室内壁结霜均匀，且充满各处，说明制冷剂充足，如果有局部不结霜，说明制冷剂不足。

（四）电冰箱的使用

1. 安置

电冰箱应安置在通风良好，远离热源的地方，避免阳光直射、水浸油污，箱体四周应留有一定空间，箱体距墙壁应在 10cm 以上，以利于冷凝器通风散热，电冰箱应放置平稳、垂直，地面不平时可调整底角螺丝，使其放平稳。

2. 使用与维护

（1）温控器一般设“0”至“5”等档，正常使用时可调到“2”或“3”两档，需要速冻时，可调至“5”档，速冻完毕，需调回至“3”档。

（2）化霜

当蒸发器表面结霜厚 4mm 左右时，应进行化霜操作。

普通冰箱：可切断冰箱电源，让箱温回升，待化掉霜层后，再接通电源；而对具有半自动化霜装置的冰箱，可按下除霜按钮，电机压缩机停机，进入除霜过程，除霜结束后，按钮自动复位，冰箱恢复正常工作。全自动型冰箱会定时、自动进行化霜操作。不可用金属器具撬冰层或冻结物。

（3）当冰箱运行时，因临时断电而停机时，再次开启冰箱，至少要等 3 分钟以后，防止启动负载过高，损坏电机压缩机。

（4）在电源电压不稳的区域，应使用稳压器，保护电冰箱等电器。

（5）搬动电冰箱时，应轻抬轻放，不可搬动门把手、冷凝器、上盖等非受力部位。电冰箱的压缩机是靠减震弹簧吊装在密封罐中的，罐底部充有用于润滑压缩机的冷冻油，这种设计，要求电冰箱在搬动中不可以倒置或过分倾斜（不超过 45 度），否则减震吊装弹簧会脱钩或因冷冻油进入制冷系统，降低制冷效果。

二、空调器

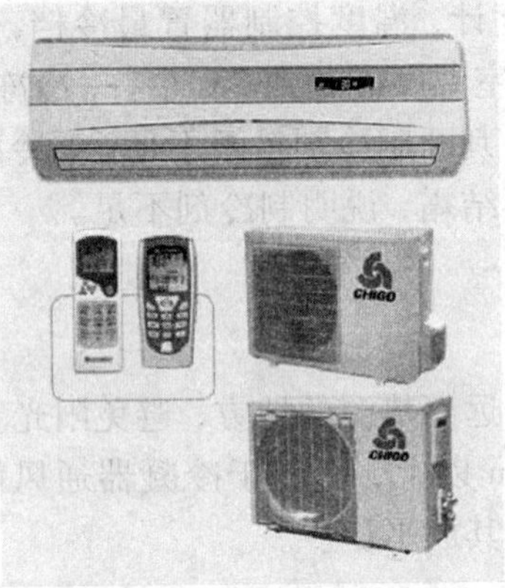

图 12－13　分体式空调器

(一)空调器的分类与型号

1. 空调器分类

(1)按结构分类

- 整体式
- 分体式
  - 室内机组：主要是由蒸发器、离心风机、电器控制元器件等组成。
  - 室外机组：主要由冷凝器、轴流风扇和电机压缩机等组成。

室内机组和室外机组用密闭管路连接，内充制冷剂。如图 12－17 所示

(2)按功能分类

- 单制冷式空调器(冷风型空调器)：一般只在夏季用于降温。有些机型具有除湿功能。
- 冷暖两用型空调器
  - 电热型：在冷风型空调器上安装了一组电热丝加热装置，由于冬天制热时，是靠电热元件获取热量，故制热效率不如热泵型空调器。
  - 热泵型：在制冷系统中增设了一个电磁换向阀，通过该阀的换向，能改变制冷剂的流向，原蒸发器与冷凝器的功能互换，实现一机多功能，夏季制冷，冬季制热，还可以除湿。
  - 热泵辅助电热型：当环境温度低于 5℃时，热泵制热效率降低，所以在热泵型空调器中又加装电热元件，用于辅助制热。

(3)按调控方式分为普通式和变频式

变频空调器采用智能变频装置来改变电流频率. 以实现自动增减空调输出功率的目的，随环境状况的改变. 变频空调通过及时调整电流频率来保证电机以最佳输出功率运行。变频空调与传统空调相比，具有寿命长、省电、电压适应性强、快速制冷、超低温制热、舒适性好，低噪声运行、除湿功能合理等优点，但结构复杂、价格较高。

2. 空调器型号的表示(如图 12－14 所示)

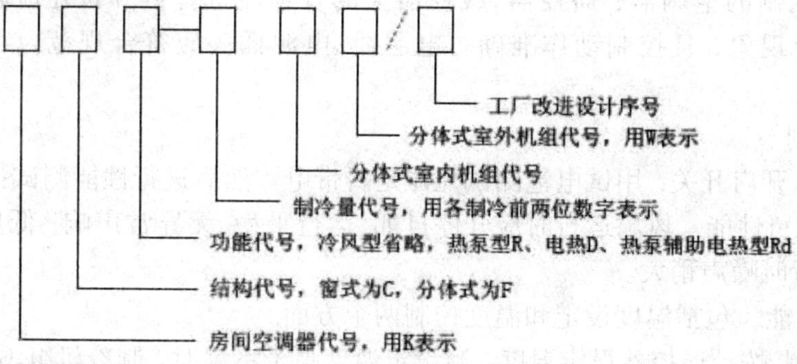

图 12－14 空调器型号的表示方法

分体式室内机组代号分别为，壁挂式 G，吊顶式 D，落地式 L，嵌入式 Q，台式 T 等。

例 RFR－35GW/A，表示第一次改进设计，制冷量为 35KW 的热泵型壁挂式分体空调。

(二)空调器的结构及工作原理

空调器由壳体结构、制冷系统、空气循环系统和电气系统组成。它们是一个整体，任何系统或部件的故障都会影响工作效率。

1. 结构

分体式空调器由室外机组、室内机组和二机组连接管及控制系统组成。

(1)室外机组。由离心风扇、空气过滤器、蒸发器、出风栅、集水盘和排水管组成；

(2)室内机组。由轴流风扇、冷凝器、压缩机、毛细管、干燥过滤器组成；

(3)二机组连接管。连接管用直径 20mm 以下的铜管。

接头有三种方式:自封式快装接头、一次性快装接头或扩口管螺母接头，安装时可按机器的原来配置，选用其中的一种。

2. 工作原理

(1)室内机组工作原理。室内空气被机组内的离心风扇吸取，经进风滤网过滤流向蒸发器，被降温成为冷气，再经出风栅送入室内，使室内温度降低。空气中的水蒸气遇冷而凝结成水，经集水盘和排水管排至室外。

(2)室外机组工作原理。室外机组工作时轴流风扇吸入室外空气吹向冷凝器，强制冷却冷凝器，热空气又吹向室外。

(三)空调器的质量鉴别

1. 外观质量鉴别

(1)空调器的造型应美观、新颖，色调淡雅，颜色均匀，应与室内色调协调；

(2)加工应精细，边角无毛刺，部件配合紧凑、安装牢固、机壳无脱漆、露底、划痕、锈蚀、裂纹等现象；

(3)配件、附件完备无损伤；

(4)导风板应能上下左右调整，松紧适度，灵活自如，且能在任何位置定位，不应自行移位；

(5)检查过滤网拆装是否方便，过滤网有无破损；

(6)旋钮应转动灵活、落位不松脱不滑动，按键可靠不松动。

(7)电脑控制的空调器，遥控器、线控器上的各功能选择键和按钮应轻快灵活，无卡键、接触不良等现象，且控制动作准确。电源线、电源插头应符合规范，当拉电源引线时应不松动。

2. 性能鉴别

接通电源，开启开关，用试电笔测试壳体是否带电。然后进行性能测试：

(1)风扇运行性能。风扇运行时应开停自如、运行平稳、无异常声响，低风档运行时噪声小，高风档运行时噪声稍大。

(2)控温性能。包括温度设定和温度控制两个方面。

以制冷为例：按动遥控器设定温度，当设定温度高于室温时，制冷机组不应运行，仅有风扇转动；当设定温度低于室温时，制冷机组才会启动(指示灯亮)，运行一段时间后，当室温达到设定值时，压缩机应能停止工作，并进入间断运行状态，即运行一段时间后能自动启停，保持室温在设定值上下。

(四)空调器的安装与使用

1. 空调器的安装

(1)安装位置。应避开热源，通风良好，要遮阳防雨，远离污染严重的地方(如油烟排放口、灰尘多或易被化学品腐蚀的地方)。

(2)安装应牢固，无松动，室内机组应水平安装，且紧靠墙面，距地1.8米以上。

(3)支架要坚固耐用、焊缝平整牢固。室外机架要进行防腐、防震处理，应备有吊篮和凉蓬等附件；过墙管线要进行包扎。

(4)安装完后要进行检查和调试。检查管路连接是否正确、严密，各阀门是否开启到位，电线路是否正确、电压是否正常，有无漏电，准确无误后，才可通电开机，观察机器各部分运行是否平稳正常，各部件有无松动和异常声响。

2. 空调器的使用与维护

(1)停机后，至少要过3分钟后，才能再次开机，以免损坏电机压缩机。

(2)定期清洁进风滤网等。

(3)夏季不要使室内外温差太大，以差7℃左右为宜。

(4)气流调节以微风为最好。

(5)湿度，以相对湿度，夏季50% -60%之间，春秋为40% -70%之间，冬季40% -50%之间。

三、洗衣机

(一)洗衣机的种类

1. 按自动化程度洗衣机可以分为普通洗衣机、半自动洗衣机、全自动洗衣机三种。

普通洗衣机是指洗衣机的洗涤、漂洗、脱水三个功能都需人工进行转换的洗衣机，这类洗衣机结构简单、价格便宜、使用方便。

半自动洗衣机是指洗涤、漂洗、脱水三个功能中任意两个功能可以自动转换的洗衣机，如大多数双桶洗衣机能在洗涤桶连续自动完成衣物的洗涤和漂洗，但脱水需人工将衣物搬移后才可在脱水桶中完成。

全自动洗衣机是指洗涤、漂洗、脱水三大功能的转换均可依照程序自动进行的洗衣机，这种洗衣机市场上都为套桶式洗衣机，其程序控制器有机械式和微电脑式两种。最近推出的微电脑模糊控制洗衣机通过设置布量布质传感器、水位传感器、温度传感器、脏污度传感器，自动判断衣服的质量、质地、脏污度和洗涤水温，从而自动选择水位、洗涤时间、脱水时间、水流作用的强度等，可提高洗涤效果，减少耗电量。

2. 按洗涤方式洗衣机主要有波轮式、滚筒式和搅拌式三种。

波轮式洗衣机，由日本在1953年发明，在亚洲国家使用较多。洗衣桶底部有一个表面设有几条凸筋的波轮，通过电动机驱动波轮转动，形成涡流，带动衣物在水中翻搅、冲击、摩擦，产生洗涤作用。它的特点是：洗净度高，同时磨损率也高，衣物易缠绕，去污均匀度不够，结构简单，价格较低，在亚洲国家使用较多。

滚筒式洗衣机，又称欧洲式洗衣机，1928年由欧洲人发明，欧洲国家大多使用此类洗衣机。洗衣桶内有一水平放置的滚筒，滚筒在电动机的带动下绕水平轴旋转，洗涤物随着滚筒内的凸筋上升，而后落入水中，不断翻滚、摔打，从而产生洗涤作用。滚筒式洗衣机的特点是：结构合理、使用寿命长，对洗涤物磨损率低，洗涤容量大，耗电耗水量较小。

搅拌式洗衣机，又称美国式洗衣机，1911年由美国人发明。洗衣桶为立式圆桶，其中心有一垂直立轴，轴上装有搅拌叶片，在电动机驱动下，叶片做120°～180°的正反交替旋转，从而翻动水流和衣物，产生洗涤作用。这种洗衣机洗净度高，衣物磨损率小，洗涤均匀性好；但结构复杂，制造困难，噪声较大。

（二）洗衣机的结构

以我国市场上最为常见的波轮式双桶洗衣机为例，洗衣机主要由洗衣桶、波轮、甩干桶、箱体、传动和控制系统、给排水系统等部分组成（如图12－15）。

1. 洗衣桶是盛装洗涤液和衣物的容器，形状有圆形和方形两种。洗衣桶的材料有塑料、不锈钢、铝合金、搪瓷、钢板等多种。塑料洗衣桶质量较轻、耐腐蚀性好、绝缘性好、易加工成型、成本低；不锈钢洗衣桶表面光洁、强度高、耐腐蚀性好，但价格贵；铝合金洗衣桶强度高、表面平整光洁，但价格较贵；搪瓷洗衣桶容易生产、价格便宜、表面光滑平整，但自身质量大、耐冲击性差，现已被淘汰。现在也有厂家采用纳米复合材料制作洗衣桶，使其更具有耐高温、耐摩擦、耐冲击的性能，另外，还具有防附着和抗菌、杀菌的自洁功能。

2. 波轮一般用工程塑料制成，表面有几条凸筋，在传动系统的驱动下带动洗涤液和衣物作旋涡状运动，从而产生洗涤功能。

3. 甩干桶的作用是脱水、甩干，其壁上有很多小孔，甩干时，甩干桶作高速旋转，产生离心力，衣物内的水分从小孔排出而达到脱水目的。

4. 洗衣机的传动系统是以电动机为动力，皮带与波轮轴相连进行运转。

5. 洗衣机控制系统的主要部件是定时器，它有两种作用：一是控制洗衣机洗涤、漂洗、脱水的总工作时间；二是控制洗衣机电动机的旋转方向，使电动机按照预定的循环程序进行正反转，达到洗涤或漂洗的目的。现在微电脑和变频调速技术已应用到洗衣机的控制系统中。特别是变频技术将电源电压经过交流—直流—交流，或交流—直流逆变后再施加到电动机上，可方便地通过调节电压的波形来调节电动机的转速，使洗衣机可根据洗涤物的种类和质地来选择洗涤水流、洗涤时间、脱水转速和脱水时间，在保证最佳洗涤效果的前提下节约能源。

6. 一般洗衣机用外接水管来控制给水，用旋钮控制排水阀排水。全自动洗衣机给排水都是靠电磁阀来控制，给水方式有顶部淋洒和底部喷涌两种，排水有上部溢水和底部排水，给排水过程全由电气系统控制。

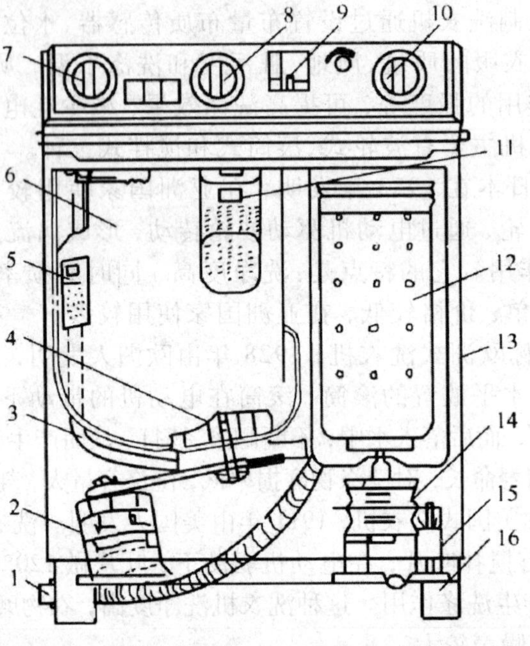

1—排水软管； 2—洗涤电动机； 3—循环水路； 4—波轮；
5—线屑过滤器； 6—洗衣桶； 7—洗涤定时器；
8—排水开关； 9—进水口； 10—脱水定时器；
11—水位调节器； 12 —脱水桶； 13—机箱；
14—脱水电动机； 15—减震器； 16—脚轮

图 12－15　普通型波轮式双桶洗衣机结构示意

(三)洗衣机的规格和型号

国产洗衣机的规格是按照国家标准 GB 4288－84 执行的。洗衣机的规格是指洗衣机的额定洗涤容量的大小，额定容量是指一次可洗涤的干燥状态标准洗涤物的最大质量，以千克为单位。标准规格包括 1. 0kg，1. 5kg，2. 0kg，2. 5kg，3. 0kg，4. 0kg，5. 0kg 等七种。洗衣机的型号表示如图 12－16 所示。

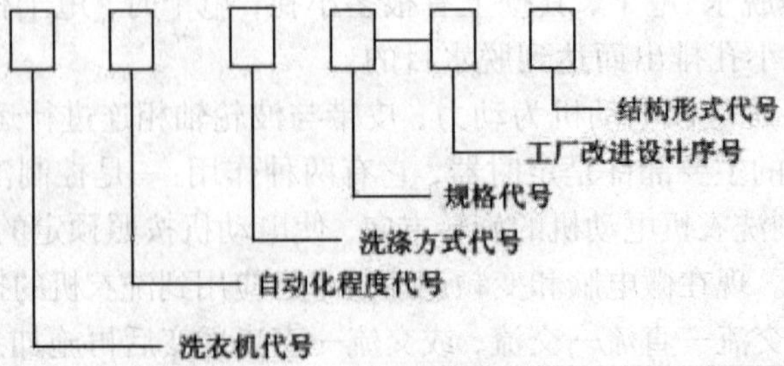

图 12－16　洗衣机的型号表示

洗衣机代号:以“洗衣机”的汉语拼音的第一个字母“X”表示;若为脱水机以“T”表示。

自动化程度代号:以自动化程度的第一个汉语拼音字母表示,普通型用“P”表示,半自动型用“B”表示,滚筒式用“G”表示,全自动型用“Q”表示。

洗涤方式代号:波轮式用“B”表示,滚筒式用“G”表示,搅拌式用“J”表示。其他洗涤方式名称一般以第一个字的汉语拼音字母表示,若该字母与“B”、“G”、“J”相同,则以第二个汉语拼音字母表示,以此类推。如振动式用“Z”表示,超声波式用“C”表示,喷射式用“S”表示。

规格代号:用洗衣机的额定容量乘以10来表示。

工厂改进设计序号:用阿拉伯数字表示。

结构形式代号:单桶、套桶洗衣机不予表示,双桶洗衣机以“S”表示。

如XQB30-5表示全自动波轮式洗衣机,其规格为3kg,是厂家第5次设计的产品。

(四)洗衣机的主要质量指标

洗净性能。波轮式洗衣机的洗净比不应小于0.8。

对织物的磨损率。波轮式洗衣机的磨损率应不大于0.2%。

漂洗性能。洗衣机的漂洗比应大于1。该项指标是表示洗衣机在额定状态下,漂清衣物上所含洗涤剂的能力。

脱水效果。脱水效果在国标中也称含水率,这项指标是衡量洗衣机洗涤完毕,脱水结束后,剩余水分占洗涤物干重的百分比,它主要受洗衣机脱水转速高低的影响。我国标准中规定,脱水后衣物的含水率小于50%。

噪声。要求不高于65dB。

(五)洗衣机的选购和使用

1. 选购洗衣机应考虑以下几个方面。

(1)规格选择。人口较多的家庭宜选大容量或超大容量洗衣机,如5kg、6kg等;普通三口之家可选偏大的4.5~5.0kg的洗衣机。

(2)机型选择。家庭里经常洗厚重衣物的,可选波轮式洗衣机;家中衣物的档次较高,多为呢绒、丝绸的,可选滚筒式洗衣机;洗换衣物较为频繁的,可选择有即时洗功能的洗衣机。

(3)外观选择。以波轮式为例,桶形设计应合理,一般说来,带大圆角的长方形洗涤效果最好;桶壁应光滑,无毛刺,箱体表面应平整,颜色均匀,喷漆无起泡;用手转动波轮,转动灵活,波轮盘与波轮槽之间有1mm左右的间隙。

(4)通电检查。通电运转振动小,无杂音,各控制键反应灵敏。

2. 洗衣机使用时请注意以下问题。

(1)洗衣机应平稳放置在避晒及通风良好的地方,地面应坚实平整。

(2)洗衣前,应清理衣物口袋内的硬物、杂物,有金属拉链或金属纽扣的衣物,应将拉链拉上,或扣上纽扣,并翻转或里朝外,以免损坏洗衣机桶壁或损坏衣物,毛物应装在网袋内后再放入桶内洗涤,以防缠绕波轮或互相缠绕。

(3)用水量应适中,过多可能使水外溢,过少可能影响洗涤效果,增加被洗衣物的磨损。一般洗涤1.5kg的衣物时,用水量约为30kg;若洗涤3~5kg衣物,用水量约为50kg。只有用水适度,衣物才能翻滚均匀,洗净度高。

(4)一次洗衣量不宜过多,否则,衣物不易翻滚,磨损率高、洗净度低,甚至可能引起过载而烧坏电机。

(5)需加热洗涤时，水温以30℃～40℃为宜，温度过高会损坏衣物和洗衣机机件。

(6)在洗涤过程中，应根据衣料的性质和脏污程度，掌握好洗涤强度。一般棉布、混纺织品可用中洗；丝绸、呢绒等可用弱洗；脏污严重或特别厚重的洗涤物可强洗。

任务小结

家用电器的种类很多，一般有八种分类方式，每类均有一些代表性品种。家用电器有六大特点。家电有关品种的消费是通过人的感觉器官来实现的，有的家电品种是声、光、电相互作用的产物，有关家电的基础知识是人耳和人眼特性、声学知识、光学知识等。

组合音响、彩色电视机、电冰箱、空调器、洗衣机是常见的五大件家电电器，这里概述了它们的种类、性能特点、型号、结构、工作原理、质量要求与检验和使用等知识和技能。

思考题

1. 家用电器是怎样分类的？
2. 简述组合音响的一般组成。
3. 洗衣机按洗涤方式是怎样分类的？各有哪些特点？
4. 电冰箱是怎样制冷的？

◆项目十三　商品、资源和环境

★知识目标：

1. 明确断商品、资源及环境三者之间的关系；

2. 掌握环境污染、环境保护及绿色产品的含义；

3. 了解商品的生产和消费带来的环境问题，深刻理解保护资源、保护环境的重要性，培养学生的环保意识。

★技能目标：

培养学生的环保意识。

★任务导入：

环境标志的作用

自上世纪70年代以来，随着臭氧层的破坏、温室效应、酸雨等一系列全球性环境问题的日益加剧，人们已逐步认识到保护我们赖以生存的地球环境已不再只是政府、民间团体、科研机构的事情，人们希望能通过自己的行动直接参与环境保护工作，选购和使用对环境有益的产品则是人们非常乐于接受而又行之有效的办法。西方国家的制造商敏锐地抓住了人们的这一消费心理，纷纷在自己的产品上标出“无磷”、“可生物降解”等字样，来表明他们的产品不危害环境。他们的这一做法不久就收到良好的效果，调查结果表明，西方国家的消费者甚至愿意多付一部分钱来购买对环境有益的产品，尤其是当地政府机构建立了完善的环境标志制度以后，这一购买倾向表现得更为明显。

为保护和扶持消费者的这种购买积极性，一些国家政府机构或民间团体先后组织实施环境标志计划，以引导市场向着有益于环境的方向发展。

在当今世界“绿色消费”浪潮冲击下，企业尽可以对外宣称“绿色公司”、“环保先锋”，产品也可以到处宣扬为“绿色产品”、“纯天然配方”，而环境标志称号是不可以随便使用的，它是一种“证明性商标”，受法律保护，申请环境标志需经过严格检查、检测、综合评定，并经国家认可的委员会批准方可使用。环境标志对产品环境行为的确认比起“绿色公司”、“纯天然配方”等则更有权威性，更具有说服力，也更容易得到消费者的信服和认可。特别是在我国当前形势下，法律尚不健全，假冒伪劣产品屡禁不止，以政府参与为主的环境标志计划，能取得公众的信任，激发消费者的购买热情。

环境标志是一种产品的证明性商标，它表明该产品不仅质量合格，而且在生产、使用和处理处置过程中符合特定的环境保护要求，与同类产品相比，具有低毒少害、节约资源等环境优势。正是有了这种“证明性商标”，使得消费者很轻易的明确哪些产品有益于环境，便于消费者购买、使用这类产品，而通过消费者的选择和市场竞争，可以引导企业自觉调整产业结构，采用清洁工艺，生产对环境有益的产品。最终达到环境与经济协调发展的目的。

思考：商品、资源及环境三者之间的关系是什么？

学习任务1　商品、资源及其保护

资源与环境是人类生存和发展的基本条件，随着人口的增长和消费水平的提高，人类对资源的需求日益增大，同时对环境的破坏也日趋加剧，自然资源危机和环境污染问题已经成为全球关注的热点问题。如何合理的利用资源，降低原材料损耗，减少和消除商品的生产和消费对环境的污染，已经成为评价商品质量，开发新产品的重要因素。走可持续发展的道路，以最低的环境代价确保经济持续增长，促使环境与商品的生产、流通及消费的协调发展，是当代所有国家在经济、社会发展过程中所面临的一大难题。因此，只有领会资源与环境的内涵，明确资源与环境的关系，了解资源与环境的现状，才能从根本上缓解经济社会发展面临的资源约束矛盾和环境压力。

一、资源的概念与分类

（一）资源的概念

资源通常被解释为“资财之源”，有狭义和广义之分。

狭义的资源指自然资源，即人在自然环境中发现的，能以任何方式为人类提供福利的各种成分。如植物、动物、地形、水、空气、土壤、化石、矿物、能源、自然景观等。自然资源是天然存在的自然物，不包括人类劳动的产物。商品学所涉及的资源一般指自然资源。

广义的资源指人类生存、发展及享受所需要的一切成分，即包括自然资源，还包括社会资源，如人力资源、智力资源、信息资源、技术资源、管理资源等。

自然资源与商品的根本区别在于：自然资源未经劳动加工，而商品是人类劳动的产物，。未开发的资源一般只有潜在的使用价值和经济价值，只有经过劳动加工将其开发并转化为市场需求的商品，其使用价值才得以体现。

(二)资源的分类

资源的分类方法有很多，常见的有如下几种：

1. 按资源生产要素的实物形态，分为人力资源和物资资源。

2. 按资源的利用限度，划分为可再生资源和不可再生资源。

3. 按资源的根本属性，划分为自然资源和社会资源。

(三)自然资源的分类

根据不同的目的、用途，自然资源也有很多分类方法。

1. 按自然资源的实物形态，可分为土地资源、气候资源、水资源、生物资源、矿产资源、海洋资源、能源资源、旅游资源等。

2. 按自然资源所在的地理位置，可分为陆地资源、海洋资源、大气资源等。

3. 按自然资源在经济部门中的地位，可分为农业资源、工业资源、交通资源、旅游资源等。

4. 按自然资源的用途，可分两大类。一类是作为生活资料来源的资源,即用于人类生活的各种天然食物，如粮食、水果、蔬菜、牲畜、水产品等;另一类是作为生产资料的资源，如矿物原料、燃料和木材等。

5. 按自然资源的可持续性，分为耗竭性资源和非耗竭性资源。

非耗竭性资源供给稳定、数量丰富，这类资源几乎不受人类活动的影响，也不会因使用而枯竭。如太阳能、风能、气候、大气等。

耗竭性资源是地球演化过程中缓慢形成的，数量有限，其中有的会枯竭，如化石、燃料等;有的是适当利用不会枯竭，但不合理利用会导致枯竭的资源，如土地资源、地区性水资源和生物资源等。

6. 按资源本身的固有特征,分为可再生资源和非再生资源。

可再生资源是可借助于自然循环和生物自身的生长繁殖而不断更新，从而保持一定的储量的自然资源,具有可更新性、连续利用性和退化、耗竭性。对这些资源进行科学管理和合理利用，就能够做到取之不尽、用之不竭。但如果使用不当，破坏了其更新循环过程，则会造成资源枯竭,不仅造成经济损失，严重时还会威胁到人类的生存环境。例如海洋生物、树木等，只要不过量捕捞，大鱼可以生出小鱼，一代代繁殖下去;只要合理砍伐，森林可以砍了再生，生了再砍，循环往复。但如果过度捕捞、过度砍伐将会导致它们的灭绝。

非再生资源基本不具备自我更新能力，是不能运用自然力增加蕴藏量的自然资源。按能否循环利用，非再生资源分为可回收的非再生资源和不可回收的非再生资源，前者主要指金属矿物质和多数非金属矿产资源，如 铜矿、铁矿、石棉、云母、黏土等资源。后者是一次消耗性的，既不能循环也不能回收，用一点少一点，要求人类节约使用。主要指石油、煤、天然气等能源资源，和一些非金属矿物质，如石英、石膏和盐类。许多资源是可再生和不可再生资源的混合，其特性介于两者之间。

二、自然资源的特性

(一)自然资源的特性

1. 地域性

不同地域自然资源的组合和匹配都不一样，存在种类、数量、质量上的显著差异，并有其特殊分布规律。各种自然资源都有一定的地域分布，不同地域其分布规律差别有很大。例如我国水资源南多北少，能源资源南少北多，金属矿产资源基本上分布在由西部高原到东部山地丘陵的过渡地带。从世界范围来看，资源的分布也不均匀，探明储量约占世界总储量的58%的石油，集中在波斯湾石油沉积盆地，全世界煤炭总量的87%分布在美、中和前苏联三大国或地区等。因此，在开发和利用自然资源时应贯彻因地制宜的原则。

2. 整体性

各种自然资源都不是孤立存在的，而是在不同时间、空间条件下，按不同的比例、不同的关系联系在一起，形成相互联系、相互影响、相互制约的组合结构，构成了不同的生态系统。每个地域的自然资源都是一个完整的系统，一种资源与另一种资源之间相互联系、相互制约，一种资源变化，将对其他资源以及该地域周围的资源及环境产生影响。这种连锁反应，可引起整个自然资源系统的变化。这种整体性，再生资源表现得尤为突出。如森林资源除具有经济价值以外，还具有蓄水、保持土壤环境的作用，如果森林资源遭到破坏，不仅会导致河流含沙量的增加，引起洪水泛滥，而且使土壤肥力下降，进而使植被退化，甚至导致土壤的沙漠化。

自然资源的整体性要求对自然资源必须进行开发利用时，必须考虑资源的综合作用，减少对生态系统的破坏，有效提高资源管理效益，最大限度发挥资源的作用。

3. 共用性

大部分资源都具有多种功能和多种用途，不同的行业、不同的企业、不同的部门可以共用一种资源。如土地资源可用于农业、工业、交通、旅游以及改善居民的生活环境等。同一企业的不同车间、班组或工序都会同时存在着对对水、电等资源的需求。对多用性的资源，在开发利用时必须根据其可供利用的广度和深度，遵循生态效益、经济效益和社会效益相统一的原则，实行综合开发、综合利用和综合治理，以做到节约资源、物尽其用，取得最佳效益。

4. 有限性

有限性是自然资源最本质的特征。这种有限性会随着人口的不断增加而加剧。

任何资源在数量上都是有限的。尤其对不可再生资源，表现尤为突出，消耗一点少一点，最终会枯竭。即使是可再生资源，由于其再生能力受自身因素和外界客观条件的限制，其再生能力也是有限的，开发利用过度，会破坏其稳定的结构，导致其丧失其再生能力，无法及时的进行更新、补充也就愈用愈少，变为非再生性资源。

可替代资源的品种也是有限的。虽然煤、石油、天然气和水力、风力等资源都可用于发电，但总的来看，可替代的投入类型是有限的。

资源的有限性要求人类在开发利用自然资源时必须从长计议，珍惜一切自然资源，注意合理开发利用与保护，决不能只顾眼前利益，掠夺式开发资源，甚至肆意破坏资源;同时，还要注意依靠科技进步，拓展可利用的资源范围，提高现有资源的利用率。

随着人口的不断增加和人们竞争意识的不断加强，资源的有限性必然会导致资源开发利用上的竞争，因此，在开发利用资源的过程中，应及早识别、重点保护竞争激烈的资源。

5. 变动性与稳定性

资源作为一个生态系统，一直处于运动和变化之中，但在某个时段内系统各成分间又保持相对稳定性。从资源的管理角度出发，保持资源生态系统的稳定性非常重要。

6. 国际性

全人类共同拥有一个地球，受主权条件的制约，除了本国国土上的资源以外，还有许多国际社会共同享有的资源，如公海、跨国国际河流等。对这类资源的开发和利用必须通过国际合作，多边协调来解决。

7. 增值性

资源的使用价值是随着时间的变化和人类的有效投入而变化的。对自然资源的开发本身就意味着其价值的增长，不同的资源其使用价值会随着时间的推移以及其被耗竭的程度而增加。

除了上述特性外，各类自然资源还有各自的特性，如生物资源的可再生性，水资源的可循环和可流动性，土地资源有生产能力和位置的固定性，气候资源有明显的季节性，矿产资源具有不可更新性和隐含性等。

（二）我国自然资源数量与分布的特点

1. 人均资源量明显低于世界平均水平

我国自然资源总量丰富，但由于人口众多，人均资源就显得很少。许多自然资源不仅数量大，而且种类多，矿产资源尤为丰富，是世界矿种比较齐全的少数国家之一，水资源不足世界人均水平的1/4，耕地为30%，森林为4%，草地为32%，许多矿产资源也不足世界人均水平的一半。

2. 自然资源的空间分布不均衡

土地资源比例不当、水资源分布不均。山地多、平地少，耕地、林地比重小。资源分布与经济区域结构不匹配。如水资源的83%集中在占全国耕地38%的长江流域及以南地区，而黄、淮、海、辽河等流域，耕地占42%，水资源却仅有9%。矿产资源的80%分布于西北部，石油和煤炭的75%以上分布在长江以北，而工业却集中在东部沿海，能源消费集中于东南部。

3. 自然资源的缺口日趋增大

全国缺水城市有300多个，日缺水量1600万吨以上。地表水的不足又导致地下水的过度开采。中国地下水可开采量约为2900亿m^3，其中60%分布在北方，过度开采造成华北地区地下水位平均每年下降12cm。山东省年缺水100～160亿m^3。

三、商品生产和消费带来的资源问题

自然资源是商品生产和消费所需物质和能源的来源，是人类社会赖以生存和发展的基础。随着人口数量的急剧增加，人们生活水平的不断提高，人类对自然资源的需求量迅猛增长；同时，不合理开发和利用造成资源浪费与破坏，这些因素共同导致了世界范围内资源的短缺，甚至耗竭，资源危机已严重威胁到人类的生存和繁衍。

自然资源的破坏与耗竭主要表现在森林面积减少、土地沙漠化、水资源危机、粮食短缺、生物物种不断灭绝、矿产资源耗竭等几个方面。

1. 森林资源问题

森林资源是林地及其所生长的森林有机体的总称。它包括森林、林木、林地以及依托森林、林木、林地生存的野生动物、植物和微生物。

森林资源是地球上最重要的资源之一，它不仅能够提供人类生存所需要的生产和生活资料，调节气候、保持水土、防止和减轻旱涝、风沙、冰雹等自然灾害，而且还有净化空气、消除噪音等功能。同时森林也是野生动物的重要栖息地。

森林资源可以更新，属于可再生的自然资源，也是一种无形的环境资源和潜在的“绿色能源”。反映森林资源数量的主要指标是森林面积和森林蓄积量，包括林地、有林地面积，森林覆盖率，木材蓄积量，森林生长量等。

森林资源问题主要表现在森林面积迅速减少，森林蓄积量严重不足。据联合国粮农组织《生产年鉴》1985 年资料，全世界森林面积约为 40.9 亿公顷，森林覆盖率为 22.0%，木材蓄积量为 3100 亿米。目前，森林面积正随着人口的增加日益减少，全世界已有约 80% 的原始森林遭到了不同程度的破坏，每年约有 1130 万公顷的森林遭到损毁。尤其最近 lO 年中消失的树木种类比过去 l000 年消失的还要多，现在每分钟约有 23 公顷热带森林被砍伐。

目前，我国的森林面积约为 1.15 亿公顷，森林覆盖率仅 12.0%，木材蓄积量为 102.6 亿立方米，人均森林面积为 0.12 公顷，相当于世界平均水平的 18%，人均森林蓄积量为 9.1 立方米，相当于世界平均水平的 13%，是一个少林国家。

造成森林面积迅速减少的原因主要有：

(1) 由环境污染造成的“森林死亡”。

(2) 由于人口的增加导致对粮食需求量的增大，毁林造田使大面积的森林被破坏。

(3) 由于人口的增加导致了对木材、薪柴消耗的增加，使得森林面积减少。

2. 土地资源问题

土地是人类赖以生息繁衍的基础，耕地是土地资源的精华。人类所需食物能量的绝大部分来源于土地上的植物，因此，土地是人类的立命之本，是人类生存和发展的最基本的物质条件。

土地资源是一种可再生资源，由于受气候条件和水文变化的影响，土地经常处于动态的平衡之中。在土壤中生存的各种生物，可以不断的繁衍生息，土壤的水分和养分也在不断的被消耗和补充，因而可以为人类持续不断的提供生产、生活所需物质。这种平衡一旦被破坏，土地也有变成非再生资源的可能。随着人口的不断增加，工业化、城市化的迅猛发展，人们需求结构改变等因素的变化，土地资源的稀缺性越来越明显。

我国土地资源的现状是：绝对数量大，人均占有少；类型复杂多样，耕地比重小；利用情况复杂，生产力地区差异明显；地区分布不均，保护和开发问题突出。

我国国土面积 960 万平方公里，海域面积 473 万平方公里。国土面积居世界第 3 位，但人均土地资源仅居第11位。有限的土地资源中，耕地所占的比重仅为10%左右。1990年，世界人均耕地面积为3.75亩，而我国人均耕地仅1.66亩，不及世界人均耕地的44%。

我国土地地形、气候十分复杂，土地类型复杂多样，有些土地难以开发利用，如沙质荒漠及戈壁占国土总面积的12%以上，改造、利用的难度很大。

另外，由于我国自然条件的复杂性和各地历史发展过程的特殊性，使得土地资源的利用情况极为复杂。不同的利用方式，土地资源开发的程度也有所不同。如东北平原上，汉民族多利用耕地种植高粱、玉米等杂粮，而朝鲜族则多种植水稻。山东的农民种植花生经验丰富，产量较高，河南、湖北的农民则喜种植芝麻，且收益较好。

土地资源问题突出表现为耕地减少，土地沙漠化。其原因主要有：

(1)工业化和城市化的快速发展，导致耕地逐年减少。新城镇和各种基础设施、文化娱乐设施的兴建都要占用大量土地，生产建设及建房占用耕地等直接导致耕地面积减少。

(2)不合理使用导致土地的数量减少，质量下降。对土地的掠夺性使用，重用轻养，造成土地的生态失衡。大量使用农药化肥及工业废水、废渣的直接排放使土壤污染严重。

(3)耕地自然损毁严重。盲目开荒，滥垦山林，过度放牧等，破坏植被，造成水土流失加剧、土壤的养分和有机质大量流失，加速了土壤沙漠化。目前，我国沙化土地的面积为168.9万平方公里，占国土面积的17.6%，形成了一条西起塔里木盆地。东至松嫩平原西部，东西长4 500公里，南北宽600公里的风沙带。

(4)生产布局不合理。农业内部产业结构调整导致耕地减少。大量种植果树、养鱼、退耕还林、退耕还牧等导致耕地面积减少。

(5)土地利用率低，浪费严重。有些建设项目在用地上宽打多占，多征少用，征而不用以及乱占乱用等现象普遍存在。

3. 水资源问题

水是生态环境系统中最活跃、影响最广泛的要素，它既是生命的源泉，也是工农业生产中不可替代的重要资源。地球上的总水量约为14亿立方公里，其中，用以维持地球上陆栖生物和人类生存发展的淡水比例仅占2.8%左右。随着经济的发展、人口的增长、消费增加、水资源的不合理利用及严重的水污染等因素，使世界范围内水资源危机日趋加重。世界性的水荒已严重威胁到人类的生存及经济和社会财富增长，也是引发战争和冲突的诱因。

我国是世界人均水资源缺乏的13个国家之一。全国水资源总量为2.81亿立方米，居世界第6位，但由于人口多，人均水资源占有量大大低于世界平均水平，仅列世界第88位。而且随着人口的迅速增长，人均水资源在逐年递减。淡水资源人均占有量不到世界人均占有量的四分之一。

我国水资源的分布情况较为复杂，全国降水在时间和空间上分布极不平衡。南方水多，北方水少，差别悬殊，历史上水旱灾害极为频繁。而耕地的分布却是南少北多，水、土资源配合欠佳的状况，进一步加剧了北方地区缺水的程度。北方有的地区人均占有水资源相当于世界上最干旱的国家，如华北平原，耕地面积约占全国的40%，而水资源只占全国的6%左右。

我国水能资源蕴藏量达6.8亿千瓦，居世界第一位。70%分布在西南四省、市和西藏自治区，其中以长江水系为最多，其次为雅鲁藏布江水系。黄河水系和珠江水系也有较大的水能蕴藏量。目前，已开发利用的地区，集中在长江、黄河和珠江的上游。

水资源问题集中表现为水资源危机和水资源开发利用不足两个方面。主要原因是：

(1)水资源匮乏。地球的淡水资源本身很少，其中约99%以上蕴藏在南北两极的冰雪中或在地下，其余不到1%的淡水又有将近一半被土壤和空气吸收。水资源匮乏在我国表现的尤为突出，我国人均径流量为2200立方米，是世界人均径流量的24.7%。

(2)水资源浪费严重。世界许多地方因管道和渠沟泄漏及非法连接，有多达40%左右的水被浪费。在我国由于缺乏科学的用水定额和管理，生产耗水量大，水的浪费相当普遍。单位国民生产总值用水量分别是美国和日本的15倍和31倍，居世界首位。全国工业用水重复利用率仅有45%，农业灌溉有效利用率一般只有25%至40%。。

(3)人口的增加导致用水量增加。过去的50多年，全世界淡水使用量增加将近4倍，每年高达4130立方千米，农业用水占全部用水的60%。

(4)水污染严重。许多国家水资源污染状况严重，全球高达十分之一的河流受到了不同程度的污染，导致水资源更加紧缺。如我国污水排放量大，处理率低,全国年排污水约363亿吨，其中80%未经处理，使江河湖海和地下水严重污染，水质性缺水现象越来越严重。

(5)水资源开发能力不足。水是创造能源的重要资源。欧洲开发利用了75%的水力资源。然而在非洲，水力资源开发率很低，60%的人还用不上电。

(6)用于水资源的财政投入滞后。

4.生物资源问题

生物资源问题突出表现为生物多样性减少、生物物种的不断灭绝。

生物物种资源是人类生存和社会发展的基础，是经济可持续发展的战略性资源，是未来农业、医学和工业发展的生命资源基础。生物物种资源的拥有和开发利用程度已成为衡量一个国家综合国力和可持续发展能力的重要指标之一。

生物的多样性在全世界范围内持续不断地遭到损害。地球上共存在过约5亿个物种，而现在只有3000多万种，其余的都已经灭绝。20世纪以来，科学技术的发展和应用扩大了人类对自然的影响范围和能力，人类的活动加快了地球上物种的灭绝速度。1600－1900年间，有75个物种灭绝，平均每4年一种;20世纪以来，平均每天有一种物种灭绝;20世纪90年代以来，平均每天灭绝的物种达140个;地球正面临第6次大规模的物种灭绝，与前5次不同的是，导致这场悲剧的正是人类自己。其中，对野生动物的狂捕滥杀，对生态环境的污染和破坏是物种灭绝的两个主要原因。这一问题已经引起了人们的普遍关注，许多国家都设法挽救日益减少的物种。

我国是世界上生物多样性最丰富的国家之一，也是世界上重要的农作物起源中心之一，还是多种特有畜、禽、鱼类种和品种的原产地。此外，世界著名的中国传统医药及其相关传统知识是许多相关产业的珍贵创新资源。但由于人口的快速增长、对生物物种资源的过度开发、外来物种的引进、环境污染、气候变化、热带雨林的乱砍乱伐等生存环境的丧失或改变，我国生物物种资源丧失和流失情况相当严重。

5. 矿产资源问题

矿产资源是经过漫长的地质历史时期形成的，是重要的自然资源，是人类生产生活的重要物质基础。矿产资源属于非可再生资源，其储量是有限的。目前世界已知的矿产有1600多种，其中80多种应用较广泛。近年来，由于矿产资源的消耗速度越来越快，世界采矿量增长速度有增无减，使矿产资源的储量大为减少，有的甚至趋于枯竭。随着人口的增长和经济的高速发展，世界范围内的矿产资源危机将日益加剧，甚至可以引发冲突和战争。

我国幅员辽阔，矿产资源丰富，矿产171种。已探明储量的有158种，其中钨、锑、稀土、钼、钒和钛等的探明储量居世界首位。煤、铁、铅锌、铜、银、汞、锡、镍、磷灰石、石棉等的储量均居世界前列。但因人口众多，我国的均矿产储量潜在总值仅为1.51万美元，排世界第53位，而且人均资源数量和资源生态质量仍在继续下降和恶化。

我国的矿产资源问题主要表现在以下几个方面：

(1)发展造成资源的短缺。快速的经济发展必然对资源消费提出更高的要求，但矿产资源总储量几乎不变，势必导致资源短缺。

(2)不合理开采造成浪费。对矿产资源的无序和毁灭性开采，已经导致许多地方许多矿产不同程度的浪费以及大量死矿、呆矿的出现，不仅对国家的资源安全构成威胁，同时也造成了日益严重的环境问题。

(3)地址勘探水平不高。我国国土上的地质勘查工作程度不高，资源潜力远未查明。据资料显示，我国已发现的矿化点有20多万个，但仅有2万多处作了评估，其余80%还未作评价。特别是我国西部地区地质找矿工作程度仍然很低，有些地区甚至还是找矿的空白区。

(4)矿产资源危机意识淡薄导致浪费。珍惜资源、保护资源和合理开发利用资源的意识不强，影响了许多矿产资源的回收和再利用，从而造成资源的浪费。

学习任务2　商品、环境及其保护

人类与自然环境有着不可分割的密切关系。人类的商品生产和消费活动强烈的影响着自然环境系统的动态平衡。环境问题实际上是人类的商品生产及消费活动与环境之间的矛盾与冲突问题，具体表现在对自然环境的破坏和环境污染两个方面。如何避免环境恶化，促进人与环境的和谐发展已经成为人类生存与发展的重要问题。保护地球环境、实现可持续发展，是全人类共同的愿望和目标。使环境免受破坏的措施和活动叫做环境保护。

一、环境的概念和分类

(一)环境的概念

狭义的环境指自然环境，广义的环境是指影响人类生存和发展的各种天然的和经过人工改造的自然因素的总体，包括大气、水、海洋、土地、矿藏、森林、草原、野生生物、自然遗迹、人文遗迹、自然保护区、风景名胜区、城市和乡村等。广义的环境是自然环境和人工环境的总合。

（二）环境的分类

环境的分类有很多种，一般可按环境的主体、环境的范围、环境的性质和构成环境的要素进行分类。

1. 按环境的主体分，以人为主体的称为人类环境，以生物为主体的称为生物环境。

2. 按环境的性质，可分为自然环境、半自然环境和社会环境。

3. 按环境的范围，可分为宇宙环境、地球环境、地区环境、微环境和内环境。

4. 按环境的构成要素，可为大气环境、水环境、土壤环境、生物环境、地质环境等自然环境类型以及文物古迹保护区、风景名胜区、自然保护区、城市环境、乡村环境等人工环境类型。

二、商品与环境污染

环境污染是指由于人为或自然因素，使环境的组成成分、状态发生了变化，扰乱并破坏了生态系统与人们的正常生活条件，对人体健康产生了直接或间接或潜在的影响。商品的生产与消费带来了许多环境问题，其中的环境污染问题尤为突出。自然环境污染是指有害物质对大气、水质、土壤和生物的污染。

商品与环境污染二者存在互相影响的关系，一方面商品的生产和消费会导致自然环境、生态环境的污染；另一方面自然环境也会对商品造成污染。

（一）商品对自然环境的污染

人类在商品生产、消费活动中的各种过量的排放物、废弃物已超过环境吸收和净化的能力，从而毒化污染了自然环境，引起环境质量的恶化。商品对自然环境的污染主要表现在商品的生产、流通和消费三个环节。

1. 商品生产性环境污染

商品生产性环境污染是造成环境破坏的主要原因。工业生产中形成的废气、废水和废渣在未经处理或处理不当的情况下排放到环境中，可造成空气、水域、土壤的污染。

2. 商品流通中的环境污染

由于商品在储运过程中保管不当，或遭受意外事故等，可能使有毒、有害、易燃、易爆等化学危险品散失到空气、水域和土壤中，造成环境污染。

3. 商品消费性环境污染

商品消费所产生的生活垃圾、包装废弃物、生活洗涤污水等都可能对环境产生不良影响，甚至可能引起疾病的传播和流行。我国城市垃圾处理率只有33%，大部分城市垃圾被弃置在城郊，对大气和地下水形成了严重的污染。

（二）商品对生态环境的污染

自然环境有一定的自净能力，当少量商品污染物进入环境时，不会产生较明显的影响；但当污染物数量超过一定限度，就会导致生态平衡失调，出现食物链中断、物种毁灭、气候异常等现象，严重影响人类自身的生存。如近年来出现的温室效应使气候变暖导致冰川溶化，海平面升高，沿海城市被淹没，大量桑田被浸泡，热浪不适于动物和植物的生存。在过去40

年中，9 次不同强度的厄尔尼诺已经对全球气候产生了影响，引发干旱、洪水、暴风雪等自然灾害。大气臭氧层破坏已威胁人类健康、影响农作物生长和海洋生物的繁殖。

（三）自然环境对食品商品的污染

食品污染是指食品在生产经营过程中，混入或产生了危害人体健康的微生物或化学毒物的现象。食品污染可分为生物性污染、化学性污染和放射性污染。微生物性污染和化学性污染是主要的食品污染形式。目前食品受污染主要表现在以下几方面：

1. 细菌性污染

这是涉及面最广、影响最大、问题最多的一种污染，大部分食品卫生问题是由于生物因素引起的。主要包括沙门氏菌、金黄色葡萄球菌、肉毒杆菌、大肠杆菌 O157、李斯特氏菌等。

2. 真菌毒素污染

真菌广泛存在于自然界中，其产生的毒素致病性强。真菌广泛用于食品工业，新菌种的使用、菌种的变异、已使用的菌种是否产毒等问题，都应引起重视。

3. 病毒性污染

从 1995 年到 2000 年 10 月，英国已经确定的与疯牛病感染有关的“新变异型克雅氏病”有 70 余例，备受全球关注的疯牛病及其引发的后果的控制，还有大量工作要做。

4. 寄生虫

生吃水产品或其它动物肉类，使人们患寄生虫病的危险性大为增加，部分地区的食物源性寄生虫发病率也逐年增加。

5. 农药污染

随着高效、低毒、低残留农药的研制和一些高毒高残留农药禁止使用，农药在食品中的残留问题也将得到改善，但由于有机氯类农药的特点，今后一段时间内这类农药的污染问题仍不可忽视。此外，兽药和植物激素在食品中的残留成为食品污染的新焦点。

6. 重金属污染

随着环保意识的提高及对环境污染的控制，重金属污染问题虽然得到逐步改善，但在短时间内使食品中的重金属污染降至先进水平，还需进一步努力。

此外，还有来自于添加剂、食品包装及生产和运输工具的污染。

三、商品环境污染的防治

（一）商品对空气的污染及其防治

大气污染是指由于人类的商品生产及消费活动，向大气中排放的各种污染物质超过了环境所允许的极限，使大气质量恶化，对人体、动物、物品产生不良影响或受到破坏时的大气状况。大气污染源主要有火山灰、沙尘、工业废气、饮食业和取暖设备排气、汽车尾气等。

1. 商品导致的空气污染的表现形式

（1）商品生产过程导致的空气污染。从事商品生产的工业企业是重要的大气污染源。整个的生产过程都可能可能产生有毒有害的气体，造成空气污染。

(2)机动车导致的空气污染。机动车尾气排放已经成为城市大气污染的一个主要来源。

(3)吸烟、烹饪及装饰材料导致的室内空气污染。室内吸烟是室内空气污染的重要来源，室内所用的绝缘材料，装潢所用的油漆、涂料、黏合剂、塑料制品中的添加剂，织物中的纤维助剂，合成材料中的有毒单体等都会挥发出有毒成分，造成室内空气污染。清洁剂、除臭剂、杀虫剌等日化商品也是室内空气中有机蒸气的主要来源，这些物质也会造成慢性中毒。中国式的烹饪方法也会产生氮氧化物、醛类等有害物质。

2. 大气污染物的种类

常见的大气污染物有火山灰、烟气、含硫化合物、碳氧化合物、氮氧化物、卤化物、碳氢化合物等。

含硫化合物主要是 SO_2 和 SO_3，SO_2 主要来源于含硫燃料的燃烧过程，以及硫化物矿石的焙烧、冶炼过程。火力发电厂、有色金属冶炼厂、硫酸厂、炼油厂和所有烧煤或油的工业锅炉、炉灶等都排放 SO_2 烟气。SO_2 在大气中不稳定，可催化氧化生成 SO_3，进而生成毒性比二氧化硫大 10 倍的硫酸或硫酸盐，硫酸盐在大气中可存留 1 周以上，能飘移至 100km 以外或被雨水冲刷，形成酸雨危及河流、湖泊中的水生生物、危及水质、土壤、森林和各种建筑物。

碳氧化合物主要是(CO 和 CO_2)，大气中 CO_2 含量增加引起全球气候的异常变化，导致“温室效应”。CO 排放量为大气污染物之首，它对人类有害，能使血液携带氧的能力降低而引起缺氧，使人窒息。

氮氧化物主要是(NO 和 NO_2)，是飞机、汽车、内燃机及工业窑炉等燃料的燃烧过程排放的。对环境的损害作用极大是形成酸雨的主要物质之一，也是形成光化学烟雾的引发剂和消耗臭氧的重要因子。

碳氢化合物包括烷烃、烯烃和芳烃等复杂多样的含碳和氢的化合物。主要是石油燃料的不充分燃烧过程和蒸发过程产生的，其中汽车排放量占有相当的比重。碳氢化合物是形成光化学烟雾的主要成分，其中的多环芳烃化合物 3，4 – 苯并芘具有明显的致癌作用。

含卤素化合物主要包括卤代烃、其他含氯化合物和含氟废气(HF 和 SiF_4)。其中一些高级的卤代烃，如有机氯农药 DDT、六六六等以气溶胶形式存在。大气中含氯的无机物主要是氯气(Cl_2)和氯化氢(HCl)，也是构成酸雨的成分。含氟废气主要来源于炼铝工业、钢铁工业以及磷肥和氟塑料生产等化工过程，氟化氢对人的呼吸器官和眼结膜有强烈的刺激性，长期吸入低浓度的 HF 会引起慢性中毒，最典型的是引起牙齿酸蚀的“斑釉齿症”和使骨骼中钙的代谢紊乱的“氟沉着症”。

氧化剂如臭氧、过氧化物等是二次污染物，可以危害人的健康、生物生存。

光化学烟雾中的甲醛、丙烯醛、O_3 等，能刺激人眼和上呼吸道，会导致哮喘发作，诱发各种炎症。还能伤害植物，使叶片上出现褐色斑点。此外，O_3 还能使橡胶制品老化，染料褪色，并对油漆、涂料、纺织纤维、尼龙制品等造成损害。

3. 防治空气污染的措施

(1)强化立法环境，完善监督管理机制，严格限制各种污染气体的排放及商品中有毒有害气体的含量。

(2)严格矿产开发条件，合理布局工业企业。

(3)改变燃料组成和能源结构，对燃料进行脱硫处理，开发利用太阳能、氢能、潮汐能、生物能、地热能、风力、水力等。

(4)改进生产工艺减少有毒有害气体的生成和排放。

(5)改进燃烧装置、技术，减少烟尘和污染气体的生成。

(6)发展集中供热和区域采暖。

(7)鼓励植树造林，利用植物吸附有毒物质和净化空气。

(8)鼓励生产、使用环保节能产品。

此外，综合利用、变废为宝、化害为利等都是防治空气污染的最积极的有效措施。

(二)商品对水体的污染及其防治

水污染是指任何进入水体的物质，造成水中生态环境变化的状态。水资源正在受到来自多方面的污染，污水直接入河形成的点污染，无节制的使用农药造成的面污染，河道、湖泊无清水、不流动造成的天然自净能力下降等，使水环境的治理难度越来越大。在发展中国家，80% -90%的疾病和三分之一以上死亡者的死因与水污染有关。

水污染的主要来源是工业废水、生活污水、医院废水和农业退水，分为化学性污染和生物性污染两大类。

1. 商品导致的水污染的表现形式

(1)商品生产过程导致水体污染。企业在生产各种商品的过程，特别是采矿和制造业所排放出的工业废水，含有大量的有毒的重金属或难分解的化学物质的，如果不经过特殊处理，排放到河流、地下，海洋里都会造成水体污染。农业使用的农药、化肥等物质流入水体，高浓度时可直接杀死水生生物，低浓度会逐渐在生物体内积累，并且使水体无法恢复正常状态。

(2)商品消费导致的水体污染。人类生活中所产生的大量生活污水，虽然不含有毒物质，但含有大量含氮、磷的植物营养物质，促使水中藻类迅速繁殖，造成水体成为缺氧状态，藻类死亡还产生有毒物质，致使水中鱼类大量死亡。这方面以洗涤剂引起的问题最为突出，合成洗涤剂中的三聚磷酸钠，可作为植物和藻类的营养物质，导致水体富营养化，使河道泡沫泛滥，危害鱼类，影响水稻生长，并导致“赤潮”、“蓝藻”的出现。

2. 水污染物的种类

水的污染物通常可分为三大类，即生物性、物理性和化学性污染物。

(1)生物性污染物包括细菌、病毒和寄生虫。生活污水、是医院污水和某些工业废水污染水体后，可以带入病原微生物，如伤寒、副伤寒、霍乱细菌等都可以通过人畜粪便的污染而进入水体，随水流动而传播。肝炎病毒、腺病毒等病毒也常在污染水中发现。某些寄生虫病，如阿米巴痢疾、血吸虫病、钩端螺旋体病等也可通过水进行传播。

(2)物理性污染物包括悬浮物、热污染和放射性污染。其中放射性污染危害最大，但一般存在于局部地区。

悬浮物质污染，悬浮物质是指水中含有的不溶性物质，包括固体物质和泡沫塑料等。它们是由生活污水、垃圾和采矿、采石、建筑、食品加工、造纸等产生的废物泄入水中或农田的水土流失所引起的。悬浮物质影响水体外观，妨碍水中植物的光合作用，减少氧气的溶入，对水生生物不利。

热污染，来自各种工业过程的冷却水，若不采取措施，直接排入水体，可能引起水温升高、溶解氧含量降低、水中存在的某些有毒物质的毒性增加等现象，从而危及鱼类和水生生物的生长。

放射性污染，由于原子能工业的发展，放射性矿藏的开采，核试验和核电站的建立以及同位素在医学、工业、研究等领域的应用，使放射性废水、废物显著增加，造成一定的放射性污染。

(3)化学性污染物包括有机和无机化合物。废水中的有机和无机毒物会引起人体急性或慢性中毒，并能在自然环境中积累，在生物体内不断富集，影响生态环境，对人和生物危害很大。可分为6类：

无机污染物质，污染水体的无机污染物质有酸、碱和一些无机盐类。酸碱污染使水体的pH值发生变化，妨碍水体自净作用，还会腐蚀船舶和水下建筑物并且影响鱼类生存。冶金、建材、化工酸碱行业主要排放含有无机物的废水。

无机有毒物质，污染水体的无机有毒物质主要是重金属等有潜在长期影响的物质，主要有汞、镉、铅、砷等元素。

有机有毒物质，污染水体的有机有毒物质主要是各种有机农药、多环芳烃、芳香烃等。它们大多是人工合成的物质，化学性质很稳定，很难被生物所分解。食品、塑料、石化、毛皮、合成材料等行业主要排放含有有机物的废水。

需氧污染物质，生活污水和某些工业废水中所含的碳水化合物、蛋白质、脂肪和酚、醇等有机物质可在微生物的作用下进行分解。在分解过程中需要大量氧气，故称之为需氧污染物质。

植物营养物质，主要是生活与工业污水中的含氮、磷等植物营养物质，以及农田排水中残余的氮和磷。

油类污染物质，主要指石油对水体的污染，尤其海洋采油和油轮事故污染最甚。

3. 防治水污染的方法

(1)完善水资源法制建设，优化执法环境，坚持有法必依，尤其要做到“三同时”和限期治理。即坚持污染防治设施与生产企业的主体工程同时设计、同时施工、同时投入使用。对原有污染进行限期治理或责令其停产或关闭。

(2)制定科学的污水排放标准，推行清洁生产。改革生产工艺，减少废水排放量。

(3)坚持分散治理和集中控制相结合。

(4)提高废水处理技术水平。处理好城市垃圾及工业废渣，对废水进行综合利用和回收处理，无法回收的废水需进行无害化处理。

(5)全面规划，合理布局，进行区域性综合治理。

(四)废弃物的回收与利用

废弃物的回收与利用是现代生产发展和科学技术进步的必然趋势，是提高资源利用率，减少环境污染的有效手段。

工业生产和人们生活产生的各种废弃物日益增多，不仅耗费大量自然资源，更严重的是引发严重的环境问题。如塑料包装造成的白色污染，导致土壤板结，使农作物减产；被动物吞食，导致动物死亡；深埋地下难以降解而带来的长期的深层次环境问题。

控制废弃物对环境污染和对人体健康危害的主要途径是实行对废物的资源化、无害化和减量化处理。通过废弃物的回收和利用形成的二次资源，缓解资源危机，保护环境、改善生态环境。

废弃物回收可用来做建筑材料、工业原料、能源及肥料等。

1. 做建筑材料

固体废弃物可用来做制造水泥原料或混凝土骨料、墙体材料、筑路材料、制陶、保温材料等。

2. 做工业原料

固体废弃物中含有多种有益成分，可以作某些工业的原料，如钢渣可以代替焙剂用于烧结生产，可以作高炉、化铁炉的熔剂，也可以返转入炉炼钢，铬渣可以代替铬矿粉作玻璃色剂；洗煤厂排出的煤泥可在铸造过程中作砂的粘结

3. 做能源

一是将固体废弃物直接焚烧，利用焚烧释放出的热量供热或发电；二是先将固体废弃物加工成原料，然后再进行焚烧供热或发电，这是一种间接回收利用法，此法得到的燃料为垃圾衍生燃料（ROF）。

4. 农业上的利用

可以做土壤改良剂，用来改良土壤或用来作肥料，为作物提供生长听需的养分。

学习任务3　绿色革命

随着臭氧层的破坏、温室效应、酸雨等一系列全球性环境问题的日益加剧，人们已逐步认识到保护我们赖以生存的地球环境的重要性。20 世纪 60 年代中期，在发展中国家兴起了以采用农作物高产良种为中心的一场新技术革命，并迅速扩展到生产和消费领域，即绿色革命。人们希望用绿色来证明自己的开发、生产和消费行为对环境无害，把环境意识与商品的设计、生产、包装、营销、及企业的战略、管理等有机结合起来，形成绿色企业、绿色产业等“绿色”系列。倡导设计、生产、使用“绿色商品”，其目的是使商品生产和消费的整体环境影响减到最小。

对“绿色商品”的基本要求是促进和发展有利于环境的理想的材料、技术、工艺和消费，包括原材料的供应或元件的制造、运送、维修、收集系统、废物加工、回收者、消费者等各种要素。

一、商品环境生命周期

将商品生命周期的概念引入环境管理，从生命周期的角度，对商品本身、生产商品所使

用的原材料、工艺过程、消费过程、技术或服务及回收利用等诸多方面对环境的影响进行整体评价和认知，在此基础上设计、生产、消费产品。

(一)环境生命周期评估程序

环境生命周期评估是指对一种产品或服务生命周期所使用的材料、能源的投入与产出及伴随的直接对产品或服务系统功能发生作用的环境影响进行汇总与评定的全部工作。环境生命周期评估程序一般包括三个环节：

1. 确定环境生命周期评估的目的。

2. 生命周期列项分析。

3. 环境影响评估。

(二)商品环境生命循环阶段

商品生命循环可以被划分为下面几个阶段：

原材料采购及储存→商品生产→商品储存→使用和服务→废弃→后处理。

在商品生命循环的各个阶段，都可能有残余物质直接排放到环境中，为减少这些残余物的体积和毒性，通常要对它们进行物理、化学和生物处理。

(三)商品系统的构成

商品系统指材料、能量和信息在商品生命循环过程中的流动和转化，由商品、过程、分配和管理四个部分构成。

1. 商品构成包括商品生命周期每一个阶段中的各种形式的材料、半成品和成品。

2. 过程主要指商品的生产或服务过程，包括商品的开发、设计、生产、研究、测试和商品应用过程中消费的资源等。

3. 分配主要指商品的包装、维护及运输商品的包装系统、运输网络和商品销售。

4. 管理包括指整个商品生命循环过程决策的全部活动。

企业的管理一般包括行政、财务、人事、销售、采购、市场、顾客服务、法律服务和培训与教育等方面的管理。

(四)商品生命周期过程中的环境要求

商品生命周期的每一阶段都要最大限度的提高资源的利用率，节能降耗，减少垃圾的产生，降低健康安全风险及生态恶化等不利因素对环境的影响。不仅要与商品的性能要求相适应，还要考虑成本及商品的生产和消费所涉及的法律、文化等方面的问题。

二、企业的绿色战略

企业要将绿色理念充分体现在其发展战略中，突出表现在绿色设计、绿色生产、绿色管理和绿色文化等方面。

(一)绿色设计

绿色设计着眼于人与自然的生态平衡关系，即在商品设计过程的每一个决策中都充分考虑到环境效益，尽量减少对环境的破坏，不仅要尽量减少物质和能源的消耗、减少有害物质的排放，而且要使产品及零部件能够方便地分类回收并再生循环或重新利用。

（二）绿色生产

绿色生产也称清洁生产，是指以节能、降耗、减污为目标，以管理和技术为手段，实施工业生产全过程污染控制，使污染物的产生量最少化的一种综合措施。绿色生产主要强调三个观念，即清洁的能源、清洁的生产过程和清洁的产品。

1. 清洁能源，尽量节约能源消耗，利用可再生的能源等。

2. 清洁生产过程，产品制造过程中尽可能少生产废弃物品，尽可能减少对环境的污染。

3. 清洁产品，降低对不可再生资源的消耗，延长产品的使用周期等。

实施清洁生产要贯彻两个全过程控制：一是产品生命周期全过程控制，即从原材料加工、生产、产品使用至报废处置的各个环节都必须采取清洁方案；二是生产的全过程控制，即从产品开发、规划、设计、建设到生产管理的全过程，采取必要的清洁方案，以生产过程中污染发生。

（三）绿色管理

绿色管理就是把环境保护的思想观念融于企业的经营管理和生产营销活动之中，把环保作为企业的决策要素之一。企业实施绿色管理，要达到以下三个主要目标：

1. 是物质资源利用的最大化。

2. 是废弃物排放的最小化。

3. 是适应市场需求的产品绿色化。

（四）绿色文化

绿色文化是一种人与自然协调发展、和谐共进，能使人类实现可持续发展的文化，它以崇尚自然、保护环境、促进资源永续利用为基本特征。

绿色文化包括两个层次的内容：一是环境意识和环境理念；二是生态文明观和文明发展观。环境意识和环境理念更多地体现在人们的生产、生活的方方面面；而生态文明观和文明发展观则更多地体现在一个国家、一个地区的发展战略上。

绿色教育是绿色文化的基础。对员工进行绿色教育，使全体员工逐步认识到实施绿色战略对于个人、企业乃至整个社会的重要性，引导员工从自己做起，不仅“绿化”企业的内部环境，而且用自己的一言一行“绿化”企业的外部形象，成为真正的绿色企业。

三、绿色营销

绿色营销是以常规营销为基础，强调把消费需求与企业利益及环保利益三者有机统一起来，是一种较高级的社会营销。绿色营销的主要内容是搜集绿色信息、开发绿色产品、设计绿色包装、制定绿色价格、建立绿色销售渠道及开展绿色促销等。其中，最重要的是开发绿色产品，这是整个绿色营销的基础。目前，各厂商主要从产品应安全、卫生，有利于人体健康；使用该产品对环境的影响要尽量小；生产过程中要尽量节约资源和能源，尽量使用代用材料；产品易回收或具有重复使用功能；产品使用中节省能源，噪声小；产品效率高、寿命长等方面着眼，开发绿色产品。

实施“绿色营销”，企业一方面通过自身的绿色形象在新的国际市场环境中提高产品的环境竞争力；另一方面本身也承担着相应的社会责任，对公众的消费行为存在导向和强化作用，这有利于开拓绿色产品市场。

(一)绿色产品

绿色产品是指生产过程、商品本身及使用后处理的整个过程中节能、节水、低污染、低毒、可再生、可回收、对环境的破坏和影响都比较小的一类产品，是绿色科技应用的最终体现。绿色产品需要有权威的国家机构来审查、认证，并且颁发特别设计的环境标志，所以又称作“环境标志产品”。常见的绿色产品有以下几种：

1. 绿色食品

绿色食品是指按特定方式生产，并经国家专门机构认定，准许使用绿色食品标志的无污染、无公害、安全、优质、营养型的食品。

(1)绿色食品应具备的条件：产品或产品原料的产地必须符合绿色食品的生态环境标准，即大气标准、土壤标准、水质标准等；农作物种植、畜禽饲养、水产养殖及食品加工必须符合绿色食品的生产操作规程；产品必须符合绿色食品的质量和卫生标准，食品中不能含有对身体有害的物质，重金属、细菌、化肥、农药的残留量必须低于相关的国家规定的标准；产品的标签必须符合《绿色食品标志设计标准手册》中的有关规定；产品的包装、贮运必须符合绿色食品包装贮运标准。

(2)绿色食品标志。我国的绿色食品采用绿色食品标志加以标志。标志由三部分构成，即上方的太阳，下方的叶片和中心的蓓蕾，象征自然生态；颜色为绿色，象征着生命，农业、环保；图形为正圆形，意为保护。整个图案描绘出一幅明媚阳光照耀下的和谐生机，告诉人们绿色食品正是出自纯净、良好生态环境的安全无污染食品，能给人带来蓬勃的生命力。AA级绿色食品标志与字体为绿色，底色为白色，A 级绿色食品标志与字体为白色，底色为绿色。如图 13－1 所示。

图 13－1　中国绿色食品标志

绿色食品标志作为一种产品质量证明商标，其商标专用权受《中华人民共和国商标法》保护。标志使用是食品通过专门机构认证，许可企业依法使用。

2. 生态纺织品

生态纺织品是指采用对周围环境无害或少害的原料制成的并对人体健康无害的纺织产品。2001 年 1 月，国家环保总局批准并开始实施《生态纺织品》标准，表明国家对服饰影响人体健康的关注。

生态纺织品应符合以下技术要求：

(1)产品不得经过有氯漂白处理。

(2)产品不得进行防霉蛀整理和阻燃整理。

(3)产品不得添加五氯苯酚和四氯苯酚。

(4)产品不得有霉味、汽油味及有毒的芳香气味。

(5)产品不得使用分解为有毒的芳香胺染料、可致癌的染料和可能引起过敏的染料。

(6)产品中甲醛、可提取重金属含量、浸出液 pH 值、色牢度及杀虫剂留量均应符合要求。

3. 绿色家电

绿色家电是指在质量合格的前提下，高效节能且在使用过程中不对人体和周围环境造成伤害，在报废后还可以回收利用的家电产品，主要指电视的辐射度、电冰箱制冷含氟性以及洗衣机的噪音度都要在环保标准范围内。

绿色家电的主要类型有资源节约型、低噪音型、减少废物型、低毒安全型产品等。

4. 其他绿色产品如绿色家具、绿色装饰材料、绿色电池

随着人们环保意识的不断增强，各式各样的绿色产品不断涌现，除了上面介绍的之外，还有：

(1)绿色圆珠笔，由可降解塑料制成。

(2)生态铅笔，用再生纸浆取代木浆。

(3)生态画，画的表面涂有一种多微孔涂层，可以吸收油烟、烧焦物品、香料、辛辣等发出的异味，并把这些异味转化成无味无害的气体，还可以调节空气的温度。

(4)无污染洗衣球，用活性炭陶瓷、聚丙烯发泡体等材料制成。用这种洗衣球能解决大量化学洗涤剂污染水源的问题。

(5)绿色电池，即可充电式镍氢电池。

(6)绿色家具，木器家具多以原色为主；布沙发多采用纯棉布料制成。

(7)绿色涂料，不含甲苯、甲醛等有毒物质，铅、汞、铬等重金属含量也低于同类产品的新型涂料。

此外，还有绿色美容用品、绿色洗涤剂、绿色塑料等等。

(二)绿色包装

绿色包装是指对生态环境和人体健康无害，无环境污染，能循环使用和再生利用，可促进持续发展的包装。有两层含义：一是整个包装过程对生态环境和人体健康不会造成污染与损害；二是使用的包装材料必须是可再生利用的可持续发展物质。绿色包装用料要节约资源，力求减少废弃物量，用后易于回收、可重复使用或再生为其他有用之材；焚烧时可回收热能，不会产生毒害性气体；填埋时少占用土地并能自然降解。

绿色包装作为绿色商品的重要组成部分，已越来越引起生产企业和消费者的广泛关注。

四、绿色标志

(一)绿色标志的概念

绿色标志，也称为环境标志或生态标志，是指由政府部门或公共、私人团体依据一定的环境标准向有关厂家颁布证书，证明其产品的生产使用及处置过程全部符合环保要求，对环境无害或危害极少，同时有利于资源的再生和回收利用。环境标志工作一般由政府授权给环保机构。通常列入环境标志的产品的类型为：节水节能型、可再生利用型、清洁工艺型、低污染型、可生物降解型、低能耗型。

(二)环境标志的作用

1. 权威性。标志由商会、实业或其他团体申请注册，并对使用该证明的商品具有鉴定能力和保证责任，因此具有权威性。

2. 证明性。环境标志能证明产品符合要求，故具证明性质。因其只对贴标产品具有证明性，故有专证性。

3. 时限性。标志每3~5年需重新认定，因此具有时限性。

4. 比例性。有标志的产品在市场中的比例不能太高，故还有比例限制性。

(三)环境标志的产生和发展

最早的环境标志是德国政府1997年制定的“蓝色天使”环境标志，目前环境标志产品已有100类、7500多种；加拿大1985年开始实施“环境选择”标志；日本1985年实施“生态标签”计划，目前有68个产品类别、2500多种产品；北欧1989年开始实施“白天鹅”标志，目前有58个产品类别；欧共体1992年3月颁布了“欧洲之花”生态标志标准，现已开展了23类产品的认证。此外还有韩国、新加坡、澳大利亚等30多个国家和地区相继建立了环保产品标志。

图13－2　部分国家的环境标志

我国的环境标志认证工作是从1993年开始的。1993年8月，我国国家环境保护局正式颁布的中国环境标志图，图形由清山、绿水、太阳及十个环组成。环境标志的中心结构——青山、绿水和太阳表示人类赖以生存的环境；外围的十个环紧密结合，环环紧扣，表示公众参与，共同保护环境；同时十个环的“环”字与环境的“环”同字，其寓意为“全民联合起来，共同保护人类赖以生存的环境”。

环境标志是一种产品的证明性商标，其寓意有两点，一是表明中国环境标志产品委员会是代表国家对环境标志产品实施认证的唯一合法机构；二是它表明该产品不仅质量合格，而且在生产、使用和处理处置过程中符合特定的环境保护要求，与同类产品相比，具有低毒少害、节约资源等环境优势。正是有了这种“证明性商标”，使得消费者很轻易的明确哪些产品有益于环境，便于消费者购买、使用这类产品，而通过消费者的选择和市场竞争，可以引导企业自觉调整产业结构，采用清洁工艺，生产对环境有益的产品，最终达到环境与经济协调发展的目的。

(四)环境标志产品的要求

环境标志产品一方面要求产品在生产过程中，企业对周围环境排放的污染物必须达到国家或地方有关污染物的排放标准；另一方面，产品本身的质量和安全性能也必须符合国家质量和安全标准。这些要求具体表现在4个方面：

1. 对全球环境的保护(主要是对大气臭氧层的保护)。如氟化碳替代产品，主要产品有冰箱和发胶等。

2. 对区域环境的保护，如无磷洗涤和可降解餐盒。

3. 对人体健康的保护，如水性涂料、节能低排放燃气灶具、低辐射彩电、木色植物纤维纺织品。

4. 节能、低噪声，如低噪声洗衣机和节能、低噪声房间空调器等。

据联合国统计署提供的数字，1999年全球绿色消费总量已达到3000亿美元。另据调查资料显示，84%的荷兰人、90%的德国人、89%的美国人在购物时会考虑消费品的环保标准，85%的瑞典人愿为环境清洁支付较高的价格，80%的加拿大人愿多付10%的钱购买对环境有益的产品，77%的日本人只挑选和购买有环保标志的产品。

到目前为止，中国环境标志已在家用电器、办公设备、汽车、生态纺织品、建筑装修材料等领域开展了65大类，3万多种型号产品的认证。目前中国环境标志一直关注于国际和国内绿色产品的发展方向，从技术指标到成本分析等多方面对中国企业提出产品的环境技术指标。中国环境标志不仅逐渐成为许多部门采购时所依据的绿色产品评选标准，也成为很多企业推进绿色化的重要产品。

任务小结

随着人口的增长，商品的生产与消费带来的环境问题日益严重，自然资源的短缺已严重威胁到人类的生存和社会的进步。保护大自然、保护资源、保护生态平衡是当今人类面临的全球性重大课题。在大力发展商品生产的同时，应广泛开展保护环境宣传，加强商品环境生命周期的管理，不断采取有效措施促进环境质量的改善。企业应立足国情，及时调整产品结构，大力开发有益于环境和人体健康的绿色产品，使商品市场更上一个新台阶。

习 题

一、思考题

1. 什么是自然资源?
2. 什么是环境污染和环境保护?
3. 商品环境生命周期的含义是什么?
4. 在商品生产中造成环境污染的主要原因是什么? 如何防治?
5. 在商品消费中造成环境污染的主要原因是什么? 如何防治?
6. 什么绿色产品? 常见的绿色产品有哪些?
7. 什么是绿色包装? 与普通包装有何区别?
8. 什么是绿色食品?
9. 简述绿色标志的作用, 说明我国绿色标志图案的含义。

二、实训题

1. 调查当地的资源现状并提出环保措施。
2. 选择某一大型企业调查其生产带来的环境问题及采取的防治措施。
3. 调查本地区的公害及当地政府部门所采取的防治措施。
4. 调查人们对绿色产品的了解、认知和接受的情况。

参考文献

1. 马德生著. 商品学基础. 北京:高等教育出版社, 2000
2. 窦志铭著. 商品学基础. 北京:高等教育出版社, 2002
3. 张智清,王其中. 商品学基础. 北京:电子工业出版社, 2005
4. 张安, 张鸿祥, 成龙涛. 商品学概论. 北京:中国财政经济出版社, 1993
5. 万融, 张万福. 商品学概论. 北京:中国人民大学出版社, 1981
6. 谢瑞玲. 商品学知识. 北京:高等教育出版社,1996
7. 曹汝英. 商品学. 北京:高等教育出版社, 2003
8. 汪永太, 李萍. 商品学概论. 大连:东北财经大学出版社, 2005
9. 郑集. 普通生物化学. 北京:人民教育出版社, 1996
10. 邓耕生, 李若冰, 尹兴堂等. 商品学基础. 北京:中国财政经济出版社,1987
11. 刘用成. 食品化学. 北京:中国轻工业出版社, 1996
12. 胡嘉璋. 条码国家标准应用指南. 北京:中国标准出版社, 1991
13. 马晓婷, 程承恩. 条码技术手册. 北京:中国计量出版社, 1992
14. 章国胜, 郑俊田. 报关实务教程第2版. 北京:中国对外经贸大学出版社, 1999
15. 李金昌. 我国资源与环境. 北京:中国环境科学出版社, 1993
16. 谈留芳. 商品学. 北京:科学出版社, 2005
17. 谢瑞玲. 商品学基础. 北京:高等教育出版社, 2001
18. 牛变秀. 现代商品学基础. 北京:人民邮电出版社, 2002
19. 苗述风. 外贸商品学概论. 北京:对外经贸大学出版社, 2003
20. 毛海南, 吴广清. 商品学概论. 北京:中国商业出版社, 2004
21. 刘安莉, 高懿. 新编商品学概论. 北京:对外经贸大学出版社, 2002
22. 李岩, 夏玉宇. 商品检验概论. 北京:化学工业出版社, 2003
23. 刘北林. 海关商品学. 北京:中国物资出版社, 2003
24. 刘建华. 纺织商品学. 北京:中国纺织出版社, 2002

读者反馈意见

亲爱的读者：

感谢您对《商品学》的支持和热爱，为了今后为您提供更好的服务，请您抽出宝贵的时间来填写下面的意见反馈表，以便我们更好地对本教材做进一步改进，同时如果您在使用本教材的过程中遇到了什么问题，或者有什么好的建议，也请您来信、来电告诉我们。

地址：北京市丰台区科学城南极星大厦 108 室

电话：010 - 61229894/83794403

电子邮箱：caikai6223@263.net　QQ：649319527　QQ：1694299827

教材名称：《商品学》

个人资料：

姓名：________年龄：________所在院校/专业________

文化程度：________通讯地址：________

联系电话：________电子信箱：________

您使用本书是作为：□指定教材□选用教材□辅导教材

您对封面设计的满意度：

□很满意□满意□一般□不满意□改进建议________

您对本书印刷质量的满意度：

□很满意□满意□一般□不满意□改进建议________

您对本书的总体满意度：

从语言质量角度看□很满意□满意□一般□不满意□

从科技含量角度看□很满意□满意□一般□不满意□

本书最令您满意的是：

□指导明确□内容充实□讲解详尽□实例丰富

您认为本书在哪些地方应进行修改？（可附页）

____

____

您希望本书在哪些方面可进行改进？（可附页）

____

____